第三版前言

2022年，依托本书建设的“财务报表分析”课程上线中国大学MOOC在线学习平台，且于同年被评为山东省职业教育在线精品课程。2023年，本书入选“十四五”职业教育国家规划教材。伴随课程建设，本书的内容得以进一步优化和完善。

第三版主要修订内容如下：

（1）充实了课程思政学习内容，新增了党的二十大精神学习内容。

（2）在每个任务下补充学习目标，包括知识目标、能力目标和素质目标，按照思政和双创的学习要求，精准落实立德树人根本任务。

（3）基于上市公司的真实事件，新增“教学案例”小栏目，以检验学生理论知识的实际运用能力。

（4）响应国家“大众创业、万众创新”号召，结合“财务报表分析”课程特点，从初创者面临的财务问题和撰写路演PPT的非技术部分两个角度，增加“双创一点通”小栏目。

（5）本次重印时重新录制、优化93个微课，并新增5个微课，不仅使用Excel 2024，而且使用商业智能分析软件Power BI绘制财务分析可视化看板，看板原件可到东北财经大学出版社网站（http：//www.dufep.cn）免费下载。

（6）对教材中的例题、案例进行了修改和完善。

本书第三版由淄博职业学院杨华教授担任主编；淄博职业学院董保香副教授、张英副教授、曹志华副教授和宋志强讲师参与编写，山东金富矿业有限公司于晓兵注册会计师为本书提供建议、指导并参与编写。具体编写分工如下：宋志强编写项目一，杨华编写项目二和项目四中的综合案例，曹志华和董保香编写项目三，张英和于晓兵编写项目四，最后由杨华总纂全书，董保香提供专创融合的案例与素材。

本书参考和引用了国内许多作者的观点和有关资料，在此谨向有关作者表示深深的谢意。因编者水平有限，书中疏漏之处在所难免，恳请广大读者指正。

编　者

2024年8月

第二版前言

自2018年12月《财务报表分析》出版以来，我们又探索进行了该课程的混合式教学模式改革。在改革过程中，我们把全部教材划分为4个项目、15个任务和39个知识点，改变了传统教学理论与实践分离的状况，在理论讲解的同时，进行实践操作，学生的学习效果明显得到改善。因此，第二版的修订是以我们的混合式教学改革为基础，对本教材的架构进行了重新调整。变化情况具体如下：

（1）取消了第一版教材中的项目五“财务报表分析的案例应用”，将具体内容作为实践操作环节融入其他项目中，从而实现了理实一体化教学。

（2）补充完善了项目三“财务报表项目分析”，加入了项目的相关知识介绍，结合原先的要点分析和应用，体系更加完整。

（3）根据知识点，结合党的二十大精神，从“大我”“小我”“古今”三个领域设计课程的思政融入和人文属性，引导学生树立正确的世界观、人生观、价值观，传承和弘扬中华优秀传统文化，心中有大爱、有大德，与人为善，实现做人、做事的完美统一，在成就“小我”的同时实现“大我”，成为德才兼备、德智体美劳全面发展的卓越财务人才。

（4）围绕39个知识点，录制了93个微课视频，不仅包括理论知识讲解，而且实践操作都实现了全程Excel详细解说。

课程介绍

编　者

2023年7月

“十四五”职业教育国家规划教材

山东省职业教育在线精品课程

高等职业教育财务会计类富媒体智能型 · 工学结合系列教材

财务报表分析（第三版）

CAIWU BAOBIAO FENXI

杨华 主编

东北财经大学出版社
Dongbei University of Finance & Economics Press
大连

图书在版编目（CIP）数据

财务报表分析 / 杨华主编. —3版. —大连 ：东北财经大学出版社，2024.1（2025.12重印）
（高等职业教育财务会计类富媒体智能型·工学结合系列教材）
ISBN 978-7-5654-5095-2

Ⅰ.财…　Ⅱ.杨…　Ⅲ.会计报表-会计分析-高等职业教育-教材　Ⅳ.F231.5

中国国家版本馆CIP数据核字（2023）第004350号

东北财经大学出版社出版
（大连市黑石礁尖山街217号　邮政编码　116025）
网　　址：http://www.dufep.cn
读者信箱：dufep@dufe.edu.cn
大连金华光彩色印刷有限公司印刷　东北财经大学出版社发行

幅面尺寸：185mm×260mm　　字数：464千字　　印张：19.5
2024年1月第3版　　2025年12月第3次印刷

责任编辑：王天华　周　慧　　责任校对：刘贤恩
封面设计：原　皓　　版式设计：原　皓

定价：49.80元

教学支持　售后服务　　联系电话：（0411）84710309
版权所有　侵权必究　　举报电话：（0411）84710523
如有印装质量问题，请联系营销部：（0411）84710711

第一版前言

自姜大源教授提出“工作过程系统化课程”理念以来，高职高专课程改革出现了新景象。为了解决“财务报表分析”课程授课教师长期以来面临的教学内容抽象、学生学习难度大的烦恼，本书编者在2012年山东省级精品课程“财务报表分析”的建设过程中经过不断尝试，终于探索出这本基于财务报表分析岗位的系统化教学用书。

在本次重印时，我们依据财政部发布的《关于修订印发2019年度一般企业财务报表格式的通知》（财会〔2019〕6号）和《财政部 税务总局 海关总署关于深化增值税改革有关政策的公告》（财政部 税务总局 海关总署公告2019年第39号），对一般企业财务报表格式和增值税税率等内容进行了修改，力求反映企业财务报表的真实情况。

本书具有以下主要特点：

（1）结构新颖。本书摒弃了传统知识体系的章节结构形式，改按工作体系的项目、模块结构形式。项目来源于根据财务报表分析岗位工作任务分析确定的工作项目所设计的教学项目，模块来源于完成工作项目的工作过程。按照本书组织教学，能够实现按照工作过程的逻辑来组织教学进程，实现教、学、做一体化。

（2）内容实用。本书的内容不再依据传统财务报表分析的理论知识体系，而来源于财务报表分析岗位的工作内容。教学内容的选取从财务报表分析所需的信息来源入手，侧重介绍分析财务报表的方法，介绍了财务报表项目分析和企业财务能力分析的主要内容，并编写了财务报表分析的多个应用案例。

（3）案例丰富。本书不再停留在对课程内容的直接描述上，而是十分注重对财务报表分析的方法及其应用。根据财政部颁布的新版财务报表格式及多家上市公司2017年年度财务报告编写教学内容和案例，真实再现了财务报表分析的岗位业务活动和活动内容，有助于激发学生的学习兴趣。

本书由淄博职业学院杨华副教授担任主编；淄博职业学院张英、宋志强、曹志华，淄博市临淄宏达矿业有限公司副总经理于晓兵，山东金谷控股集团有限公司副总经理钊静参与编写。具体编写分工如下：宋志强编写项目一，杨华和钊静编写项目二和项目五，曹志华编写项目三，张英和于晓兵编写项目四，最后由杨华总纂全书。

本书参考和引用了国内许多作者的观点和有关资料，在此谨向有关作者表示深深的谢意。因编者水平有限，书中疏漏之处在所难免，恳请广大读者指正。

编　者

2020年1月

目　录

项目一

财务报表分析的信息来源

任务一 财务报表的概念及编制

学习目标

知识目标：掌握财务报表的概念，三张财务报表的性质、编制原理和编制方法
熟悉财务报表的分类，三张财务报表的内容和格式
了解财务报表的组成，三张财务报表的作用和发展历史
能力目标：具备编写会计分录、填制科目余额表的能力
素质目标：形成爱岗敬业、坚持准则、诚实守信的职业素养和思想品质
形成依法守纪的创新创业意识

一、财务报表的概念和分类

（一）财务报表的概念、组成和编制流程

微课

财务报表的概念和分类（1）

财务报表又称会计报表，是以会计准则为规范、根据日常会计核算资料定期编制的，综合反映企业某一特定日期财务状况和某一会计期间经营成果、现金流量的总结性书面文件。财务报表是财务报告的主要组成部分，是企业向外传递财务信息的主要手段。

对于“财务报表的概念”，我们从以下三个角度进行解析：（1）财务报表是依据准则定期编制的。一般企业的财务人员应该以《企业会计准则》为规范，根据企业在一定期间发生的日常会计核算资料定期编制财务报表。财务人员选择编制财务报表的时间可以是月末、季末或年末。（2）财务报表是总结性书面文件，它不是对企业发生的单一交易或事项的详尽描述，而是综合地反映企业在某一特定日期的财务状况和某一会计期间的经营成果、现金流量。（3）财务报表是沟通企业与外界的桥梁。财务报表是企业财务报告的主要组成部分，是企业向外部传递财务信息的主要手段。

财务报表是一个统称。就一般企业来说，财务报表至少应当包括资产负债表、利润表和现金流量表等报表。按照我国《企业会计准则——基本准则》，小企业编制的财务报表可以不包括现金流量表。

财务报表由报表项目和会计数据组成，是企业财务信息的核心载体，反映了企业各项经济业务的数字。

【提示】财务报表区别于财务报告。财务报告包括财务报表和其他应当在财务报告中披露的相关信息和资料，主要由财务报表、财务报表附注、财务情况说明书3部分组成。财务报表具有报告的性质，是以表格为主要形式，反映、提供和传输财务信息的书面报告文件，是财务报告的核心组成部分。

财务报表的编制流程如图1-1所示。

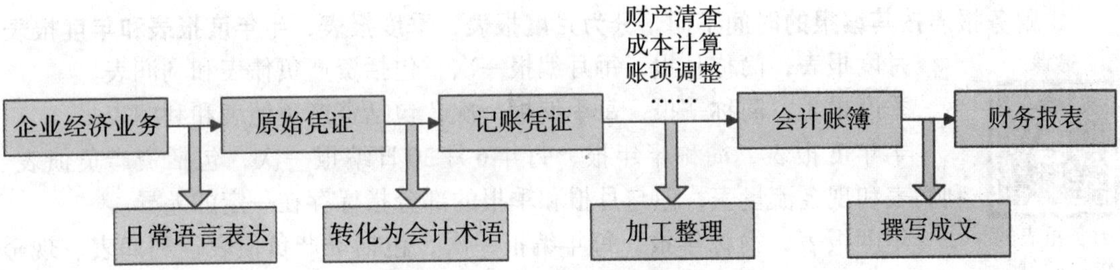

图1-1　财务报表的编制流程

我们以一家从事咸鸭蛋生产的农产品加工企业为例，介绍“购买3吨鸭蛋”这项经济业务从发生到编入财务报表的整个过程。“购买3吨鸭蛋”这一行为，表明企业经济业务的发生，口头上可以说“企业买了3吨鸭蛋”，但是在销售方提供的“销售单”或“增值税专用发票”上可不能这么写，而是要转化为会计语言。企业购买鸭蛋的目的是进行咸鸭蛋加工，所以对于这家企业来说，这批鸭蛋就是生产用的原材料，在“记账凭证”的摘要栏部分应该这样写“购买原材料”。因为鸭蛋是易碎品，所以在运输途中可能产生破损，也有可能销售方发来的鸭蛋不符合企业的要求而发生退货，所以，企业在收到销售方发来的鸭蛋时，要进行财产清查、成本计算、账项调整等一系列专用会计程序之后，才把该笔经济业务反映到原材料明细账及总账、应付账款明细账及总账等会计账簿中。如果企业不是赊购，而是用银行存款直接支付了货款，就要日清月结，登记银行存款日记账和总账。到了一定的时间点，比如说年末，企业就要整理账簿资料，编制科目余额表，并撰写成文，这就是“财务报表”。

（二）财务报表的分类

1.财务报表按其反映的经济内容不同，分为动态财务报表和静态财务报表

动态财务报表是反映企业一定时期内经营成果和现金流量的财务报表，如利润表和现金流量表。静态财务报表是反映企业在一定日期财务状况的财务报表，如资产负债表。财务报表按其反映的经济内容分类如图1-2所示。

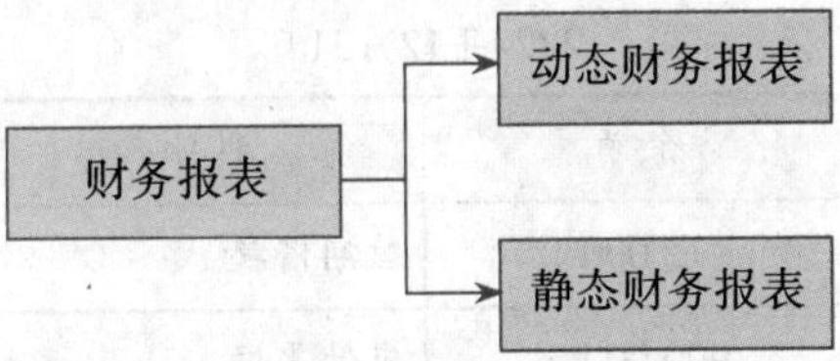

图1-2　财务报表按其反映的经济内容分类

【做中学1-1】（单选题）在下列财务报表中，属于静态财务报表的是（　　）。

A.资产负债表　　B.利润表　　C.现金流量表　　D.所有者权益变动表

【答案】A。

【教学案例】2019年初，美的集团董事长在中国制造论坛上发表了“2018年预计税前利润超过260亿元”等公司业绩的言论，格力电器董事长在换届大会上的股东提问环节披露“2018年格力电器预计营收将达2 000亿元，税后利润预计超过260亿元”。之后，两位董事长均收到证监局的警示函。请思考：什么是税前收益？税前收益与税后利润有什么关系？为什么财务报表数据特别被外界关注？

2.财务报表按其编报的时间不同，分为月度报表、季度报表、半年度报表和年度报表

微课

财务报表的概念和分类（2）

月度报表，简称月报，每月编报一次，包括资产负债表和利润表。

季度报表，简称季报，每季编报一次，包括资产负债表和利润表。

半年度报表，简称半年报，每年6月30日编报一次，包括资产负债表、利润表和现金流量表，但与月报和季报的部分指标存在一定的差异。

年度报表，简称年报，每年编报一次，包括资产负债表、利润表、现金流量表和所有者权益变动表，要求完整、全面地反映企业的财务状况、经营成果和现金流量情况。

财务报表按其编报的时间分类如图1-3所示。

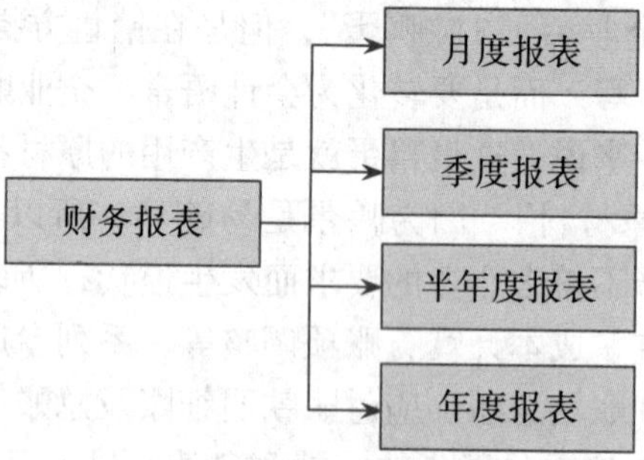

图1-3　财务报表按其编报的时间分类

【做中学1-2】（多选题）现金流量表的编报时间有（　　）。

A.2×25年1月　　B.2×25年3月　　C.2×25年6月　　D.2×25年12月

【答案】CD。

【做中学1-3】（业务题）HZ公司为一家上市公司，系增值税一般纳税人（13%），适用的所得税税率为25%，原材料采用计划成本法核算，长期股权投资采用成本法核算，周转材料采用一次摊销法摊销，2×24年12月31日科目余额见表1-1。

表1-1　科目余额表

2×24年12月31日

单位：元

科目名称	借方余额	科目名称	贷方余额
库存现金	12 000	短期借款	180 000
银行存款	900 000	应付票据	120 000
其他货币资金	90 000	应付账款	300 000
应收票据	70 000	应付职工薪酬	16 000
应收账款	600 000	应交税费	130 000
其他应收款	10 000	其他应付款	4 000
预付账款	90 000	长期借款	2 200 000
材料采购	850 000	长期应付款	300 000
原材料	250 000	实收资本（股本）	5 000 000

续表

科目名称	借方余额	科目名称	贷方余额
周转材料	100 000	盈余公积	700 000
库存商品	200 000	利润分配	220 000
长期股权投资	200 000	坏账准备	2 000
固定资产	6 100 000	累计折旧	1 000 000
在建工程	400 000		
无形资产	300 000		
合计	10 172 000	合计	10 172 000

该公司2×25年发生的经济业务如下：

（1）购入原材料一批，用银行存款支付货款100 000元、增值税13 000元，材料尚未收到。

（2）销售产品一批，货款200 000元，增值税26 000元，该批产品的实际成本为80 000元，产品已发出，价款尚未收到。

（3）收到原材料一批，实际成本900 000元，材料已验收入库，货款已支付。

（4）购入不需安装的设备一台，价款80 000元、增值税10 400元，包装费1 000元，均以银行存款支付，设备已交付使用，税款可抵扣。

（5）购入工程物资一批，价款118 000元（含已交纳的增值税），已用银行存款支付，税款不可抵扣。

（6）应付在建工程人员工资210 000元、福利费28 000元。

（7）工程即将完工，计算并提取应予资本化的长期借款利息52 000元。

（8）一项工程已达到预定可使用状态，结转工程价值690 000元。

（9）从银行借入5年期专门借款200 000元，借款已存入银行。

（10）销售产品一批，销售价款1 000 000元、增值税税额130 000元，销售产品的实际成本为600 000元，款项银行已收讫。

（11）收到被投资单位宣告并发放的现金股利100 000元，款项已存入银行。

（12）偿还短期借款本金150 000元，利息7 500元已预提。

（13）提取现金410 000元，准备发放工资。

（14）计提应支付的工资200 000元，其中：生产人员工资175 000元、车间管理人员工资10 000元、行政管理人员工资15 000元。

（15）支付工资410 000元。

（16）实际发生职工福利费28 000元，其中：生产人员24 500元、车间管理人员1 400元、行政管理人员2 100元。

（17）提取应计入本期损益的借款利息共21 000元，其中：短期借款利息11 000元，长期借款利息10 000元。

（18）基本生产车间为生产产品领用原材料700 000元，消耗低值易耗品50 000元。

（19）摊销无形资产50 000元。

（20）计提固定资产折旧80 000元，其中计入制造费用60 000元、管理费用20 000元。

（21）收到应收账款50 000元，存入银行。按应收账款余额计提坏账准备1 800元。

（22）结转制造费用。

（23）计算并结转本期完工产品成本1 020 900元，没有期初在产品，本期生产的产品全部完工入库。

（24）用银行存款支付广告费108 100元。

（25）本期产品销售应交纳的教育费附加为2 000元。

（26）用银行存款交纳增值税150 000元、教育费附加2 000元。

（27）将各损益类账户转入“本年利润”账户。

（28）计算并结转应交所得税。

（29）按本期净利润的10%和5%分别计提法定盈余公积、任意盈余公积。

（30）结转本年利润，将利润分配各明细账户的余额转入“未分配利润”明细账户。

（31）偿还长期借款本金1 002 000元。

（32）用银行存款交纳所得税。

【要求】编制HZ公司上述经济业务的会计分录和2×25年12月31日的科目余额表（见表1-2）。

表1-2 科目余额表

2×25年12月31日

单位：元

科目名称	借方余额	科目名称	贷方余额
库存现金		短期借款	
银行存款		应付票据	
其他货币资金		应付账款	
应收票据		应付职工薪酬	
应收账款		应交税费	
其他应收款		其他应付款	
预付账款		长期借款	
材料采购		长期应付款	
原材料		实收资本（股本）	
周转材料		盈余公积	
库存商品		利润分配	
长期股权投资		坏账准备	
固定资产		累计折旧	
工程物资		累计摊销	
在建工程		应付利息	
无形资产			
合计		合计	

【答案】

(1) 借：材料采购	100 000	
应交税费——应交增值税（进项税额）	13 000	
贷：银行存款		113 000
(2) 借：应收账款	226 000	
贷：主营业务收入		200 000
应交税费——应交增值税（销项税额）		26 000
借：主营业务成本	80 000	
贷：库存商品		80 000
(3) 借：原材料	900 000	
贷：材料采购		900 000
(4) 借：固定资产	81 000	
应交税费——应交增值税（进项税额）	10 400	
贷：银行存款		91 400
(5) 借：工程物资	118 000	
贷：银行存款		118 000
(6) 借：在建工程	238 000	
贷：应付职工薪酬——工资		210 000
——职工福利		28 000
(7) 借：在建工程	52 000	
贷：长期借款——应计利息		52 000
(8) 借：固定资产	690 000	
贷：在建工程		690 000
(9) 借：银行存款	200 000	
贷：长期借款		200 000
(10) 借：银行存款	1 130 000	
贷：主营业务收入		1 000 000
应交税费——应交增值税（销项税额）		130 000
借：主营业务成本	600 000	
贷：库存商品		600 000
(11) 借：应收股利	100 000	
贷：投资收益		100 000
借：银行存款	100 000	
贷：应收股利		100 000
(12) 借：短期借款	150 000	
应付利息	7 500	
贷：银行存款		157 500
(13) 借：库存现金	410 000	
贷：银行存款		410 000

（14）借：生产成本	175 000	
制造费用	10 000	
管理费用	15 000	
贷：应付职工薪酬——工资		200 000
（15）借：应付职工薪酬——工资	410 000	
贷：库存现金		410 000
（16）借：生产成本	24 500	
制造费用	1 400	
管理费用	2 100	
贷：应付职工薪酬——职工福利		28 000
（17）借：财务费用	21 000	
贷：长期借款——应计利息		10 000
应付利息		11 000
（18）借：生产成本	750 000	
贷：原材料		700 000
周转材料		50 000
（19）借：管理费用	50 000	
贷：累计摊销		50 000
（20）借：制造费用	60 000	
管理费用	20 000	
贷：累计折旧		80 000
（21）借：银行存款	50 000	
贷：应收账款		50 000
借：信用减值损失	1 800	
贷：坏账准备		1 800
（22）借：生产成本	71 400	
贷：制造费用		71 400
（23）借：库存商品	1 020 900	
贷：生产成本		1 020 900
（24）借：销售费用	108 100	
贷：银行存款		108 100
（25）借：税金及附加	2 000	
贷：应交税费——应交教育费附加		2 000
（26）借：应交税费——应交增值税（已交税金）	150 000	
——应交教育费附加	2 000	
贷：银行存款		152 000
（27）借：主营业务收入	1 200 000	
投资收益	100 000	
贷：本年利润		1 300 000

借：本年利润 900 000
　　贷：主营业务成本 680 000
　　　　税金及附加 2 000
　　　　销售费用 108 100
　　　　管理费用 87 100
　　　　财务费用 21 000
　　　　信用减值损失 1 800

（28）借：所得税费用 100 000
　　　　贷：应交税费——应交所得税 100 000
借：本年利润 100 000
　　贷：所得税费用 100 000

（29）本期提取的法定盈余公积 = 300 000×10% = 30 000（元）
本期提取的任意盈余公积 = 300 000×5% = 15 000（元）
借：利润分配——提取法定盈余公积 30 000
　　　　　　——提取任意盈余公积 15 000
　　贷：盈余公积——法定盈余公积 30 000
　　　　　　　　——任意盈余公积 15 000

（30）借：本年利润 300 000
　　　　贷：利润分配——未分配利润 300 000
借：利润分配——未分配利润 45 000
　　贷：利润分配——提取法定盈余公积 30 000
　　　　　　　　——提取任意盈余公积 15 000

（31）借：长期借款 1 002 000
　　　　贷：银行存款 1 002 000

（32）借：应交税费——应交所得税 100 000
　　　　贷：银行存款 100 000

编制科目余额表见表1-3。

表1-3　　科目余额表

2×25年12月31日　　　　单位：元

科目名称	借方余额	科目名称	贷方余额
库存现金	12 000	短期借款	30 000
银行存款	128 000	应付票据	120 000
其他货币资金	90 000	应付账款	300 000
应收票据	70 000	应付职工薪酬	72 000
应收账款	776 000	应交税费	112 600
其他应收款	10 000	其他应付款	4 000

续表

科目名称	借方余额	科目名称	贷方余额
预付账款	90 000	长期借款	1 460 000
材料采购	50 000	长期应付款	300 000
原材料	450 000	实收资本（股本）	5 000 000
周转材料	50 000	盈余公积	745 000
库存商品	540 900	利润分配	475 000
长期股权投资	200 000	坏账准备	3 800
固定资产	6 871 000	累计折旧	1 080 000
工程物资	118 000	累计摊销	50 000
在建工程		应付利息	3 500
无形资产	300 000		
合计	9 755 900	合计	9 755 900

【双创一点通】企业年度报告公示

企业年度报告公示，是指企业应当按年度在规定的期限内，通过国家企业信用信息公示系统（https：//www.gsxt.gov.cn/index.html）向市场监管部门报送年度报告，并向社会公示，任何单位和个人均可查询。企业自己对年度报告的真实性、合法性负责，是《企业信息公示暂行条例》规定的企业的法定义务。公司当年注册的，第二年才需要进行企业信息公示。企业可自行登录当地市场监管部门网站，自助填报企业相关信息。

二、资产负债表及其编制

（一）资产负债表的定义、作用、格式和内容

微课

资产负债表及其编制(1)

1.资产负债表的定义

郑玄注《周礼》曰：“司会主天下之大计，计官之长。”“以参互考日成，以月要考月成，以岁会考岁成。”意思就是，掌管全国会计的官员，即司会，通知下属的县、府、郡要定期上报日报表，即参互，月底要报月报表，即月要，年终要报年度报表，即岁会。这说明，距今三千多年前，我国人民就开始编制会计报表，这是人类历史上关于会计报表的最早记载。到了近代，英美的会计发展走在了世界的前列。1862年，英国在《公司法》中规定：“股份公司要定期编报资产、负债以及经营情况表向股东大会报告审查。”这时，已经初步有了编报资产负债表的意向。1908年，美国加利福尼亚大学教授亨利·兰德·哈特菲尔德在其所著的《近年会计学》中论述了资产负债表必须划分资产方和负债方。

资产负债表，是指反映企业在某一特定日期的财务状况的会计报表。资产负债表反映的是企业特定日期的财务状况，又称静态报表。资产负债表主要提供有关企业财务状况方面的信息，即某一特定日期关于企业资产、负债、所有者权益及其相互关系的信息。可以

从以下三个方面理解资产负债表的定义：（1）资产负债表是静态报表，反映企业在某一特定日期的财务状况；（2）资产负债表反映的财务状况，是企业在某一特定日期关于企业资产、负债、所有者权益及其相互关系的信息；（3）资产、负债、所有者权益是资产负债表的三要素。

2. 资产负债表的作用

（1）可以提供某一日期的资产总额及其结构，表明企业拥有或控制的资源及其分布情况，使报表使用者获知企业在某一特定日期所拥有的资产总量及其结构。

（2）可以提供某一日期的负债总额及其结构，表明企业未来需要用多少资产或劳务清偿债务以及清偿时间。

（3）可以反映所有者拥有的权益，报表使用者据此可以判断企业资本保值、增值的情况以及对负债的保障程度。

3. 资产负债表的格式

我国企业的资产负债表一般采用“账户式”结构，其格式见表1-4。

表1-4　资产负债表

（该表适用于已执行新金融准则、新收入准则和新租赁准则的企业）　会企01表

编制单位：　____年__月__日　单位：元

资　产	期末余额	上年年末余额	负债和所有者权益（或股东权益）	期末余额	上年年末余额
流动资产：			流动负债：		
货币资金			短期借款		
交易性金融资产			交易性金融负债		
衍生金融资产			衍生金融负债		
应收票据			应付票据		
应收款项融资			预收款项		
预付款项			合同负债		
其他应收款			应付职工薪酬		
存货			应交税费		
合同资产			其他应付款		
持有待售资产			持有待售负债		
一年内到期的非流动资产			一年内到期的非流动负债		
其他流动资产			其他流动负债		
流动资产合计			流动负债合计		
非流动资产：			非流动负债：		
债权投资			长期借款		

续表

资　产	期末余额	上年年末余额	负债和所有者权益（或股东权益）	期末余额	上年年末余额
其他债权投资			应付债券		
长期应收款			其中：优先股		
长期股权投资			永续债		
其他权益工具投资			租赁负债		
其他非流动金融资产			长期应付款		
投资性房地产			预计负债		
固定资产			递延收益		
在建工程			递延所得税负债		
生产性生物资产			其他非流动负债		
油气资产			非流动负债合计		
使用权资产			负债合计		
无形资产			所有者权益（或股东权益）：		
开发支出			实收资本（或股本）		
商誉			其他权益工具		
长期待摊费用			其中：优先股		
递延所得税资产			永续债		
其他非流动资产			资本公积		
非流动资产合计			减：库存股		
			其他综合收益		
			专项储备		
			盈余公积		
			未分配利润		
			所有者权益（或股东权益）合计		
资产总计			负债和所有者权益（或股东权益）总计		

“账户式”资产负债表是左右结构，左边列示资产，右边列示负债和所有者权益。在“账户式”资产负债表中，资产各项目的合计等于负债和所有者权益各项目的合计，即资产负债表左边和右边平衡。因此，通过“账户式”资产负债表，可以反映资产、负债和所有者权益之间的内在关系，即“资产 = 负债 + 所有者权益”。

"账户式"资产负债表能使资产和权益的恒等关系一目了然，尤其是易于比较流动资产和流动负债的对应关系，但要编制比较资产负债表则颇为不便。另外，由于左资产、右权益的格式占据了很多横行的空间，一些项目很难附加括号注释。

4. 资产负债表的内容

资产负债表的内容包括表首、正表和补充资料三个部分。

（1）表首。表首部分是资产负债表的标志，应具有报表名称、编制单位、编制日期、金额单位及报表编号等五个要素。资产负债表是静态报表，编制日期应填列报告期末最后一天的日期。

（2）正表。正表部分是资产负债表的主体，应按"期末余额""上年年末余额"分项目列示金额。资产负债表中的资产和负债应当按照流动性分别流动资产和非流动资产、流动负债和非流动负债列示。资产负债表中的所有者权益一般按照净资产的不同来源和特定用途进行分类，应当按照实收资本（或股本）、其他权益工具、资本公积、其他综合收益、盈余公积、未分配利润等项目分项列示。

（3）补充资料。在资产负债表的下端，可以根据行业特点和报表充分揭示的需要，列示补充资料。补充资料是报表附注的重要内容，主要反映一些报表使用者需要了解，但是在报表的基本部分无法反映或难以单独反映的信息内容。它是对资产负债表的直接补充说明，其目的是帮助报表使用者更好地阅读、理解报表项目，分析企业财务状况。

（二）资产负债表的编制原理和编制方法

1. 资产负债表的编制原理

微课

资产负债表及其编制(2)

资产、负债、所有者权益这三个要素是对企业财务状况的静态反映，被称为资产负债表要素。三者形成了反映特定日期财务状况的平衡公式，即"资产 = 负债 + 所有者权益"。

资产负债表遵循"资产 = 负债 + 所有者权益"这一会计恒等式，把企业在特定日期所拥有的经济资源和与之相对应的企业所承担的债务及偿债以后属于所有者的权益充分反映出来。因此，资产负债表应当分别列示资产总计项目和负债与所有者权益总计项目，并且这两者的金额应当相等。

【做中学1-4】（单选题）资产负债表编制的理论依据是（　　）。

A. 收入 - 费用 = 利润

B. 资金占用 = 资金来源

C. 资产 = 负债 + 所有者权益

D. 资产 = 负债 + 所有者权益 +（收入 - 费用）

【答案】C。

2. 资产负债表的编制方法

资产负债表的各项目都列有"期末余额"和"上年年末余额"两栏，相当于两期的比较资产负债表。

（1）"上年年末余额"的填列。资产负债表"上年年末余额"栏内各项数字应根据上年年末资产负债表"期末余额"栏内所列数字填列。如果本年度资产负债表规定的各个项目的名称和内容与上年度不一致，应对上年年末资产负债表各项目的名称和数字按照本年度的规定进行调整，再填入"上年年末余额"栏内。

（2）“期末余额”的填列。资产负债表中“期末余额”是指月末、季末或年末数字，它们是根据各项目有关总账科目或明细科目的期末余额直接填列或计算分析填列的。

①根据总账科目的余额填列。

“短期借款”“资本公积”等项目，应根据有关总账科目的余额填列。

有些项目需要根据几个总账科目的余额计算填列，如“货币资金”项目，应根据“库存现金”“银行存款”“其他货币资金”三个总账科目余额的合计数填列；“其他应付款”项目，应根据“应付股利”“应付利息”“其他应付款”三个总账科目余额的合计数填列。

【做中学1-5】（多选题）下列账户，期末余额应合并到资产负债表货币资金项目的有（　　）。

A.银行存款　　B.库存现金　　C.其他货币资金　　D.生产成本

【答案】ABC。

【做中学1-6】（多选题）下列资产负债表项目中，根据总账科目余额直接填列的有（　　）。

A.短期借款　　B.实收资本　　C.其他应付款　　D.应收账款

【答案】AB。

②根据明细账科目的余额计算填列。

“应付账款”项目，需要根据“应付账款”和“预付账款”两个科目所属的相关明细科目的期末贷方余额计算填列；“应收账款”项目，需要根据“应收账款”和“预收账款”两个科目所属的相关明细科目的期末借方余额，减去“坏账准备”科目中相关科目期末余额后的金额填列；“预付款项”项目，需要根据“应付账款”科目借方余额和“预付账款”科目借方余额减去与“预付账款”有关的坏账准备科目贷方余额计算填列；“预收款项”项目，需要根据“应收账款”科目贷方余额和“预收账款”科目贷方余额计算填列；“开发支出”项目，应根据“研发支出”科目中所属的“资本化支出”明细科目期末余额填列；“一年内到期的非流动资产”“一年内到期的非流动负债”项目，应根据有关非流动资产或非流动负债项目的明细科目余额分析填列；“长期借款”“应付债券”项目，应分别根据“长期借款”“应付债券”科目的明细科目余额分析填列；“未分配利润”项目，应根据“利润分配”科目中所属的“未分配利润”明细科目的期末余额填列。

【做中学1-7】（单选题）下列资产负债表项目，需要根据相关总账所属明细科目的期末余额分析填列的是（　　）。

A.短期借款　　B.货币资金　　C.应付账款　　D.资本公积

【答案】C。

【做中学1-8】（单选题）HZ公司2×25年12月31日“应收账款”有三个明细分类账，其中“应收账款——GZ公司”明细分类账借方余额为300 000元；“应收账款——GY公司”明细分类账借方余额为400 000元；“应收账款——GX公司”明细分类账贷方余额为100 000元，“预收账款”有两个明细分类账，其中“预收账款——GGU公司”明细分类账借方余额为45 000元，“预收账款——GW公司”明细分类账贷方余额为20 000元；“坏账准备”科目贷方余额为3 000元，“应收票据”科目借方余额为100 000元，则HZ公司资产负债表的“应收账款”项目应为（　　）元。

A.697 000　　B.717 000　　C.742 000　　D.745 000

【答案】C。

③根据总账科目和明细账科目的余额分析计算填列。

“长期借款”项目，需根据“长期借款”总账科目余额扣除“长期借款”科目所属的明细科目中将在资产负债表日起一年内（含一年）到期且企业不能自主地将清偿义务展期的长期借款后的金额计算填列；“长期待摊费用”项目，应根据“长期待摊费用”科目的期末余额减去将于一年内（含一年）摊销的数额后的金额填列；“其他非流动资产”项目，应根据有关科目的期末余额减去将于一年内（含一年）收回的数额后的金额计算填列；“其他非流动负债”项目，应根据有关科目的期末数减去将于一年内（含一年）到期偿还的数额后的金额填列。

④根据有关科目余额减去其备抵科目余额后的净额填列。

微课

资产负债表及其编制(3)

“长期股权投资”项目应根据“长期股权投资”总账科目余额，减去长期股权投资减值准备后的金额填列；“固定资产”项目，应根据“固定资产”“固定资产清理”两个总账科目余额合计数，减去“累计折旧”“固定资产减值准备”科目余额后的净额填列；“在建工程”项目，应根据“在建工程”“工程物资”两个总账科目余额合计数，减去“在建工程减值准备”“工程物资减值准备”科目余额后的净额填列；无形资产中，使用寿命确定的无形资产项目，应根据“无形资产”总账科目余额，减去“累计摊销”“无形资产减值准备”科目余额后的净额填列；使用寿命不确定的无形资产项目，应根据“无形资产”总账科目余额，减去“无形资产减值准备”科目余额后的净额填列。

【做中学1-9】（单选题）HZ公司2×25年12月31日“固定资产”科目借方余额为800 000元，“累计折旧”科目期末贷方余额为350 000元，“固定资产减值准备”科目期末贷方余额为20 000元，“固定资产清理”科目期末借方余额为10 000元，资产负债表中“固定资产”项目应填列（　　）元。

A.470 000　　B.450 000　　C.440 000　　D.430 000

【答案】C。

⑤综合运用上述填列方法分析填列。

“其他应收款”项目，应根据“应收利息”、“应收股利”和“其他应收款”科目的期末余额合计数，减去“坏账准备”科目中相关坏账准备期末余额后的金额填列；“存货”项目，应根据“材料采购”“原材料”“发出商品”“库存商品”“周转材料”“委托加工物资”“生产成本”“受托代销商品”等科目的期末余额合计，减去“受托代销商品款”“存货跌价准备”等科目期末余额后的金额填列，材料采用计划成本核算，以及库存商品采用计划成本核算或售价金额核算的企业，还应按加或减“材料成本差异”“商品进销差价”科目余额后的金额填列。

【做中学1-10】（单选题）HZ公司2×25年12月31日“原材料”科目余额为100万元，“生产成本”科目余额为70万元，“材料成本差异”科目贷方余额为5万元，“库存商品”科目余额为150万元，“工程物资”科目余额为200万元。则HZ公司资产负债表中“存货”项目的金额为（　　）万元。

A.245　　B.315　　C.325　　D.515

【答案】B。

【教学案例】2014年10月，獐子岛发布公告称，因北黄海遭遇几十年一遇的异常冷水团，公司在2011年和部分2012年播撒的100多万亩即将进入收获期的虾夷扇贝绝收。受此影响，獐子岛2014年巨亏11.89亿元。于是，"扇贝跑路"一事震惊整个A股市场。2018年1月，獐子岛再次发生"扇贝跑路"事件。彼时，獐子岛发布公告称，由于2017年降水减少导致扇贝的饵料生物数量下降，养殖规模的大幅扩张更加剧了饵料短缺，再加上海水温度的异常，最后诱发大量扇贝饿死。2019年7月，中国证监会查明，獐子岛涉嫌财务造假，内部控制存在重大缺陷，此外，其披露的相关文件还涉嫌虚假记载等问题。请思考：企业如何编制存货项目？存货项目受哪些会计科目影响？

（三）编制资产负债表应注意的问题

1.注意会计科目与报表项目的对应关系

由于资产负债表各项目与会计科目的名称并非固定地一一对应，有的报表项目根据某一科目的余额直接填列，如"短期借款"项目；有的报表项目根据几个科目余额分析计算填列，如"应收账款"项目；有的报表项目根据几个科目的余额合计填列，如"存货"项目。因此，在填制资产负债表时，要严格按照编制说明的要求进行，保证财务报表的客观真实。

2.资产价值必须按实际成本反映

在会计核算中，由于经济业务繁简不一，会计处理方法也有可供选择的余地，但在编制资产负债表时，不管企业的会计核算采用何种方法，资产的价值必须按实际成本反映。例如，对存货采用计划成本法进行日常核算的企业，在填列资产负债表时，应注意用"材料成本差异"科目将存货的计划成本调整为实际成本进行反映。

3.注意准确运用数字符号

编制资产负债表时，要注意数字符号的正确选用，若选用得当，能准确、完整地反映企业的财务状况；若选用不当，则可能引起对财务状况的误解。凡是某报表项目没有对应项目的，该项目所出现的相反方向余额，应以"-"号填列在资产负债表中。例如，"应付职工薪酬""应交税费"等科目若出现借方余额时，均应以"-"号填入报表的相应项目内。凡是某项目有对应项目的，该项目所出现的相反方向余额，在对应项目中反映，不以"-"号反映，这些项目包括"应收账款"与"预收款项"、"应付账款"与"预付款项"。例如，"预收款项"项目，原本属于负债类项目，反映企业预收购货单位的购货款，一般根据"预收账款"科目贷方余额转入资产负债表的"预收款项"项目内，但如果企业实际销售的商品款项大于实收的预收账款，则"预收账款"科目会出现借方余额，那么，"预收账款"科目的借方余额应填入相应的"应收账款"项目内，而不应以"-"号填入"预收款项"项目反映。

4.注意不包括在资产负债表中的项目

资产是指过去的交易或事项形成的由企业拥有或者控制的资源，该资源预期会给企业带来经济利益。按照资产的定义，能给企业带来经济利益是资产的主要特征，不能给企业带来经济利益的资产不应反映在企业的资产负债表中。因此，"待处理财产损溢"科目余额不在资产负债表中反映，期末若企业该科目中仍有未转销的余额，应及时报批处理，然后才能编制资产负债表。

【做中学1-11】根据【做中学1-3】中的资料，编制HZ公司2×25年12月31日的资产负债表。

【答案】编制的资产负债表见表1-5。

表1-5　资产负债表

（该表适用于已执行新金融准则、新收入准则和新租赁准则的企业）　会企01表

编制单位：HZ公司　2×25年12月31日　单位：元

资　产	期末余额	上年年末余额	负债和所有者权益（或股东权益）	期末余额	上年年末余额
流动资产：			流动负债：		
货币资金	230 000	1 002 000	短期借款	30 000	180 000
交易性金融资产			交易性金融负债		
衍生金融资产			衍生金融负债		
应收票据	70 000	70 000	应付票据	120 000	120 000
应收账款	772 200	598 000	应付账款	300 000	300 000
预付款项	90 000	90 000	预收款项		
其他应收款	10 000	10 000	合同负债		
存货	1 090 900	1 400 000	应付职工薪酬	72 000	16 000
合同资产			应交税费	112 600	130 000
持有待售资产			其他应付款	7 500	4 000
一年内到期的非流动资产			持有待售负债		
其他流动资产			一年内到期的非流动负债		
流动资产合计	2 263 100	3 170 000	其他流动负债		
非流动资产：			流动负债合计	642 100	750 000
债权投资			非流动负债：		
其他债权投资			长期借款	1 460 000	2 200 000
长期应收款			应付债券		
长期股权投资	200 000	200 000	其中：优先股		
其他权益工具投资			永续债		
其他非流动金融资产			长期应付款	300 000	300 000
投资性房地产			预计负债		
固定资产	5 791 000	5 100 000	递延收益		
在建工程	118 000	400 000	递延所得税负债		
生产性生物资产			其他非流动负债		
油气资产			非流动负债合计	1 760 000	2 500 000
无形资产	250 000	300 000	负债合计	2 402 100	3 250 000
开发支出			所有者权益（或股东权益）：		
商誉			实收资本（或股本）	5 000 000	5 000 000
长期待摊费用			其他权益工具		
递延所得税资产			其中：优先股		
其他非流动资产			永续债		
非流动资产合计	6 359 000	6 000 000	资本公积		

续表

资　产	期末余额	上年年末余额	负债和所有者权益（或股东权益）	期末余额	上年年末余额
			减：库存股		
			其他综合收益		
			盈余公积	745 000	700 000
			未分配利润	475 000	220 000
			所有者权益（或股东权益）合计	6 220 000	5 920 000
资产总计	8 622 100	9 170 000	负债和所有者权益（或股东权益）总计	8 622 100	9 170 000

【双创一点通】填制大学生初创公司资产负债表

对于大学生初创公司来说，大多数采用代加工、代销售的商业模式，资产负债表的填制以款项往来为主，即应收客户款项、应付渠道商款项等。具体来说，资产以流动资产为主，主要是货币资金和应收账款，若取得专利权，计入无形资产，因高校基本都为大学生初创公司提供免租的营业场所，所以固定资产不多；负债也以流动负债为主，除了贷款，还包括计入应付职工薪酬的人工费和依法缴纳的税款。在没有实缴的情况下，实收资本为0，所有者权益主要为盈余公积和未分配利润。初创公司资产负债表示例如图1-4所示。

资产负债表

编制单位：淄博市周村区动电机电技术有限责任公司　2023年6月30日　单位：元

资　产	期末余额	上年年末余额	负债和所有者权益（或股东权益）	期末余额	上年年末余额
流动资产：			流动负债：		
货币资金	201 397.00		短期借款		
应收票据			交易性金融负债		
应收账款	632 393.00		应付票据		
预付款项			应付账款	433 200.00	
其他应收款			预收款项		
存货			应付职工薪酬	93 000.00	
一年内到期的非流动资产			应交税费	57 516.38	
其他流动资产			其他应付款		
流动资产合计	833 790.00		一年内到期的非流动负债		
非流动资产：			其他流动负债		
长期应收款			流动负债合计	583 716.38	
长期股权投资			非流动负债：		
投资性房地产			长期借款		
固定资产			应付债券		
在建工程			长期应付款		
无形资产			非流动负债合计		
开发支出			负债合计	583 716.38	
商誉			所有者权益（或股东权益）		
长期待摊费用			实收资本（或股本）	86 640.00	
递延所得税资产			资本公积		
其他非流动资产			盈余公积		
非流动资产合计			未分配利润	163 433.62	
			所有者权益（或股东权益）合计	250 073.62	
资产总计	833 790.00		负债和所有者权益（或股东权益）总计	833 790.00	

财务专用章

产品卖出去、直接收到的款项，收取的应收款项和企业存放在银行的资金等

产品卖出去，应向客户收取的款项

大学生在校创业，可使用学校提供的免租营业场所

购买材料，应向渠道商支付的款项

员工工资

对其经营所得依法缴纳的各种税费

企业创始人和股东实缴的资金

图1-4　初创公司资产负债表示例

三、利润表及其编制

（一）利润表的定义、作用、格式和内容

1.利润表的定义

利润表最早可追溯至17世纪的“损益证明书”，前身是18—20世纪初的“损益·原始资本计算书”。1929年，英国《公司法》首次正式要求企业编制“收益表”，使“收益表”成为企业第二个正式对外财务报表。利润表是我们国家的叫法，在西方国家普遍称之为“收益表”。

利润表又称损益表，是反映企业在一定会计期间的经营成果的会计报表。通过利润表，报表使用者可以了解企业在一定会计期间内的收入和成本费用状况，判断企业的盈利能力和利润来源。利润表反映企业在一定会计期间的经营成果，是一种动态报表。可以从以下两个方面理解利润表的定义：一是利润表是一种动态报表，反映的是企业在某一期间的经营成果，这是它与资产负债表的最大区别（资产负债表反映的是企业在特定日期的财务状况）。二是利润表上反映的是收入、费用、利润三个要素之间的钩稽关系，收入减去费用等于利润。通过利润表，我们可以知道，企业在生产经营活动和投资活动中投入与产出的结果，即利润。

微课

利润表及其编制（1）

利润表与资产负债表之间存在钩稽关系（如图1-5所示），所有者权益的期末余额包含了本期取得的净利润，即企业取得的净利润在弥补亏损、交纳税款、转增资本、股利分配之后的“未分配利润”记入所有者权益中的“未分配利润”。

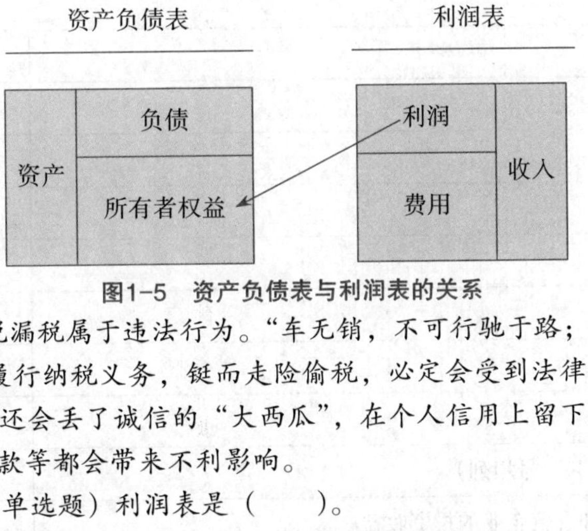

图1-5　资产负债表与利润表的关系

【学思践悟】偷税漏税属于违法行为。“车无销，不可行驰于路；人无信，不可行走世间。”身为纳税人不履行纳税义务，铤而走险偷税，必定会受到法律的处罚，最终小利益的“芝麻”没捡到，还会丢了诚信的“大西瓜”，在个人信用上留下难以去除的污点，对自己就业、升学、贷款等都会带来不利影响。

【做中学1-12】（单选题）利润表是（　　）。

A.反映现金流量的报表　　B.动态报表

C.静态报表　　D.反映财务状况的报表

【答案】B。

2.利润表的作用

通过利润表，报表使用者可以了解企业在一定会计期间内的收入和成本费用状况，判断企业的盈利能力和利润来源。

（1）反映企业一定会计期间收入的实现情况，如实现的营业收入有多少、实现的投资

收益有多少；

（2）反映企业一定会计期间的费用耗费情况，如耗费的营业成本有多少、发生的管理费用有多少；

（3）反映企业生产经营活动的成果，即净利润的实现情况，报表使用者据以判断企业资本保值、增值等情况。

【教学案例】1999年，蓝田股份创造了中国农业企业罕见的“蓝田神话”，号称“一只鸭子一年的利润相当于生产两台彩电”。但是，学者刘姝威研究发现，蓝田股份扣除各项成本和费用后，没有净收入来源，而且不能创造足够的现金流量以维持正常经营活动，也不能保证按时偿还贷款本息，从而揭露了蓝田股份造假的事实。请思考：成本费用类科目对企业利润的影响有哪些？

3.利润表的格式

我国企业采用“多步式”列报利润表，将不同性质的收入和费用进行对比，从而可以得出一些中间性的利润数据，便于报表使用者理解企业经营成果的不同来源情况。

利润表的具体格式见表1-6。

表1-6　利润表　会企02表

编制单位：　年　月　单位：元

项　目	本期金额	上期金额
一、营业收入		
减：营业成本		
税金及附加		
销售费用		
管理费用		
研发费用		
财务费用		
其中：利息费用		
利息收入		
加：其他收益		
投资收益（损失以“–”号填列）		
其中：对联营企业和合营企业的投资收益		
以摊余成本计量的金融资产终止确认收益（损失以“–”号填列）		
净敞口套期收益（损失以“–”号填列）		
公允价值变动收益（损失以“–”号填列）		
信用减值损失（损失以“–”号填列）		
资产减值损失（损失以“–”号填列）		
资产处置收益（损失以“–”号填列）		

续表

项　目	本期金额	上期金额
二、营业利润（亏损以“-”号填列）		
加：营业外收入		
减：营业外支出		
三、利润总额（亏损总额以“-”号填列）		
减：所得税费用		
四、净利润（净亏损以“-”号填列）		
(一）持续经营净利润（净亏损以“-”号填列）		
(二）终止经营净利润（净亏损以“-”号填列）		
五、其他综合收益的税后净额		
(一）不能重分类进损益的其他综合收益		
1.重新计量设定受益计划变动额		
2.权益法下不能转损益的其他综合收益		
3.其他权益工具投资公允价值变动		
4.企业自身信用风险公允价值变动		
⋮		
(二）将重分类进损益的其他综合收益		
1.权益法下可转损益的其他综合收益		
2.其他债权投资公允价值变动		
3.金融资产重分类计入其他综合收益的金额		
4.其他债权投资信用减值准备		
5.现金流量套期储备		
6.外币财务报表折算差额		
⋮		
六、综合收益总额		
七、每股收益：		
(一）基本每股收益		
(二）稀释每股收益		

【提示】综合收益，是指企业在某一期间与所有者之外的其他方面进行交易或发生其他事项所引起的净资产变动。综合收益包括两部分：净利润和其他综合收益。其中，前者是企业已实现并已确认的收益，后者是企业未实现但根据会计准则的规定已确认的收益。

【做中学1-13】（单选题）编制多步式利润表的第一步，应以（　　）。

A.主营业务收入为基础　　　　B.营业收入为基础

C.营业利润为基础　　　　D.利润总额为基础

【答案】B。

4.利润表的内容

利润表一般由表首、正表和补充资料三部分构成。

（1）表首。表首主要包括报表名称、编制单位、编制日期、报表编号和数量单位等要素。

（2）正表。正表是利润表的主体部分，主要反映收入、费用和利润各项目的具体内容及其相互关系，一般设有“上期金额”和“本期金额”两栏。

（3）补充资料。补充资料主要用于列示影响本期会计报表金额或未来经营活动，而在本期利润表中无法或不便于表达的项目，以便于报表使用者准确地分析企业的经营成果。

（二）利润表的编制原理和编制方法

微课

利润表及其编制（2）

1.利润表的编制原理

利润表的编制依据是收入、费用与利润三者之间的相互关系，即“收入-费用＝利润”。

企业在生产经营过程中不断地发生各种费用支出，同时取得各种收入，收入减去费用，剩下的部分就是企业的盈利。取得的收入和发生的相关费用的对比情况就是企业的经营成果。如果企业经营不当，发生的生产经营费用超过取得的收入，企业就发生了亏损；反之，就能取得一定的利润。企业应定期核算经营成果，并将核算结果编制成利润表。

2.利润表的编制方法

利润表分为“本期金额”栏和“上期金额”栏。

（1）“本期金额”栏的填列。“本期金额”栏根据“主营业务收入”“其他业务收入”“主营业务成本”“其他业务成本”“税金及附加”“销售费用”“管理费用”“财务费用”“资产减值损失”“信用减值损失”“其他收益”“投资收益”“净敞口套期收益”“公允价值变动损益”“资产处置损益”“营业外收入”“营业外支出”“所得税费用”等损益类科目的发生额分析填列。其中，“营业利润”“利润总额”“净利润”项目根据本表中相关项目计算填列。综合收益总额等于净利润和其他综合收益的税后净额之和。

（2）“上期金额”栏的填列。“上期金额”栏应根据上年该期利润表“本期金额”栏内所列数字填列。如果上年该期利润表规定的各个项目的名称和内容同本期不相一致，应对上年该期利润表各项目的名称和数字按本期的规定进行调整，填入“上期金额”栏。

【做中学1-14】（多选题）资产负债表依据（　　）分析填制，利润表依据（　　）分析填制。

A.期初余额　　B.期末余额　　C.本期发生额　　D.上期发生额

【答案】BC。

（三）编制利润表应注意的问题

1.注意“利得”和“损失”

“利得”和“损失”并没有作为单独的利润表要素在利润表中填列，但在计算利润时，却又作为单独的要素出现，这就使得利润表要素的定义与内容不能相互协调，在一定程度上导致了会计理论研究和实务操作的混乱。这就要求在进行利润核算及编制利润表时，注意对利润表要素的理解和运用，既能体现基本准则的纲要地位，又能在实际业务的处理中，灵活运用，从而编制出科学、合理的利润表。

2.注意利润表结构上的变化

利润表将“资产减值损失”“信用减值损失”“投资收益”“净敞口套期收益”“公允价值变动收益”“资产处置收益”等投资活动导致的损益全部归入“营业利润”，即企业在计算营业利润时要减去“资产减值损失”和“信用减值损失”部分，加上“投资收益”“净敞口套期收益”“公允价值变动收益”“资产处置收益”部分。

3.注意年度利润表中净利润项目的填列

在进行年度利润表的编制时，转入“利润分配——未分配利润”科目的数字应是全年实现的净利润，而不仅是12月当月实现的净利润。

【做中学1-15】根据【做中学1-3】中的资料，编制HZ公司2×25年度的利润表。

【答案】编制的利润表见表1-7。

表1-7　利润表

会企02表

编制单位：HZ公司　2×25年　单位：元

项　目	本期金额	上期金额
一、营业收入	1 200 000	
减：营业成本	680 000	
税金及附加	2 000	
销售费用	108 100	
管理费用	87 100	
研发费用		
财务费用	21 000	
加：其他收益		
投资收益（损失以“-”号填列）	100 000	
其中：对联营企业和合营企业的投资收益		
以摊余成本计量的金融资产终止确认收益（损失以“-”号填列）		
净敞口套期收益（损失以“-”号填列）		
公允价值变动收益（损失以“-”号填列）		
信用减值损失（损失以“-”号填列）		
资产减值损失（损失以“-”号填列）	-1 800	
资产处置收益（损失以“-”号填列）		
二、营业利润（亏损以“-”号填列）	400 000	
加：营业外收入		
减：营业外支出		
三、利润总额（亏损总额以“-”号填列）	400 000	
减：所得税费用	100 000	
四、净利润（净亏损以“-”号填列）	300 000	

【双创一点通】填制大学生初创公司利润表

一般情况下，大学生初创公司的利润较低，原因有二：一是产品知名度不高，销量低；二是成本费用较高。因此，利润表的填写，以营业收入和成本费用为主，成本费用包括税金及附加和期间费用。在期间费用中，财务费用金额不高，销售费用主要是推广产品的宣传费用、支付给代销商的费用等，管理费用主要是公司管理人员工资和日常管理产生的费用。初创公司利润表示例如图1-6所示。

利润表

编制单位：淄博市周村区动电机电技术有限责任公司　　2023年1—6月　　单位：元

项　目	本期金额	上期金额
一、营业收入	1 592 522.12	
减：营业成本	1 150 088.50	
税金及附加	2 013.07	
销售费用	27 000.00	
管理费用	252 000.00	
研发费用		
财务费用		
加：其他收益		
投资收益（损失以“-”号填列）		
公允价值变动收益（损失以“-”号填列）		
信用减值损失（损失以“-”号填列）		
资产减值损失（损失以“-”号填列）		
资产处置收益（损失以“-”号填列）		
二、营业利润（亏损以“-”号填列）	161 420.55	
加：营业外收入		
减：营业外支出		
三、利润总额（亏损总额以“-”号填列）	161 420.55	
减：所得税费用		
四、净利润（净亏损以“-”号填列）	161 420.55	

图1-6　初创公司利润表示例

四、现金流量表及其编制

（一）现金流量表的定义、作用、格式和内容

微课

现金流量表及其编制（1）

1.现金流量表的定义

相对于历史较长的资产负债表和利润表，现金流量表的历史较短。现金流量表的雏形可以追溯至1863年，美国北方钢铁公司编制的“财务交易汇总表”；到20世纪六七十年代，出现了最早、最具权威性的关于现金流量表的报告——现金流量表分析及资金表，到后来又被称为“财务状况变动表”；1987年11月，美国财务会计准则委员会（FASB）公布95号财务会计准则公告（SFA95）《现金流量表》，取代了APB的第19号意见书，并要求企业在1988年7月15日以后，必须以“现金流量表”代替“财务状况变动表”。

现金流量表，是反映企业一定会计期间现金和现金等价物流入和流出的报表。现金流

量表提供了企业一定会计期间内现金和现金等价物流入和流出的信息，便于报表使用者了解和评价企业获取现金和现金等价物的能力，并据以预测企业未来现金流量。现金流量表最大的特点就是反映了企业一定会计期间的现金及现金等价物的流入和流出情况，因为反映的是一定的会计期间的相关情况，所以现金流量表也是动态报表。

2.现金流量表的作用

（1）反映了企业现金流入和流出的原因，即现金从哪里来、又用到哪里去。这些信息是资产负债表和利润表所不能提供的。

（2）反映了企业现金流入的构成，可以了解企业获取现金的能力和现金偿付的能力，从而使有限的社会资源流向最能产生效益的地方。

（3）编制现金流量表，也便于和国际惯例相协调，对开展跨国经营、境外筹资、加强国际经济合作等起到积极的作用。

3.现金流量表的格式

现金流量表的格式见表1-8。

表1-8　　现金流量表

会企03表

编制单位：　　年　月　　单位：元

项　目	本期金额	上期金额
一、经营活动产生的现金流量：		
销售商品、提供劳务收到的现金		
收到的税费返还		
收到其他与经营活动有关的现金		
经营活动现金流入小计		
购买商品、接受劳务支付的现金		
支付给职工以及为职工支付的现金		
支付的各项税费		
支付其他与经营活动有关的现金		
经营活动现金流出小计		
经营活动产生的现金流量净额		
二、投资活动产生的现金流量：		
收回投资收到的现金		
取得投资收益收到的现金		
处置固定资产、无形资产和其他长期资产收回的现金净额		
处置子公司及其他营业单位收到的现金净额		

续表

项　目	本期金额	上期金额
收到其他与投资活动有关的现金		
投资活动现金流入小计		
购建固定资产、无形资产和其他长期资产支付的现金		
投资支付的现金		
取得子公司及其他营业单位支付的现金净额		
支付其他与投资活动有关的现金		
投资活动现金流出小计		
投资活动产生的现金流量净额		
三、筹资活动产生的现金流量：		
吸收投资收到的现金		
取得借款收到的现金		
收到其他与筹资活动有关的现金		
筹资活动现金流入小计		
偿还债务支付的现金		
分配股利、利润或偿付利息支付的现金		
支付其他与筹资活动有关的现金		
筹资活动现金流出小计		
筹资活动产生的现金流量净额		
四、汇率变动对现金及现金等价物的影响		
五、现金及现金等价物净增加额		
加：期初现金及现金等价物余额		
六、期末现金及现金等价物余额		

4.现金流量表的内容

现金流量表一般由表首、正表和补充资料三部分构成。

（1）表首。表首主要包括报表名称、编制单位、编制日期、报表编号和数量单位等要素。

（2）正表。正表是现金流量表的主体和核心。在现金流量表中，现金流量分为三个方面：

① 经营活动产生的现金流量。经营活动，是指企业投资活动和筹资活动以外的所有交易和事项。也就是说，除归属于投资活动和筹资活动以外的所有交易和事项都可归属于

经营活动。由经营活动而取得的现金收入和发生的现金支出构成经营活动产生的现金流量。

② 投资活动产生的现金流量。投资活动，是指企业长期资产的购建和不包括在现金等价物范围内的投资及其处置活动。这里的长期资产主要包括固定资产、在建工程、无形资产和其他长期资产。需要注意的是投资活动与投资是两个不同的概念，投资分为短期投资与长期投资，购建固定资产是投资活动，但却不是一项投资；购买三个月内到期的债券属于短期投资，但它却不是投资活动。由投资活动而取得的现金收入或发生的现金支出构成投资活动产生的现金流量。

③ 筹资活动产生的现金流量。筹资活动，是指导致企业资本及债务规模及构成发生变化的活动。这里所说的资本，包括实收资本（股本），也包括资本溢价（股本溢价）；这里所说的债务是指对外举债，包括向银行借款、发行债券等。但是应付账款、应付票据等属于经营活动，不属于筹资活动，不包括在此处所说的债务之列。由筹资活动而取得的现金收入和发生的现金支出构成筹资活动产生的现金流量。

（3）补充资料。补充资料主要用于对正表内容进行补充。

【做中学 1-16】（多选题）现金流量分为（　　）。

A. 经营活动产生的现金流量　　B. 投资活动产生的现金流量

C. 筹资活动产生的现金流量　　D. 非经常项目产生的现金流量

【答案】ABC。

（二）现金流量表的编制原理和编制方法

1. 现金流量表的编制原理

现金流量表以现金及现金等价物为基础编制，分为经营活动、投资活动和筹资活动，按照收付实现制原则编制，将权责发生制下的盈利信息调整为收付实现制下的现金流量信息。

微课

现金流量表及其编制（2）

（1）现金。现金，是指企业库存现金以及可以随时用于支付的存款。不能随时用于支付的存款不属于现金。现金主要包括：

① 库存现金。库存现金是指企业持有可随时用于支付的现金，与“库存现金”科目的核算内容一致。

② 银行存款。银行存款是指企业存入金融机构、可以随时用于支取的存款，与“银行存款”科目核算内容基本一致，但不包括不能随时用于支付的存款。例如，不能随时支取的定期存款等不应作为现金；提前通知金融机构便可支取的定期存款则应包括在现金范围内。

③ 其他货币资金。其他货币资金是指存放在金融机构的外埠存款、银行汇票存款、银行本票存款、信用卡存款、信用证保证金存款等，与“其他货币资金”科目核算内容一致。

（2）现金等价物。现金等价物，是指企业持有的期限短、流动性强、易于转换为已知金额现金、价值变动风险很小的投资。其中，“期限短”一般是指从购买日起3个月内到期，如可在证券市场上流通的3个月内到期的短期债券等。现金等价物虽然不是现金，但其支付能力与现金的差别不大，可视为现金。例如，企业为保证支付能力，必须手持必要的现金，但为了不使现金闲置，可以购买短期债券，在需要现金时，随时可以变现。不同企业现金及现金等价物的范围可能不同。企业应当根据具体情况，确定现金及现金等价物的范围，一经确定不得随意变更。如果发生变更，应当按照会计政策变更处理。

【做中学1-17】（多选题）下列各项，属于现金流量表中现金及现金等价物的有（　　）。

A.库存现金　　B.其他货币资金

C.3个月内到期的债券投资　　D.可随时用于支付的银行存款

【答案】ABCD。

2.现金流量表的编制方法

（1）直接法和间接法。编制现金流量表时，列报经营活动现金流量的方法有两种：一是直接法，一是间接法。《企业会计准则第31号——现金流量表》（2006）规定企业应当采用直接法编报现金流量表，同时要求在附注中提供以净利润为基础调节到经营活动现金流量的信息。

① 直接法。直接法，是指按现金收入和现金支出的主要类别直接反映企业经营活动产生的现金流量，如销售商品、提供劳务收到的现金，购买商品、接受劳务支付的现金等就是按现金收入和支出的类别直接反映的。在直接法下，一般以利润表中的营业收入为起算点，调节与经营活动有关的项目的增减变动，然后计算出经营活动产生的现金流量。

② 间接法。间接法，是指以净利润为起算点，调整不涉及现金的收入、费用、营业外收支等有关项目，剔除投资活动、筹资活动对现金流量的影响，据此计算出经营活动产生的现金流量。由于净利润是按照权责发生制原则确定的，且包括了与投资活动和筹资活动相关的收益和费用，将净利润调节为经营活动现金流量，实际上就是将按权责发生制原则确定的净利润调整为现金净流量，并剔除投资活动和筹资活动对现金流量的影响。

利润表与现金流量表的钩稽关系如图1-7所示。

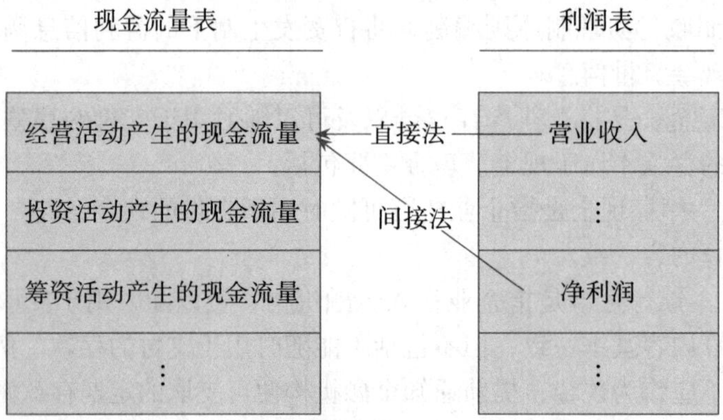

图1-7　利润表与现金流量表的钩稽关系

（2）工作底稿法或T形账户法。在编制现金流量表时，可采用工作底稿法或T形账户法。

① 工作底稿法。采用工作底稿法编制现金流量表，是以工作底稿为手段，以资产负债表和利润表数据为基础，对每一项目进行分析并编制调整分录，从而编制现金流量表。

② T形账户法。采用T形账户法编制现金流量表，是以T形账户为手段，以资产负债表和利润表数据为基础，对每一项目进行分析并编制调整分录，从而编制现金流

量表。

（三）编制现金流量表应注意的问题

1.现金流量表中的现金与库存现金的区分

现金流量表中的现金是指企业的库存现金以及随时可用于支付的存款。它既包括会计核算中“库存现金”科目核算的库存现金，又包括企业“银行存款”科目核算的存入金融机构、随时可以用于支付的存款，还包括“其他货币资金”科目核算的外埠存款、银行汇票存款、银行本票存款等其他货币资金。从这个意义上讲，现金流量表中的现金很接近会计核算中的货币资金，但又不同于货币资金，它是将货币资金中不能随时用于支取的定期存款等扣除在外，因此，现金流量表中的“现金”= 库存现金 + 银行存款 + 其他货币资金-不能随时用于支付的存款。如果企业同时还拥有期限短、流动性强、易于转换为已知金额现金、价值变动风险很小的投资（通常指3个月以内到期），即现金等价物，也应视为现金。此时，现金流量表中的“现金”= 库存现金 + 银行存款 + 其他货币资金-不能随时用于支付的存款 + 现金等价物。

2.现金流量与经济活动的区分

现金流量是指企业在一定会计期间内现金流入和流出的数量。企业所有的经济活动不外乎三种类型：

（1）借贷双方均不涉及现金的业务活动，如存货形式之间的转换、成本与费用的结转等；

（2）借贷双方均是现金的业务活动，如“库存现金”“银行存款”“其他货币资金”和现金等价物之间的转换；

（3）借贷双方一方是现金，另一方是非现金的业务活动，如销售商品同时收讫货款，购买存货支付货款等。

在上述三种类型的经济活动中，第（1）类经济活动由于借贷双方均不涉及现金，因此并不产生现金流量；第（2）类经济活动由于借贷双方均为现金，属于现金形式上的转换，并不引起现金总量的变化，也不构成现金流量；只有第（3）类经济活动，即借贷双方一方为现金，另一方为非现金的业务活动，才构成现金的流入或流出，从而引起企业现金总量的增减变化。

【做中学1-18】根据【做中学1-3】中的资料，编制HZ公司2×25年度的现金流量表。

【答案】编制的现金流量表见表1-9。

表1-9　　现金流量表

会企03表

编制单位：HZ公司　　2×25年　　单位：元

项　目	本期金额	上期金额
一、经营活动产生的现金流量：		略
销售商品、提供劳务收到的现金	1 180 000	
收到的税费返还		
收到其他与经营活动有关的现金		
经营活动现金流入小计	1 180 000	

续表

项　目	本期金额	上期金额
购买商品、接受劳务支付的现金	113 000	
支付给职工以及为职工支付的现金	200 000	
支付的各项税费	252 000	
支付其他与经营活动有关的现金	108 100	
经营活动现金流出小计	673 100	
经营活动产生的现金流量净额	506 900	
二、投资活动产生的现金流量：		
收回投资收到的现金		
取得投资收益收到的现金	100 000	
处置固定资产、无形资产和其他长期资产收回的现金净额		
收到其他与投资活动有关的现金		
投资活动现金流入小计	100 000	
购建固定资产、无形资产和其他长期资产支付的现金	419 400	
投资支付的现金		
支付其他与投资活动有关的现金		
投资活动现金流出小计	419 400	
投资活动产生的现金流量净额	−319 400	
三、筹资活动产生的现金流量：		
吸收投资收到的现金		
取得借款收到的现金	200 000	
收到其他与筹资活动有关的现金		
筹资活动现金流入小计	200 000	
偿还债务支付的现金	1 152 000	
分配股利、利润或偿还利息支付的现金	7 500	
支付其他与筹资活动有关的现金		
筹资活动现金流出小计	1 159 500	
筹资活动产生的现金流量净额	−959 500	
四、汇率变动对现金及现金等价物的影响		
五、现金及现金等价物净增加额	−772 000	
加：期初现金及现金等价物余额	1 002 000	
六、期末现金及现金等价物余额	230 000	

【提示】如何理解财务报表中资产负债表、利润表和现金流量表这三张表之间的关系？

任务二　财务报表分析的相关知识

学习目标

知识目标：掌握财务报表分析的内容和评价标准、财务信息的内容和质量特征
熟悉财务报表分析的主体和基本程序
了解财务信息的主要来源、财务报表分析的概念
能力目标：能辨析不同财务报表分析主体使用财务报表的目的
具备辨析我国不同层次资本市场的能力
具备评价财务信息质量的能力
素质目标：形成遵法守法、诚实守信的职业素养
养成不断钻研、拼搏前行的创新精神

一、财务报表分析概述

（一）财务报表分析的概念和发展历程

1.财务报表分析的概念

财务报表分析是企业相关利益主体以企业财务报表为主要依据，结合一定的标准，运用科学、系统的方法，对企业的财务状况、经营成果和现金流量进行全面分析，为相关决策提供信息支持的过程。可以从以下三个方面理解财务报表分析的概念：

微课
财务报表分析的概念、内容和主体（1）

（1）财务报表分析的主体是与企业相关的利益主体，包括投资者、债权人、政府职能部门、经营管理者、供应商、客户等，它们因为经济业务与企业发生经济关系，为各自的目的关注企业的财务报表；

（2）财务报表分析的标准包括经验标准、行业标准、历史标准、目标标准等，我们将在下次课程中学习四个分析标准；

（3）财务报表分析的方法包括比较分析法、比率分析法、结构分析法、趋势分析法、因素分析法等，随着统计学和信息技术的发展，更多、更科学的分析方法将会应用到财务报表分析之中。

2.财务报表分析的发展历程

财务报表分析与财务报表是相伴而生的。财务报表及其分析与市场经济联系密切，其历史至少可以追溯至19世纪中叶。财务报表分析始于债权人获取借贷企业偿债能力信息的需要；随着资本市场的发展，为适应投资者了解和掌握企业盈利能力与整体财务状况信息的需求，财务报表分析进一步发展；之后，包括专业分析人员在内的广泛的企业利益相关者加入关注企业财务信息的行列，财务报表分析的内容得以不断扩大和完善。

（二）财务报表分析的内容和作用

财务报表分析主要包括财务报表内涵分析和企业财务能力分析，如图1-8所示。

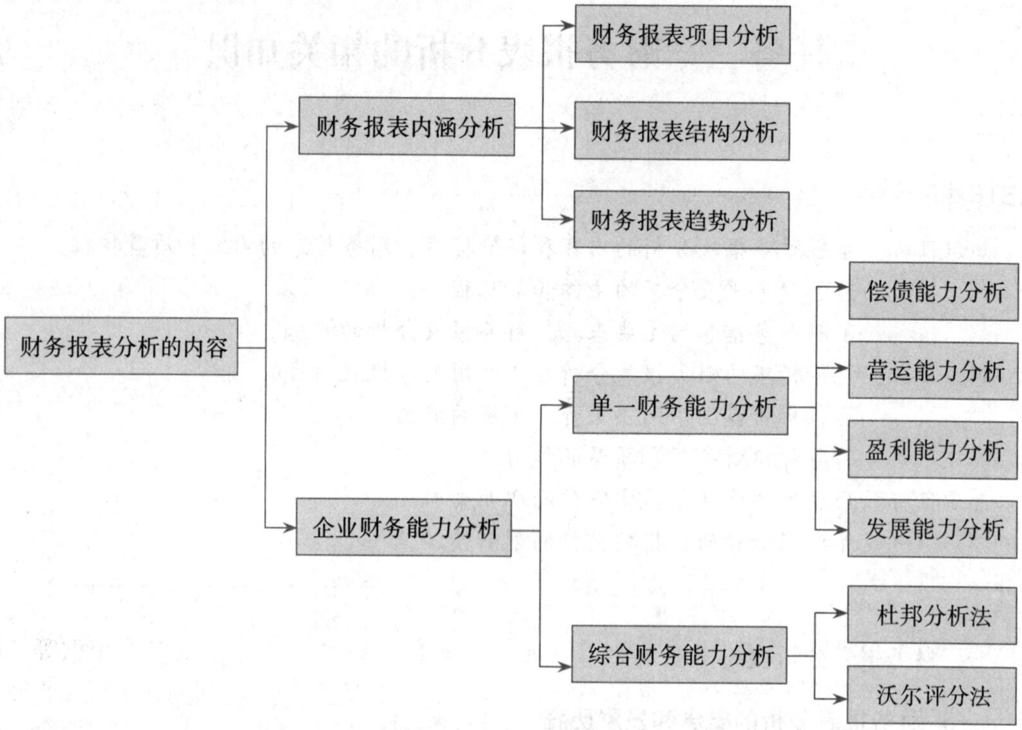

图1-8 财务报表分析的内容

企业财务能力分析又分为单一财务能力分析和综合财务能力分析（财务综合分析）。财务报表结构分析和趋势分析在项目二中讲授，财务报表项目分析在项目三中讲授，企业财务能力分析在项目四中讲授。

财务报表分析将大量的报表数据转化为对特定决策有用的信息，减少了原始信息的单一性和专业性。财务报表的分析结论不仅为投资决策、信贷决策、销售决策和宏观经济提供依据，而且为企业内部经营管理、业绩评价、监督和选择经营管理者提供了依据。

（三）财务报表分析的主体

微课

财务报表分析的概念、内容和主体（2）

财务报表分析的主体即财务报表信息使用者，是指与企业存在现实或潜在的利益关系，为达到特定目的而对企业的财务状况、经营成果以及现金流量状况等进行分析和评价的组织和个人。从外部来看，分析主体主要包括投资者、债权人和政府职能部门；从内部来看，分析主体主要是经营管理者。

1.投资者

投资者是指企业的权益投资人，即普通股股东，是以股权形式向企业投入资金的自然人或法人，既包括现实的投资者，也包括潜在的投资者。

获取投资报酬是投资者的目的，他们关心企业的盈利能力以及投资风险等问题。投资者进行财务报表分析，主要为了了解以下方面的问题：

（1）企业现在和未来的收益水平高低，以及企业收益是否容易受重大变动的影响；

（2）现在的财务状况如何，企业资本结构决定的风险和报酬如何；

（3）与其他竞争者相比，企业处于何种地位。

2.债权人

债权人是指企业的债权投资者，是以债权的形式向企业投入资金的自然人或法人，如商业银行、企业债券持有人。债权人关心企业的偿债能力，分为短期债权人和长期债权人。

债权人通过了解企业进行决策：

（1）企业为什么需要额外筹集资金；

（2）企业还本付息所需资金的可能来源是什么；

（3）企业对于以前的短期借款和长期借款是否按期偿还；

（4）企业将来在哪些方面还需要借款。

短期债权人比较关心企业资产的流动性和企业的短期现金流量状况；长期债权人比较关心企业的资本结构和长期投融资政策。

3.政府职能部门

政府职能部门也是财务报表分析的主体之一，包括市场监管、税务、财政、各级国资委等对企业有监管职能的政府部门，它们使用财务报表是为了履行自己的监督管理职能。

政府职能部门通过监督企业是否遵循了相关政策法规，检查企业是否偷逃税款等，以维护正常的市场经济秩序，保障国家和社会利益。如市场监管部门主要负责审核企业经营的合法性、进行产品质量监督与安全检查；税务与财政部门主要关注企业的盈利能力和资产的增减变动情况；国资委作为国有企业的直接出资人，关注企业的盈利能力和发展能力。

4.经营管理者

经营管理者受企业所有者的委托，对企业运营中的各项活动以及企业的经营成果和财务状况进行有效的管理与控制。

经营管理者关心企业的盈利能力和发展能力。他们可以获取外部分析主体无法得到的内部信息，他们进行财务报表分析的主要目的是及时发现企业生产经营中存在的问题，并找出有效对策，以适应瞬息万变的经营环境，从而作出科学的筹资、投资等重大决策，从而提高企业的经营业绩。

财务报表分析的主体如图1-9所示。

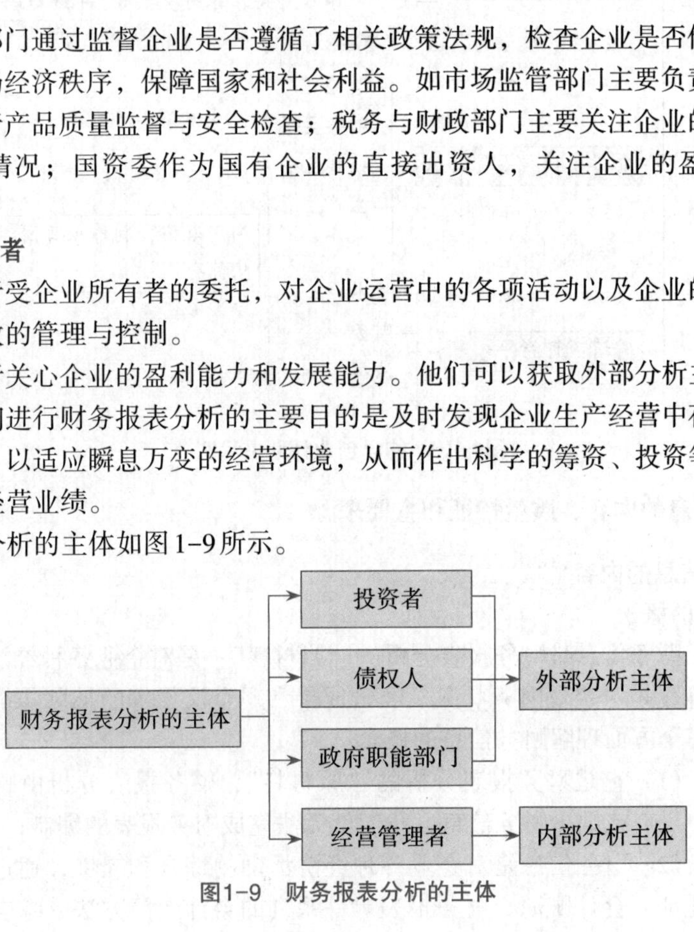

图1-9　财务报表分析的主体

【双创一点通】构思创业计划书

创新创业比赛为大学生激发创新思维，点燃创业活力。如何构思一份创业计划书呢？可以考虑以下几个方面：（1）寻找志同道合的小伙伴，成立创业项目组；（2）选择感兴趣的创业领域，注意排他性，不要选择已经竞争非常激烈的行业；（3）分析现有的优势，如已有的人脉，掌握的独有技术，手里的资金等；（4）根据小伙伴的个性特点和擅长领域，确定项目组成员的分工；（5）借助学校资源，联系指导教师和行业专家，为项目找到智囊团。构思创业计划书示例如图1–10所示。

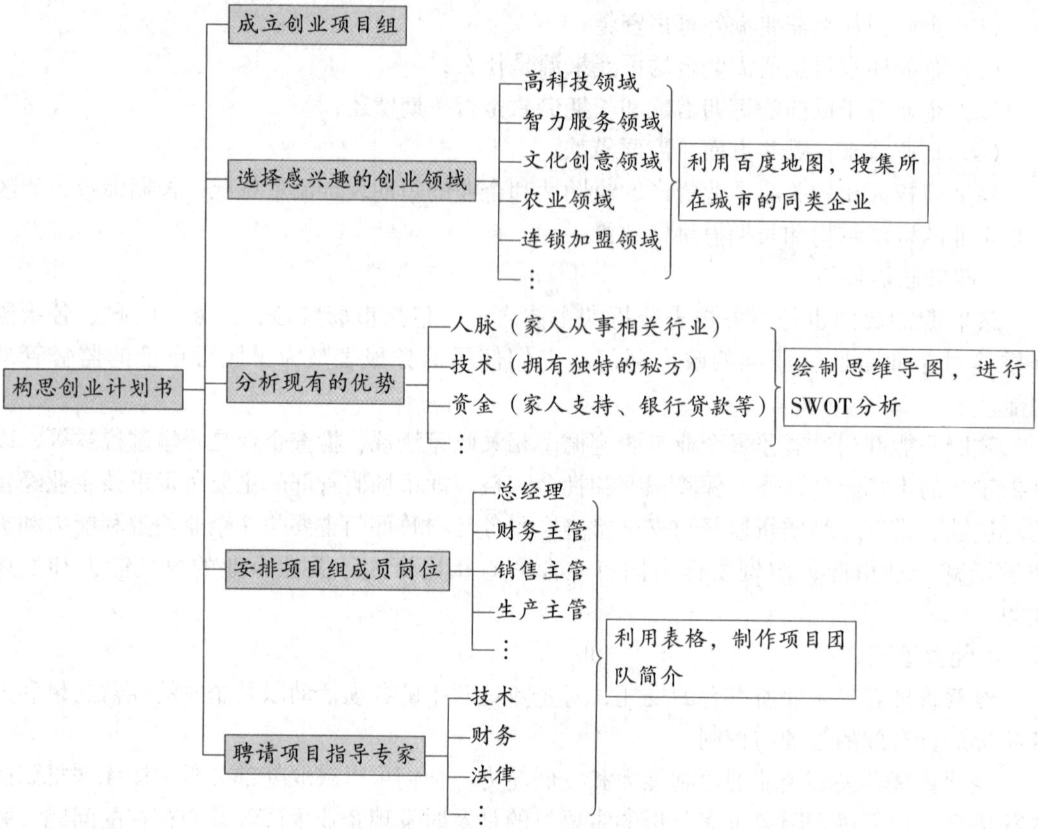

图1–10　构思创业计划书示例

二、财务信息的内容、质量特征和主要来源

（一）财务信息的内容

1.财务信息的概念

微课

财务信息的内容、质量特征和主要来源（1）

财务信息是财务报表分析的“原材料”，是对企业各种经济活动的综合和提炼，是对企业财务状况、经营成果和现金流量等的抽象与简化。可以从以下三个方面理解财务信息的概念：

（1）它是财务报表分析的“原材料”，财务报表分析由财务信息加工而来，没有或缺少财务信息，我们就无法完成财务报表的编制；

（2）财务信息是对企业各种经济活动的综合和提炼，通过原始凭证、记账凭证、会计账簿、财务报表等一系列的会计专门方法，综合地展示企业的财务状况、经营成果和现金流量；

（3）财务信息是对企业财务状况、经营成果和现金流量等的抽象与简化，并不是企业发生的所有交易或事项都详详细细地罗列在财务报表上，而是依据“重要性”“实质重于形式”“可靠性”等多项原则进行提炼的。

2.**财务信息的分类**

按照是否由企业会计系统提供，财务信息可以分为会计信息和非会计信息。

（1）会计信息。会计信息是由企业会计系统编制并提供的，分为外部报送信息和内部报送信息。

① 外部报送信息。外部报送信息以财务报告为主，如企业定期向相关利益主体报送的资产负债表、利润表、现金流量表和财务报表附注等。财务报告是财务报表分析最重要的依据和最主要的财务信息来源。

② 内部报送信息。除了定期对企业外部公开报送的会计信息以外，会计系统还编制一些仅用于内部管理的会计信息，如企业成本计算数据、期间费用的构成、企业投融资决策信息以及企业内部业绩评价方法和结果等。这些信息作为商业秘密，企业一般并不公开披露，而且国家相关部门也不强制企业对外报送，因而仅供企业经营管理者分析使用。

（2）非会计信息。除会计信息外，非会计信息在财务报表分析中也占有重要地位。非会计信息不仅来源于企业内部的非会计部门，也来源于企业外部。

① 审计报告。审计报告是独立于企业的第三方（如注册会计师）对企业编制的财务报告的合法性和公允性作出的独立鉴证报告。虽然审计报告本身并不产生任何关于企业财务状况和经营成果的信息，但是可以增加企业财务信息的可信性。

② 市场信息。市场信息包括资本市场信息、产品市场信息等。资本市场信息主要涉及交易价格和交易量，如市盈率、市净率等。产品市场信息揭示了企业市场状况、行业发展前景及企业发展能力，如销售量、销售价格、企业产品的市场占有率等。

③ 公司治理信息。公司治理，是所有者对经营管理者的一种监督与制衡机制。鉴于董事会和经营管理者是企业日常事务的决策者和执行者，他们的行为意向和执行能力直接与企业未来的发展相关，因而公司治理信息有助于判断企业的前景状况和判定由历史信息预测未来的效力。

④ 宏观经济信息。宏观经济信息包括影响整体国民经济运行的一些因素，如通货膨胀率、物价指数等。企业的生产经营离不开整体经济环境，不可避免地受到宏观经济因素的影响，因此宏观经济信息对分析未来宏观经济的发展方向和速度，把握相关因素的未来走向，都有着十分重要的作用。

财务信息的内容如图1-11所示。

（二）财务信息的质量特征

财务信息的质量特征，是指使财务信息有用的特征，即财务信息所要达到或满足的质量标准。进行财务报表分析，必须首先了解财务信息的质量特征，这是对财务决策有用性的基本保证，如同在生产一件合格产品之前必须了解原材料的特性一样。按照《企业会计准则——基本准则》，财务信息的质量特征包括八个方面：

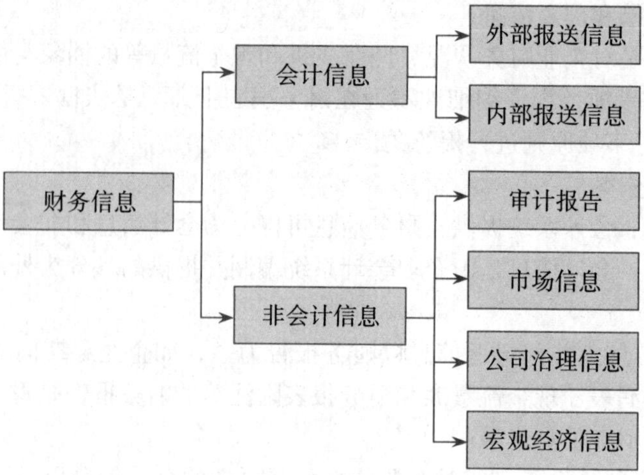

图1-11 财务信息的内容

1. 可靠性

企业应当以实际发生的交易或者事项为依据进行会计确认、计量、记录和报告，如实反映符合确认和计量要求的各项会计要素及其他相关信息，保证财务信息真实可靠、内容完整。

2. 相关性

企业提供的财务信息应当与财务报告使用者的经济决策需要相关，有助于财务报告使用者对企业过去、现在或者未来的情况作出评价或者预测。

3. 可理解性

企业提供的财务信息应当清晰明了，便于财务报告使用者理解和使用。

4. 可比性

企业提供的财务信息应当具有可比性。同一企业不同时期发生的相同或者相似的交易或者事项，应当采用一致的会计政策，不得随意变更。确需变更的，应当在附注中说明。不同企业发生的相同或者相似的交易或者事项，应当采用规定的会计政策，确保财务信息口径一致、相互可比。

5. 实质重于形式

企业应当按照交易或者事项的经济实质进行会计确认、计量、记录和报告，不应仅以交易或者事项的法律形式为依据。

6. 重要性

企业提供的财务信息应当反映与企业财务状况、经营成果和现金流量等有关的所有重要交易或者事项。

7. 谨慎性

企业对交易或者事项进行会计确认、计量、记录和报告时，应当保持应有的谨慎，不应高估资产或者收益、低估负债或者费用。

8. 及时性

企业对于已经发生的交易或者事项，应当及时进行会计确认、计量、记录和报告，不得提前或者延后。

【教学案例】沃尔玛是世界零售业的巨头。它和著名的投资大师巴菲特之间有着一次高效的合作。多年以来，巴菲特一直把《财富》杂志所调查“最受人景仰的企业”那一票投给沃尔玛，因为他对沃尔玛的诚信和经营能力有高度的信心。2003年春天，沃尔玛有意出售麦克林——其一个年营业额约230亿美元的下属非核心事业部，此消息被巴菲特得知，他立即作出相应的收购投资决策。当时整个收购交易异常简单迅速，巴菲特和沃尔玛的首席财务官面谈了两个小时，巴菲特当场点头同意购买金额，而沃尔玛的首席财务官只打了电话请示首席执行官，交易就宣告结束。29天后，购买麦克林的15亿美元款项，就由伯克希尔-哈撒韦公司直接汇入沃尔玛账户，中间没有任何投资银行介入。这种交易是否过于草率？巴菲特说，他相信沃尔玛财务报表所提供的一切数字，因此计算合理的收购价格对他轻而易举。事后也证明，沃尔玛提供给巴菲特的各项数据的确坦诚无欺。请思考：为什么要对财务信息质量特征提出要求？

（三）财务信息的主要来源

1.财经媒体

中国证券网（http：//www.cnstock.com）、上海证券交易所网站（http：//www.sse.com.cn）、深圳证券交易所网站（http：//www.szse.cn）、巨潮资讯网（http：//www.cninfo.com.cn）、金融界（http：//www.jrj.com.cn）和新浪财经（https：//finance.sina.com.cn）等，都是财务信息的主要媒体来源渠道。其中，巨潮资讯网是多层次资本市场的信息披露平台，涵盖了上海证券交易所与深圳证券交易所“上市公司公告”的全部内容。

微课

财务信息的内容质量特征和主要来源（2）

2.金融数据库

金融数据库包括万得资讯（Wind）、国泰安（CSMAR）、中国经济金融数据库（CCER）和锐思（RESSET）。这四个数据库都提供上市公司的财务信息、股本、公司治理结构、业绩预测等与股票估值相关的信息，且多为付费服务。

3.中介机构提供的分析报告

除了财经媒体与金融数据库外，还可以从投资银行研究部、基金公司研究部、金融投资服务咨询公司、信用评级机构等中介机构获得与企业财务报表分析相关的信息。

财务信息的主要来源如图1-12所示。

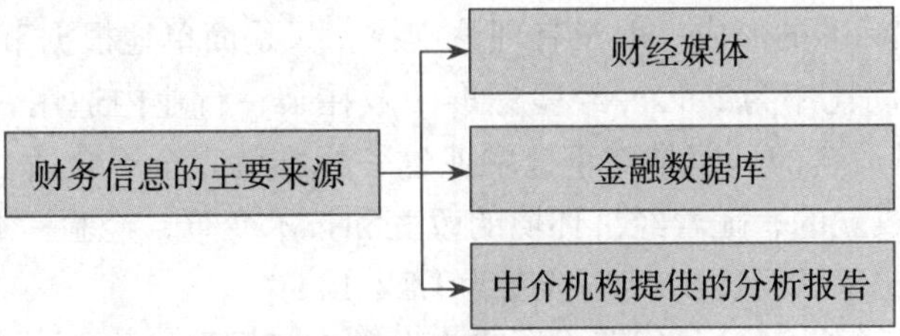

图1-12　财务信息的主要来源

（四）我国多层次的资本市场

我国资本市场是自1990年开始起步的。1990年年底，上海证券交易所成立；1991年7月，深圳证券交易所成立。但是，在1991年的沪深证券市场上，总共只有14只股票进行交易，是标准的袖珍市场。在艰难中起步的我国资本市场，蓬勃发展，不断发展壮大，为我国金融体制改革和经济社会发展作出了重要贡献。

2004年5月27日，在深交所，“中小企业板”宣布正式启动。这是一个独具中国特色的资本市场板块，有力地补充了我国的主板市场。

2009年10月，酝酿十年之久的创业板市场在深交所开市，深交所成为全球唯一的集主板、中小企业板和创业板于一身的多层次资本市场。

2020年6月13日，我国资本市场迎来了一个全新板块——科创板。

至此，我国多层次的资本市场基本形成，既有一板、二板市场，还有三板、四板市场。一板市场主要指主板和中小企业板。主板公司基本上是大型的成熟企业，具有稳定的盈利能力和较大的资本规模；中小企业板公司一般是“细分龙头”的聚集地，是中小型稳定发展的企业，但还未达到主板上市要求。二板市场主要指创业板，是创新创业的推动器。创业板公司是一些暂时无法在主板上市的创业型企业、中小企业和高科技产业企业。科创板是介于二板和三板之间的一个独特的板块，此板块上市的主要是高新技术产业公司及战略性新兴产业公司。此外还有三板和四板市场。三板市场的全称是“代办股份转让系统”；四板市场即“区域性股权交易市场”。

资本市场经过二十余年的发展，由小及大，正加快形成多层次的市场体系，成为实现中国梦的重要载体。股市中国梦，是实现“中华民族伟大复兴的中国梦”的一部分，也是中国经济融入世界经济的一部分。中国梦，是要实现全体股民的财富增值而不仅仅是某一小部分人、某一小部分机构的财富增值。

三、财务报表分析的评价标准和程序

（一）财务报表分析的评价标准

1.评价标准的含义

微课

财务报表分析的评价标准和程序（1）

财务报表分析的评价标准，是指在一定的评价目标下，人为设定的划分评价对象优劣的财务标准。评价标准不是唯一的，不同的评价标准会对同一分析对象得出不同的分析结论。在选择评价标准时，应当注意分析目标，并结合企业的实际情况，选择恰当的评价标准。

2.评价标准的种类

（1）经验标准。经验标准是依据大量的长期的日常观察和实践形成的标准。该标准的形成一般没有理论支撑，只是简单地根据事实现象归纳的结果，如西方制造业的流动比率为2∶1。经验标准一般在某一行业内适用，如制造业的资产负债率在40%~60%是适合的，但是对于金融业这一标准就完全不合适。此外，经验标准多是在某一时间段内成立的，随着经济环境的改变和技术变革，经验标准也会相应改变，如西方制造业的流动比率已经逐步由2∶1变为1.8∶1。

（2）行业标准。行业标准是行业内所有企业某个相同财务指标的平均水平，或者是较优水平。行业标准可以说明一家企业在本行业内所处的地位，如果很优秀，基本可以说明该企业具有较强的竞争能力。行业标准便于比较，因为同行业内的企业经营业务大体相同，财务指标的经济意义近似，相互间的可比性很强。尽管行业内的企业可比性较强，但是很难找到两家经营业务完全一致的企业，这使其相互之间的可比性下降。即使行业内企业的经营业务相同，也可能存在会计处理方法上的不同，为此，在使用行业标准时需要考虑是否调整不同企业间的会计政策差异。

（3）历史标准。历史标准是指企业在过去某个时期内的实际值，可以选择历史平均值，也可以选择最佳值。历史标准是企业在时间序列上的情况，由于是与自身历史状况相比，所以可比性很强。通过与历史标准对比分析，可以明显观察企业自身的变动情况，了解企业在最近时期的经营得失。与历史标准相比，即使企业目前超越了历史标准，也不能说明企业已经处在经营优良的状态，因为在企业进步的同时，可能行业内的其他企业取得了更大的发展，反而降低了企业在行业内的竞争能力。当企业发生经营业务上的重组和变更时，历史标准的可比性就会严重下降。对于新成立的企业，也没有历史标准可用。

（4）目标标准。目标标准是专业分析人员综合企业历史财务数据和现实经济状况提出的理想标准。目标标准以历史为依据，但又不是对历史简单地重复，而是结合现实经济状况后，企业各个方面可以达到的较优的标准，并以此作为企业一定时间后的财务状况的评价尺度。一般使用财务预算作为目标标准。但是，财务预算作为企业内部信息不对外公布，因此外部分析人员无法取得和使用。而且，财务预算带有一定的主观性，且很难随着经济环境的变动而调整，其客观性和可靠性可能存在一定问题。因此，目标标准一般是企业内部分析人员用于评价考核的尺度。

财务报表分析的评价标准如图1–13所示。

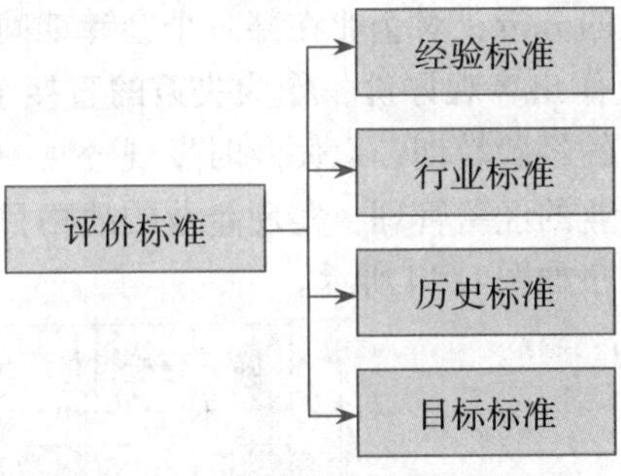

图1–13　财务报表分析的评价标准

（二）财务报表分析的基本程序

1. 确立分析目标，明确分析内容

确立分析目标是财务报表分析的起点，它决定了后续的分析内容。财务报表使用者不同，分析目标也不同。投资者在投资分析目标下进行财务报表分析，是为了选择未来具有优良业绩和成长性的投资对象，规避投资风险；债权人在信用分析目标下进行财务报表分析，主要是为了分析企业的偿债能力，保证在未来安全收回本金和利息；经营管理者在经营决策分析目标下进行财务报表分析，主要关注企业的生产能力、生产结构、内部投资项目和成本费用构成。

微课

财务报表分析的评价标准和程序（2）

2. 收集分析资料

确定了分析目标和内容后，分析人员应当按照准备实施的内容收集所需的财务信息，来源包括财经媒体、金融数据库、中介机构提供的分析报告等。在取得相关资料后，分析人员还应当对资料进行检查和核实，如核对财务报告数据的真实性。此外，还需要对数据的时间序列进行检查，观察企业是否存在某一年变化奇特的事项，核实该事项的可靠性。

只有在核对数据的真实性之后，才能开始财务报表分析，否则得出的分析结论也是没有价值的。

3.确定评价标准

财务报表分析结论应当通过比较得出，单一的财务指标是难以说明经济实质的，所以确定合理的分析评价标准非常重要。财务报表分析的评价标准包括经验标准、行业标准、历史标准、目标标准等。不同的评价标准有不同的优缺点，分析人员应当结合分析对象的实际情况进行选择，如对于垄断型企业，由于不存在具有可比性的其他企业，就只能使用本企业自身的历史标准或者目标标准进行对比分析。

4.选择分析方法

财务报表分析的方法是多种多样的，如比较分析法、比率分析法、因素分析法、结构分析法和趋势分析法等。每种分析方法都有自身的优点和局限性，所以分析人员应当依据分析目标和可能得到的分析资料进行分析方法的比较，选择最优的方法，以得出客观全面的结论。随着财务报表分析学科的发展，财务报表分析已经大量使用数学方法和数学模型，以强化分析结果的可靠性，并尽量减少分析人员的主观影响。

5.得出分析结论，提出相关建议

分析人员依据分析目标，收集相关信息，选择合适的评价标准，使用恰当的分析方法对相关信息进行全面而深入的分析，对企业在某一个会计期间内或多个会计期间内的财务状况、经营成果和现金流量作出客观评价，作为决策的直接依据。对于企业经营管理者，还可以进一步从中总结管理的经验教训，以便及时发现经营中存在的问题，探明其中的原因并找出对策，从而改善企业的经营管理，实现企业的战略目标。

财务报表分析的基本程序如图1-14所示。

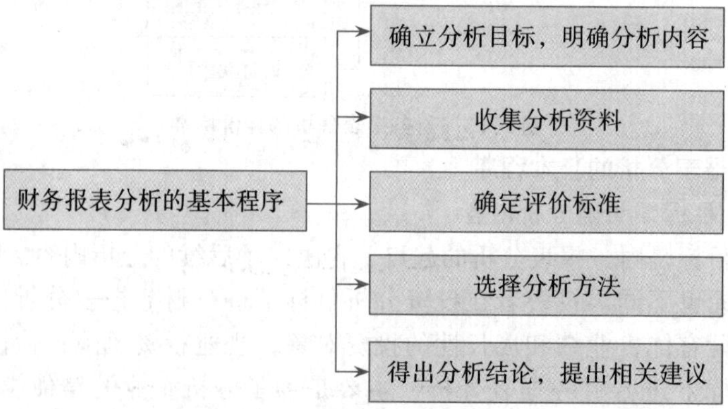

图1-14　财务报表分析的基本程序

【双创一点通】如何撰写路演PPT的项目简介

一般的创新创业比赛，至少需要提交一分钟视频、项目计划书和路演PPT。这三者中，路演PPT是创业者展示项目、陈述商业计划的工具，其中的项目简介更是路演PPT的点睛一笔，一般在全部PPT都修改完成后书写。项目简介没有固定版式，集中展示创业者项目最具优势的内容。如果某个项目的技术实力雄厚，拥有多项发明专利、得到行业大咖的赞誉、参与了行业标准的制定，那么在项目简介上，可以留出较大版面进行介绍。如果这一方面不突出，则最好不要放到项目简介上。项目简介示例如图1-15所示。

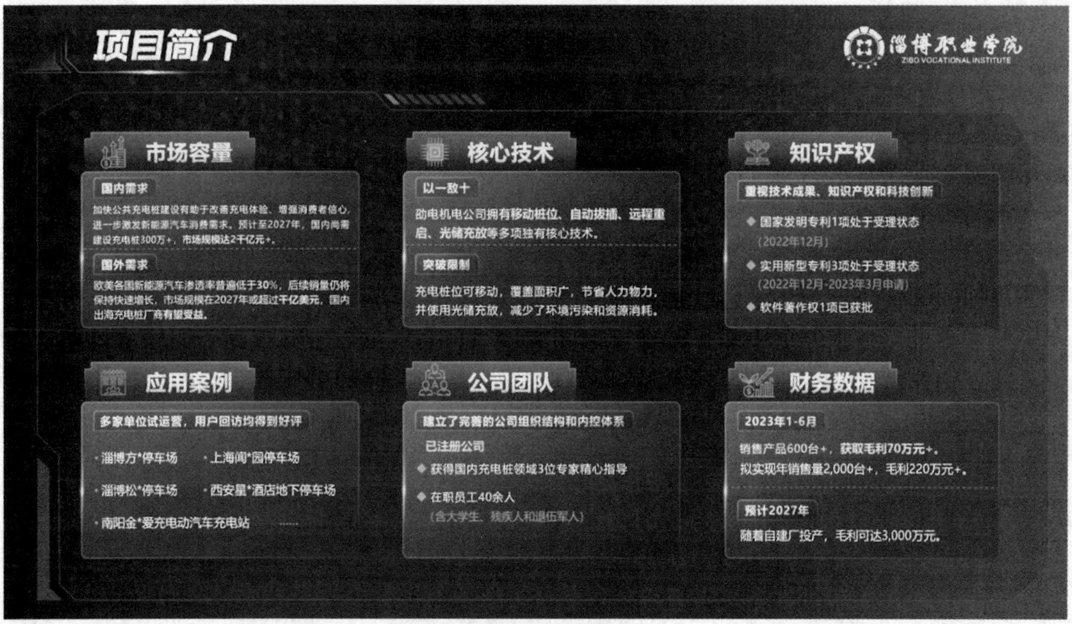
项目简介
淄博职业学院
ZIBO VOCATIONAL INSTITUTE
市场容量
国内需求
加快公共充电桩建设有助于改善充电体验、增强消费者信心，进一步激发新能源汽车消费需求。预计至2027年，国内尚需建设充电桩300万+，市场规模达2千亿元+。
国外需求
欧美各国新能源汽车渗透率普遍低于30%，后续销量仍将保持快速增长，市场规模在2027年或超过千亿美元，国内出海充电桩厂商有望受益。
核心技术
以一敌十
劭电机电公司拥有移动桩位、自动拔插、远程重启、光储充放等多项独有核心技术。
突破限制
充电桩位可移动，覆盖面积广，节省人力物力，并使用光储充放，减少了环境污染和资源消耗。
知识产权
重视技术成果、知识产权和科技创新
国家发明专利1项处于受理状态（2022年12月）
实用新型专利3项处于受理状态（2022年12月-2023年3月申请）
软件著作权1项已获批
应用案例
多家单位试运营，用户回访均得到好评
淄博方*停车场
上海闻*园停车场
淄博松*停车场
西安星*酒店地下停车场
南阳金*爱充电动汽车充电站
……
公司团队
建立了完善的公司组织结构和内控体系
已注册公司
获得国内充电桩领域3位专家精心指导
在职员工40余人（含大学生、残疾人和退伍军人）
财务数据
2023年1-6月
销售产品600台+，获取毛利70万元+。
拟实现年销售量2,000台+，毛利220万元+。
预计2027年
随着自建厂投产，毛利可达3,000万元。

图1-15　项目简介示例

项目二

财务报表分析的主要方法

财务报表分析方法是完成财务报表分析的方式和手段，常用的分析方法主要包括比较分析法、比率分析法、因素分析法、结构分析法和趋势分析法。财务报表分析的基本方法如图2–1所示。

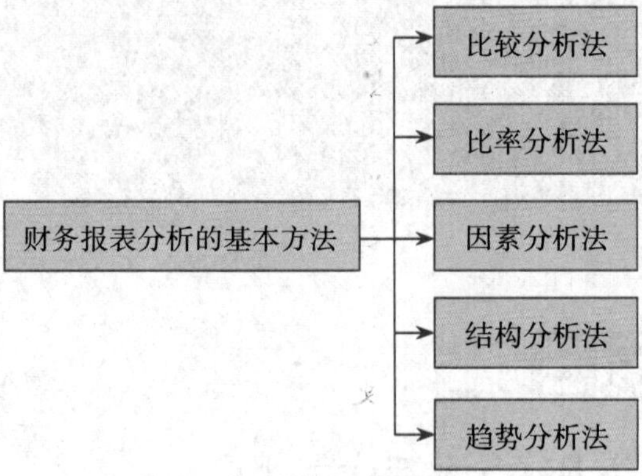

图2–1　财务报表分析的基本方法

任务一　比较分析法

学习目标

知识目标：掌握比较分析法的种类
熟悉比较分析法的概念和作用
了解使用比较分析法的注意事项

能力目标：具备使用比较分析法进行财务报表分析的能力
具备对竞品进行比较分析的能力

素质目标：形成诚实守信、坚持准则的职业素养
培养艰苦奋斗、不断进取的思想品质
培养善于分析的创业意识和抓住机遇的创新精神

一、比较分析法的相关知识

（一）比较分析法的概念

微课

比较分析法的相关知识（1）

比较分析法是指通过主要项目或指标数值变化的对比，计算差异额，分析并判断企业财务状况、经营成果及现金流量的一种方法。比较分析法是财务报表分析中最基本的方法。可以从以下三个方面理解比较分析法的概念：

（1）比较分析法通过主要项目或指标数值变化的对比，计算差异额。主要项目，比如说存货、资产、净利润等，是一种绝对数；主要指标数值，比如说流动比率、净资产收益率等，是一种相对数。即比较分析法既可以进行绝对数的比较，也可以进行相对数的比较。

（2）比较分析法可以用于分析并判断企业的财务状况、经营成果及现金流量，这说明比较分析法广泛应用于资产负债表、利润表和现金流量表项目或指标的分析之中。

（3）比较分析法是财务报表分析中最基本的方法，其他方法，如比率分析法、因素分析法、趋势分析法等，都是以比较分析法为基础的。学会这种方法，将为其他方法的学习打下基础。

【学思践悟】党的二十大报告指出：“十八大召开至今已经十年了。十年来，我们经历了对党和人民事业具有重大现实意义和深远历史意义的三件大事：一是迎来中国共产党成立一百周年，二是中国特色社会主义进入新时代，三是完成脱贫攻坚、全面建成小康社会的历史任务，实现第一个百年奋斗目标。这是中国共产党和中国人民团结奋斗赢得的历史性胜利，是彪炳中华民族发展史册的历史性胜利，也是对世界具有深远影响的历史性胜利。”同学们，对比今昔，我们要无愧时代，以更加昂扬的姿态奋进新征程。

（二）比较分析法的作用

（1）通过比较分析，可以发现企业与分析标准之间的差距，找出两者之间产生差异的原因，进一步判定企业的财务状况、经营成果和现金流量。

（2）通过比较分析，可以确定企业生产经营活动的收益性和资金投向的安全性。假设两家企业A、B的经营环境、经营规模等条件较为相近，具有可比性，同样投入100万元资金到生产经营活动中，A企业获得了10万元的净利润，B企业获得了20万元的净利润，则B企业生产经营活动的收益性更高。企业把资金投放在生产经营活动中，比把资金用于股票投资的风险低。通过比较分析，可以说明企业是把主要精力放在生产经营活动中，还是把资金大量用于股权或债权投资活动，如果一般企业的资金大量倾注在投资活动而不是用于生产经营活动，这说明企业的管理层判断企业投资活动取得的收益高于生产经营活动，对于非金融类企业来说，这是非常危险的。

（3）通过比较分析，既能揭示出企业经营管理中存在的薄弱环节，又能弄清企业与历史相比、与行业平均水平相比的差距，评估企业的发展潜力。

（三）比较分析法的种类

按照比较对象的不同，比较分析法可以分为绝对数比较分析法、绝对数增减变动比较分析法、百分比增减变动比较分析法。在实践中，这三种方法可以结合使用。比较分析法的种类如图2-2所示。

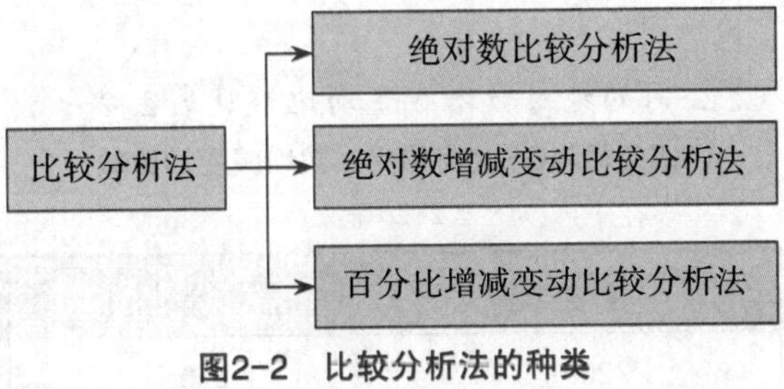

图2-2　比较分析法的种类

1.绝对数比较分析法

绝对数比较分析法是将取得的财务报表数据与比较标准直接比较。常见的形式是比较财务报表，包括比较资产负债表、比较利润表和比较现金流量表。

比较资产负债表是将两期的资产负债表项目进行并列对比，直接观察比较资产、负债及所有者权益每一项目增减变化的绝对数。

比较利润表是将两期的利润表各有关项目的绝对数并列对比，直接分析利润表内每一项目的增减变化情况。

比较现金流量表选取最近两期的数据进行比较，分析企业经营活动、投资活动、筹资活动产生的现金流量和现金及现金等价物的变化，从而揭示现金流量的变动趋势，对企业的资金使用与管理作出决策。

【做中学2-1】（计算题）2×25年，HZ公司的营业收入和净利润分别为200万元和20万元，同城主要竞争对手GS公司的营业收入和净利润分别为250万元和30万元。

【要求】采用绝对数比较分析法，比较HZ公司与GS公司的营业收入和净利润。

【答案】HZ公司与GS公司的绝对数比较（2×25年）见表2-1。

表2-1 HZ公司与GS公司的绝对数比较

2×25年

单位：万元

项目	HZ公司	GS公司
营业收入	200	250
净利润	20	30

从表2-1中可以一目了然地看出2×25年HZ公司和GS公司的营业收入和净利润，但是哪家公司的营业收入和净利润更多却难以直观地看出，需用单独计算。

2. 绝对数增减变动比较分析法

绝对数增减变动比较分析法，是指在比较财务报表内，增添绝对数字“增减金额”一栏，以便计算比较对象各有关项目之间的差额。

增减金额 = 分析项目金额 - 分析标准金额

在绝对数比较分析中，财务报表使用者很难获得各项目增减变动的明确概念，为了使比较进一步明晰化，在比较财务报表内，增添绝对数字“增减金额”一栏，以便计算比较对象各有关项目之间的差额，借以帮助财务报表使用者获得比较明确的增减变动数字。

【做中学2-2】（计算题）资料同【做中学2-1】。

【要求】采用绝对数增减变动比较分析法，比较HZ公司与GS公司的营业收入和净利润。

【答案】HZ公司与GS公司的绝对数增减变动比较见表2-2。

表2-2 HZ公司与GS公司的绝对数增减变动比较

2×25年

单位：万元

项目	HZ公司	GS公司	增减金额
营业收入	200	250	-50
净利润	20	30	-10

表2-2直接体现了HZ公司和GS公司的营业收入与净利润差异，比表2-1更为直观。

3. 百分比增减变动比较分析法

微课

比较分析法的相关知识（2）

百分比增减变动比较分析法，是指在计算“增减金额”的同时计算变动百分比，并列示于比较财务报表中，以消除项目绝对规模因素的影响，使报表使用者一目了然。

通过绝对数比较和绝对数增减变动比较，分析人员可以观察到财务报表项目金额的变动情况和变动趋势，但是难以反映不同规模分析对象之间的差异。换句话说，HZ公司和GS公司的净利润如果相对于比较标准都下降10万元，对于两家公司的影响是不同的，分析结论必然也有差异。为了解决这个缺陷，分析人员应当将变动的绝对数换算为变动的百分比，再进一步分析。百分比的计算方法为：

$$增减变动百分比 = \frac{增减变动额}{分析标准金额} \times 100\% = \frac{分析项目金额 - 分析标准金额}{分析标准金额} \times 100\%$$

计算增减变动百分比虽然能在一定程度上反映企业相关指标的增减率，但也有局限性。分析标准金额的不同对增减变动百分比的计算有影响，具体表现在：

（1）分析标准金额如果是负数，则会出现增减变动百分比的符号与绝对增减金额的符号相反的结果。

（2）分析标准金额如果是零，则不管分析项目金额是多少，增减变动百分比都是无穷大。

（3）分析标准金额如果太小，则绝对金额较小的变动就可能引起较大的增减变动百分比，从而导致误解。

在出现上述问题时，需要特殊处理：分析标准金额为负数，则增减变动百分比为按公式计算出的结果的相反数；分析标准金额为零或太小，则应放弃使用百分比增减变动比较分析法，仅分析绝对金额变动情况。

【做中学2-3】（计算题）HZ公司2×24年和2×25年的净利润分别为16万元和20万元。

【要求】以2×24年为基期，计算净利润增长百分比。

【答案】净利润增长百分比 $= \frac{20 - 16}{16} \times 100\% = \frac{4}{16} \times 100\% = 25\%$

使用百分比增减变动比较分析法，可以反映HZ公司不同年度净利润增减变动的相关性，使报表使用者一目了然地掌握HZ公司的净利润变动趋势。

【做中学2-4】（计算题）资料同【做中学2-1】，2×25年行业的平均净利润是25万元。

【要求】采用百分比增减变动比较分析法，以行业的平均净利润为标准，分析HZ公司与GS公司的净利润。

【答案】HZ公司和GS公司的净利润与行业平均利润比较见表2-3。

表2-3 HZ公司和GS公司的净利润与行业平均利润比较

2×25年 金额单位：万元

项目	行业平均标准	HZ公司	GS公司
净利润	25	20	30
百分比	—	-20%	20%

从表2-3可以看出，HZ公司的净利润比行业平均水平低20%，而GS公司的净利润比

行业平均水平高20%，即HZ公司的净利润低于行业平均水平和GS公司，HZ公司应该好好分析净利润较低的原因，采用有效措施，提高盈利能力。

【做中学2-5】（计算题）净资产收益率是一项衡量企业盈利能力的指标，一般情况下，净资产收益率越高，企业的盈利能力越强。2×25年，KA、KB、KC、KD、KE五家公司的净资产收益率分别为17.71%、11.34%、23.62%、30.12%、7.30%。

【要求】计算五家公司的平均净资产收益率，并比较这五家公司的盈利能力。

【答案】五家公司的平均净资产收益率 $= \dfrac{17.71\% + 11.34\% + 23.62\% + 30.12\% + 7.30\%}{5}$

$= 18.02\%$

2×25年，五家公司的平均净资产收益率为18.02%，KC、KD两家公司的净资产收益率都高于行业平均水平，是行业里的佼佼者。KA、KB、KE三家公司的净资产收益率均低于平均水平，KA公司的净资产收益率与平均水平相差较小，而KE公司的净资产收益率远远低于行业平均水平。在这五家公司中，KD公司的净资产收益率最高，达到30.12%，表明其盈利能力最强；KE公司的净资产收益率最低，表明其盈利能力最差。五家公司的净资产收益率如图2-3所示。

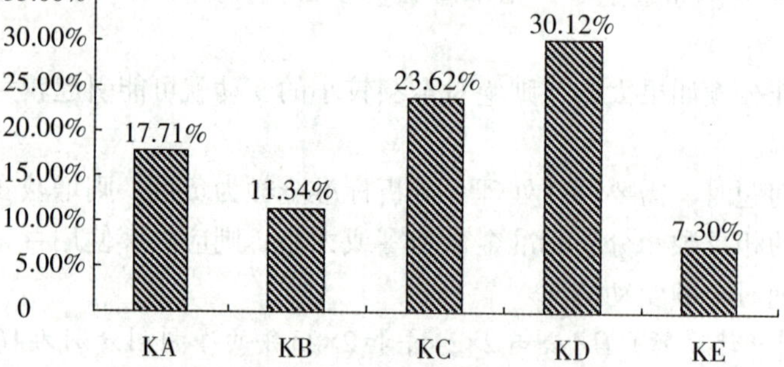

图2-3 五家公司的净资产收益率

（四）使用比较分析法的注意事项

在使用比较分析法时，应注意分析项目与分析标准之间的可比性，这是用好比较分析法的必要条件，否则不仅不能正确地说明问题，而且会得出错误的结论。应注意可能导致比较指标间计算口径不一致的几种情况：

1.会计口径的一致性

财务报表数据受会计准则与相关的信息披露制度的影响很大，如果分析项目与分析标准之间的会计口径不一致，则比较就没有实际意义。因此，在运用比较分析法时，必须保证比较的数据的会计口径一致，否则就必须进行适当的调整，使之具有可比性以后才能进行比较。

我国企业会计准则体系与相关信息披露制度变化较快，同一企业不同期间的相同名称的财务指标，可能计算口径差异也很大，因此，比较时必须关注会计口径的变化与调整。

2.时间上的一致性

在对不同时期同一财务指标进行比较时，分析项目与分析标准所涵盖的时间长短应一致，如果是与计划或预算数据进行比较，分析项目与分析标准应该属于同一个期间，否则这些比较就缺乏可比性。

3.行业类型、经营规模和财务规模以及经营目标上的一致性

在与其他企业对比时，比较企业应和目标企业之间在所处的行业类型、企业规模、发展阶段等方面大体相当，企业之间数据的比较才具有现实意义，比较的结果才能有评价作用。

【教学案例】目前，视频平台竞争异常激烈。腾讯视频、爱奇艺和优酷视频背靠腾讯、百度和阿里三大互联网公司，平台内容成本投入较多，影片资源丰富，位居视频行业第一梯队。哔哩哔哩凭借年轻活跃的社区氛围，西瓜视频和芒果TV分别背靠抖音集团和芒果传媒的资源，增长也很迅猛。此外，华为视频、搜狐视频、咪咕视频和小米视频也在该领域紧追慢赶，占有一席之地。请收集资料，分析各家视频平台公司最近一年的净利润。

二、比较分析法在财务报表分析中的应用

微课

比较分析法在财务报表分析中的应用（1）

通过编制比较财务报表，可以比较同一企业在不同年度、同一年度不同企业的财务状况、经营成果和现金流量。

（一）比较分析法在资产负债表分析中的应用

【做中学2-6】（计算题）表2-4列示了AA公司2×21年年末和2×22年年末资产负债表的资产项目数据。

表2-4　AA公司比较资产负债表（资产项目）　金额单位：元

资　产	2×21年12月31日 （1）	2×22年12月31日 （2）	增减变动绝对额 （3）=（2）-（1）	增减变动百分比 （4）=（3）÷（1）
流动资产：				
货币资金	278 345 453.88	212 510 712.10		
交易性金融资产				
衍生金融资产				
应收票据	913 971 975.83	1 269 618 811.74		
应收账款	103 525 771.12	96 247 176.47		
预付款项	3 253 531.14	53 794 779.20		
其他应收款	37 100 456.08	25 337 468.72		
存货	259 295 294.86	443 180 484.02		
合同资产				
持有待售资产				
一年内到期的非流动资产				
其他流动资产	2 517 574.76	32 777 230.86		
流动资产合计	1 598 010 057.67	2 133 466 663.11		
非流动资产：				

续表

资 产	2×21年12月31日 (1)	2×22年12月31日 (2)	增减变动绝对额 (3) = (2) - (1)	增减变动百分比 (4) = (3) ÷ (1)
债权投资				
其他债权投资				
长期应收款				
长期股权投资	38 575 935.96	47 290 742.80		
其他权益工具投资	11 440 000.00	11 440 000.00		
投资性房地产				
固定资产	1 728 274 907.00	1 777 438 962.21		
在建工程	123 683 003.98	93 861 199.48		
生产性生物资产				
油气资产				
无形资产	85 374 551.12	84 787 336.27		
开发支出				
商誉				
长期待摊费用				
递延所得税资产	168 827 577.96	160 251 987.40		
其他非流动资产	1 322 206.06	0		
非流动资产合计	2 157 498 182.08	2 175 070 228.16		
资产总计	3 755 508 239.75	4 308 536 891.27		

【要求】以2×21年年末数据为分析标准，使用绝对数增减变动比较分析法和百分比增减变动比较分析法，分析AA公司各资产项目的增减变动情况。

【答案】AA公司比较资产负债表（资产项目）资料见表2-5。从绝对数增减变动中可以看出，与2×21年年末相比，AA公司2×22年年末的流动资产和非流动资产都有所增加（分别增加535 456 605.44元和17 572 046.08元）。尤其是流动资产（应收票据、存货）金额大幅度增加，因此，资产总额得以增加（553 028 651.52元）。

从百分比增减变动中可以看出，与2×21年年末相比，AA公司2×22年年末的资产总额增长了14.73%，其中流动资产增长了33.51%，非流动资产增长了0.81%，即资产总额的增长主要是由于流动资产的增长。

结合两种方法，可以看出，尽管“预付款项”和“其他流动资产”项目增长幅度最大，分别为1 553.43%和1 201.94%，但是其金额相对较小，并不是流动资产大幅度增长的主要原因，而“应收票据”和“存货”项目的快速增长才是引起流动资产大幅度增长的原因，至于这两个项目为什么快速增长，应结合报表附注进一步分析。

AA公司比较资产负债表（资产项目）见表2-5。

表2-5　AA公司比较资产负债表（资产项目）　金额单位：元

资　产	2×21年12月31日 (1)	2×22年12月31日 (2)	增减变动绝对额 (3) = (2) - (1)	增减变动百分比 (4) = (3) ÷ (1)
流动资产：				
货币资金	278 345 453.88	212 510 712.10	-65 834 741.78	-23.65%
交易性金融资产				
衍生金融资产				
应收票据	913 971 975.83	1 269 618 811.74	355 646 835.91	39%
应收账款	103 525 771.12	96 247 176.47	-7 278 594.65	-7%
预付款项	3 253 531.14	53 794 779.20	50 541 248.06	1 553.43%
其他应收款	37 100 456.08	25 337 468.72	-11 762 987.36	-31.71%
存货	259 295 294.86	443 180 484.02	183 885 189.16	70.92%
合同资产				
持有待售资产				
一年内到期的非流动资产				
其他流动资产	2 517 574.76	32 777 230.86	30 259 656.10	1 201.94%
流动资产合计	1 598 010 057.67	2 133 466 663.11	535 456 605.44	33.51%
非流动资产：				
债权投资				
其他债权投资				
长期应收款				
长期股权投资	38 575 935.96	47 290 742.80	8 714 806.84	22.59%
其他权益工具投资	11 440 000.00	11 440 000.00	0	0
投资性房地产				
固定资产	1 728 274 907.00	1 777 438 962.21	49 164 055.21	2.84%
在建工程	123 683 003.98	93 861 199.48	-29 821 804.50	-24.11%
生产性生物资产				
油气资产				
无形资产	85 374 551.12	84 787 336.27	-587 214.85	-0.69%
开发支出				
商誉				
长期待摊费用				
递延所得税资产	168 827 577.96	160 251 987.40	-8 575 590.56	-5.08%
其他非流动资产	1 322 206.06	0	-1 322 206.06	-100.00%
非流动资产合计	2 157 498 182.08	2 175 070 228.16	17 572 046.08	0.81%
资产总计	3 755 508 239.75	4 308 536 891.27	553 028 651.52	14.73%

（二）比较分析法在利润表分析中的应用

【做中学2-7】（计算题）表2-6列示了AB公司和AC公司两家公司2×22年度的利润表数据。其中，AB公司是国内医药行业的龙头企业之一。

表2-6 利润表比较数据 金额单位：元

项目	2×22年度			
	AB公司 （1）	AC公司 （2）	增减变动绝对金额 （3）=（2）-（1）	增减变动百分比 （4）=（3）÷（1）
一、营业收入	12 017 531 251.13	1 717 440 599.76		
减：营业成本	8 907 152 330.62	1 182 270 784.81		
税金及附加	145 430 848.71	24 659 100.67		
销售费用	761 022 404.41	29 534 776.44		
管理费用	1 680 170 850.31	278 211 401.68		
财务费用	-49 607 052.73	25 491 143.54		
加：其他收益	72 868 906.20	15 819 353.11		
投资收益（损失以“-”号填列）	30 491 221.00	1 131 947.03		
其中：对联营企业和合营企业的投资收益				
公允价值变动收益（损失以“-”号填列）				
资产减值损失（损失以“-”号填列）	-56 269 208.20	-15 901 021.28		
资产处置收益（损失以“-”号填列）	35 450 926.23	-2 687 270.04		
二、营业利润（亏损以“-”号填列）	655 903 715.04	175 636 401.44		
加：营业外收入	17 492 628.08	243 066.97		
减：营业外支出	14 611 219.52	1 638 470.62		
三、利润总额（亏损总额以“-”号填列）	658 785 123.60	174 240 997.79		
减：所得税费用	194 421 336.54	27 454 303.94		
四、净利润（净亏损以“-”号填列）	464 363 787.06	146 786 693.85		

微课

比较分析法在财务报表分析中的应用（2）

【要求】以AB公司2×22年度利润表为分析标准，使用绝对数增减变动比较分析法和百分比增减变动比较分析法，分析AC公司与AB公司各利润表项目的差异。

【答案】AC公司与AB公司各利润表项目比较见表2-7。从绝对额差异来看，和AB公司相比，AC公司2×22年度各个利润表项目的数据都呈现出较低的态势。AC公司的净利润比AB公司低317 577 093.21元，主要受营业利润的影响（-480 267 313.60元），特别是营业毛利，营业毛利＝营业收入-营业成

本 = −10 300 090 651.37−（−7 724 881 545.81）= −2 575 209 105.56（元）。

表2-7　　AC公司与AB公司各利润表项目比较　　金额单位：元

项　目	2×22年度			
	AB公司 (1)	AC公司 (2)	绝对额差异 (3) = (2) - (1)	百分比差异 (4) = (3) ÷ (1)
一、营业收入	12 017 531 251.13	1 717 440 599.76	−10 300 090 651.37	−85.71%
减：营业成本	8 907 152 330.62	1 182 270 784.81	−7 724 881 545.81	−86.73%
税金及附加	145 430 848.71	24 659 100.67	−120 771 748.04	−83.04%
销售费用	761 022 404.41	29 534 776.44	−731 487 627.97	−96.12%
管理费用	1 680 170 850.31	278 211 401.68	−1 401 959 448.63	−83.44%
财务费用	−49 607 052.73	25 491 143.54	75 098 196.27	151.39%（☆）
加：其他收益	72 868 906.20	15 819 353.11	−57 049 553.09	−78.29%
投资收益（损失以“−”号填列）	30 491 221.00	1 131 947.03	−29 359 273.97	−96.29%
其中：对联营企业和合营企业的投资收益				
公允价值变动收益（损失以“−”号填列）				
资产减值损失（损失以“−”号填列）	−56 269 208.20	−15 901 021.28	40 368 186.92	−71.74%
资产处置收益（损失以“−”号填列）	35 450 926.23	−2 687 270.04	−38 138 196.27	−107.58%
二、营业利润（亏损以“−”号填列）	655 903 715.04	175 636 401.44	−480 267 313.60	−73.22%
加：营业外收入	17 492 628.08	243 066.97	−17 249 561.11	−98.61%
减：营业外支出	14 611 219.52	1 638 470.62	−12 972 748.90	−88.79%
三、利润总额（亏损总额以“−”号填列）	658 785 123.60	174 240 997.79	−484 544 125.81	−73.55%
减：所得税费用	194 421 336.54	27 454 303.94	−166 967 032.60	−85.88%
四、净利润（净亏损以“−”号填列）	464 363 787.06	146 786 693.85	−317 577 093.21	−68.39%

从百分比差异来看，受各项目的影响，AC公司的净利润比AB公司低68.39%，其中，营业利润低73.22%。请注意，AB公司2×22年度的财务费用为负数，在使用百分比增减变动比较分析法时，取比较结果的相反数。

结合两种方法，相较于AB公司，虽然AC公司营业外收入的变动幅度大于营业利润，但是从数额上来看，营业利润的金额远远大于营业外收入，营业利润低（−480 267 313.60元）才是AC公司的净利润低于AB公司的真正原因。AC公司可以扩大产品销售、降低产品成本，或提高各项投资活动取得的收益，这些都有助于提高其营业利润。

（三）比较分析法在现金流量表分析中的应用

【做中学2-8】（计算题）表2-8列示了AD公司2×21年度和2×22年度现金流量表项目的数据。

表2-8 AD公司比较现金流量表 金额单位：元

项目	2×21年度 (1)	2×22年度 (2)	增减变动绝对数 (3)＝(2)－(1)	增减变动百分比 (4)＝(3)÷(1)
一、经营活动产生的现金流量：				
销售商品、提供劳务收到的现金	7 614 780 744.77	7 587 200 643.01		
收到的税费返还	715 335.21	7 820.86		
收到其他与经营活动有关的现金	199 630 708.10	207 468 228.98		
经营活动现金流入小计	7 815 126 788.08	7 794 676 692.85		
购买商品、接受劳务支付的现金	6 305 454 187.56	6 014 782 320.67		
支付给职工以及为职工支付的现金	431 389 433.45	452 273 720.20		
支付的各项税费	254 720 994.05	207 036 660.33		
支付其他与经营活动有关的现金	651 380 892.14	725 986 337.79		
经营活动现金流出小计	7 642 945 507.20	7 400 079 038.99		
经营活动产生的现金流量净额	172 181 280.88	394 597 653.86		
二、投资活动产生的现金流量：				
收回投资收到的现金	71 838 390.56	507 006 085.83		
取得投资收益收到的现金	7 575 079.45	8 457 616.01		
处置固定资产、无形资产和其他长期资产收回的现金净额	25 000.00	1 903 137.00		
处置子公司及其他营业单位收到的现金净额				
收到其他与投资活动有关的现金	104 080 000.00	20 135 666.68		
投资活动现金流入小计	183 518 470.01	537 502 505.52		
购建固定资产、无形资产和其他长期资产支付的现金	233 717 400.22	129 351 426.68		
投资支付的现金	96 838 390.56	457 006 085.83		
取得子公司及其他营业单位支付的现金净额				
支付其他与投资活动有关的现金				
投资活动现金流出小计	330 555 790.78	586 357 512.51		
投资活动产生的现金流量净额	−147 037 320.77	−48 855 006.99		
三、筹资活动产生的现金流量：				
吸收投资收到的现金				
取得借款收到的现金	155 000 000.00	296 700 000.00		

续表

项目	2×21年度 (1)	2×22年度 (2)	增减变动绝对数 (3) = (2) - (1)	增减变动百分比 (4) = (3) ÷ (1)
收到其他与筹资活动有关的现金	94 882 100.00	273 313 821.52		
筹资活动现金流入小计	249 882 100.00	570 013 821.52		
偿还债务支付的现金	240 022 184.64	453 168 244.46		
分配股利、利润或偿付利息支付的现金	24 040 783.43	52 551 247.59		
支付其他与筹资活动有关的现金	89 082 952.30	196 043 850.59		
筹资活动现金流出小计	353 145 920.37	701 763 342.64		
筹资活动产生的现金流量净额	-103 263 820.37	-131 749 521.12		
四、汇率变动对现金及现金等价物的影响	95.58	-0.28		
五、现金及现金等价物净增加额	-78 119 764.68	213 993 125.47		
加：期初现金及现金等价物余额	427 282 351.76	349 162 587.08		
六、期末现金及现金等价物余额	349 162 587.08	563 155 712.55		

【要求】以2×21年度数据为分析标准，使用绝对数增减变动比较分析法和百分比增减变动比较分析法，分析AD公司各现金流量表项目的增减变动情况。

【答案】AD公司比较现金流量表见表2-9。从绝对数增减变动中可以看出，与2×21年度相比，AD公司2×22年度的“现金及现金等价物净增加额”呈现出上升趋势，“经营活动产生的现金流量净额”增长了222 416 372.98元，“投资活动产生的现金流量净额”增长了98 182 313.78元。

表2-9　**AD公司比较现金流量表**　金额单位：元

项　目	2×21年度 (1)	2×22年度 (2)	增减变动绝对数 (3) = (2) - (1)	增减变动百分比 (4) = (3) ÷ (1)
一、经营活动产生的现金流量：				
销售商品、提供劳务收到的现金	7 614 780 744.77	7 587 200 643.01	-27 580 101.76	-0.36%
收到的税费返还	715 335.21	7 820.86	-707 514.35	-98.91%
收到其他与经营活动有关的现金	199 630 708.10	207 468 228.98	7 837 520.88	3.93%
经营活动现金流入小计	7 815 126 788.08	7 794 676 692.85	-20 450 095.23	-0.26%
购买商品、接受劳务支付的现金	6 305 454 187.56	6 014 782 320.67	-290 671 866.89	-4.61%
支付给职工以及为职工支付的现金	431 389 433.45	452 273 720.20	20 884 286.75	4.84%
支付的各项税费	254 720 994.05	207 036 660.33	-47 684 333.72	-18.72%
支付其他与经营活动有关的现金	651 380 892.14	725 986 337.79	74 605 445.65	11.45%
经营活动现金流出小计	7 642 945 507.20	7 400 079 038.99	-242 866 468.21	-3.18%

续表

项 目	2×21年度 (1)	2×22年度 (2)	增减变动绝对数 (3) = (2) - (1)	增减变动百分比 (4) = (3) ÷ (1)
经营活动产生的现金流量净额	172 181 280.88	394 597 653.86	222 416 372.98	129.18%
二、投资活动产生的现金流量：				
收回投资收到的现金	71 838 390.56	507 006 085.83	435 167 695.27	605.76%
取得投资收益收到的现金	7 575 079.45	8 457 616.01	882 536.56	11.65%
处置固定资产、无形资产和其他长期资产收回的现金净额	25 000.00	1 903 137.00	1 878 137.00	7512.55%
处置子公司及其他营业单位收到的现金净额				
收到其他与投资活动有关的现金	104 080 000.00	20 135 666.68	-83 944 333.32	-80.65%
投资活动现金流入小计	183 518 470.01	537 502 505.52	353 984 035.51	192.89%
购建固定资产、无形资产和其他长期资产支付的现金	233 717 400.22	129 351 426.68	-104 365 973.54	-44.65%
投资支付的现金	96 838 390.56	457 006 085.83	360 167 695.27	371.93%
取得子公司及其他营业单位支付的现金净额				
支付其他与投资活动有关的现金				
投资活动现金流出小计	330 555 790.78	586 357 512.51	255 801 721.73	77.39%
投资活动产生的现金流量净额	-147 037 320.77	-48 855 006.99	98 182 313.78	66.77%（☆）
三、筹资活动产生的现金流量：				
吸收投资收到的现金				
取得借款收到的现金	155 000 000.00	296 700 000.00	141 700 000.00	91.42%
收到其他与筹资活动有关的现金	94 882 100.00	273 313 821.52	178 431 721.52	188.06%
筹资活动现金流入小计	249 882 100.00	570 013 821.52	320 131 721.52	128.11%
偿还债务支付的现金	240 022 184.64	453 168 244.46	213 146 059.82	88.80%
分配股利、利润或偿付利息支付的现金	24 040 783.43	52 551 247.59	28 510 464.16	118.59%
支付其他与筹资活动有关的现金	89 082 952.30	196 043 850.59	106 960 898.29	120.07%
筹资活动现金流出小计	353 145 920.37	701 763 342.64	348 617 422.27	98.72%
筹资活动产生的现金流量净额	-103 263 820.37	-131 749 521.12	-28 485 700.75	-27.59%（☆）
四、汇率变动对现金的影响	95.58	-0.28	-95.86	-100.29%
五、现金及现金等价物净增加额	-78 119 764.68	213 993 125.47	292 112 890.15	373.93%（☆）
加：期初现金及现金等价物余额	427 282 351.76	349 162 587.08	-78 119 764.68	-18.28%
六、期末现金及现金等价物余额	349 162 587.08	563 155 712.55	213 993 125.47	61.29%

从百分比增减变动中可以看出，与2×21年度相比，AD公司2×22年度的“现金及现

金等价物净增加额”上升了373.93%，经营活动和投资活动产生的现金流量净额都实现了增长，分别增长了129.18%和66.77%。

结合两种方法可以看出，相比于2×21年度，2×22年度AD公司的经营活动现金流量净额之所以增加是由于经营活动现金流出减少，特别是“购买商品、接受劳务支付的现金”减少；投资活动现金流量净额之所以增加是由于投资活动现金流入大幅度增加，尤其是“收回投资收到的现金”增加。

【双创一点通】路演PPT的竞品分析

创业者不能仅关注自己的产品，还要进行竞品分析，即通过对市场上其他对手的分析以及市场未来发展趋势的预测来判断竞争对手的优势，以此来确定自己在市场中的优势地位。一般来说，进行竞品分析，需要完成以下几步：（1）收集尽可能多的竞争对手资料，如通过互联网或者调查问卷、实地考察等形式；（2）对收集的资料整理分析，如经营能力分析、市场营销策略分析以及市场竞争分析等内容；（3）产品营销分析以及市场定位，确定哪种产品类型会有更高的销量等。

任务二　比率分析法

学习目标

知识目标：掌握比率分析法的种类
熟悉比率分析法的概念和作用
了解使用比率分析法的注意事项

能力目标：具备使用比率分析法进行财务报表分析的能力
具备进行数据分析的创新创业能力

素质目标：形成诚实守信、坚持准则的职业素养
培养谦虚谨慎的思想品德

一、比率分析法的相关知识

（一）比率分析法的概念

比率分析法就是把某些相互存在关联的项目加以对比，计算出比率，据以确定经济活动变动程度的分析方法。采用这种方法，能够把某些条件下的不可比指标变为可以比较的指标，以利于分析。

微课

比率分析法的相关知识（1）

可以从以下两个方面理解比率分析法的概念：

（1）在采用比率分析法时，一般是把某些相互存在关联的项目加以对比，计算出比率，据以确定经济活动的变动程度，比如资产负债率，计算公式是负债比资产，通过这个公式，我们可以了解企业用全部资产偿还全部债务的能力。

（2）比率分析法的一个重要特点就是能够把某些条件下的不可比指标变为可以比较的

指标，以利于分析。之所以这样比较，是因为某些项目看似不相关，实则存在千丝万缕的联系。这就像现实生活一样，大自然是一个整体，人类是大自然的一部分，我们要爱护自然，爱护野生动物。如果世界上没有动物，那就是一个没有活力的星球。关爱生活，关爱动物，别让地球只剩下人类。

（二）比率分析法的作用

比率是一种相对数，它揭示了指标间的某种关系，可以把某些用绝对数不可比的指标转化为可比的指标。由于比率是由密切联系的两个或两个以上的相关数字计算出来的，所以通过比率分析，往往可以利用一个或几个比率就可以独立地揭示和说明企业某一方面的财务状况和经营成果，或者说明某一方面的能力。

当然，对比率分析法作用的估计也不能过高。它和比较分析法一样，只适用于某些方面，其揭示出的信息的范围也有一定的局限性。在实际运用比率分析法时，还必须以比率所揭示的信息为起点，结合其他有关资料和实际情况，进行更深层次的研究，才能作出正确的判断和评价，更好地为决策服务。因此，在财务报表分析中，既要重视比率分析法的作用，又要和其他方法密切配合、合理运用，以提高财务报表分析的效果。

（三）比率的种类

1.相关比率

微课

比率分析法的相关知识（2）

相关比率，是以某个项目与相互关联但性质又不相同的项目加以对比所得的比率，反映有关经济活动的相互关系。

利用相关比率，可以考察有联系的相关业务安排得是否合理，以保障企业经济活动能够顺利进行。例如，将流动资产与流动负债进行对比，计算出流动比率，据以判断企业的短期偿债能力。

2.构成比率

构成比率，是某项目的各个组成部分与总体的比率，反映部分与总体的关系。例如，流动资产占资产总额的比率、流动负债占负债总额的比率。其计算公式为：

$$构成比率=\frac{某一组成部分数额}{总体数额}\times 100\%$$

利用构成比率，可以考察总体中某个部分的形成和安排是否合理，以便协调各项目。但是，构成比率并不等同于结构分析法中的“结构百分比”。例如，我们可以计算成本、费用和利润占营业收入的百分比，但是营业收入并非由成本、费用和利润组成，因而它们占营业收入的百分比属于结构百分比而不是构成比率。

构成比率分析多是通过共同比财务报表项目实现的，即计算报表的各个项目占总体项目的比率，如资产负债表中各个项目占总资产的比率、利润表各个项目占营业收入的比率、现金流量表中经营活动产生的现金流入各组成项目占经营活动现金流入小计的比率等，以此观察企业整体财务报表的结构是否合理、盈利能力的来源是否发生变动、企业经营活动产生的现金流量的主要来源等。

构成比率可以有效剔除规模的影响，便于大型企业和小型企业之间的比较。

3.效率比率

效率比率，是某项经济活动中所费与所得的比率，反映投入与产出的关系。效率比率的分子代表产出的项目，如各种利润数据，分母代表某种投入的数据，如费用、股东权益和成本等。

利用效率比率，可以进行得失比较，考察经营成果，评价经济效益。例如，将利润项目与营业成本、营业收入、资本等项目加以对比，可计算出成本利润率、销售利润率以及总资产报酬率等指标，可以从不同角度分析比较企业盈利能力的高低及增减变化情况。

比率的种类如图2-4所示。

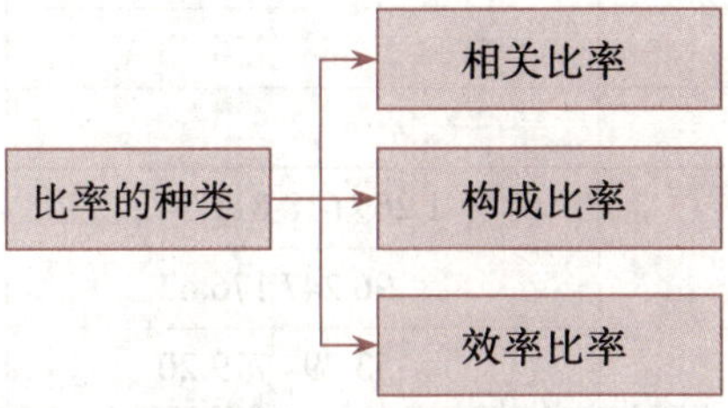

图2-4　比率的种类

（四）使用比率分析法的注意事项

比率分析法计算简便，计算结果容易理解，而且可以使某些指标在不同规模的企业之间进行比较，甚至也能在一定程度上超越行业之间的差别进行比较。但是采用这一方法时，应该注意以下三点：

1. 对比项目的相关性

计算比率中的分子和分母必须具有相关性，把不相关的项目进行对比是没有意义的。在构成比率指标中，部分指标必须是总体指标这个大系统中的一个小系统；在效率比率指标中，投入与产出必须有因果关系；在相关比率指标中，两个对比指标也应有内在联系，才能评价有关经济活动之间是否协调均衡，安排是否合理。

2. 对比口径的一致性

计算比率的分子和分母必须在计算时间、范围等方面保持口径一致。

3. 衡量标准的科学性

运用比率分析法时，需要选用一定的标准进行对比，以便对企业的财务状况作出评价。一般而言，科学合理的对比标准有：①历史标准，如上期实际、上年同期实际、历史先进水平以及有典型意义时期的实际水平等；②目标标准，如预算指标、定额指标等；③行业标准，如主管部门或行业协会颁布的技术标准、国内外同类企业的先进水平、国内外同类企业的平均水平等；④经验标准，包括国内公认标准和国际公认标准。

二、比率分析法在财务报表分析中的应用

（一）比率分析法在资产负债表分析中的应用

【做中学2-9】（计算题）表2-10列示了AA公司2×22年12月31日资产负债表的资产部分数据。

【要求】计算各资产项目占资产总额的比率并进行简单分析。

【答案】从表2-11中可以看出，AA公司的流动资产与非流动资产各占资产总额的50%左右。就单个项目而言，“应收票据”、“存货”和“固定资产”占资产总额的比重较大，分别为29.47%、10.29%和41.25%，三项资产合计

微课

比率分析法在财务报表分析中的应用

占资产总额的81.01%。

表2-10 资产负债表（资产项目）

编制单位：AA公司 2×22年12月31日 金额单位：元

资 产	金 额	各项目占资产总额的比率
流动资产：		
货币资金	212 510 712.10	
交易性金融资产		
衍生金融资产		
应收票据	1 269 618 811.74	
应收账款	96 247 176.47	
预付款项	53 794 779.20	
其他应收款	25 337 468.72	
存货	443 180 484.02	
持有待售资产		
一年内到期的非流动资产		
其他流动资产	32 777 230.86	
流动资产合计	2 133 466 663.11	
非流动资产：		
债权投资		
其他债权工具		
长期应收款		
长期股权投资	47 290 742.80	
其他权益工具投资	11 440 000.00	
投资性房地产		
固定资产	1 777 438 962.21	
在建工程	93 861 199.48	
生产性生物资产		
油气资产		
无形资产	84 787 336.27	
开发支出		
商誉		
长期待摊费用		
递延所得税资产	160 251 987.40	
其他非流动资产		
非流动资产合计	2 175 070 228.16	
资产总计	4 308 536 891.27	

表2-11　　资产负债表（资产项目）

编制单位：AA公司　　2×22年12月31日　　金额单位：元

资　产	金　额	各项目占资产总额的比率
流动资产：		
货币资金	212 510 712.10	4.93%
交易性金融资产		
衍生金融资产		
应收票据	1 269 618 811.74	29.47%
应收账款	96 247 176.47	2.23%
预付款项	53 794 779.20	1.25%
其他应收款	25 337 468.72	0.59%
存货	443 180 484.02	10.29%
持有待售资产		
一年内到期的非流动资产		
其他流动资产	32 777 230.86	0.76%
流动资产合计	2 133 466 663.11	49.52%
非流动资产：		
债权投资		
其他债权工具		
长期应收款		
长期股权投资	47 290 742.80	1.10%
其他权益工具投资	11 440 000.00	0.27%
投资性房地产		
固定资产	1 777 438 962.21	41.25%
在建工程	93 861 199.48	2.18%
生产性生物资产		
油气资产		
无形资产	84 787 336.27	1.97%
开发支出		
商誉		
长期待摊费用		
递延所得税资产	160 251 987.40	3.72%
其他非流动资产		
非流动资产合计	2 175 070 228.16	50.48%
资产总计	4 308 536 891.27	100.00%

（二）比率分析法在利润表分析中的应用

【做中学2-10】（计算题）表2-12列示了AA公司2×22年度利润表的数据。

表2-12　　利润表

编制单位：AA公司　　2×22年度　　金额单位：元

项　目	金　额	各项目占营业收入的百分比
一、营业收入	4 817 014 523.02	
减：营业成本	3 660 466 933.83	
税金及附加	71 334 987.16	
销售费用	157 623 689.85	
管理费用	156 579 826.66	
财务费用	4 698 215.74	
加：其他收益	2 001 553.03	
投资收益（损失以“–”号填列）	8 777 774.89	
其中：对联营企业和合营企业的投资收益		
公允价值变动收益（损失以“–”号填列）		
资产减值损失（损失以“–”号填列）	–75 254 586.66	
资产处置收益（损失以“–”号填列）	–1 794 418.91	
二、营业利润（亏损以“–”号填列）	700 041 192.13	
加：营业外收入	5 307 870.17	
减：营业外支出	36 543 846.91	
三、利润总额（亏损总额以“–”号填列）	668 805 215.39	
减：所得税费用	10 856 852.40	
四、净利润（净亏损以“–”号填列）	657 948 362.99	

【要求】计算各项目占营业收入的比率并进行简单分析。

【答案】从表2-13中可以看出，营业成本占营业收入的75.99%；三项期间费用合计占营业收入的比重为6.62%；其他收益和投资收益等投资活动取得的收益偏低，两者合计只有0.22%；净利润占营业收入的比率为13.66%。

表2-13　　利润表

编制单位：AA公司　　2×22年度　　金额单位：元

项　目	金　额	各项目占营业收入的百分比
一、营业收入	4 817 014 523.02	100.00%
减：营业成本	3 660 466 933.83	75.99%

续表

项 目	金 额	各项目占营业收入的百分比
税金及附加	71 334 987.16	1.48%
销售费用	157 623 689.85	3.27%
管理费用	156 579 826.66	3.25%
财务费用	4 698 215.74	0.10%
加：其他收益	2 001 553.03	0.04%
投资收益（损失以“–”号填列）	8 777 774.89	0.18%
其中：对联营企业和合营企业的投资收益		
公允价值变动收益（损失以“–”号填列）		
资产减值损失（损失以“–”号填列）	–75 254 586.66	1.56%*
资产处置收益（损失以“–”号填列）	–1 794 418.91	0.04%*
二、营业利润（亏损以“–”号填列）	700 041 192.13	14.53%
加：营业外收入	5 307 870.17	0.11%
减：营业外支出	36 543 846.91	0.76%
三、利润总额（亏损总额以“–”号填列）	668 805 215.39	13.88%
减：所得税费用	10 856 852.40	0.23%
四、净利润（净亏损以“–”号填列）	657 948 362.99	13.66%

注：*表示资产减值损失和资产处置收益为负数，取其占营业收入比重的绝对值。

（三）比率分析法在现金流量表分析中的应用

【做中学2-11】（计算题）表2-14列示了AA公司2×22年度现金流量表中经营活动产生的现金流入的数据。

表2-14 现金流量表

2×22年度

编制单位：AA公司 金额单位：元

项 目	金 额	各项目占经营活动现金流入小计的百分比
经营活动产生的现金流量		
销售商品、提供劳务收到的现金	7 587 200 643.01	
收到的税费返还	7 820.86	
收到其他与经营活动有关的现金	207 468 228.98	
经营活动现金流入小计	7 794 676 692.85	

【要求】计算各项目占经营活动现金流入小计的比率并进行简单分析。

【答案】从表2-15中可以看出，对于AA公司来说，“销售商品、提供劳务收到的现金”是其经营活动现金流入的主要来源，占97.34%。“收到的税费返还”占比太小可以忽略不计。

表2-15 现金流量表

编制单位：AA公司 2×22年度 金额单位：元

项　目	金　额	各项目占经营活动现金流入小计的百分比
经营活动产生的现金流量		
销售商品、提供劳务收到的现金	7 587 200 643.01	97.34%
收到的税费返还	7 820.86	—
收到其他与经营活动有关的现金	207 468 228.98	2.66%
经营活动现金流入小计	7 794 676 692.85	100.00%

【双创一点通】路演PPT的市场规模

市场规模，也叫市场容量，是指在一年时间内，一个或者一类产品的行业市场销售额。市场规模是需求市场实际消费量，或为市场提供产品的生产量，可以以数量作为衡量单位，也可用金额作为衡量单位。通过百度搜索，可以找到一个或者一类产品的行业市场规模数据。以数据为基础，计算年增长率或复合增长率，对未来的市场规模进行预测。其中：年增长率$=\frac{\text{本年市场规模数据}-\text{上年市场规模数据}}{\text{上年市场规模数据}}$，N年复合增长率$=\frac{\sum\text{年增长率}}{N}$。计算年增长率和五年复合增长率示例如图2-5所示，奶茶业市场规模示例如图2-6所示。

	A	B	C	D	E	F	G	H	I	J	K
1	我国奶茶行业市场规模										
2	年度	2015	2016	2017	2018	2019	2020	2021	2022	2023E	2024E
3	市场规模（亿元）	422.4	562.7	700.2	865.9	1065.6	1136.4	1453.5	1790	**2163.8**	**2603.7**
4	年增长率	——	33.21%	24.44%	23.66%	23.06%	6.64%	27.90%	23.15%		
5	五年复合增长率									**20.89%**	**20.33%**
6											

图2-5 计算年增长率和五年复合增长率示例

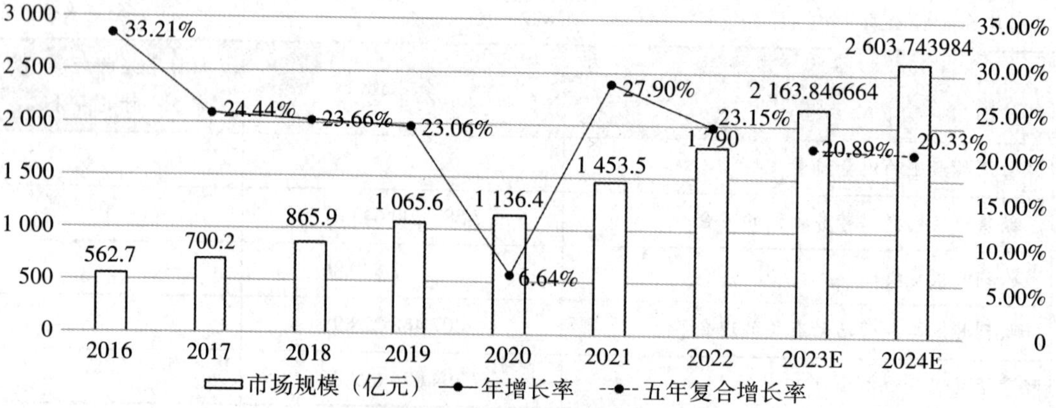

图2-6 奶茶业市场规模示例

任务三　因素分析法

学习目标

知识目标：掌握因素分析法的程序

熟悉因素分析法的概念、作用和种类

了解使用因素分析法的注意事项

能力目标：具备使用因素分析法进行财务报表分析的能力

具备分析创业过程中可能出现的风险的能力

素质目标：形成诚实守信、坚持准则的职业素养

培养匠心筑梦、逐浪前行的工匠精神

一、因素分析法的相关知识

（一）因素分析法的概念

因素分析法，是在对某一总体指标进行分解并确定其影响因素的基础上，按一定的方法确定各因素变动对该总体指标影响程度和影响方向的一种分析方法。因素分析法从数量上测定各因素对总体指标的影响程度，帮助分析人员抓住主要矛盾，更有说服力地评价企业状况。可以从以下三个方面理解因素分析法的概念：

微课

因素分析法的相关知识

（1）使用因素分析法的基础是可以把总体目标分解为若干具有一定关系的因素，这种关系可以是乘法关系，也可以是加法关系。

（2）分解出来的因素的变动会影响总体目标，并且这种影响是可计量的，而且是具有方向性的。

（3）因素分析法不是一种主观方法，而是一种客观的、科学程度较高的数学推理方法。

（二）因素分析法的作用

（1）因素分析法从数量上测定各因素对总体指标的影响程度，帮助分析人员抓住主要矛盾，更有说服力地评价企业状况。

（2）运用因素分析法，准确计算各个影响因素对总体指标的影响方向和影响程度，有利于企业进行事前计划、事中控制和事后监督，促进企业进行目标管理，提高企业经营管理水平。

（三）因素分析法的类型

因素分析法包括比率因素分解法和差异因素分解法。

1. 比率因素分解法

比率因素分解法把单个比率分解为若干影响因素，如净资产收益率可以分解为总资产周转率、权益乘数和营业净利率三个比率的乘积。

2.差异因素分解法

差异因素分解法往往按一定顺序，采用连环替代的方式来分析差异原因。采用这种方法，需要依次用标准值替代实际值，测定各因素对总体指标的影响。

【学思践悟】我们所熟悉的爱因斯坦成功公式为“A=X + Y + Z”。爱因斯坦其实并不是“天才”。他曾经说过，“当我还是22岁的青年时，我就已经发现成功的公式。我可以把公式的秘密告诉你，那就是A=X + Y + Z，如果A代表成功，那么X代表勤奋学习、工作，Y代表好的学习方法，Z代表少说废话。这公式对我有用，我想对许多人也一样有用。”成功不能一蹴而就，它需要多方面努力，不仅需要有好的方法，最主要的是要勤奋努力。党的二十大报告指出“青年强，则国家强。当代中国青年生逢其时，施展才干的舞台无比广阔，实现梦想的前景无比光明”。同学们，就像歌词里写的那样：新时代新思想新的目标扛起肩上的责任冲向前方，把自信装满去超越梦想，撸起袖子咱们大干一场，天上的馅饼不会掉地上，努力奋斗才能实现梦想。

（四）因素分析法的程序

（1）确定分析对象P_n，运用比较分析法，将分析对象P_n与比较标准P_0进行比较，求出差异数（P_n-P_0）。

（2）确定分析对象P_n的影响因素，如有三个影响因素a_n、b_n、c_n。

（3）确定分析对象P_n与其影响因素a_n、b_n、c_n之间的数量关系，建立函数关系式，如$P_n=a_n\times b_n\times c_n$。

（4）按照一定的顺序依次替换各影响因素，计算各因素对分析对象的影响程度。具体方法是：①令第一个因素a采用实际值a_n，其他因素保持标准值不变，计算此时的分析对象数值与比较标准之间的差异，该差异为第一个因素的影响程度；②在此基础上，继续将第二个因素b采用实际值（第一个因素a仍保持实际值），其他因素使用标准值，计算此时的分析对象数值与上一步骤分析对象数值之间的差异，该差异为第二个因素对分析对象的影响程度；③继续变动第三个因素c，按照上述步骤计算第三个因素对分析对象的影响程度；④其他因素以此类推，直到引入最后一个因素。

因素分析法示例（三影响因素）如图2-7所示。

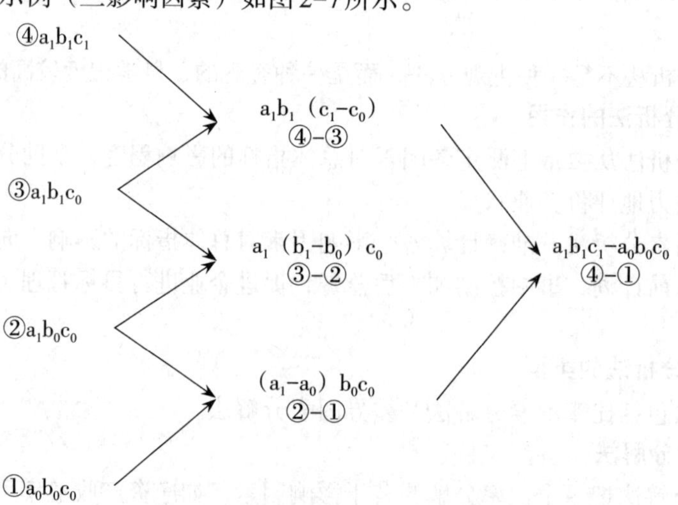

图2-7 因素分析法示例（三影响因素）

【做中学2-12】（计算题）HY公司2×25年度的甲商品销售额计划数为1 000万元，实际数为1 200万元；计划销售量为10万件，计划售价为100元；实际销售量为12.5万件，实际售价为96元。HY公司甲商品的销售情况见表2-16。

表2-16 HY公司甲商品的销售情况

项目	销售量（万件）	售价（元）	销售额（万元）
计划	10	100	1 000
实际	12.5	96	1 200

【要求】使用因素分析法对影响HY公司2×25年实际销售额的因素进行分析。

【答案】销售额 = 销售量 × 售价，分析对象是实际销售额。

（1）计划销售额 = 计划销售量 × 计划售价 = 10 × 100 = 1 000（万元）

（2）实际销售额 = 实际销售量 × 实际售价 = 12.5 × 96 = 1 200（万元）

（3）实际与计划销售额的差异 = 1 200 − 1 000 = 200（万元）

（4）第一次替代（销售量因素）= 实际销售量×计划售价 = 12.5 × 100 = 1 250（万元）

（5）第二次替代（售价因素）= 实际销售量×实际售价 = 12.5 × 96 = 1 200（万元）

（6）销售量因素对本期实际销售额的影响 =（4）−（1）= 1 250 − 1 000 = 250（万元）

（7）售价因素对本期实际销售额的影响 =（5）−（4）= 1 200 − 1 250 = − 50（万元）

（8）两项因素共同影响实际销售额的结果 =（6）+（7）= 250 +（−50）= 200（万元）

可见，甲商品实际销售额超计划销售额200万元。原因是实际销售量增加使实际销售额增加250万元，实际售价降低使实际销售额下降50万元。

（五）使用因素分析法的注意事项

1. 因素分解的关联性

构成总体指标的因素，必须是客观上存在因果关系，能够反映形成该项总体指标差异的内在构成原因的因素，否则就失去了分析的价值。

2. 因素替代的顺序性

替代影响因素时，必须按照各影响因素的依存关系，排列成一定的顺序并依次替代，不可随意颠倒，否则就会得出不同的计算结果。一般而言，按分析对象的性质，从各影响因素的相互依存关系出发，确定因素替代的顺序，这样也使分析结果有助于分清责任。

3. 顺序替代的连环性

在计算每一个因素变动的影响时，都是在前一次计算的基础上进行的，并采用连环比较的方法确定因素变化的影响结果。因为只有保持计算程序上的连环性，才能使各个因素之和等于分析指标变动的差异，以全面说明分析指标变动的原因。

4. 计算结果的假定性

因素分析法计算的各因素变动的影响数，会因替代顺序的不同而有差别，因而计算结果不免带有假定性，也就是说它不可能使每个因素计算的结果都达到绝对准确。它只是在某种假定前提下的影响结果。离开了这种假定条件，也就不会是这种影响结果。

二、因素分析法在财务报表分析中的应用

（一）因素分析法在资产负债表分析中的应用

【做中学2-13】（计算题）AA公司2×21年12月31日和2×22年12月31日流动资产及其构成数据见表2-17。

表2-17 AA公司流动资产及其构成数据 单位：元

资　产	2×21年12月31日	2×22年12月31日
货币资金	278 345 453.88	212 510 712.10
往来款项（应收票据、应收账款、预付款项、其他应收款）	1 057 851 734.17	1 444 998 236.13
存货	259 295 294.86	443 180 484.02
其他流动资产	2 517 574.76	32 777 230.86
流动资产合计	1 598 010 057.67	2 133 466 663.11

【要求】以2×21年12月31日流动资产数额为比较标准，使用因素分析法对影响AA公司2×22年流动资产数额的因素进行分析。

【答案】AA公司的流动资产L＝货币资金C＋往来款项A＋存货I＋其他流动资产O

（1）$L_{2\times21}$ = 278 345 453.88 + 1 057 851 734.17 + 259 295 294.86 + 2 517 574.76
= 1 598 010 057.67（元）

（2）$L_{2\times22}$ = 212 510 712.10 + 1 444 998 236.13 + 443 180 484.02 + 32 777 230.86
= 2 133 466 663.11（元）

（3）$L_{2\times22}-L_{2\times21}$= 535 456 605.44元

（4）第一次替代（货币资金因素）
= 212 510 712.10 + 1 057 851 734.17 + 259 295 294.86 + 2 517 574.76
= 1 532 175 315.89（元）

（5）第二次替代（往来款项因素）
= 212 510 712.10 + 1 444 998 236.13 + 259 295 294.86 + 2 517 574.76
= 1 919 321 817.85（元）

（6）第三次替代（存货因素）
= 212 510 712.10 + 1 444 998 236.13 + 443 180 484.02 + 2 517 574.76
= 2 103 207 007.01（元）

（7）第四次替代（其他流动资产因素）
= 212 510 712.10 + 1 444 998 236.13 + 443 180 484.02 + 32 777 230.86
= 2 133 466 663.11（元）

（8）货币资金因素对流动资产数额的影响 =（4）－（1）
= 1 532 175 315.89−1 598 010 057.67
= −65 834 741.78（元）

（9）往来款项因素对流动资产数额的影响 =（5）－（4）

= 1 919 321 817.85−1 532 175 315.89

= 387 146 501.96（元）

微课

因素分析法在财务报表分析中的应用（2）

（10）存货因素对流动资产数额的影响 =（6）－（5）

= 2 103 207 007.01−1 919 321 817.85

= 183 885 189.16（元）

（11）其他流动资产因素对流动资产数额的影响 =（7）－（6）

= 2 133 466 663.11−2 103 207 007.01

= 30 259 656.10（元）

（12）四项因素共同影响流动资产数额的结果 =（8）+（9）+（10）+（11）

=（−65 834 741.78）+ 387 146 501.96 + 183 885 189.16 + 30 259 656.10

= 535 456 605.44（元）

对于AA公司来说，2×22年货币资金数额减少，但是往来款项、存货和其他流动资产都有所增加，而且增加的数额超过了货币资金减少的数额，所以最终流动资产的数额增加。货币资金是流动性最强的资产，其减少（23.65%）降低了流动资产的变现能力，应结合财务报表附注进一步分析AA公司货币资金减少的原因。

微课

因素分析法在财务报表分析中的应用（1）

（二）因素分析法在利润表分析中的应用

【做中学2-14】（计算题）AA公司2×21年和2×22年利润总额及其构成数据见表2-18。

表2-18　AA公司利润总额及其构成数据　单位：元

项　目	2×21年	2×22年
营业利润	217 356 674.71	700 041 192.13
营业外收支净额	−361 710 902.40	−31 235 976.74
利润总额	−144 354 227.69	668 805 215.39

【要求】以2×21年利润总额为比较标准，使用因素分析法对影响AA公司2×22年利润总额的因素进行分析。

【答案】AA公司的利润总额TP = 营业利润OP + 营业外收支净额NN

（1）$TP_{2×21}$ = 217 356 674.71 +（−361 710 902.40）= −144 354 227.69（元）

（2）$TP_{2×22}$ = 700 041 192.13 +（−31 235 976.74）= 668 805 215.39（元）

（3）$TP_{2×22}$−$TP_{2×21}$ = 668 805 215.39−（−144 354 227.69）= 813 159 443.08（元）

（4）第一次替代（营业利润因素）

= 700 041 192.13 +（−361 710 902.40）= 338 330 289.73（元）

（5）第二次替代（营业外收支净额因素）

= 700 041 192.13 +（−31 235 976.74）= 668 805 215.39（元）

（6）营业利润因素对利润总额的影响 =（4）-（1）

= 338 330 289.73 -（-144 354 227.69）= 482 684 517.42（元）

（7）营业外收支净额对利润总额的影响 =（5）-（4）

= 668 805 215.39 - 338 330 289.73 = 330 474 925.66（元）

（8）两项因素共同影响利润总额的结果 =（6）+（7）

= 482 684 517.42 + 330 474 925.66 = 813 159 443.08（元）

由分析可知，2×22年AA公司的利润总额比2×21年增加了813 159 443.08元，是营业利润和营业外收支净额同时增加的结果。

（三）因素分析法在现金流量表分析中的应用

【做中学2-15】（计算题）AA公司2×21年和2×22年经营活动产生的现金流入及其构成数据见表2-19。

表2-19 AA公司经营活动产生的现金流入及其构成数据 单位：元

项　目	2×21年	2×22年
销售商品、提供劳务收到的现金	7 614 780 744.77	7 587 200 643.01
收到的税费返还	715 335.21	7 820.86
收到其他与经营活动有关的现金	199 630 708.10	207 468 228.98
经营活动现金流入小计	7 815 126 788.08	7 794 676 692.85

【要求】以2×21年经营活动现金流入额为比较标准，使用因素分析法对影响AA公司2×22年经营活动现金流入的因素进行分析。

【答案】AA公司的经营活动现金流入ST = 销售商品、提供劳务收到的现金C + 收到的税费返还R + 收到其他与经营活动有关的现金O

（1）$ST_{2×21}$ = 7 614 780 744.77 + 715 335.21 + 199 630 708.10 = 7 815 126 788.08（元）

（2）$ST_{2×22}$= 7 587 200 643.01 + 7 820.86 + 207 468 228.98 = 7 794 676 692.85（元）

（3）$ST_{2×22}$–$ST_{2×21}$ = 7 794 676 692.85 - 7 815 126 788.08 = -20 450 095.23（元）

（4）第一次替代（销售商品、提供劳务收到的现金因素）

= 7 587 200 643.01 + 715 335.21 + 199 630 708.10 = 7 787 546 686.32（元）

（5）第二次替代（收到的税费返还因素）

= 7 587 200 643.01 + 7 820.86 + 199 630 708.10 = 7 786 839 171.97（元）

（6）第三次替代（收到其他与经营活动有关的现金因素）

= 7 587 200 643.01 + 7 820.86 + 207 468 228.98 = 7 794 676 692.85（元）

（7）销售商品、提供劳务收到的现金因素对经营活动现金流入额的影响=（4）-（1）

= 7 787 546 686.32–7 815 126 788.08 = -27 580 101.76（元）

（8）收到的税费返还因素对经营活动现金流入额的影响=（5）-（4）

= 7 786 839 171.97–7 787 546 686.32 = -707 514.35（元）

（9）收到其他与经营活动有关的现金因素对经营活动现金流入额的影响=（6）-（5）

= 7 794 676 692.85–7 786 839 171.97 = 7 837 520.88（元）

（10）三项因素共同影响经营活动现金流入额的结果 =（7）+（8）+（9）

=（-27 580 101.76）+（-707 514.35）+ 7 837 520.88 = -20 450 095.23（元）

由分析可知，2×22年AA公司“收到其他与经营活动有关的现金”与2×21年相比有所增加，但是“销售商品、提供劳务收到的现金”和“收到的税费返还”都有所下降，而且两者下降的合计额超过了“收到其他与经营活动有关的现金”增长的数额，所以经营活动现金流入额减少。

【双创一点通】路演PPT的风险分析

创业者需要分析自己在创业过程中面临的各类风险，以及针对风险，可以根据自己的现有条件提出解决之策。创业者面临的主要风险包括：(1) 政治风险，指国家政局、政策、管理体制、规划的变动等方面的不确定性会对创业者产生一定的影响；(2) 管理风险，指创业企业因管理不善而引致的不能获得预期利润或是威胁其生存的风险；(3) 竞争风险，寻找蓝海是创业的良好开端，但并非每个初创企业都能找到蓝海，竞争是必然的；(4) 市场风险，创业者面临着市场需求下降、市场竞争激烈等各种风险；(5) 技术风险，指将高科技产品或服务转化为现实产品或服务时，难以预测和控制技术失败可能带来的损失和风险；(6) 财务风险，指创业企业面临资金短缺和经营不善等财务问题；(7) 机会风险，指创业者在选择创业项目时，能否把握机会，选择正确的方向。当然，风险分析不是把所有的风险都罗列进来，而是要根据具体情况进行分析。例如，成立三个月的公司，可能面临的最大的风险就是财务风险、管理风险。

任务四　结构分析法

学习目标

知识目标：掌握资产负债表的结构分析
熟悉利润表和现金流量表的结构分析
了解结构分析法的概念、作用和注意事项

能力目标：具备使用结构分析法进行财务报表分析的能力
具备使用Power BI进行融资计划和股权结构分析的能力

素质目标：形成诚实守信、坚持准则的职业素养
培养匠心筑梦、逐浪前行的工匠精神

一、结构分析法的相关知识

（一）结构分析法的概念

微课

结构分析法的相关知识

结构分析法，又称纵向分析法，是将相关项目的金额与同期相应的合计金额、总计金额或特定项目金额进行对比，以考察相关项目的结构百分比，得出企业各项结构的一种分析方法。结构百分比反映构成项目内各组成部分的比例关系，体现企业某一方面的特征、属性或能力。

(1) 结构分析法是一种纵向分析方法，是对同一报表的“部分”与“总

体”进行的分析。

（2）在结构分析法中，我们需要计算“结构百分比”，即总体各个部分占总体的比重，总体中各个部分的结构相对数之和等于100%。结构百分比体现了企业某一方面的特征、属性或能力。例如，计算流动资产与资产总额的比例，可以反映企业流动资产在资产总额中所占的比重，体现企业资产的流动性。计算货币资金和交易性金融资产之和占流动资产的比重，可以获悉企业随时用于支付的现金类资产的比重，体现企业的即时付现能力。

（3）结构分析法和比率分析法具有一定的关联性，结构百分比是一种特殊形式的比率，它排除了规模因素的影响，使不同规模的企业之间建立起可比性。

【学思践悟】结构分析法涉及总体和部分的关系。部分是总体的一部分，没有总体，也就没有部分。总体是由部分组成的，每一部分都是总体不可或缺的。中华人民共和国是一个“总体”，共有34个省级行政区，其中：自治区5个、直辖市4个、特别行政区2个、省份23个，每一个省级行政区都是中国这个“总体”中的一个“部分”。世界上只有一个中国，大陆和台湾同属一个中国，中国的主权和领土完整不容分割，这是我国的一个中国原则。

党的二十大报告指出“台湾是中国的台湾”。台湾人民与大陆人民同宗同族，有着共同的历史渊源，自古就是血肉相连的手足同胞。《尚书·禹贡篇》中记载“岛夷卉服”，“岛夷”就是指台湾。《三国志·吴书·吴主传》记载，黄龙二年（230年）春，孙权派遣将军卫温、诸葛直，率甲士万人浮海征夷洲，得夷洲数千人还。夷洲就是台湾，这是中国历史上大陆汉人首次开辟台湾的军事行动，具有划时代的里程碑意义。610年（隋大业六年）汉族人民开始移居澎湖地区。公元12世纪中叶，南宋将澎湖划归福建泉州晋江县管辖，并派兵戍守。元、明两朝政府在澎湖设巡检司，负责巡逻、查缉罪犯，并兼办盐课。1661年4月，郑成功率2.5万将士及数百艘战舰，由金门收复台湾。

党的二十大报告明确指出“解决台湾问题是中国人自己的事，要由中国人来决定”。“国家统一、民族复兴的历史车轮滚滚向前，祖国完全统一一定要实现，也一定能够实现！”同学们，作为新时代的中国青年，我们要以实现中华民族伟大复兴为己任，增强做中国人的志气、骨气、底气，不负时代，不负韶华，不负党和人民的殷切期望，成为未来建设国家和实现中华民族伟大复兴的主力军。

（二）结构分析法的作用

（1）通过结构分析，可以认识总体构成的特征，如通过分析企业流动资产与非流动资产在资产总额中的占比，可以判断企业资产的流动性；

（2）通过结构分析，可以揭示总体各个组成部分的变动趋势；

（3）通过结构分析，可以揭示现象之间的依存关系，如研究企业营业收入与营业成本之间的配比关系。

（三）使用结构分析法的注意事项

在结构分析法中，将什么项目设为100%并非固定的，应依据分析目的而定。例如，在分析流动资产的结构时，可以将流动资产合计设为100%，分别计算各流动资产组成项目占流动资产合计的比重；在分析负债的结构时，可以将负债总额设为100%，分别计算各流动负债项目和非流动负债项目占负债总额的比重。

二、结构分析法在财务报表分析中的应用

（一）结构分析法在资产负债表分析中的应用

1. 资产负债表的结构和结构分析

微课

结构分析法在财务报表分析中的应用（1）

资产负债表的结构，是指资产负债表中各项目之间的相互关系及各项目所占的比重。资产负债表的结构分析，就是分析人员通过对资产负债表中各项目间的依存关系及各项目在总体中的比重进行对比分析，以深入了解企业在某一时点的财务状况。资产负债表的结构分析如图2-8所示。

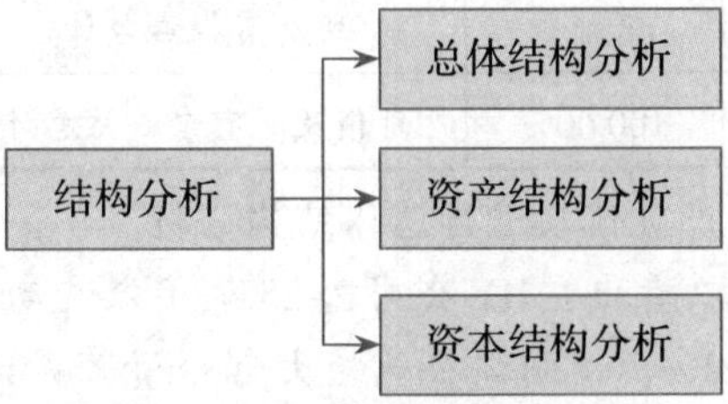

图2-8　资产负债表的结构分析

2. 总体结构分析

资产负债表是总括反映企业在某一特定日期资产、负债和所有者权益的财务报表。对资产负债表进行总体结构分析，目的在于从总体上把握企业特定日期财务状况的全貌。

通过资产负债表的总体结构分析，可以大致了解企业所拥有的资产状况、企业所负担的债务、所有者权益等财务状况：

（1）可以核对企业资产、负债、所有者权益的总额。由于资产负债表是根据“资产 = 负债 + 所有者权益”公式编制而成的，因此根据资产总计数可推知负债和所有者权益总计数，资产总计数大致可以反映出企业经营规模的大小。在知道企业所在行业平均资产的情况时，还可以推知该企业在同行业中所处的地位。

（2）可以核查流动资产、非流动资产、负债、所有者权益等大项目的合计数。通过这些合计数可以看出有关项目在资产总额与负债和所有者权益总额中所占的比重，从而可以对企业资产的流动性、负债的流动性及企业负债经营的程度等有一定程度的了解。

（3）可以进一步观察各项资产、负债、所有者权益分别在资产总额、负债与所有者权益总额中所占的比重。根据各项比重，可以列出百分比资产负债表，从而进一步了解企业资金的分布状况，了解企业的资金来源渠道。

计算资产负债表总体结构的公式为：

$$资产项目总体结构 = \frac{每一资产项目金额}{资产总额} \times 100\%$$

$$权益项目总体结构 = \frac{每一负债或所有者权益项目金额}{权益总额} \times 100\%$$

【做中学2-16】（计算题）表2-20为HY公司2×25年12月31日资产负债表部分数据。

表2-20 资产负债表

编制单位：HY公司 2×25年12月31日 金额单位：万元

项目	金额	百分比	项目	金额	百分比
资产：			负债：		
流动资产	8 525	84.04%	流动负债	3 203	31.58%
长期投资	51	0.50%	非流动负债	110	1.08%
固定资产	1 493	14.72%	负债合计	3 313	32.66%
无形资产	75	0.74%	所有者权益：	6 831	67.34%
其他资产			所有者权益合计	6 831	67.34%
资产总计	10 144	100.00%	负债及所有者权益总计	10 144	100.00%

【要求】对HY公司的资产负债表进行总体结构分析。

【答案】从表2-20中可以看出，HY公司2×25年年末流动资产占资产总额的84.04%，固定资产占资产总额的14.72%，说明该公司绝大部分资产是流动资产，这在一定程度上会限制其盈利能力的提高。

从负债与所有者权益的比例来看，HY公司的负债总额占权益总额的比率为32.66%，表明公司主要使用自有资金，负债经营比率低。但是，负债内部的结构比率需要改善，流动负债占负债总额的比率高达96.68%，即公司负债几乎全部是流动负债，这对公司的短期偿债能力来说是一个严峻的考验，公司应妥善处理流动负债的偿还问题。

3. 资产结构分析

（1）资产结构的概念。资产结构是指企业在某一时刻流动资产与非流动资产之间的搭配关系。企业持续稳定地盈利，其资金必须均衡配置在不同的资产项目中。在资产负债表中，资产是按照流动性进行排序的，企业盈利能力较强的资产是非流动资产，但是流动资产又是不可或缺的，两者相互配合才能产生较强的生产经营能力。

（2）资产结构的衡量。反映资产结构的一个重要指标是流动资产率，其计算公式为：

$$流动资产率 = \frac{流动资产}{资产总额} \times 100\%$$

流动资产占资产总额的比例越高，企业的日常生产经营活动就越重要。在企业产品市场需求旺盛或扩大经营规模的时期，企业投入当期生产经营活动的资金要比其他企业、其他时期多。当企业处于蓬勃发展时期时，企业的经营管理就显得非常重要。该指标也是进行行业划分和行业比较的重要指标。一般地，纺织、冶金企业的流动资产率在30%~60%，商品批发企业高达90%。

（3）资产结构的类型。根据流动资产与非流动资产占资产总额的比重不同，企业的资产结构可以分为三类：保守型资产结构、适中型资产结构与激进型资产结构。

① 保守型资产结构。流动资产率相对较大，企业经营风险较小，收益率也较低。

② 适中型资产结构。流动资产率相对适中，企业经营风险适中，收益一般。

③ 激进型资产结构。流动资产率相对较小，企业经营风险较大，收益率也较高。

【做中学2-17】（计算题）2×22年12月31日，AA公司和AD公司的流动资产和资产总额见表2-21。

表2-21 AA公司和AD公司2×22年12月31日的流动资产和资产总额 单位：元

公司名称	流动资产	资产总额
AA公司	2 133 466 663.11	4 308 536 891.27
AD公司	1 924 019 175.82	4 555 442 844.78

【要求】计算AA公司和AD公司的流动资产率并判断资产结构的类型。

【答案】AA公司的流动资产率为49.52%，接近50%，属于适中型资产结构；AD公司的流动资产率为42.24%，属于激进型资产结构。

$$\text{AA公司流动资产率} = \frac{2\,133\,466\,663.11}{4\,308\,536\,891.27} \times 100\% = 49.52\%$$

$$\text{AD公司流动资产率} = \frac{1\,924\,019\,175.82}{4\,555\,442\,844.78} \times 100\% = 42.24\%$$

4. 资本结构分析

（1）资本结构的概念。资本结构，主要是负债总额与所有者权益、非流动负债与所有者权益之间的比例关系。

微课

结构分析法在财务报表分析中的应用(2)

（2）资本结构的衡量。在资本结构分析中，主要计算自有资金负债率和负债经营率两个指标。

①自有资金负债率。自有资金负债率，即产权比率，是负债总额和所有者权益的比率，用来衡量所有者权益对企业偿还负债的保障程度。其计算公式为：

$$\text{自有资金负债率} = \frac{\text{负债总额}}{\text{所有者权益}} \times 100\%$$

自有资金负债率越高，债权人所得到的保障越少，获得银行贷款的可能性越小。企业的原材料供应商也很关心这一指标，它是确定付款方式、付款期限的依据。自有资金负债率越低，股东对企业的信心就越足，但如果自有资金负债率过低，则说明企业没有充分利用自有资金。一般认为1∶1最理想，即负债总额 = 所有者权益。

②负债经营率。负债经营率是指非流动负债和所有者权益之比。其计算公式为：

$$\text{负债经营率} = \frac{\text{非流动负债}}{\text{所有者权益}} \times 100\%$$

非流动负债是购置非流动资产所需资金的一条重要途径。但是非流动负债过大，利息费用很高，一旦企业陷入经营困境（如货款收不回来、流动资金不足等情况），非流动负债就会变成企业的包袱。而使用企业的自有资金购置非流动资产，就没有这种问题。因此，负债经营率反映企业负债结构的独立性和稳定性，一般认为1∶3或1∶4较为合理。比率越高，说明企业独立性越差；比率越低，说明企业的资金来源稳定性越好。

【做中学2-18】（计算题）2×22年12月31日，AB公司和AC公司资产负债表的部分数据见表2-22。

表2-22　AB公司和AC公司2×22年12月31日资产负债表部分数据　单位：元

项目	AB公司	AC公司
流动负债	5 642 687 643.26	407 956 104.84
负债总额	6 217 744 943.84	461 771 345.50
所有者权益	7 481 588 404.35	3 142 511 868.57

【要求】计算两家公司的自有资金负债率和负债经营率并进行简单分析。

【答案】AB公司的自有资金负债率 $=\dfrac{6\ 217\ 744\ 943.84}{7\ 481\ 588\ 404.35}\times 100\% = 83.11\%$

AC公司的自有资金负债率 $=\dfrac{461\ 771\ 345.50}{3\ 142\ 511\ 868.57}\times 100\% = 14.69\%$

AB公司的自有资金负债率较接近理想水平1∶1，而AC公司的自有资金负债率偏低，企业应积极利用负债，提高资金利用效率。

AB公司的负债经营率 $=\dfrac{6\ 217\ 744\ 943.84-5\ 642\ 687\ 643.26}{7\ 481\ 588\ 404.35}\times 100\% = 7.69\%$

AC公司的负债经营率 $=\dfrac{461\ 771\ 345.50-407\ 956\ 104.84}{3\ 142\ 511\ 868.57}\times 100\% = 1.71\%$

两家公司的负债经营率都远远低于理想水平（1∶3或1∶4），说明这两家公司的资金来源的稳定性较好。

（3）资本结构的类型。资本成本是指企业为了获取某类资本所要付出的代价，如向银行借款的利息费用、发行股票的发行费用和股利。财务风险，是指企业由于筹措资本对资金的供应者承担义务而受到的压力，包括偿债能力和盈利能力等方面的压力。不同的资本结构，其资本成本和财务风险也不相同。最佳的资本结构应是资本成本最低而财务风险最小的融资结构。事实上，这种资本结构是不存在的，低资本成本往往伴随着高财务风险，而低财务风险又与高资本成本相联系。企业在选择适合自身发展的资本结构时，应在资本成本与财务风险之间进行取舍。

资本结构的选择是指企业合理地组织资金来源，使不同来源的资金保持一个最佳的比例关系。在实务中，主要存在以下三种资本结构：

①保守型资本结构。保守型资本结构，是指企业主要采取权益性融资，且负债融资中又以非流动负债融资为主。在这种结构下，企业对流动负债的依赖性较低，从而减轻了短期偿债的压力，风险较低，但同时由于权益性融资和非流动负债融资的成本较高，又会增大企业的资本成本。这是一种低风险、高成本的资本结构。保守型资本结构如图2-9所示。

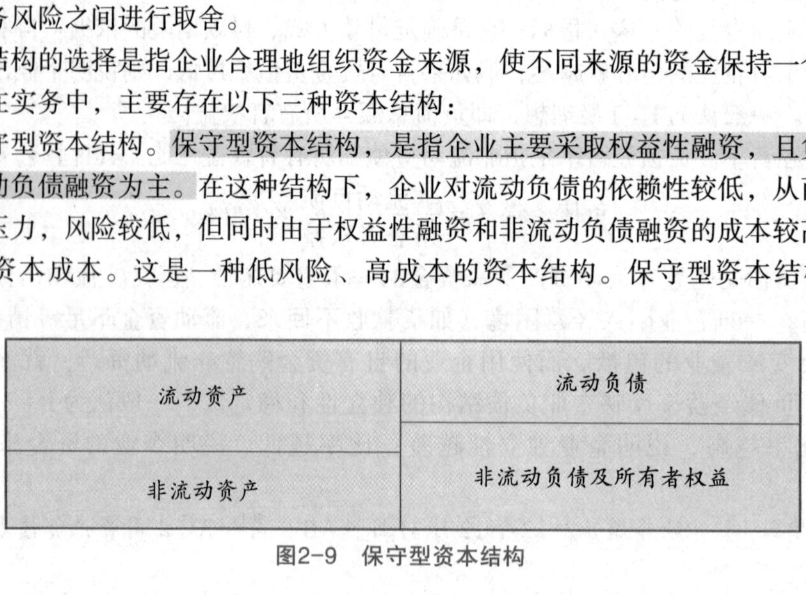

图2-9　保守型资本结构

②适中型资本结构。在适中型资本结构中，权益性融资和负债融资的比重主要根据资金使用的用途来确定：用于非流动资产的资金由权益性融资和非流动负债融资提供；用于流动资产的资金主要由流动负债融资提供。同时，使权益性融资和负债融资的比重保持在较为合理的水平之上。这是一种中等财务风险和资本成本的资本结构。适中型资本结构如图2-10所示。

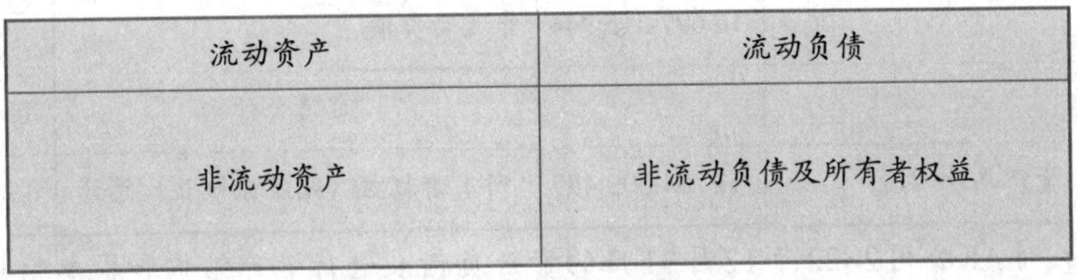

图2-10　适中型资本结构

③激进型资本结构。激进型资本结构，是指在资本结构中全部采用或主要采用负债融资，并且流动负债被大量用于非流动资产。显然，这是一种高财务风险、低资本成本的资本结构。只有特殊行业的企业在特定的条件下，才会采用这类资本结构。激进型资本结构如图2-11所示。

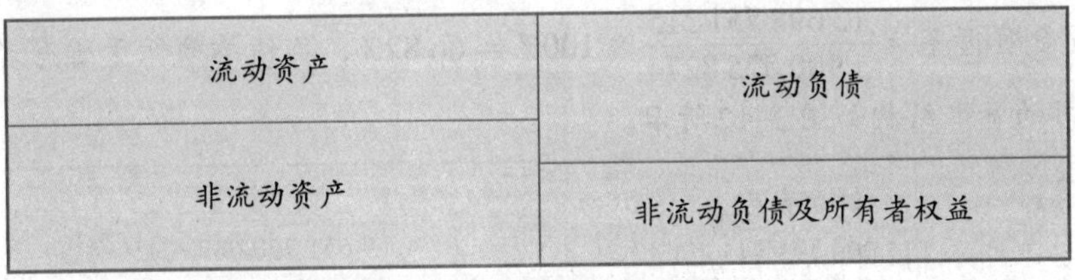

图2-11　激进型资本结构

【做中学2-19】（计算题）资料同【做中学2-18】。

【要求】判断AB公司和AC公司的资本结构类型。

【答案】由表2-23可知，AC公司主要采用权益性融资，属于保守型资本结构；AB公司属于适中型资本结构。

表2-23　AB公司和AC公司的财务数据　金额单位：元

项目	AB公司	AC公司
流动负债	5 642 687 643.26	407 956 104.84
非流动负债	575 057 300.58	53 815 240.66
负债总额	6 217 744 943.84	461 771 345.50
所有者权益	7 481 588 404.35	3 142 511 868.57
负债和所有者权益的合计	13 699 333 348.19	3 604 283 214.07
负债占资本的比重	45.39%	12.81%

【做中学2-20】（计算题）AF公司2×22年12月31日资产负债表的部分数据见表2-24。

表2-24 资产负债表（部分数据）

编制单位：AF公司　　　　2×22年12月31日　　　　单位：元

项目	期末余额	项目	期末余额
流动资产	15 006 493 545	流动负债	9 651 760 642
非流动资产	16 697 515 944	非流动负债	3 046 990 573
		负债合计	12 698 751 215
资产总计	31 704 009 489	所有者权益（或股东权益）总计	19 005 258 274

【要求】对AF公司2×22年12月31日的资产负债表进行资产结构和资本结构分析。

【答案】

（1）流动资产率 $= \dfrac{15\,006\,493\,545}{31\,704\,009\,489} \times 100\% = 47.33\%$

AF公司的资产结构为保守型。

（2）AF公司的资本结构为保守型。

自有资金负债率 $= \dfrac{12\,698\,751\,215}{1\,900\,525\,8274} \times 100\% = 66.82\%$，负债总额低于所有者权益。

AF公司的资本结构如图2-12所示。

流动资产（15 006 493 545元）	流动负债（9 651 760 642元）
非流动资产（16 697 515 944元）	非流动负债及所有者权益（22 052 248 847元）

图2-12 AF公司的资本结构

自有资金负债率和资本结构判断图所强调的重点是不一样的。自有资金负债率分析的是企业属于权益性融资偏好还是属于负债性融资偏好，如果所有者权益大于负债，即自有资金负债率小于1，企业属于保守型资本结构。资本结构判断图是把企业资本分成了“流动负债”和“非流动负债和所有者权益”，后者大于前者，企业属于保守型资本结构，比自有资金负债率更贴近于保守型资本结构的含义。对于公式法和图形法，建议使用图形法。

（二）结构分析法在利润表分析中的应用

1.利润表的结构和结构分析

微课

结构分析法在财务报表分析中的应用（3）

利润表的结构分析，是指对利润表各项目在确定总体中的比重所进行的分析，分析其结构的合理性及变动对企业经营业绩的影响，以便找出影响企业利润的主要因素，在此基础上对企业利润结构的未来变动进行预测。

2.利润结构指标分析

按来源，企业利润可以分为营业利润和非经常性损益。营业利润是企业在日常经营活动和投资活动中取得的。非经常性损益来源于企业的非营业活动，大多与企业营业外事项有关，具有偶发性的特点。可以通过计算营业利润占利润总额的比重和非经常性损益比率进行利润结构指标分析。

（1）营业利润占利润总额的比重。营业利润占利润总额的比重是营业利润与税前利润总额的比值，它反映日常生产经营活动和投资活动对企业利润总额的贡献程度，是评价企业经营活动和投资活动效益稳定性、持续性的重要指标，连续考察该比率可以判断企业的未来发展前景。其计算公式为：

$$营业利润占利润总额的比重=\frac{营业利润}{利润总额}\times 100\%=1-非经常性损益比率$$

一般情况下，营业利润占利润总额的比重越高越好。营业利润占利润总额的比重越高，说明企业经营活动和投资活动提供的营业利润越多，企业的盈利能力越强。

（2）非经常性损益比率。企业的非经常性损益项目主要是指营业外收入和营业外支出。非经常性损益不具有持续性，但往往能给企业净利润造成重大影响，也是粉饰企业业绩的常用手法，在考察利润质量时必须慎重对待该项目。其计算公式为：

$$非经常性损益比率=\frac{非经常性损益净额}{利润总额}=\frac{营业外收入-营业外支出}{利润总额}\times 100\%$$

通过考察非经常性损益对利润总额的影响程度，可以判定企业利润质量的稳定性。非经常性损益比率揭露了企业运用债务重组、资产盘盈、捐赠等非经常性交易获得利润的情况。非经常性损益对未来年度的贡献较小，不具有延续性，因此不能用来预测企业未来的盈利能力。该指标通常不宜过高。非经常性损益比率越小，说明企业的利润质量越高；非经常性损益比率越大，营业利润占利润总额的比重就越小，企业盈利能力就越差。

3.共同比结构分析

利润表的结构分析主要采用共同比结构分析法，即以营业收入为基准，计算利润表中各项指标与营业收入的比率关系，然后结合各指标值进行分析。通过共同比结构分析，可以了解企业利润表的各项目占营业收入的比重、有关利润率以及各项费用率的情况，同时其他各个项目与关键项目之间的比例关系也会更加清晰地显示出来。

利润表共同比结构分析可分为收支结构分析和盈利结构分析两部分。

（1）收支结构分析。其计算公式如下：

$$收支结构=\frac{各项支出}{营业收入}\times 100\%$$

通过收支结构分析，可以揭示出企业各项支出对于总收入的比重，从而判明企业盈利形成的收支成因，从整体上说明企业的收支水平，并查找制约企业盈利水平提高的主要支出项目。

（2）盈利结构分析。其计算公式如下：

$$盈利结构=\frac{各个利润项目}{营业收入}\times 100\%$$

通过盈利结构分析，可以揭示出企业的各个利润项目对于总收入的比重，即产生不同的利润率，从而判明企业不同业务的盈利水平和盈利能力，并进一步揭示出它们各自对企业总盈利水平的影响方向和影响程度。

【做中学2-21】（计算题）AF公司2×22年度利润表的部分数据见表2-25。

表2-25

利润表

会企02表

编制单位：AF公司　　2×22年度　　单位：元

项目	本期金额	上期金额
一、营业收入	18 715 608 755	16 621 336 273
减：营业成本	10 712 611 816	9 463 313 931
税金及附加	200 263 617	174 265 074
销售费用	1 274 308 845	1 184 740 033
管理费用	2 600 820 616	2 392 097 806
财务费用	418 737 949	−399 432 422
加：其他收益	188 116 808	
投资收益（损失以“−”号填列）	23 390 958	41 956 332
其中：对联营企业和合营企业的投资收益	−6 016 466	−112 916
公允价值变动收益（损失以“−”号填列）	−19 118 332	2 776 702
资产减值损失（损失以“−”号填列）	−5 110 700	−11 224 597
资产处置收益（损失以“−”号填列）	−26 217 990	−17 315 990
二、营业利润（亏损以“−”号填列）	3 669 926 656	3 822 544 298
加：营业外收入	27 172 108	100 892 863
减：营业外支出	17 376 997	3 811 457
三、利润总额（亏损总额以“−”号填列）	3 679 721 767	3 919 625 704
减：所得税费用	531 479 253	776 909 142
四、净利润（净亏损以“−”号填列）	3 148 242 514	3 142 716 562
⋮	⋮	⋮

【要求】对AF公司2×22年度的利润表进行共同比结构分析。

【答案】AF公司共同比利润表（2×21年和2×22年）见表2-26。

表2-26

AF公司共同比利润表

（2×21年和2×22年）

金额单位：元

项　目	2×21年	2×22年	2×21年结构百分比	2×22年结构百分比	变动百分比
一、营业收入	16 621 336 273	18 715 608 755	100.00%	100.00%	—
减：营业成本	9 463 313 931	10 712 611 816	56.93%	57.24%	0.30%

续表

项　目	2×21年	2×22年	2×21年结构百分比	2×22年结构百分比	变动百分比
税金及附加	174 265 074	200 263 617	1.05%	1.07%	0.02%
销售费用	1 184 740 033	1 274 308 845	7.13%	6.81%	-0.32%
管理费用	2 392 097 806	2 600 820 616	14.39%	13.90%	-0.50%
财务费用	−399 432 422	418 737 949	−2.40%	2.24%	4.64%
加：其他收益	0	188 116 808	0.00%	1.01%	1.01%
投资收益（损失以“−”号填列）	41 956 332	23 390 958	0.25%	0.12%	-0.13%
其中：对联营企业和合营企业的投资收益	−112 916	−6 016 466	0.00%	−0.03%	-0.03%
公允价值变动收益（损失以“−”号填列）	2 776 702	−19 118 332	0.02%	−0.10%	-0.12%
资产减值损失（损失以“−”号填列）	−11 224 597	−5 110 700	−0.07%	−0.03%	0.04%
资产处置收益（损失以“−”号填列）	−17 315 990	−26 217 990	−0.10%	−0.14%	-0.04%
二、营业利润（亏损以“−”号填列）	3 822 544 298	3 669 926 656	23.00%	19.61%	-3.39%
加：营业外收入	100 892 863	27 172 108	0.61%	0.15%	-0.46%
减：营业外支出	3 811 457	17 376 997	0.02%	0.09%	0.07%
三、利润总额（亏损总额以“−”号填列）	3 919 625 704	3 679 721 767	23.58%	19.66%	-3.92%
减：所得税费用	776 909 142	531 479 253	4.67%	2.84%	-1.83%
四、净利润（净亏损以“−”号填列）	3 142 716 562	3 148 242 514	18.91%	16.82%	-2.09%
⋮	⋮	⋮	⋮	⋮	⋮

AF公司2×22年度的净利润占营业收入的比率为16.82%，其中营业利润占营业收入的比率为19.61%，利润总额占营业收入的比率为19.66%，公允价值变动收益、投资收益、资产处置收益、其他收益等四个项目合计占营业收入的比率非常低（不足1%），说明该公司净利润主要来源于公司的日常经营活动。营业外收支净额对净利润的贡献只有0.06%（0.15%−0.09%），说明公司净利润来源稳定。

各项经营活动支出占营业收入的比重加总起来是81.29%，其中营业成本所占比重为57.24%，说明控制营业成本对公司利润增长至关重要。

从两年的利润表共同比结构来看，净利润占营业收入的比率从2×21年的18.91%降至2×22年的16.82%，营业利润占营业收入的比率从2×21年的23.00%降至2×22年的19.61%，销售费用和管理费用占营业收入的比重都有所降低，但财务费用占营业收入的比重由2×21年的-399 432 422元（-2.40%）增长到2×22年的418 737 949元（2.24%），增长了818 170 371元，增长了4.64%；营业成本虽然只是增长了0.30%，但是由9 463 313 931元增长到10 712 611 816元，增长了1 249 297 885元，因此，营业成本和财务费用是造成公司各项利润占比下降的主要原因。

（三）结构分析法在现金流量表分析中的应用

1.现金流量表的结构和结构分析

企业的现金流量由经营活动产生的现金流量、投资活动产生的现金流量和筹资活动产生的现金流量三部分构成。

分析现金流量及其结构，可以了解企业现金的来龙去脉和现金收支构成，评价企业经营状况、创现能力、筹资能力和资金实力。

微课

结构分析法在财务报表分析中的应用（4）

2.经营活动产生的现金流量分析

（1）将“销售商品、提供劳务收到的现金”与“购买商品、接受劳务支付的现金”进行比较。在企业经营正常、购销平衡的情况下，两者的比较是有意义的。该比率大，说明企业的销售利润大，销售回款良好，创现能力强。

（2）将“销售商品、提供劳务收到的现金”与“经营活动现金流入小计”比较，可大致说明企业产品销售现款占经营活动现金流入总额的比重。该比重大，说明企业主营业务突出，营销状况良好。

（3）将本期“经营活动产生的现金流量净额”与上期比较，增长率越高，说明企业成长性越好。

3.投资活动产生的现金流量分析

当企业扩大规模或开发新的利润增长点时，需要大量的现金投入，投资活动产生的现金流入量补偿不了流出量，投资活动现金净流量为负数，但如果企业投资有效，将会在未来产生现金净流入用于偿还债务，创造收益，企业不会有偿债困难。因此，在分析投资活动现金流量时，应结合企业目前的投资项目进行，不能简单地以现金是净流入还是净流出来论优劣。

4.筹资活动产生的现金流量分析

一般来说，筹资活动产生的现金净流入量越大，企业面临的偿债压力也越大，但如果现金净流入量主要来自企业吸收的权益性资本，则无偿债压力，资金实力反而增强。因此，在分析时，可将吸收权益性资本收到的现金与筹资活动现金总流入比较，所占比重大，说明企业资金实力强，财务风险低。

5.现金流量构成分析

（1）分别计算经营活动现金流入、投资活动现金流入和筹资活动现金流入占现金总流入的比重，了解现金的主要来源。一般来说，经营活动现金流入占现金总流入比重大的企业，经营状况较好，财务风险较低，现金流入结构较为合理。

（2）分别计算经营活动现金流出、投资活动现金流出和筹资活动现金流出占现金总流出的比重，能具体反映企业的现金用于哪些方面。一般来说，经营活动现金流出比重大的企业，其生产经营状况正常，现金支出结构较为合理。

【做中学2-22】（计算题）AF公司2×22年度现金流量表的部分数据见表2-27。

表2-27　　现金流量表

会企03表

编制单位：AF公司　　2×22年度　　单位：元

项　目	本年金额	上年金额
一、经营活动产生的现金流量：		
销售商品、提供劳务收到的现金	20 482 066 535	17 281 659 057
收到的税费返还	274 447 357	187 711 757
收到其他与经营活动有关的现金	340 260 960	190 245 311
经营活动现金流入小计	21 096 774 852	17 659 616 125
购买商品、接受劳务支付的现金	10 795 682 357	9 259 037 288
支付给职工以及为职工支付的现金	3 373 546 340	2 870 928 129
支付的各项税费	1 942 764 215	1 712 607 612
支付其他与经营活动有关的现金	188 269 889	180 068 236
经营活动现金流出小计	16 300 262 801	14 022 641 265
经营活动产生的现金流量净额	4 796 512 051	3 636 974 860
二、投资活动产生的现金流量：		
⋮		
投资活动现金流入小计	666 110 030	594 329 654
⋮		
投资活动现金流出小计	4 179 995 076	3 767 561 244
投资活动产生的现金流量净额	−3 513 885 046	−3 173 231 590
三、筹资活动产生的现金流量：		
⋮		
筹资活动现金流入小计	10 648 891 109	10 073 542 158
⋮		
筹资活动现金流出小计	12 104 725 399	9 649 053 515
筹资活动产生的现金流量净额	−1 455 834 290	424 488 643

【要求】

(1) 对AF公司经营活动产生的现金流量进行结构分析；

(2) 分析AF公司现金流量的构成。

【答案】

（1）AF公司2×21年和2×22年“销售商品、提供劳务收到的现金”与“购买商品、接受劳务支付的现金”的比率分别为1.87和1.90，说明该公司的销售利润大，销售回款良好，创现能力强；“销售商品、提供劳务收到的现金”与“经营活动现金流入小计”的比率分别为97.86%和97.09%，说明该公司主营业务突出，营销状况良好；2×22年经营活动产生的现金流量净额的增长率为31.88%，说明该公司的成长性较好。

（2）从表2-28中可以看出，AF公司的经营活动现金流入占现金总流入的比重比较大，2×21年和2×22年均在60%以上，说明公司经营状况较好，财务风险较低，现金流入结构较为合理。

表2-28　AF公司现金总流入构成分析　金额单位：元

项目	2×21年	2×22年	占现金总流入的百分比		变动百分比
			2×21年	2×22年	
经营活动现金流入	17 659 616 125	21 096 774 852	62.34%	65.09%	2.75%
投资活动现金流入	594 329 654	666 110 030	2.10%	2.06%	-0.04%
筹资活动现金流入	10 073 542 158	10 648 891 109	35.56%	32.86%	-2.71%
现金总流入	28 327 487 937	32 411 775 991	—	—	—

从表2-29中可以看出，AF公司的经营活动现金流出占现金总流出的比重比较大，2×21年和2×22年均在50%以上，说明该公司生产经营状况正常，现金流出结构较为合理。

表2-29　AF公司现金总流出构成分析　金额单位：元

项目	2×21年	2×22年	占现金总流出的百分比		变动百分比
			2×21年	2×22年	
经营活动现金流出	14 022 641 265	16 300 262 801	51.10%	50.02%	-1.08%
投资活动现金流出	3 767 561 244	4 179 995 076	13.73%	12.83%	-0.90%
筹资活动现金流出	9 649 053 515	12 104 725 399	35.17%	37.15%	1.98%
现金总流出	27 439 256 024	32 584 983 276	—	—	—

【双创一点通】路演PPT的融资计划和股权结构

在撰写创业计划的时候，基于创业者的资金现状，绝大多数都会有融资的需求，而一旦获取融资，创业企业的股权结构也会随之发生变化。确定创业企业需要的融资金额，可以使用市场比较法，将创业企业的价值与类似企业进行比较，然后计算创业企业的相对价值，以此为基础，确定融资金额。创业者可以采用出让股权的方式，获取融资。值得注意的是，出让股权后，创业团队的持股比例不得低于51%。可以使用Power BI绘制股权结构变更图。融资计划和股权结构示例如图2-13所示，使用Power BI绘制股权结构变更示例如图 2-14 所示。

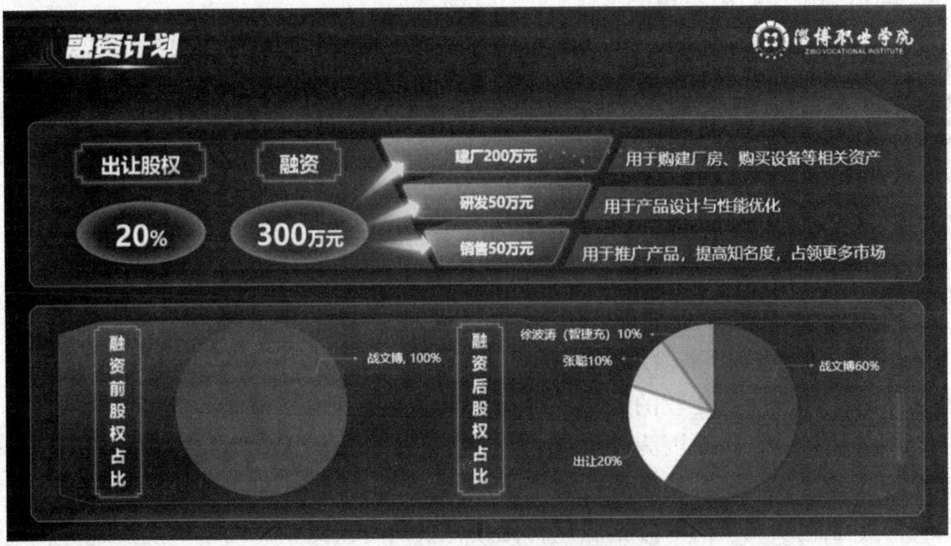

图2-13　融资计划和股权结构示例

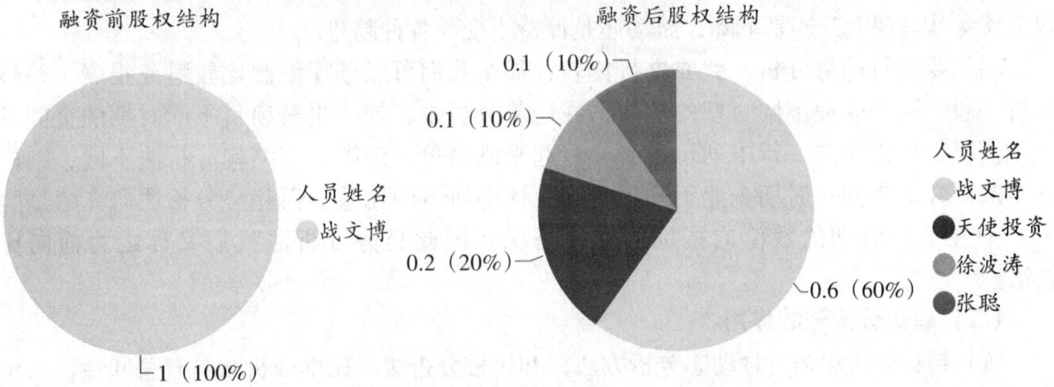

图2-14　使用Power BI绘制股权结构变更示例

任务五　趋势分析法

学习目标

知识目标：掌握趋势分析法的种类
熟悉趋势分析法的概念和作用
了解使用趋势分析法的注意事项

能力目标：具备使用趋势分析法进行财务报表分析的能力
具备使用 Power BI 撰写企业发展规划和财务预测的能力

素质目标：形成诚实守信、坚持准则的职业素养
培养匠心筑梦、逐浪前行的工匠精神

一、趋势分析法的相关知识

（一）趋势分析法的概念

微课

趋势分析法的相关知识（1）

趋势分析法，是指根据企业连续几年的财务报表，比较有关项目的数额，以求出其金额和百分比增减变化的方向和幅度，并通过进一步分析，预测企业财务状况、经营成果和现金流量的变动趋势的报表分析方法。可以从以下三个方面理解趋势分析法的概念：

（1）进行企业的趋势分析，需要企业连续几年的财务报表，注意是连续几年，最少五年，越多越好。在分析时，最好对原始数据进行处理，求出其增减变动的差异额，或者是增减变动的百分率，这样通过不同年份间的数据或指标的比较，我们可以获知企业所比较的数据或者相关指标是上升了还是下降了。由此来看，趋势分析法离不开比较分析法，因为要进行企业连续几年的财务报表的趋势比较，所以趋势分析法从这个意义上说是一种动态的比较分析法。

（2）对企业连续几年的财务报表进行比较，目的是预测企业未来的发展趋势，我们可以把几年数据的点连成一条线，来判断企业在未来的一段时间内的财务状况、经营成果和现金流量是呈现上升还是下降，波动还是保持不变等各种趋势。

（3）要进行趋势分析，就要进行比较，那么我们可以选择编制比较财务报表。趋势分析一般是同一企业不同时期的比较，在趋势分析中，同一报表项目不同时期的金额及变化情况，可以在同一行中列示出来，看起来既简单又清晰。与结构分析法不同，结构分析法研究的是同一时期企业不同项目在总体中所占的比重，而趋势分析法研究的是同一企业在不同时期的数值或指标的变化情况。因此趋势分析法我们又称之为横向比较法。

（二）趋势分析法的作用

（1）趋势分析法是一种动态分析方法，和比较分析法、比率分析法具有关联性，以比较分析法和比率分析法为基础。

（2）通过趋势分析，可以了解企业财务状况、经营成果和现金流量的变化情况。

（3）将趋势分析与折线图、柱状图相结合，还可以对企业未来的发展趋势作出预测，有助于企业进行预算管理。

（4）趋势分析还可以帮助我们确定引起企业财务状况，经营成果和现金流量变动的主要原因。

微课

趋势分析法的相关知识（2）

（三）趋势分析法的种类

1.绝对数分析

绝对数分析是将有关项目连续几期的绝对数额进行对比。这种分析可以看出有关项目的变动方向是呈上升的趋势、下降的趋势、不断波动的趋势还是保持相对稳定。

【做中学2-23】（计算题）表2-30是HY公司2×21—2×24年的营业收入和净利润金额。

表2-30　　HY公司部分利润表数据　　单位：万元

项目	2×21年	2×22年	2×23年	2×24年
营业收入	3 200	3 300	3 700	4 600
净利润	192	218.5	150.5	236.5

【要求】分析HY公司营业收入和净利润的变动趋势。

【答案】HY公司2×21—2×24年的营业收入呈现出逐年递增的趋势，说明公司日常经营活动较为稳定且持续增长。但公司的净利润波动较大，需要结合投资活动取得的各种收益及营业外收支净额进行分析。HY公司2×21—2×24年营业收入和净利润变动趋势如图2-15所示。

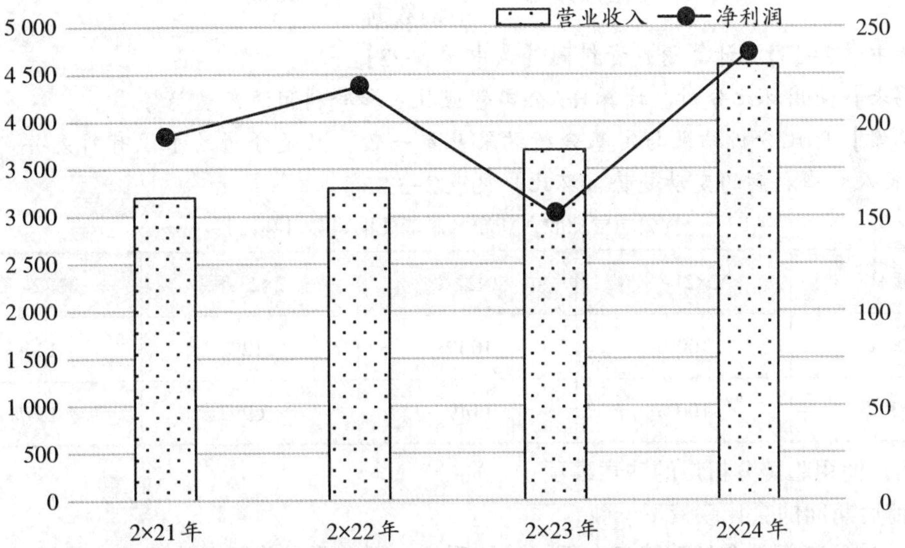

图2-15　HY公司2×21—2×24年营业收入和净利润变动趋势（单位：万元）

2.百分比分析

（1）定基分析。定基分析，是指选择一个固定的期间作为基期，计算相关项目在各分析期的水平相对于基期水平的百分比。这种分析不仅能看出不同期间的变动方向和幅度，还可以看出一个较长期间内的总体变动趋势，便于进行较长时期的趋势分析。定基百分比的计算公式为：

$$定基百分比=\frac{分析期数据}{基期数据}\times 100\%$$

使用定基分析时，将基期财务报表的所有项目均定为100%，以后各分析期财务报表的相同项目用定基百分比表示。

【做中学2-24】（计算题）资料见【做中学2-23】。

【要求】使用定基分析，计算HY公司营业收入和净利润的变动趋势。

【答案】HY公司营业收入逐年稳步增长，但净利润增长的整体趋势慢于营业收入的增长。2×23年，净利润增长幅度下滑，与整体增长趋势不协调，需要进一步查明原因。

HY公司营业收入和净利润的变动趋势（定基）见表2-31。

表2-31　　HY公司营业收入和净利润的变动趋势（定基）

项目	2×21年	2×22年	2×23年	2×24年
营业收入	100%	103%	116%	144%
净利润	100%	114%	78%	123%

（2）环比分析。环比分析是计算有关项目相邻两期的变化率，即分析期某项目的数值相对于前期该项目数值的变动百分比。这种分析不仅可以看出相关项目变动的方向，还可以看出其变动的幅度。环比百分比的计算公式为：

$$环比百分比=\frac{分析期数据}{前期数据}\times 100\%$$

【做中学2-25】（计算题）资料同【做中学2-23】。

【要求】使用环比分析，计算HY公司营业收入和净利润的变动趋势。

【答案】环比分析结果与定基分析结果基本一致，只是分析的手段有所差异。HY公司营业收入和净利润的变动趋势（环比）见表2-32。

表2-32　　HY公司营业收入和净利润的变动趋势（环比）

项目	2×21年	2×22年	2×23年	2×24年
营业收入	100%	103%	112%	124%
净利润	100%	114%	69%	157%

（四）使用趋势分析法的注意事项

1.前后期间的会计政策不一致

如果前后期间的会计政策存在不一致的现象，则需要对前期有关项目的数据进行追溯调整，否则同一项目在各期间的变化趋势很可能会被误判。

2.涉及的期限较长

当趋势分析涉及的期限较长时，物价水平变动在一定程度上将对各期财务数据产生影响，必要时可以剔除物价变动因素后再进行趋势分析。

3.企业内外部因素对各期财务数据的影响

在计算出前后期的指标差异后，需要注意企业内部的重要事项（如重大资产重组）和外部环境因素（如金融危机）对各期财务数据的影响，对于个别期间出现的报表项目极端值导致指标无法计算或者计算结果异常的，在分析过程中需要对极端值进行特殊处理。

4.趋势分析的对象和工具

究竟对哪些项目进行趋势分析，要视具体分析目的而定，并不需要面面俱到。就分析工具而言，除了常见的表格形式外，还可以利用折线图、柱状图等坐标图，以使分析结果更加直观。

二、趋势分析法在财务报表分析中的应用

（一）趋势分析法在资产负债表分析中的应用

资产负债表趋势分析就是把同一企业不同时期的资产负债表数据按照时间的先后顺序在一张资产负债表中反映出来，并计算出报告期资产负债表数据相对于比较期资产负债表对应指标的增减变动情况，以反映出公司资产、负债和所有者权益各要素的变动趋势和变化程度。通过这种方式编制的资产负债表称为比较资产负债表。

微课

趋势分析法在财务报表分析中的应用（1）

【做中学2-26】（计算题）AB公司2×18—2×22年末资产负债表的资产部分数据见表2-33。

表2-33　　AB公司2×18—2×22年末资产负债表（资产部分）　　单位：元

项目	2×18年12月31日	2×19年12月31日	2×20年12月31日	2×21年12月31日	2×22年12月31日
流动资产：					
货币资金	1 764 640 567.12	2 334 452 484.17	1 819 769 267.93	4 635 677 212.02	3 510 520 867.35
应收票据	2 694 529 437.27	1 742 252 912.26	1 426 086 098.78	389 123 817.21	559 180 148.77
应收账款	2 619 279 400.30	2 386 915 274.78	2 427 064 010.79	2 956 599 366.60	2 901 803 906.40
预付款项	397 833 435.31	305 494 346.42	182 616 114.85	128 455 596.10	168 220 094.95
其他应收款	328 010 521.00	317 786 020.23	215 627 946.33	155 564 654.26	149 040 668.38
存货	3 321 755 725.29	3 342 856 511.74	2 226 600 986.95	1 748 709 992.84	1 730 824 575.05
持有待售资产				9 439 003.05	9 439 003.05
一年内到期的非流动资产					
其他流动资产	21 554 829.38	115 879 680.36	44 920 029.88	35 858 134.03	43 874 742.79
流动资产合计	11 147 603 915.67	10 545 637 229.96	8 342 684 455.51	10 059 427 776.11	9 072 904 006.74
非流动资产：					
长期股权投资	25 393 495.41	9 820 532.56	9 966 407.54		
其他权益工具投资		4 900 000.00	34 980 000.00	33 331 124.13	32 060 205.58
投资性房地产	24 429 794.84	22 445 579.90	20 612 223.04		49 920 715.30
固定资产	3 898 759 050.61	4 463 814 326.19	4 461 365 794.66	4 101 318 985.83	3 655 543 770.35
在建工程	637 691 478.27	434 289 918.69	142 856 810.88	74 165 807.74	67 752 516.27
无形资产	433 606 572.02	437 484 132.71	420 748 531.72	410 492 853.83	413 583 923.31
开发支出	2 182 417.00	9 954 627.19	15 747 717.00	21 659 617.00	69 085 361.59
商誉	7 798 712.81	7 400 979.96	1 284 353.45	1 284 353.45	1 284 353.45
长期待摊费用	44 241 545.65	45 355 014.35	41 208 705.77	52 875 493.51	48 163 151.00
递延所得税资产	232 919 333.28	261 253 164.79	273 831 708.56	297 214 900.08	288 061 344.60
其他非流动资产	722 000.00	722 000.00	722 000.00	974 000.00	974 000.00
非流动资产合计	5 307 744 399.89	5 697 440 276.34	5 423 324 252.62	4 993 317 135.57	4 626 429 341.45
资产总计	16 455 348 315.56	16 243 077 506.30	13 766 008 708.13	15 052 744 911.68	13 699 333 348.19

【要求】以2×18年末为基期，使用定基分析，计算AB公司各资产项目的变动率并进行简单评价。

【答案】

(1) 从表2-33可以看出，2×18年“其他权益工具投资”“持有待售资产”“一年内到期的非流动资产”的项目金额为零，这三项不具分析价值。

(2) 相比于2×18年末，AB公司2×19年末至2×22年末资产总额均出现不同程度的下降，2×20年末和2×22年末的下降比率均高达15%以上，且资产总额不断波动。结合图2-16可以看出，造成AB公司的资产总额下降的主要原因是流动资产数额的下降，两者下降趋势基本保持一致。

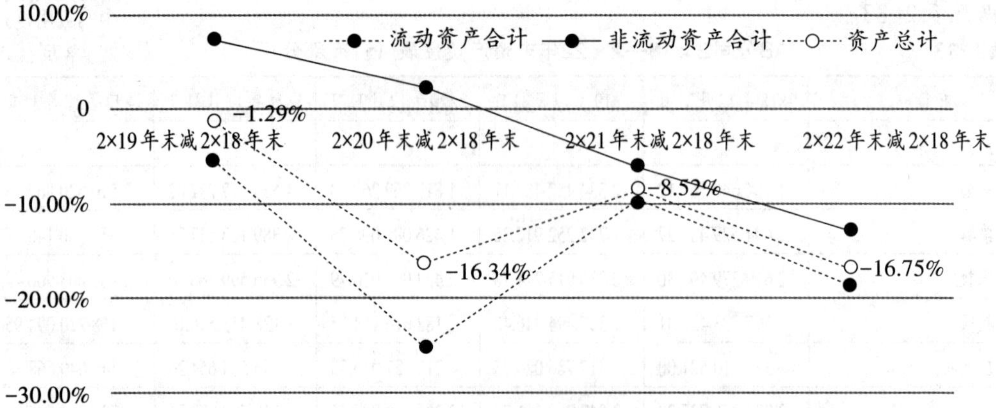

图2-16 AB公司流动资产、非流动资产和资产总额的变动趋势

(3) 从表2-34中可以看出，与2×18年末相比，流动资产一直处于下降趋势，且波动幅度大。造成这种情况的原因在于，AB公司的应收票据、预付款项、存货和其他应收款大幅度下降，这些项目的下降有助于提高企业资金的流动性。货币资金呈现增加趋势，也印证了这一点。因此，尽管AB公司流动资产的总额减少了，但是流动资产整体的流动性提高了。在AB公司的非流动资产中，开发支出比值异常，不具有分析意义，相比于2×18年末，AB公司2×19年末和2×20年末的非流动资产有所增加，主要受固定资产增加的影响，2×21年末和2×22年末的非流动资产有所减少，主要受在建工程减少的影响。

表2-34 AB公司各资产项目的变动趋势（定基）

项目	定基变动百分比			
	2×19年末减2×18年末	2×20年末减2×18年末	2×21年末减2×18年末	2×22年末减2×18年末
流动资产：				
货币资金	32.29%	3.12%	162.70%	98.94%
应收票据	-35.34%	-47.07%	-85.56%	-79.25%
应收账款	-8.87%	-7.34%	12.88%	10.79%
预付款项	-23.21%	-54.10%	-67.71%	-57.72%

续表

项目	定基变动百分比			
	2×19年末减2×18年末	2×20年末减2×18年末	2×21年末减2×18年末	2×22年末减2×18年末
其他应收款	−3.12%	−34.26%	−52.57%	−54.56%
存货	0.64%	−32.97%	−47.36%	−47.89%
持有待售资产				
一年内到期的非流动资产				
其他流动资产	437.60%	108.40%	66.36%	103.55%
流动资产合计	−5.40%	−25.16%	−9.76%	−18.61%
非流动资产：				
长期股权投资	−61.33%	−60.75%	−100.00%	−100.00%
其他权益工具投资				
投资性房地产	−8.12%	−15.63%	−100.00%	104.34%
固定资产	14.49%	14.43%	5.20%	−6.24%
在建工程	−31.90%	−77.60%	−88.37%	−89.38%
无形资产	0.89%	−2.97%	−5.33%	−4.62%
开发支出	356.13%	621.57%	892.46%	3 065.54%
商誉	−5.10%	−83.53%	−83.53%	−83.53%
长期待摊费用	2.52%	−6.86%	19.52%	8.86%
递延所得税资产	12.16%	17.57%	27.60%	23.67%
其他非流动资产	0.00%	0.00%	34.90%	34.90%
非流动资产合计	7.34%	2.18%	−5.92%	−12.84%
资产总计	−1.29%	−16.34%	−8.52%	−16.75%

（二）趋势分析法在利润表分析中的应用

利润表趋势分析，是将趋势分析法运用于利润表的项目变动分析。具体来说，利润表趋势分析是通过对连续数期利润表相同项目进行比较，确定其增减变动的方向、数额和幅度，以观察企业经营成果变化趋势的方法。利润表的趋势分析通常可以作为预测企业未来经营情况的立足点。通过观察报表中各项目的增减变化情况，可以发现重要的且异常的变化，同时对这些变化作进一步分析，找出其变化的原因，判断这种变化是有利还是不利，并力求

微课

趋势分析法在财务报表分析中的应用（2）

对这种趋势是否会延续作出判断。

【做中学2-27】(计算题) AB公司2×18—2×22年度利润表的部分数据见表2-35。

表2-35 AB公司2×18—2×22年度利润表(部分) 单位：元

项　目	2×18年度	2×19年度	2×20年度	2×21年度	2×22年度
营业收入	18 091 934 502.16	16 508 912 525.75	15 856 207 778.74	14 126 885 954.82	12 017 531 251.13
减：营业成本	12 745 834 175.49	11 965 219 367.15	11 903 514 052.48	10 391 780 774.37	8 907 152 330.62

【要求】以2×18年度为基期，使用定基分析和环比分析，计算AB公司毛利的变动并进行评价。

【答案】AB公司2×18—2×22年度毛利数据(定基)见表2-36。AB公司2×18—2×22年度毛利数据(环比)见表2-37。

表2-36 AB公司2×18—2×22年度毛利数据(定基)

项　目	定基变动百分比			
	2×19年度减2×18年度	2×20年度减2×18年度	2×21年度减2×18年度	2×22年度减2×18年度
营业收入	-8.75%	-12.36%	-21.92%	-33.58%
减：营业成本	-6.12%	-6.61%	-18.47%	-30.12%
毛利	-15.01%	-26.06%	-30.13%	-41.82%

表2-37 AB公司2×18—2×22年度毛利数据(环比)

项　目	环比变动百分比			
	2×19年度减2×18年度	2×20年度减2×19年度	2×21年度减2×20年度	2×22年度减2×21年度
营业收入	-8.75%	-3.95%	-10.91%	-14.93%
减：营业成本	-6.12%	-0.52%	-12.70%	-14.29%
毛利	-15.01%	-13.01%	-5.50%	-16.73%

在定基变动百分比中，相比于2×18年，2×19—2×22年的营业毛利都处于下降趋势，2×22年营业毛利下降比率最低。在定基变动百分比中，可以更清楚地看出，AB公司2×18—2×22年营业收入与营业成本基本保持了一致的发展态势，在营业收入减少的同时，营业成本也在减少，但是营业成本减少的力度低于营业收入减少的力度，所以扩大营业收入对AB公司的未来发展较为重要。

在环比变动百分比中，2×19—2×22年每一年与其前一期数据相比也都处于下降趋势。

定基变动百分比和环比变动百分比图示都显示出，与其他年份营业毛利上升趋势相比，2×22年AB公司的营业毛利仍处于下降趋势(如图2-17和图2-18所示)。

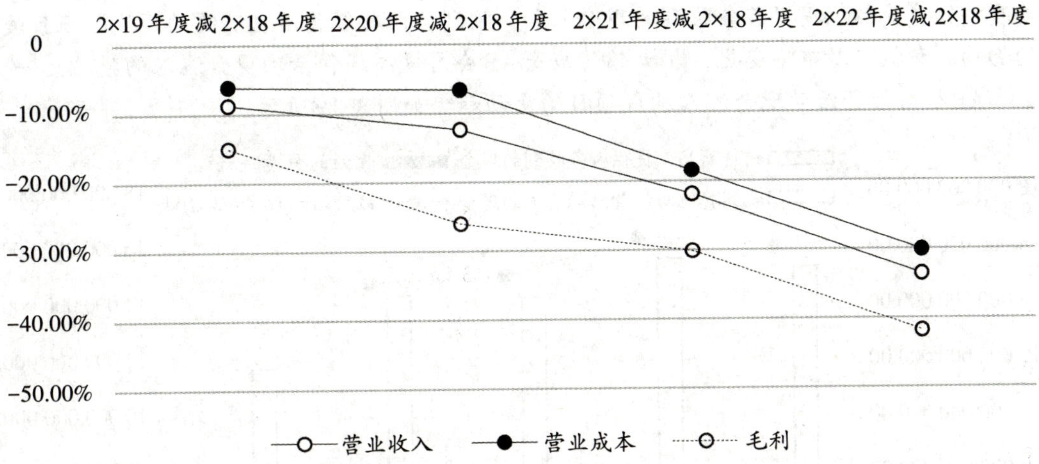

图2-17　AB公司营业收入、营业成本和毛利的变动趋势（定基）

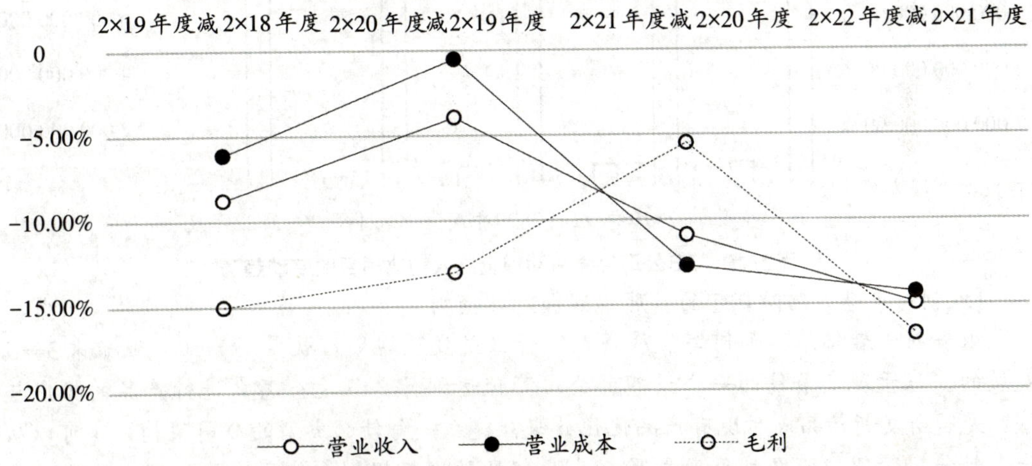

图2-18　AB公司营业收入、营业成本和毛利的变动趋势（环比）

（三）趋势分析法在现金流量表分析中的应用

现金流量表趋势分析是通过对连续数期现金流量表相同项目进行比较，确定其增减变动的数额和幅度，以观察企业现金流量的变化趋势的分析方法。

【做中学2-28】（计算题）AB公司2×18—2×22年度经营活动现金流入数据见表2-38。

表2-38　AB公司2×18—2×22年度经营活动现金流入

单位：元

项　目	2×18年度	2×19年度	2×20年度	2×21年度	2×22年度
销售商品、提供劳务收到的现金	15 274 026 475.38	15 597 386 661.61	14 239 489 991.40	14 366 139 716.65	11 739 424 317.90
收到的税费返还	14 333 288.12	8 356 608.45	8 836 888.04	10 871 938.35	2 699 524.16
收到其他与经营活动有关的现金	818 851 962.73	774 523 907.51	728 954 825.06	416 577 249.36	220 139 428.05
经营活动现金流入小计	16 107 211 726.23	16 380 267 177.57	14 977 281 704.50	14 793 588 904.36	11 962 263 270.11

【要求】以2×18年度为基期，使用绝对数分析，分析AB公司经营活动现金流入的变动趋势。

【答案】从绝对数分析中可以看出，AB公司经营活动现金流入额呈现出下降趋势，主要受“销售商品、提供劳务收到的现金”和“收到其他与经营活动有关的现金”项目波动的影响。积极应对市场变化，扩大销售应是AB公司提高经营活动现金流入的措施之一。

AB公司经营活动现金流入构成项目的变动趋势如图2-19所示。

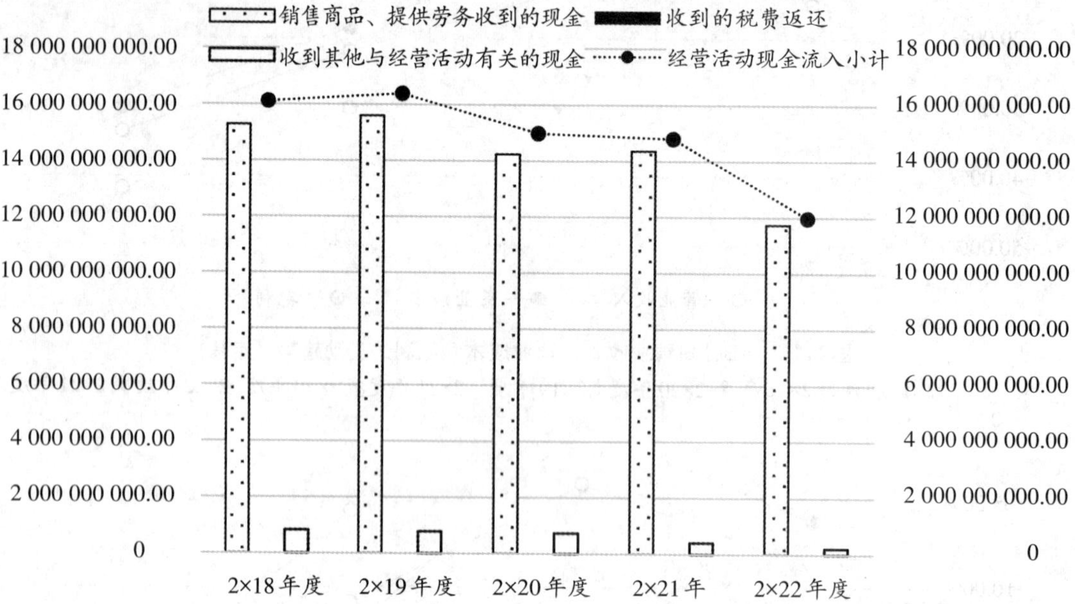

图2-19 AB公司经营活动现金流入构成项目的变动趋势

【双创一点通】路演PPT的发展规划和财务预测

很多创业者犯愁，如何写发展规划。什么是发展规划？就是对创业企业未来3—5年发展的、基于现实条件的一个设想，公司产值达到什么程度？怎么进行产品的推广与销售？是否研发新产品或对现有产品优化升级？建立一种什么类型的公司架构……可以从生产、销售、管理、研发等角度去写未来3—5年的发展规划。基于发展规划，才能准确预测未来的销售收入与销售成本，作出财务预测。发展规划示例如图2-20所示，使用Power BI绘制财务预测示例如图2-21所示。

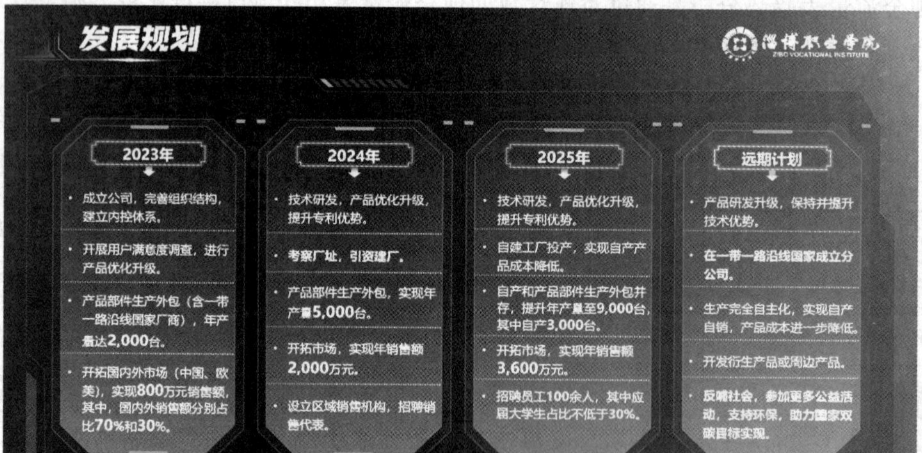

图2-20 发展规划示例

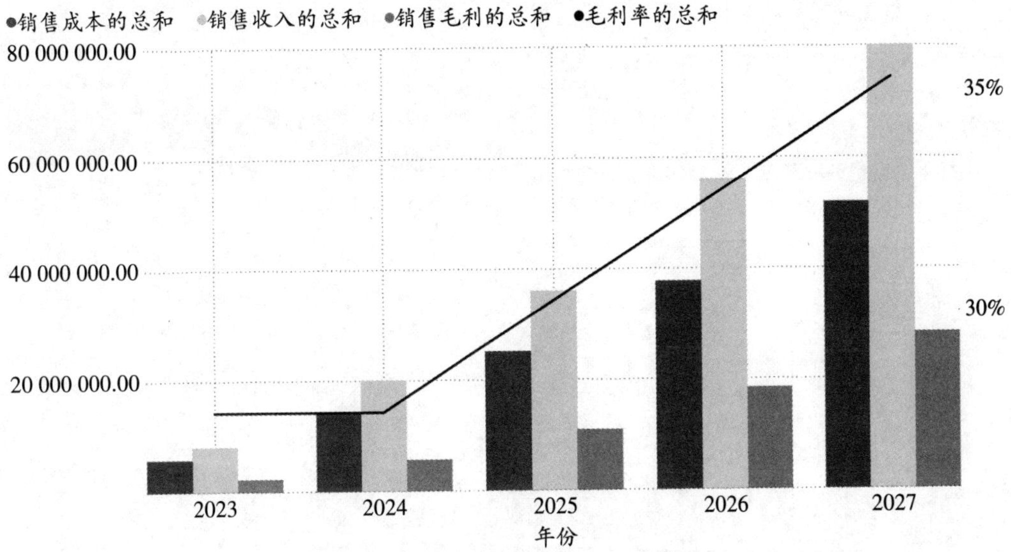

图2-21　使用Power BI绘制财务预测示例

项目三

财务报表项目分析

任务一 资产负债表项目分析

学习目标

知识目标：掌握资产负债表各项目分析的要点
熟悉资产负债表各项目编制的方法
了解资产负债表各项目的含义

能力目标：具备分析资产负债表各项目的能力
具备管理初创企业资产的能力

素质目标：形成诚实守信、坚持准则的职业素养
形成敢于挑战、不断进取的创新精神

微课

流动资产项目分析——货币资金理论

资产负债表项目分析，是指根据企业所处的行业特点和具体经济环境等对资产负债表每一构成项目的规模、质量及合理性进行分析。通过分析企业各项资产、负债和所有者权益，为评价企业整体的资产与资本质量和结构的合理性提供依据。

一、流动资产项目分析：相关知识及应用

（一）“货币资金”项目分析要点及应用

1.“货币资金”项目的相关概念

货币资金是企业资产中流动性最强的资产，也是盈利能力最差的资产。“货币资金”项目反映企业生产经营过程中处于货币形态的那部分资金，包括“库存现金”、“银行存款”和“其他货币资金”。

“库存现金”是指存放于企业财务部门并由出纳人员保管，用于零星开支的现钞；“银行存款”是企业存放在开户银行或其他金融机构的各种款项；“其他货币资金”是企业的银行汇票存款、银行本票存款、信用卡存款、信用证保证金存款、存出投资款、外埠存款等其他货币资金。

“货币资金”项目应根据“库存现金”“银行存款”“其他货币资金”三个总账科目余额合计数填列。

2.“货币资金”项目分析的要点

企业在生产经营过程中保持适当数量的货币资金是企业正常运营的基本条件。分析时应关注：

（1）货币资金持有量。持有大量货币资金体现了企业具有较强的支付能力，但同时要承担相应的机会成本；反之，货币资金持有量不足会影响企业的支付能力，虽然占有货币资金的机会成本较小，但总体成本可能较高。因此，必须结合企业的经营规模，行业特点，融资能力，交易性金融资产持有量，存货、应收票据及应收账款的变现能力以及流动

负债水平等因素分析企业货币资金持有量的合理性。

（2）货币资金的本、外币种类及金额。持有外币货币资金会面临汇率风险，持有本币也会有通货膨胀风险，因此，需关注货币资金的本、外币种类结构以及各自对应的汇率与通货膨胀风险，分析持有货币资金面临的风险状况。

微课

流动资产项目分析——货币资金应用

3.“货币资金”项目分析的应用

【做中学3-1】（计算题）AC公司2×22年财务报表附注中货币资金项目注释见表3-1（2×21年12月31日和2×22年12月31日，AC公司的资产总额分别为2 998 806 634.32元和3 142 511 868.57元；2×21年12月31日，1美元兑人民币6.943元，2×22年12月31日，1美元兑人民币6.5063元）。

表3-1　　AC公司货币资金项目注释　　单位：元

项　目	2×21年12月31日	2×22年12月31日
库存现金	183 677.97	170 172.79
银行存款	229 820 555.14	297 504 690.07
其他货币资金	28 598 803.75	106 097 197.70
合计	258 603 036.86	403 772 060.56
其中：存放在境外的款项总额	USD1 091 084.87	USD1 240 688.98

其他说明：

（1）2×21年年报披露：其他货币资金期末金额中包括银行承兑汇票保证金26 935 803.75元和信用证保证金1 663 000.00元。

（2）2×22年年报披露：其他货币资金期末金额中包括银行承兑汇票保证金78 386 397.70元、信用证保证金1 374 000.00元、融资保证金26 136 800.00元以及保函保证金200 000.00元。

【要求】以2×21年12月31日AC公司的货币资金项目为比较标准，对AC公司2×22年12月31日的货币资金项目进行分析。

【答案】

（1）2×21年末和2×22年末，AC公司的货币资金占资产总额的结构百分比分别为8.62%和12.85%，货币资金持有量较为合理。

$$2\times21\text{年货币资金占资产总额的百分比}=\frac{258\ 603\ 036.86}{2\ 998\ 806\ 634.32}\times100\%=8.62\%$$

$$2\times22\text{年货币资金占资产总额的百分比}=\frac{403\ 772\ 060.56}{3\ 142\ 511\ 868.57}\times100\%=12.85\%$$

（2）以外币形式存在的货币资金占货币资金总额的比例较小，因此，AC公司受汇率变动的影响较小。

（3）AC公司2×22年12月31日货币资金总额之所以大幅度增加，主要是由于其他货币资金（增长了77 498 393.95元）和银行存款（增长了67 684 134.93元）快速增长。在货币资金的构成中，银行存款是其主要组成部分，占73.68%（297 504 690.07÷403 772 060.56×100%）。AC公司货币资金项目增减变动分析见表3-2。

表3-2　　AC公司货币资金项目增减变动分析　　金额单位：元

项目	2×21年12月31日	2×22年12月31日	增减变动绝对数	增减变动百分比
库存现金	183 677.97	170 172.79	−13 505.18	−7.35%
银行存款	229 820 555.14	297 504 690.07	67 684 134.93	29.45%
其他货币资金	28 598 803.75	106 097 197.70	77 498 393.95	270.98%
合计	258 603 036.86	403 772 060.56	145 169 023.70	56.14%
其中：存放在境外的款项总额	USD1 091 084.87	USD1 240 688.98	USD 149 604.11	13.71%

AC公司货币资金项目构成如图3-1所示。

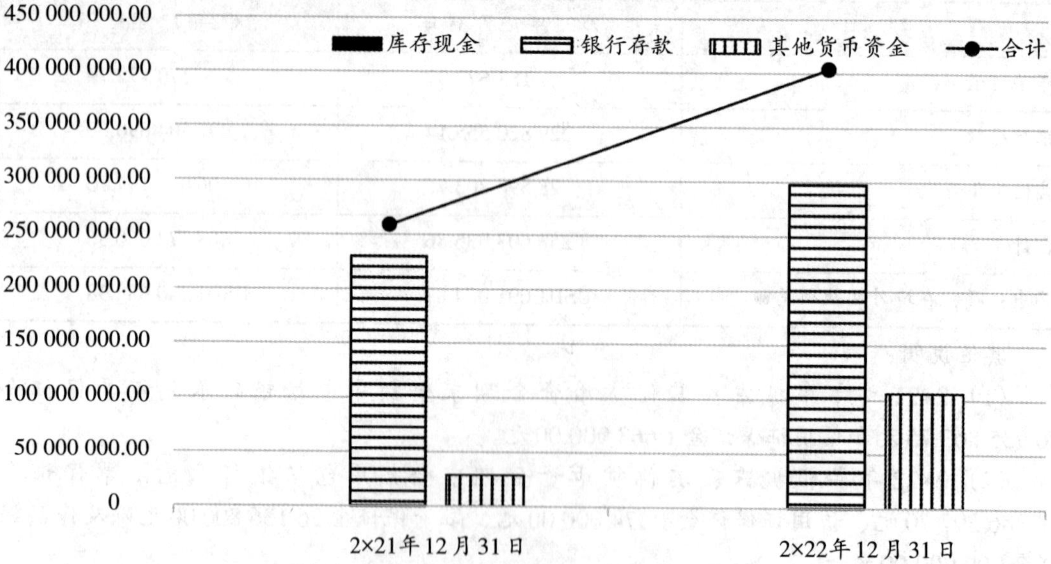

图3-1　AC公司货币资金项目构成

（4）根据AC公司的财务报表附注（见表3-3），造成其他货币资金增长的原因，是银行承兑汇票保证金大幅度增长（191.01%），而且增加数额较大（51 450 593.95元），另外，还新增了融资保证金（26 136 800.00元）和保函保证金（200 000.00元）。

表3-3　　AC公司的财务报表附注　　金额单位：元

其他货币资金	2×21年12月31日	2×22年12月31日	增减变动绝对数	增减变动百分比
银行承兑汇票保证金	26 935 803.75	78 386 397.70	51 450 593.95	191.01%
信用证保证金	1 663 000.00	1 374 000.00	−289 000.00	−17.38%
融资保证金		26 136 800.00	26 136 800.00	
保函保证金		200 000.00	200 000.00	

【教学案例】2019年4月，康美药业发布《关于前期会计差错更正的公告》，阐述了康美药业2017年年报中出现的14项会计错误，最主要的有以下几点：由于财务数据出现会计差错，造成2017年营业收入多计88.98亿元，营业成本多计76亿元，销售费用少计5亿

元，财务费用少计2亿元，销售商品多计102亿元，货币资金多计299亿元，筹资活动有关的现金项目多计3亿元。这件事引起了中国证监会的关注，经调查发现，康美药业披露的2016—2018年财务报告存在重大虚假：一是使用虚假银行单据虚增存款；二是通过伪造业务凭证进行收入造假；三是部分资金转入关联方账户买卖该公司股票。请思考：康美药业通过什么方式虚增资产？

（二）“交易性金融资产”项目分析要点及应用

1.“交易性金融资产”项目的相关概念

交易性金融资产按照公允价值计价，包括出于交易目的所持有的债券投资、股票投资、基金投资、权证投资等和直接指定为以公允价值计量且其变动计入当期损益的金融资产。

微课

流动资产项目分析—交易性金融资产

“交易性金融资产”项目应根据“交易性金融资产”科目的相关明细科目的期末余额分析填列。

2.“交易性金融资产”项目分析的要点

（1）交易性金融资产的规模。一般企业的金融投资不是主要业务，该项目占总资产的比例应该很小，如果比例很大则不正常，必须分析其原因。

（2）交易性金融资产的种类构成。股票、基金、债券、认股权证各自的市场风险差异很大，不同企业发行的同一类型的金融产品的风险也各不相同。因此，应结合财务报表附注对交易性金融资产类别构成的披露，分析其风险状况。

（3）交易性金融资产的持有损益。分析同期利润表中的“公允价值变动收益”及财务报表附注中对该项目的详细说明，根据其金额的大小及正负情况来判断该项资产的盈利能力。

需要注意的是，企业因持有交易性金融资产而在利润表中形成的“公允价值变动收益”项目并不真正引起任何资源流入，如果金额过大，或者在企业利润总额中所占比例过大，一定要在分析该企业真实的盈利能力时将该项目剔除。

3.“交易性金融资产”项目分析的应用

【做中学3-2】（计算题）AF公司2×22年财务报表附注中“交易性金融资产”项目和“公允价值变动收益”项目注释见表3-4和表3-5（AF公司2×21年12月31日和2×22年12月31日的资产总额分别为29 865 845 423元和31 704 009 489元；2×21年和2×22年的利润总额分别为3 919 625 704元和3 679 721 767元）。

表3-4　**AF公司交易性金融资产项目注释**　单位：元

项目	2×21年12月31日	2×22年12月31日
交易性金融资产	1 951 267	105 489 404
其中：结构性理财产品（a）		101 927 854
货币掉期合同（b）		3 561 550
远期外汇合同（c）	1 951 267	
合计	1 951 267	105 489 404

表3-5　　AF公司公允价值变动收益项目注释　　单位：元

项目	2×21年12月31日	2×22年12月31日
因持有交易性金融资产而产生的公允价值变动损益	1 951 267	3 538 137

其他说明：

于2×22年12月31日，本集团结存的收益（与摩根大通MOZAIC WEEKLY指数连结的保本型理财产品，投资金额为人民币100 000 000元），年末估值为15 599 133美元，折合人民币101 927 854元（2×21年12月31日：无）。该产品将于2×23年8月17日归还投资本金，于2×24年8月16日到期。

【要求】以2×21年12月31日的“交易性金融资产”项目为比较标准，对AF公司2×22年12月31日的“交易性金融资产”项目进行分析。

【答案】

（1）2×21年末和2×22年末，AF公司的交易性金融资产占资产总额的结构百分比分别为0.01%和0.33%，所占比例非常小。

$$2\times 21\text{年年末占资产总额的}\% = \frac{1\,951\,267}{29\,865\,845\,423}\times 100\% = 0.01\%$$

$$2\times 22\text{年年末占资产总额的}\% = \frac{105\,489\,404}{31\,704\,009\,489}\times 100\% = 0.33\%$$

（2）2×22年末，AF公司的“交易性金融资产”主要是购买了与摩根大通MOZAIC WEEKLY指数连结的保本型理财产品（占96.62%（101 927 854÷105 489 404×100%）），风险较低。

（3）2×22年，AF公司因交易性金融资产而产生的公允价值变动损益在利润总额中所占比重非常低，可以忽略不计。AF公司公允价值变动收益项目分析见表3-6。

表3-6　　AF公司公允价值变动收益项目分析　　金额单位：元

项目	2×21年12月31日	2×22年12月31日
因持有交易性金融资产而产生的公允价值变动损益	1 951 267	3 538 137
利润总额	3 919 625 704	3 679 721 767
所占比重	0.049%	0.096%

（三）“应收票据”项目分析要点及应用

1.“应收票据”项目的相关概念

微课

流动资产项目分析——应收票据

“应收票据”项目，反映资产负债表日企业以摊余成本计量的、因销售商品、提供服务等收到的商业汇票，包括银行承兑汇票和商业承兑汇票。

应收票据确认时，由于依据的是赊销业务中债权人或债务人签发的表明债务人在约定时日应偿付约定金额的书面文件，并具有法律效力，因而受到法律的保护，具有较强的变现性。

“应收票据”项目应根据“应收票据”科目的期末余额，减去“坏账准备”科目中相关坏账准备期末余额后的金额填列。

2.“应收票据”项目分析的要点

应收票据是企业因销售商品、提供劳务而收到的商业汇票，分析时应关注：

(1) 应收票据的种类构成。商业汇票分为银行承兑汇票和商业承兑汇票两种，前者有银行信用的保障，故风险极低，而后者的可兑付性取决于承兑人及相关的背书人，因而风险比银行承兑汇票高。因此，在分析应收票据风险时应关注票据的种类及金额比例。

(2) 商业承兑汇票承兑人的状况。根据附注中披露的商业承兑汇票承兑人的状况，评估债权的可收回程度。

(3) 应收票据的变化情况。把应收票据与公司主营业务收入对比反映其规模的合理性，根据期初、期末的比较数据，分析应收票据有无显著变化，如果有显著变化要进一步分析原因。

(4) 已贴现商业票据或有负债风险。根据财务报表附注，分析已贴现的商业汇票的金额以及承担连带责任的大小。

3."应收票据"项目分析的应用

【做中学3-3】(计算题) AA公司2×22年财务报表附注中"应收票据"项目注释见表3-7至表3-10。2×21年12月31日和2×22年12月31日，AA公司的资产总额分别为3 755 508 239.75元和4 308 536 891.27元。

表3-7 AA公司应收票据分类列示 单位：元

项目	2×21年12月31日	2×22年12月31日
银行承兑票据	911 621 975.83	1 269 618 811.74
商业承兑票据	2 350 000.00	
合计	913 971 975.83	1 269 618 811.74

表3-8 AA公司2×22年末已质押的应收票据 单位：元

项目	2×22年12月31日已质押金额
银行承兑票据	14 000 000.00
合计	14 000 000.00

表3-9 AA公司2×22年末已背书或贴现且在资产负债表日尚未到期的应收票据 单位：元

项目	期末终止确认金额	期末未终止确认金额
银行承兑票据	1 164 134 562.03	
合计	1 164 134 562.03	

其他说明：

向招商银行××分行质押银行承兑汇票14 000 000.00元，用于开具银行承兑汇票。

表3-10 AA公司2×17—2×22年主营业务收入与应收票据及比率 金额单位：元

报表日期	2×17年	2×18年	2×19年	2×20年	2×21年	2×22年
主营业务收入	4 903 197 065.63	4 270 693 960.77	4 801 981 107.46	3 489 710 879.77	3 322 428 190.12	4 777 581 128.17
应收票据平均余额	3 767 053 848.53	2 471 545 389.55	2 157 657 119.49	2 428 186 930.12	1 761 449 299.68	1 680 373 060.76
主营业务收入与应收票据平均余额的比率	1.30	1.73	2.23	1.44	1.89	2.84

【要求】以2×21年12月31日的“应收票据”项目为比较标准，对AA公司2×22年12月31日的“应收票据”项目进行分析。

【答案】

（1）2×21年末和2×22年末，AA公司的应收票据占资产总额的比重分别为24.34%（913 971 975.83÷3 755 508 239.75×100%）和29.47%（1 269 618 811.74÷4 308 536 891.27×100%），是其资产的重要组成部分。

（2）AA公司的应收票据包括银行承兑汇票和商业承兑汇票，主要是银行承兑汇票，2×21年末和2×22年末银行承兑汇票占票据总额的比例分别为99.74%（911 621 975.83÷913 971 975.83×100%）和100%，因而票据的风险极低。2×22年末不存在商业承兑汇票，也不存在已贴现的商业汇票。

（3）通过趋势分析可以看出，2×17—2×22年，AA公司主营业务收入与应收票据平均余额的比率处于不断波动之中。2×20—2×22年，AA公司主营业务收入与应收票据平均余额的比率呈现出上升趋势，表明AA公司应收票据回收速度增快，应收票据的管理效率提高，资产流动性增强。

AA公司主营业务收入与应收票据平均余额及比率如图3-2所示。

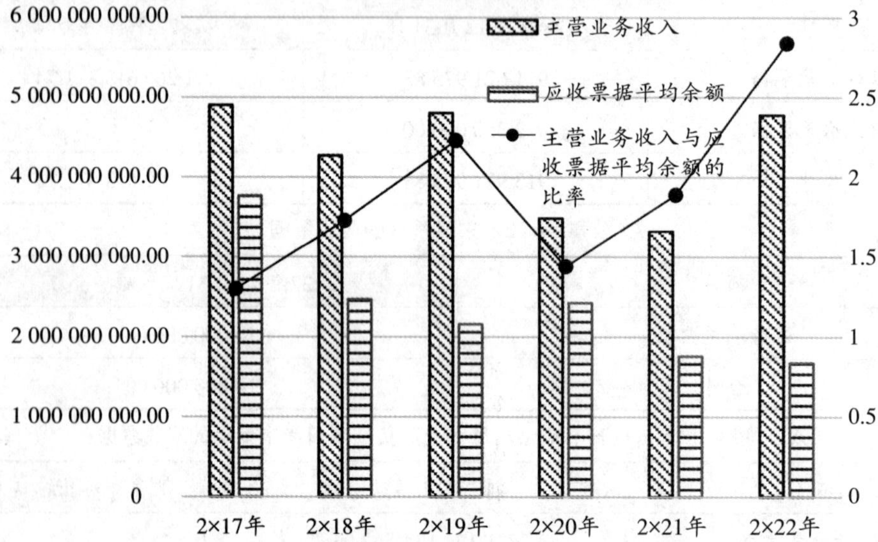

图3-2 AA公司主营业务收入与应收票据平均余额及比率

（四）“应收账款”项目分析要点及应用

1.“应收账款”项目的相关概念

微课

流动资产项目分析——应收账款理论

“应收账款"项目，反映资产负债表日企业以摊余成本计量的、因销售商品、提供服务等经营活动应收取的款项。该项目应根据“应收账款”“预收账款”科目的期末借方余额，减去“坏账准备”科目中相关坏账准备期末余额后的金额填列。

2.“应收账款”项目分析的要点

应收账款是企业对外销售产品、提供劳务而应向购货单位或接受劳务方收取的款项。一般而言，应收账款的数额与企业主营业务收入数额呈正相关关系，分析时应关注：

（1）应收账款规模及其变动情况。分析应收账款总额占流动资产与总资产的比例、应收账款与主营业务收入之间的比例关系及变化情况，把这些财务指标及变化情况与同行业平均水平、主要竞争对手或本企业的历史同期水平进行比较，如果有重大差异，则说明企业经营可能存在异常，应引起重视并分析具体原因。

（2）应收账款质量的高低。应收账款质量的高低主要是通过账龄结构与债务人结构来分析的。通常，账龄越长，坏账损失的风险就越大，应收账款的质量越低；债务人财务状况越差，应收账款的质量越低。

（3）坏账准备提取与冲销情况。根据财务报表附注的披露，分析坏账准备当期提取与使用情况，可以获知应收账款对当期利润的影响程度。

（4）坏账准备估计变更情况。关注坏账准备估计政策的变更情况，对于判断企业应收账款会计政策的一贯性以及财务信息的可信性至关重要。如果发生了会计估计变更，要进一步分析其合理性及其对当期财务状况和损益的影响。

（5）应收账款周转速度快慢。把主营业务收入与应收账款平均余额进行比较，可以计算反映企业应收账款周转速度的财务指标。通常情况下，应收账款周转速度越快，说明应收账款变现能力越强、坏账损失越少，应收账款质量越高；反之，则应收账款变现能力差、坏账损失大，应收账款质量低。但是，应收账款周转速度过快，也要引起注意，要分析是不是企业信用政策过于严格造成的，因为过于严格的信用政策可能会减少更多的销售和利润，造成高周转、低效益的局面。

微课

流动资产项目分析——应收账款应用

3.“应收账款”项目分析的应用

【做中学3-4】（计算题）AD公司2×22年财务报表附注中“应收账款”项目注释和最近五年应收账款占资产总额的比例见表3-11至表3-15。

表3-11　AD公司按账龄分析法计提坏账准备的应收账款　金额单位：元

账龄	2×22年12月31日余额		
	应收账款	坏账准备	计提比例（%）
1年以内	75 492 185.66	3 774 609.28	5
1—2年	1 813 363.61	362 672.73	20
2—3年	51 738.50	25 869.25	50
合计	77 357 287.77	4 163 151.26	

表3-12　AD公司2×22年实际核销的应收账款　单位：元

单位名称	应收账款性质	核销金额	核销原因	履行的核销程序	款项是否由关联方交易产生
NA协会	货款	55 345.00	预计无法收回		否
NB公司	货款	30 146.75	预计无法收回		否
NC公司	货款	210 346.79	预计无法收回		否
ND小镇	货款	238 169.07	预计无法收回		否
合计		534 007.61			

表3-13　AD公司2×22年按欠款方归集的期末余额前五名的应收账款情况　金额单位：元

单位名称	年末余额	账龄	占应收账款年末余额合计数的比例	坏账准备年末余额
中国工商银行××分行信用卡部	15 017 450.13	1年以内	11.90%	
北京××信息技术有限公司	9 116 517.86	1年以内	7.22%	455 825.89
财付通支付科技有限公司客户备付金	8 359 001.31	1年以内	6.62%	
中国银联股份有限公司××分公司	6 052 961.00	1年以内	4.79%	
NE公司	2 252 998.68	1年以内	1.78%	112 649.93
合计	40 798 928.98		32.31%	568 475.82

其他说明：

本期计提、收回或转回的坏账准备情况：本期计提坏账准备金额353 257.04元；本期收回或转回坏账准备金额（××市自来水总公司）177 840.00元。

表3-14　AD公司应收账款占资产总额的百分比　金额单位：元

报表日期	2×18年12月31日	2×19年12月31日	2×20年12月31日	2×21年12月31日	2×22年12月31日
应收账款	34 155 112.55	50 366 211.94	67 548 839.40	116 833 805.78	122 086 356.32
资产总计	3 964 910 948.88	3 958 353 611.21	4 353 094 644.28	4 452 503 285.53	4 555 442 844.78
应收账款占资产总额的百分比	0.86%	1.27%	1.55%	2.62%	2.68%

表3-15　AD公司主营业务收入与应收账款平均余额及比率　金额单位：元

报表日期	2×18年	2×19年	2×20年	2×21年	2×22年
主营业务收入	6 352 981 617.98	6 477 862 348.48	6 987 314 056.06	6 526 882 757.31	6 871 655 114.55
应收账款平均余额	48 634 972.46	42 260 662.25	58 957 525.67	92 191 322.59	119 460 081.05
主营业务收入与应收账款平均余额的比率	135.81	161.32	125.58	76.46	62.24

【要求】以2×21年12月31日的“应收账款”项目为比较标准，对AD公司2×22年12月31日的“应收账款”项目进行分析。

【答案】

（1）从趋势分析看，2×18—2×22年末，AD公司的应收账款在资产总额中所占比重逐年攀升。由于应收账款占资产总额的百分比较低，因此说明应收账款不是AD公司资产的主要组成部分。

（2）AD公司采用账龄分析法计提坏账准备，2×22年末坏账准备的账面价值占应收账款账面价值的5.38%（4 163 151.26÷77 357 287.77×100%），因而，AD公司应收账款的质量比较高，并且97.59%（75 492 185.66÷77 357 287.77×100%）都是一年以内的应收账款。

（3）2×22年末，前五大欠款方的应收账款占应收账款总额的32.31%，且主要是金融机构（中国工商银行××分行信用卡部、财付通支付科技有限公司客户备付金、中国银联股份有限公司××分公司），占23.31%（11.90%＋6.62%＋4.79%），因此，坏账风险不高。

（4）2×22年末，AD公司核销的无法收回的货款占应收账款总额的0.69%（534 007.61÷77 357 287.77×100%），所占比率较低。

（5）2×19—2×22年，AD公司的主营业务收入与应收账款平均余额的比率持续下降，是由于主营业务收入处于波动状态的同时、应收账款平均余额快速增长造成的，表明AD公司应收账款的变现能力变差，流动性下降。AD公司主营业务收入与应收账款平均余额及比率如图3-3所示。

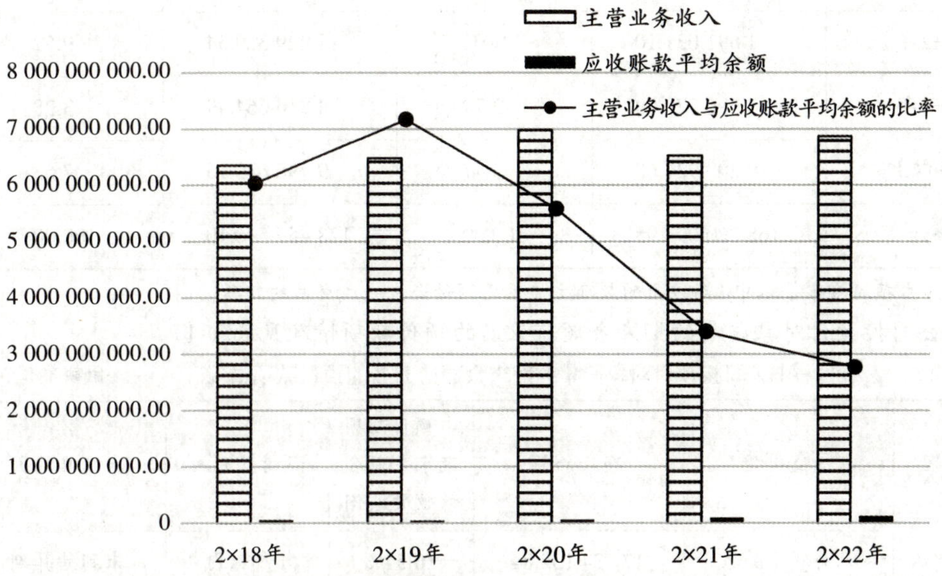

图3-3　AD公司主营业务收入与应收账款平均余额及比率

（五）"预付款项"项目分析要点及应用

1."预付款项"项目的相关概念

"预付款项"反映企业预付给供应单位的款项。该项目应根据"预付账款"科目所属各明细科目的期末借方余额合计填列。如"预付账款"科目所属有关明细科目期末有贷方余额，应在"应付账款"项目内填列；如"应付账款"科目所属明细科目有借方余额，应包括在"预付款项"项目内。

微课

流动资产项目分析——预付账款

2."预付款项"项目分析的要点

除了供应单位不能按约定提供商品等特殊情况外，预付账款本身不会导致货币资金流入，只能到期收到存货，因此该项目的变现性极差。分析时应关注：

（1）预付账款的规模及变动情况。预付账款规模的大小主要根据公司采购存货的市场供求状况分析。一般情况下，预付账款不是流动资产的主要组成部分。若预付账款数额较大，则公司有可能存在非法转移资金、向有关单位非法提供贷款或抽逃资本的嫌疑，需要引起注意。

（2）预付账款的预付对象。关键是查看预付对象是否属于关联方、预付时间长短以及预付资金是否属于正常的供应关系等。

3."预付款项"项目分析的应用

【做中学3-5】（计算题）AB公司2×22年财务报表附注中"预付款项"项目注释见表

3-16（2×21年12月31日和2×22年12月31日，AB公司的流动资产分别为6 192 054 375.87元和5 468 578 919.78元）。

表3-16　　AB公司按账龄列示的预付款项　　金额单位：元

账龄	2×22年12月31日		2×21年12月31日	
	金额	比例（%）	金额	比例（%）
1年以内	152 622 366.08	90.73	102 210 931.92	79.57
1—2年	1 691 031.10	1.01	12 229 329.54	9.52
2—3年	4 696 770.09	2.79	4 216 664.49	3.28
3年以上	9 209 927.68	5.47	9 798 670.15	7.63
合计	168 220 094.95	100.00	128 455 596.10	100.00

说明：本项目期末余额中1年以上的款项主要系已预付尚未完成交易的款项。

AB公司按预付对象归集的期末余额前五名的预付款项情况见表3-17。

表3-17　　AB公司按预付对象归集的期末余额前五名的预付款项情况　　金额单位：元

单位名称	与本公司关系	期末余额	占预付款项期末余额合计数的比例	预付款时间	未结算原因
第一名	无关联方关系	17 734 132.84	10.54%	1年以内	未到结算期
第二名	无关联方关系	8 502 806.39	5.05%	1年以内	未到结算期
第三名	无关联方关系	6 777 253.46	4.03%	1年以内	未到结算期
第四名	无关联方关系	5 959 276.20	3.54%	1年以内	未到结算期
第五名	无关联方关系	3 570 000.00	2.12%	1年以内	未到结算期
合计		42 543 468.89	25.28%		

【要求】以2×21年12月31日的“预付款项”项目为比较标准，对AB公司2×22年12月31日的“预付款项”项目进行分析。

【答案】

（1）2×21年末和2×22年末预付款项在AB公司流动资产中所占比重分别为2.07%（128 455 596.10÷6 192 054 375.87×100%）和3.08%（168 220 094.95÷5 468 578 919.78×100%），并非AB公司流动资产的主要组成部分。

（2）2×22年末，AB公司预付款项的90.73%为1年以内，主要是已预付尚未完成交易的款项。前五大预付对象与AB公司无关联方关系，集中度不高，仅占25.28%，风险低。

（六）“其他应收款”项目分析要点及应用

1.“其他应收款”项目的相关概念

微课

流动资产项目分析——其他应收款

“其他应收款”项目反映企业因债权投资而应收取的利息、因股权投资而应收取的现金股利，以及企业对其他单位和个人的应收和暂付的款项，涉及“应收利息”、“应收股利”和“其他应收款”等科目。

“其他应收款”项目应根据“应收利息”、“应收股利”和“其他应收款”科目的期末余额合计数，减去“坏账准备”科目中相关坏账准备期末余额后的金额填列。

2.“其他应收款”项目分析的要点

“其他应收款”项目号称企业财务报表的“垃圾桶”，包括各种应收的赔款、罚款、存放的保证金、应收租金、预付公司内部单位的备用金以及应向职工收取的各种垫支款等。分析时应关注：

（1）其他应收款的数额。其他应收款的数额与主营业务产生的债权相比不应过大。如果过大则应该注意是否存在为了避税或其他非法目的把属于应收账款的业务计入其他应收款，或者存在非法拆借资金、给予销售回扣以及抽逃注册资金等行为。同时要关注大额其他应收款项目的成因是否合法、合理。

（2）坏账计提情况。要结合资产减值明细表了解其他应收款的坏账准备的增减变动，分析其合理性以及对当期利润的影响程度。

（3）应收股利和应收利息的规模。“应收利息”科目反映企业因债权投资而应收取的利息，应结合债权投资的规模和结构进行分析；“应收股利”科目反映企业因股权投资而应收取的现金股利，应结合股权投资的规模和结构进行分析。通常，工商企业的“应收利息”和“应收股利”科目金额不大，如果很大必须引起注意。

3.“其他应收款”项目分析的应用

【做中学3-6】（计算题）AD公司2×19—2×22年财务报表附注中应收利息注释见表3-18，资产总额见【做中学3-4】。

表3-18　AD公司2×19年12月31日至2×22年12月31日的应收利息　单位：元

项目	2×19年12月31日	2×20年12月31日	2×21年12月31日	2×22年12月31日
定期存款	121 838.14	57 536.07	63 960.47	1 004 308.69
委托贷款	327 615.67	194 444.00	179 111.11	68 750.00
理财产品				495 369.86
合计	449 453.81	251 980.07	243 071.58	1 568 428.55

【要求】以2×19年12月31日的同项目为比较标准，对AD公司2×22年12月31日的应收利息进行分析。

【答案】

（1）从表3-19中可以看出，AD公司2×19年末至2×22年末应收利息在资产总额中所占比例非常低，对于工商企业而言属于正常情况。

表3-19　AD公司2×19年12月31日至2×22年12月31日的应收利息　金额单位：元

报表日期	2×19年12月31日	2×20年12月31日	2×21年12月31日	2×22年12月31日
应收利息	449 453.81	251 980.07	243 071.58	1 568 428.55
资产总额	3 958 353 611.21	4 353 094 644.28	4 452 503 285.53	4 555 442 844.78
应收利息占比	0.01%	0.01%	0.01%	0.03%

（2）2×19年末至2×21年末，AD公司的应收利息以委托贷款为主，2×22年末新增了理财产品，并增加了定期存款，其应收利息项目构成发生了变化，定期存款取得的利息成为应收利息的主要来源。

AD公司应收利息各组成部分及合计如图3-4所示。

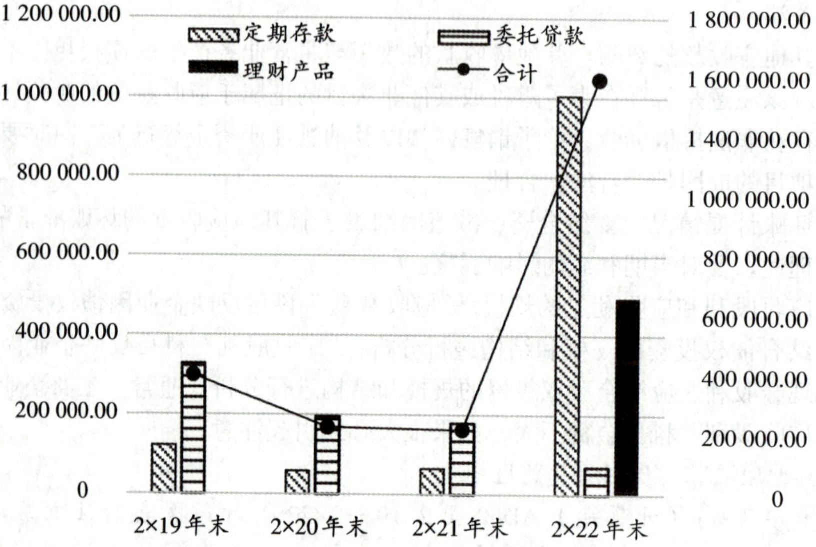

图3-4　AD公司应收利息各组成部分及合计

【做中学3-7】（计算题）AF公司2×22年财务报表附注中“其他应收款”项目注释见表3-20。表3-21列示了2×18年末至2×22年末AF公司“其他应收款”项目的性质，表3-22列示了2×18年末至2×22年末“应收账款”项目和资产总额的金额。

表3-20　AF公司其他应收款的账龄分析　单位：元

账龄	2×21年12月31日余额	2×22年12月31日余额
1年以内	89 696 371	84 461 555
1~2年	12 627 236	6 220 853
2~3年	7 511 854	1 347 937
3年以上	8 594 881	13 382 475
合计	118 430 342	105 412 820

表3-21　　AF公司2×18—2×22年末其他应收款按款项性质分类情况　　单位：元

款项性质	账面余额				
	2×18年末	2×19年末	2×20年末	2×21年末	2×22年末
押金及保证金	17 808 891	15 957 564	21 964 368	27 519 578	14 649 184
应收增值税退税	49 248 263	28 045 404	12 891 484	19 501 220	27 078 246
代垫款项	9 742 877	19 119 291	20 340 521	15 617 927	18 378 737
应收子公司股权转让款				12 500 000	
应收土地出售款	50 000 000				
应收关联方款项	4 111 873	2 842 183	4 710 601	3 154 127	7 969 625
员工借款	3 506 612	641 382	170 328	2 603 413	1 653 351
其他	40 837 750	44 150 647	26 483 908	37 534 077	35 683 677
合计	175 256 266	110 756 471	86 561 210	118 430 342	105 412 820

表3-22　　AF公司2×18—2×22年末应收账款和资产总额　　单位：元

项目	账面余额				
	2×18年末	2×19年末	2×20年末	2×21年末	2×22年末
应收账款	2 052 982 306	2 434 768 393	2 762 405 078	3 636 343 106	3 716 260 518
资产总额	14 587 083 527	16 875 594 048	24 826 971 392	29 865 845 423	31 704 009 489

【要求】根据资料，对AF公司2×18年末至2×22年末的“其他应收款”项目进行分析。

【答案】

（1）2×18年末至2×22年末，AF公司的其他应收款占应收账款的比重呈下降趋势，最近3年维持在3%左右，占比较小。其他应收款占资产总额的比重也保持在较低的水平，表明其他应收款不是AF公司资产的主要组成部分。

AF公司2×18年末至2×22年末其他应收款占应收账款和资产总额的比重见表3-23。

表3-23　　AF公司2×18—2×22年末其他应收款占应收账款和资产总额的比重　　金额单位：元

项目	2×18年12月31日	2×19年12月31日	2×20年12月31日	2×21年12月31日	2×22年12月31日
其他应收款	175 256 266	110 756 471	86 561 210	118 430 342	105 412 820
应收账款	2 052 982 306	2 434 768 393	2 762 405 078	3 636 343 106	3 716 260 518
资产总额	14 587 083 527	16 875 594 048	24 826 971 392	29 865 845 423	31 704 009 489
占应收账款的比重	8.54%	4.55%	3.13%	3.26%	2.84%
占资产总额的比重	1.20%	0.66%	0.35%	0.40%	0.33%

（2）2×18年末至2×22年末，AF公司的“其他应收款”项目主要为押金及保证金、应收增值税退税、代垫款项和其他。AF公司大额其他应收款（2×18年末至2×22年末）如图3-5所示。

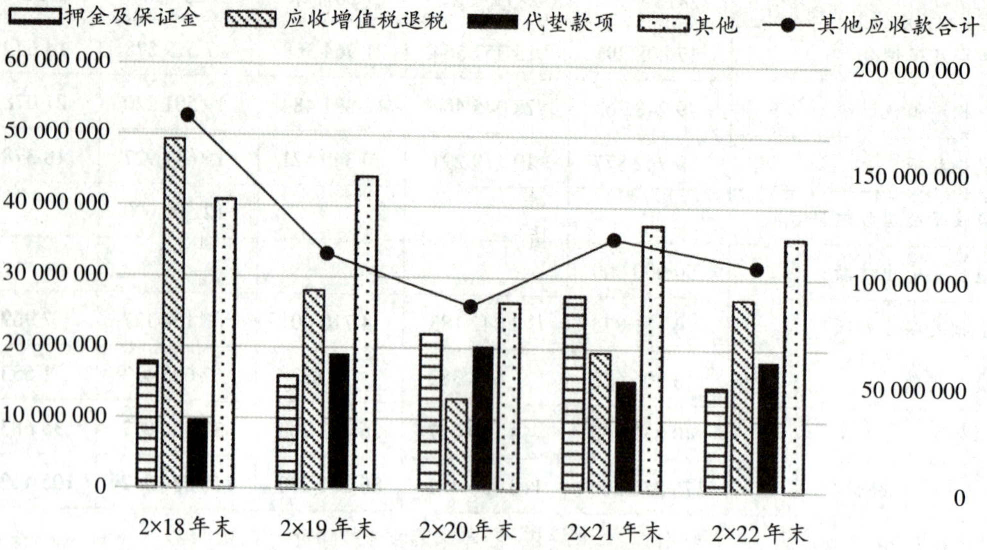

图3-5　AF公司大额其他应收款

（3）2×22年12月31日，AF公司80.12%（84 461 555 ÷ 105 412 820 × 100%）以上的其他应收款都在1年以内，其质量较高；因为2×22年12月31日，“应收股利”和“应收利息”科目没有金额，所以不对其进行分析。

（七）“存货”项目分析要点及应用

1.“存货”项目的相关概念

微课

流动资产项目分析——存货

“存货”项目反映企业期末在库、在途和在加工中的各项存货的可变现净值，包括各种材料、商品、在产品、半成品、包装物、低值易耗品、分期收款发出商品、委托代销商品、受托代销商品等。

该项目应根据“材料采购”“原材料”“低值易耗品”“自制半成品”“库存商品”“包装物”“分期收款发出商品”“委托加工物资”“委托代销商品”“受托代销商品”“生产成本”等科目的期末余额合计，减去“代销商品款”“存货跌价准备”科目期末余额后的金额填列。材料采用计划成本核算，以及库存商品采用计划成本或售价核算的企业，还应按加或减材料成本差异、商品进销差价后的金额填列。

2.“存货”项目分析的要点

（1）存货规模的合理性。保持适量的存货是企业正常经营的必要条件，存货持有量过多会积压资金，造成浪费；存货持有量过少又可能导致生产经营的中断，造成损失。因此，必须关注企业存货持有量水平的合理性。通常，存货积压过多是企业经营困境的征兆，不仅会影响盈利，同时会影响企业的偿债能力。因此，对于存货过多的企业，必须深入分析原因，以便作出正确的判断；对于存货过少的企业，也应该引起关注，分析是产品脱销、原料供应困难还是其他原因造成的。总之，企业存货过多或者过少都必须引起重视，并深入分析其原因和影响。

（2）存货结构的合理性。存货结构的合理性也是企业正常经营的必要条件，在分析存货数量的基础上还要评价企业存货的结构是否合理，以及可能对企业造成的影响。

（3）存货会计政策的一贯性。对存货项目进行分析时还要关注企业存货计价政策的一贯性，分析有无通过存货计价政策调节存货量以及营业利润的情况。

（4）存货跌价准备计提情况。根据财务报表附注信息，分析企业存货跌价准备计提的依据是否充分，计提标准是稳健还是激进，以判断期末存货金额的可信度。

（5）存货周转速度。存货周转速度是存货项目分析的重要组成部分，通过营业成本与存货平均余额的比较可以分析存货周转的快慢，进而可以评价企业存货管理效率和短期偿债能力。通常，存货的周转越快，存货的变现能力越强，存货资金的利用效率越高；反之，存货周转得越慢，存货的变现能力越差，存货资金的利用效率越低。但是，过高的存货周转率也可能是存货资金投入太少的缘故，此时，过高的周转率反而说明需要增加存货投资以提高经营规模和经济效益。

3.“存货”项目分析的应用

【做中学3-8】（计算题）AC公司2×22年财务报表及其附注有关存货项目的注释见表3-24，2×19—2×22年营业成本与存货平均余额之比、存货与资产总额之比见表3-25和表3-27，同行业AB公司营业成本与存货平均余额之比见表3-26。

表3-24　AC公司2×22年年初与年末存货分类　单位：元

项目	期末余额			期初余额		
	账面余额	跌价准备	账面价值	账面余额	跌价准备	账面价值
原材料	95 620 693.58		95 620 693.58	98 575 608.65	2 257 392.38	96 318 216.27
在产品	163 276 871.40	15 379 806.16	147 897 065.24	165 772 354.21	9 638 971.81	156 133 382.40
库存商品	287 389 318.55	3 022 778.20	284 366 540.35	201 043 501.27	7 246 572.78	193 796 928.49
委托加工物资	14 545 472.42		14 545 472.42	11 846 458.09		11 846 458.09
合计	560 832 355.95	18 402 584.36	542 429 771.59	477 237 922.22	19 142 936.97	458 094 985.25

表3-25　AC公司营业成本与存货平均余额的比率（2×19—2×22年）　金额单位：元

报表日期	2×19年	2×20年	2×21年	2×22年
营业成本	926 140 753.69	974 668 497.24	1 231 026 538.58	1 182 270 784.81
存货平均余额	418 329 691.86	523 401 898.18	515 468 562.45	500 262 378.42
营业成本与存货平均余额的比率	2.21	1.86	2.39	2.36

表3-26　AB公司营业成本与存货平均余额的比率（2×19—2×22年）　金额单位：元

报表日期	2×19年	2×20年	2×21年	2×22年
营业成本	11 965 219 367.15	11 903 514 052.48	10 391 780 774.37	8 907 152 330.62
存货平均余额	3 332 306 118.52	2 784 728 749.35	1 987 655 489.90	1 739 767 283.95
营业成本与存货平均余额的比率	3.59	4.27	5.23	5.12

表3-27　　　AC公司存货与资产总额的比率（2×19—2×22年末）　　　金额单位：元

报表日期	2×19年12月31日	2×20年12月31日	2×21年12月31日	2×22年12月31日
存货	473 961 656.72	572 842 139.64	458 094 985.25	542 429 771.59
资产总额	2 208 230 604.68	3 335 224 064.68	2 998 806 634.32	3 142 511 868.57
存货占资产总额的比率	21.46%	17.18%	15.28%	17.26%

【要求】根据资料，对AC公司2×19年末至2×22年末的“存货”项目进行分析。

【答案】

（1）2×19年末至2×22年末，AC公司存货占资产总额的比率从21.46%下降至17%左右，存货持有量较为合理。

（2）从图3-6和图3-7中可以看出，2×21年末和2×22年末，在AC公司的存货中，库存商品所占比重较高，2×22年末甚至超过了存货总额的一半，其次是在产品和原材料，委托加工物资所占比重较低。

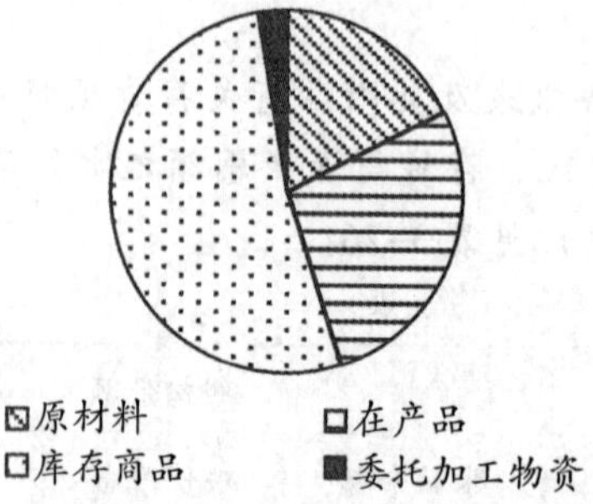

图3-6　2×22年末存货的构成

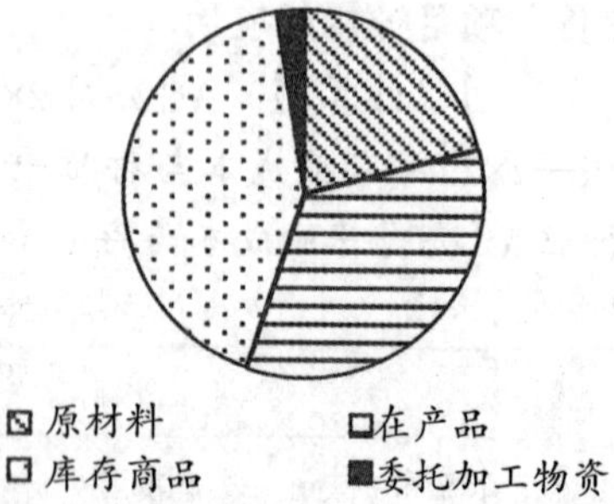

图3-7　2×21年末存货的构成

（3）2×19年至2×22年，AC公司的营业成本与存货平均余额的比率保持在1.8～2.4，而同行业先进水平的AB公司的该比率却一直处于上升趋势，应采取措施提高存货周转速度，减少占用在存货上的资金。

AC公司与AB公司营业成本与存货平均余额的趋势比较（2×19—2×22年）如图3-8所示。

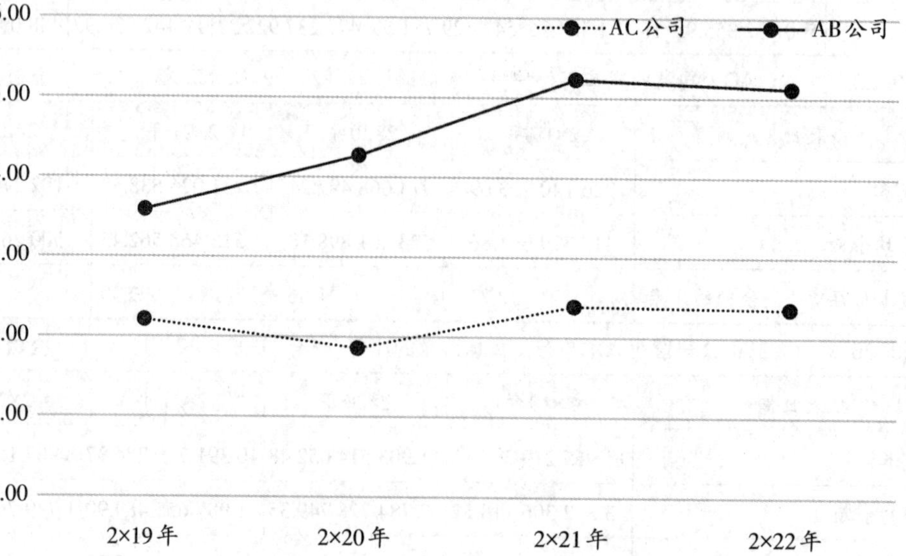

图3-8　AC公司与AB公司营业成本与存货平均余额的趋势比较（2×19—2×22年）

（八）“其他流动资产”项目分析要点及应用

1.“其他流动资产”项目的相关概念

微课
流动资产项目分析——其他流动资产

“其他流动资产”项目反映企业除货币资金、交易性金融资产、应收票据、应收账款、其他应收款和存货等流动资产以外的其他流动资产。

该项目应根据有关科目的期末余额填列。如其他流动资产价值较大，应在财务报表附注中披露其内容和金额。

2.“其他流动资产”项目分析的要点

既然是其他项目，其金额一般就比较小。有的企业可能把各种损失“策略性”地挂在“其他流动资产”中，造成企业的潜亏。因此，如果期末其他流动资产项目数额很大，应该引起警惕，可能是企业潜亏挂账的信号，应认真分析该项目附注说明，以判断其真实性、合理性。

3.“其他流动资产”项目分析的应用

【做中学3-9】（计算题）AC公司2×18年末至2×22年末财务报表及其附注有关“其他流动资产”项目的注释见表3-28。

表3-28　AC公司“其他流动资产”项目注释（2×18年末至2×22年末）　单位：元

报表日期	2×18年末	2×19年末	2×20年末	2×21年末	2×22年末
其他流动资产	9 065 043.24	7 148 559.84	1 330 800.83	2 517 574.76	32 777 230.86
其中：预缴所得税	7 582 538.28	2 564 230.52	251 083.57	124 304.71	124 304.71
待抵扣进项税额	1 482 504.96	4 584 329.32	1 079 717.26	2 393 270.05	32 652 926.15
资产总额	1 551 016 316.99	2 208 230 604.68	3 335 224 064.68	2 998 806 634.32	3 142 511 868.57

【要求】根据资料，对AC公司2×18年末至2×22年末的“其他流动资产”项目进行分析。

【答案】2×18年末至2×22年末，AC公司的其他流动资产占资产总额的比率基本保持在1%以下，结构合理；“其他流动资产”项目主要包括预缴所得税和待抵扣进项税额两部分，预缴所得税部分逐年减少，待抵扣进项税额逐年增加。

AC公司“其他流动资产”项目的组成及占资产总额的比率如图3-9所示。

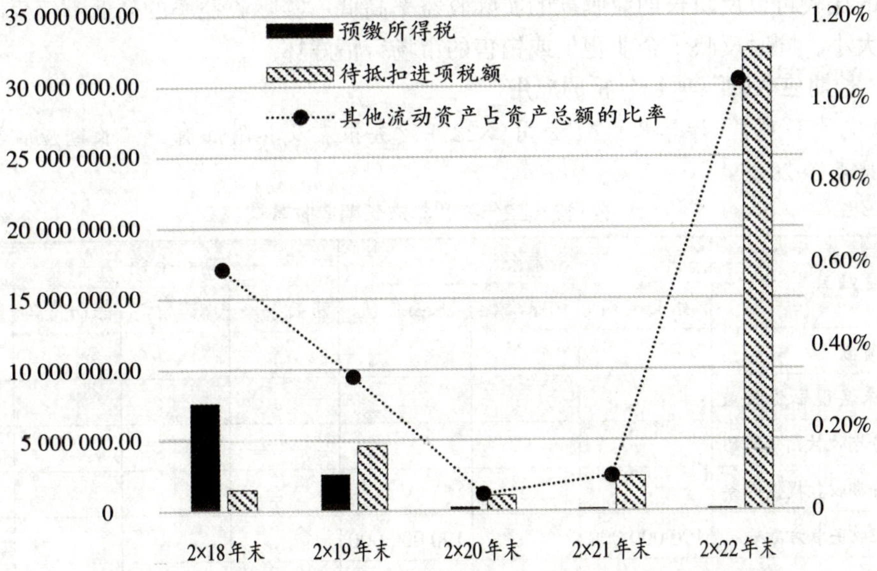

图3-9　AC公司“其他流动资产”项目的组成及占资产总额的比率

【双创一点通】初创企业提高资产流动性

对于初创企业而言，产品生产规模不会太大，多采用订单生产方式，因而，提高资产流动性的重点就在于及时收回应收款项，这就需要财务部门每月出具“经销商对账单”，由销售人员与经销商进行核对，以确保双方应收账款准确无误。而且，还要严格执行信用限额和信用期限，当经销商的欠款额达到其信用限额70%以上时，财务部门应及时通知销售部门，由销售人员及时催促经销商还款。

二、非流动资产项目分析相关知识及应用

（一）“长期应收款”项目分析要点及应用

1.“长期应收款”项目的相关概念

微课

非流动资产项目分析——长期应收款

“长期应收款”项目包括融资租赁产生的应收款项、采用递延方式具有融资性质的销售商品或提供劳务等产生的应收款项以及实质上构成对被投资单位净投资的长期损益等项目。

该项目应根据“长期应收款”科目的期末余额，减去相应的“未实现融资收益”科目和“坏账准备”科目所属相关明细科目期末余额后的金额填列。

2.“长期应收款”项目分析的要点

（1）长期应收款的规模及变化情况。长期应收款的规模及变化情况反映了企业经营活动的特点或销售的政策，同时反映了企业经营风险程度与企业销售面临的境遇。如果长期应收款是销售产生的，则说明企业销售存在困难，很可能是产品或服务遇到一定问题，必须进一步分析其原因。

（2）长期应收款的账龄结构。长期应收款的账龄结构可以反映期限风险大小，到期日越短的长期应收款面临的期限风险越小。

（3）长期应收款坏账准备计提情况与实际收益率。分析长期应收款的坏账计提政策及其一贯性，可以评价长期应收款金额的稳健性。通过未实现融资收益与长期应收款账面价值之间的比较可以反映长期应收款的实际收益率高低。实际收益率的高低不仅反映了债权风险的大小，同时反映了企业租赁或销售的市场行情好坏。

3.“长期应收款”项目分析的应用

【做中学3-10】（计算题）AF公司2×22年财务报表及其附注有关“长期应收款”项目的注释见表3-29。

表3-29　AF公司2×22年初和年末长期应收款情况　金额单位：元

项目	期末余额			期初余额			折现率区间
	账面余额	坏账准备	账面价值	账面余额	坏账准备	账面价值	
融资租赁款							
其中：未实现融资收益							
分期收款销售商品							
分期收款提供劳务							
应收关联方款项	190 000 000		190 000 000				
合计	190 000 000		190 000 000				

其他说明：

2×22年12月31日，长期应收款190 000 000元为本集团向联营企业BF公司提供的借款，借款期限2年，年利率5.225%，每季度付息一次。该借款以BF公司75%股权无条件质押，及以BF公司拥有的所有机器设备、车辆等动产与不动产（包括但不限于房屋建筑物、土地使用权等）无条件抵押给本集团，作为该借款的担保。截至2×22年12月31日，BF公司抵押物账面价值为304 974 465元。

【要求】根据资料，对AF公司2×22年末的“长期应收款”项目进行分析。

【答案】2×22年末，AF公司的长期应收款主要为向联营企业“BF公司”提供的2年期借款。至2×22年末，BF公司的借款金额（190 000 000元）低于其抵押物账面价值（304 974 465元），回收风险低。

（二）“长期股权投资”项目分析要点及应用

1.“长期股权投资”项目的相关概念

微课

非流动资产项目分析——长期股权投资

“长期股权投资”项目，反映投资方对被投资单位实施控制、重大影响的权益性投资，以及对其合营企业的权益性投资。

“长期股权投资”项目应根据“长期股权投资”科目的期末余额，减去“长期股权投资减值准备”科目的期末余额后的净额填列。

2.“长期股权投资”项目分析的要点

（1）长期股权投资的规模及变化情况。长期股权投资是对外投资，它不同于企业内部投资，长期股权投资的规模及变化情况一方面反映了企业经营活动是内涵式发展还是外延式扩张，另一方面反映了企业经营活动资金的充裕度。

（2）长期股权投资的结构。长期股权投资的结构可以按照投资目的、对被投资单位的控制程度以及被投资单位的不同等标志进行细分，通过分析不同结构的长期股权投资所占比例及规模大小，可以反映企业长期股权投资的主要目的、支配资源规模以及投资多元化程度。

（3）长期股权投资减值准备计提情况与效益性。长期股权投资减值准备计提情况一方面反映了企业长期股权投资价值的变化情况，另一方面反映出企业长期股权投资后续计量政策的稳健性与一致性。结合利润表投资收益项目的分析，可以评价长期股权投资的效益性。

3.“长期股权投资”项目分析的应用

【做中学3-11】（计算题）AF公司2×17—2×22年末财务报表及其附注有关“长期股权投资”项目的注释见表3-30，2×18—2×22年长期股权投资权益法下确认的投资收益和营业收入见表3-31。

表3-30　AF公司2×17—2×22年末长期股权投资情况　单位：元

项目	2×17年末	2×18年末	2×19年末	2×20年末	2×21年末	2×22年末
一、合营企业						
特耐王包装	37 165 191	45 114 671	50 690 031	46 449.34	40 064 920	43 381 319

续表

项目	2×17年末	2×18年末	2×19年末	2×20年末	2×21年末	2×22年末
福建宏协承			50 137 636			
宁波宏协承			60 216 892			
福耀零部件	35 504 404	41 326 011				
宁波福耀	31 598 255	43 574 940				
小计	104 267 850	130 015 622	161 044 559	46 449.34	40 064 920	43 381 319
二、联营企业						
BF公司					61 471 505	52 138 640
小计					61 471 505	52 138 640
长期股权投资合计	104 267 850	130 015 622	161 044 559	46 449.34	101 536 425	95 519 959
资产总额	13 041 040 852	14 587 083 527	16 875 594 048	24 826 971 392	29 865 845 423	31 704 009 489

表3-31　AF公司2×18—2×22年长期股权投资权益法下确认的投资收益和营业收入　单位：元

被投资单位	权益法下确认的投资收益				
	2×18年	2×19年	2×20年	2×21年	2×22年
一、合营企业					
小计	25 747 772	31 028 937	5 559 310	3 415 579	3 316 399
二、联营企业					
小计				−3 528 495	−9 332 865
权益法下确认的投资收益合计	25 747 772	31 028 937	5 559 310	−112 916	−6 016 466
营业收入	11 501 209 769	12 928 181 657	13 573 495 055	16 621 336 273	18 715 608 755

【要求】根据资料，使用趋势分析法对AF公司“长期股权投资”项目进行分析。

【答案】

（1）2×17年末至2×20年末，AF公司的长期股权投资主要是对合营企业的投资，2×21年末和2×22年末开始注重对联营企业投资，其投资金额超过了对合营企业的投资。2×17年末至2×22年末，长期股权投资在AF公司资产总额中所占比重非常低，基本低于1%。

AF公司长期股权投资组成项目金额及在资产总额中所占比重如图3-10所示。

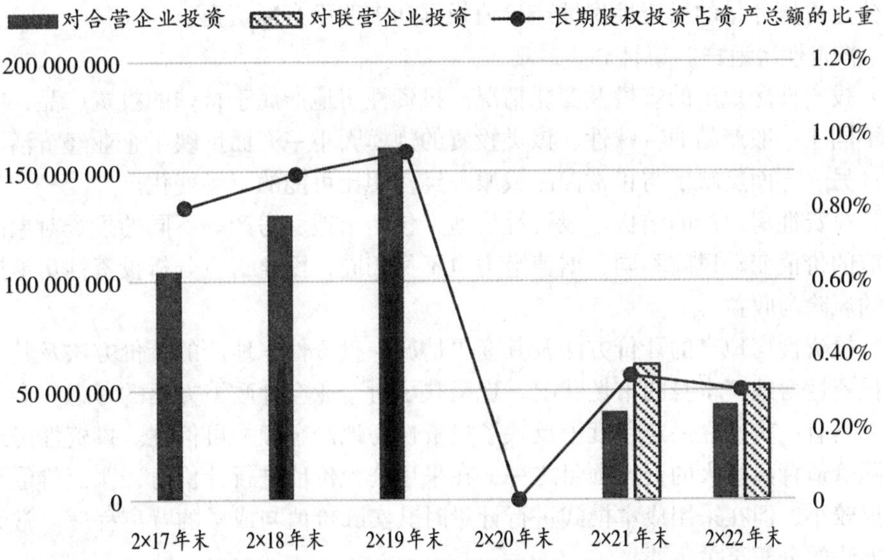

图3-10　AF公司长期股权投资组成项目金额及在资产总额中所占比重

（2）2×19年至2×22年，长期股权投资权益法下确认的投资收益占AF公司营业收入的比重逐年下降，受2×21年和2×22年对联营企业权益法下确认的投资亏损的影响，2×21年和2×22年的该比重降至负数。AF公司权益法下各投资形式确认的投资收益和权益法下确认的投资收益占营业收入的比重如图3-11所示。

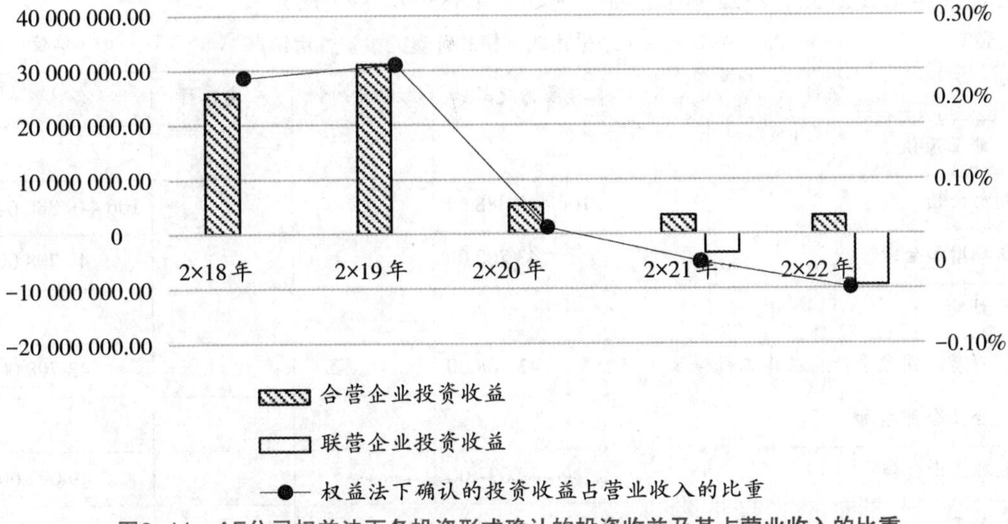

图3-11　AF公司权益法下各投资形式确认的投资收益及其占营业收入的比重

（三）"投资性房地产"项目分析要点及应用

1."投资性房地产"项目的相关概念

"投资性房地产"项目反映按成本模式计量的投资性房地产的成本以及按公允价值模式计量的投资性房地产价值。

微课

非流动资产项目分析——投资性房地产

按成本模式计量的投资性房地产根据"投资性房地产"科目的期末借方余额扣除"投资性房地产累计折旧"科目和"投资性房地产减值准备"科目的期末贷方余额的差额填列。

按公允价值计量的投资性房地产价值根据期末账面余额填列。

2."投资性房地产"项目分析的要点

(1)投资性房地产的规模及变化情况。投资性房地产属于特殊的投资产品，其价值变化具有不同于一般产品的特殊性。该类投资的规模大小一方面反映了企业经济活动投资方向问题；另一方面反映了与正常商品或服务经营相比可能的市场变化。

(2)投资性房地产的结构。投资性房地产包括土地、房产等不同的投资对象。不同的投资对应的价值变动风险不同，增值潜力也不尽相同，因此，应分析投资性房地产的结构所蕴含的风险与收益。

(3)投资性房地产的计价方法及其变更情况。投资性房地产的计价方法及其变更情况反映了投资性房地产本身的市场状况，也反映了对企业会计政策方面的考虑。会计政策与估计是否具有一贯性在一定程度上反映了投资性房地产金额的可信性。投资性房地产是成本与实际价值背离最大的资产项目之一，在采用公允价值进行计价时，账面价值与实际价值的背离较小，但在采用成本模式进行计量时其实际价值与成本的背离程度非常大，因此对计价方法的分析至关重要。

(4)投资性房地产折旧（摊销）以及减值准备计提情况。投资性房地产折旧（摊销）以及减值准备计提情况反映了投资性房地产会计核算的稳健性，因此应认真分析。

3."投资性房地产"项目分析的应用

【做中学3-12】(计算题）AD公司2×22年末财务报表及其附注有关"投资性房地产"项目的注释见表3-32。2×22年末，资产总额为4 555 442 844.78元。

表3-32　AD公司2×22年末采用成本模式计量的投资性房地产　单位：元

项目	房屋、建筑物	土地使用权	在建工程	合计
一、账面原值				
1.期初余额	106 440 888.64			106 440 888.64
2.本期增加金额	43 708.00			43 708.00
(1)外购				
(2)存货、固定资产、在建工程转入	43 708.00			43 708.00
(3)企业合并增加				
3.本期减少金额	49 097.00			49 097.00
(1)处置	49 097.00			49 097.00
(2)其他转出				
4.期末余额	106 435 499.64			106 435 499.64
二、累计折旧和累计摊销				
1.期初余额	21 886 763.81			21 886 763.81
2.本期增加金额	2 897 469.96			2 897 469.96

续表

项目	房屋、建筑物	土地使用权	在建工程	合计
(1) 计提或摊销	2 897 469.96			2 897 469.96
⋮				
3.本期减少金额	36 292.24			36 292.24
(1) 处置	36 292.24			36 292.24
(2) 其他转出				
4.期末余额	24 747 941.53			24 747 941.53
三、减值准备				
1.期初余额				
2.本期增加金额				
(1) 计提				
⋮				
3.本期减少金额				
(1) 处置				
(2) 其他转出				
4.期末余额				
四、账面价值				
1.期末账面价值	81 687 558.11			81 687 558.11
2.期初账面价值	84 554 124.83			84 554 124.83

【要求】根据资料，对AD公司2×22年末的“投资性房地产”项目进行分析。

【答案】

(1) 2×22年末，AD公司的投资性房地产占资产总额的比重为1.79%（81 687 558.11 ÷ 4 555 442 844.78 × 100%），不是其资产主要的组成部分。

(2) AD公司的投资性房地产主要采用了成本计量模式，以房屋、建筑物的投资为主，2×22年末账面价值与2×21年末相比，下降了3.39%（（81 687 558.11 − 84 554 124.83）÷ 84 554 124.83 × 100%）。

(四)“固定资产”项目分析要点及应用

1.“固定资产”项目的相关概念

微课

非流动资产项目分析——固定资产

固定资产是指同时具有以下特征的有形资产：(1) 为生产产品、提供劳务、出租或者经营管理而持有；(2) 使用寿命超过1个会计年度。固定资产包括企业自用的房屋及建筑物、机器设备、运输工具、工具器皿等。

“固定资产”项目，反映资产负债表日企业固定资产的期末账面价值和企业尚未清理完毕的固定资产清理净损益。

该项目应根据“固定资产”科目的期末余额，减去“累计折旧”和“固定资产减值准备”科目的期末余额后的金额，以及“固定资产清理”科目的期末余额填列。

2.“固定资产”项目分析的要点

（1）固定资产的规模及变化情况。固定资产规模在很大程度上反映了企业的经营能力，固定资产原值的变化反映了企业经营规模的扩张与收缩情况，因此应根据财务报表附注资料分析固定资产原值及其变化情况，从而可以评价企业经营能力的变化情况。在分析时，需注意“固定资产清理”科目的影响。

（2）固定资产的确认标准与结构情况。不同企业固定资产确认的标准会有一定的差异，通过附注可以了解企业固定资产的确认标准。不同的固定资产，其用途不同，实际价值与账面价值的背离程度不同，像房屋这一类的固定资产具有很强的增值潜力，应单独评估其实际价值。

（3）固定资产的折旧方法及其变更情况和固定资产减值准备计提情况。固定资产的折旧方法及其变更情况和固定资产减值准备计提情况反映了企业固定资产价值计量的稳健性、账面价值的可信性以及对企业利润水平的影响程度。

3.“固定资产”项目分析的应用

【做中学3-13】（计算题）AB公司2×22年末财务报表及其附注有关“固定资产”项目的注释见表3-33，2×17年末至2×22年末AB公司的固定资产见表3-34。注：在2×22年之前的财务报告中，“固定资产”项目不包括“固定资产清理”科目金额。

表3-33 AB公司2×22年末固定资产 单位：元

项目	房屋及建筑物	机器设备	运输工具	电子设备及其他	合计
一、账面原值：					
1.期初余额	4 693 327 348.99	3 802 521 250.97	146 736 179.71	226 734 218.55	8 869 318 998.22
2.本期增加金额	9 499 076.44	34 948 004.96	4 498 714.86	4 340 065.25	53 285 861.51
（1）购置		29 085 463.25	4 498 714.86	4 340 065.25	37 924 243.36
（2）在建工程转入	9 499 076.44	5 862 541.71			15 361 618.15
（3）企业合并增加					
3.本期减少金额	86 810 295.74	50 664 159.42	39 523 943.42	3 375 865.20	180 374 263.78
（1）处置或报废	9 114 359.34	50 664 159.42	39 523 943.42	3 375 865.20	102 678 327.38
（2）其他减少	77 695 936.40				77 695 936.40
4.期末余额	4 616 016 129.69	3 786 805 096.51	111 710 951.15	227 698 418.60	8 742 230 595.95
二、累计折旧					
1.期初余额	1 849 983 971.21	2 499 555 081.70	106 188 136.89	181 027 325.91	4 636 754 515.71

续表

项目	房屋及建筑物	机器设备	运输工具	电子设备及其他	合计
2.本期增加金额	175 842 003.79	221 270 543.01	10 616 816.81	13 480 808.92	421 210 172.53
(1) 计提	175 842 003.79	221 270 543.01	10 616 816.81	13 480 808.92	421 210 172.53
3.本期减少金额	29 642 061.43	39 883 394.24	29 252 229.15	3 015 069.49	101 792 754.31
(1) 处置或报废	1 866 840.33	39 883 394.24	29 252 229.15	3 015 069.49	74 017 533.21
(2) 其他减少	27 775 221.10				27 775 221.10
4.期末余额	1 996 183 913.57	2 680 942 230.47	87 552 724.55	191 493 065.34	4 956 171 933.93
三、减值准备					
1.期初余额	121 665.97	130 861 026.00	154 604.67	108 200.04	131 245 496.68
2.本期增加金额	1 363 443.93				1 363 443.93
(1) 计提	1 363 443.93				1 363 443.93
3.本期减少金额		2 007 172.96	71 334.69	15 541.29	2 094 048.94
(1) 处置或报废		2 007 172.96	71 334.69	15 541.29	2 094 048.94
4.期末余额	121 665.97	130 217 296.97	83 269.98	92 658.75	130 514 891.67
四、账面价值					
1.期末账面价值	2 619 710 550.15	975 645 569.07	24 074 956.62	36 112 694.51	3 655 543 770.35
2.期初账面价值	2 843 221 711.81	1 172 105 143.27	40 393 438.15	45 598 692.60	4 101 318 985.83

表3-34　　2×17年末至2×22年末AB公司的固定资产、资产总额及固定资产占资产总额的比重

金额单位：元

项目	2×17年末	2×18年末	2×19年末	2×20年末	2×21年末	2×22年末
固定资产	3 898 759 050.61	3 484 774 980.23	4 463 814 326.19	4 461 365 794.66	4 101 318 985.83	3 655 543 770.35
资产总额	15 667 179 105.45	16 455 348 315.56	16 243 077 506.30	13 766 008 708.13	15 052 744 911.68	13 699 333 348.19
固定资产占资产总额的比重	24.88%	21.18%	27.48%	32.41%	27.25%	26.68%

【要求】根据资料，对AB公司2×22年末的“固定资产”项目进行分析。

【答案】

(1) 2×17年末至2×22年末，AB公司的固定资产占资产总额的比重处于波动的状态，但均维持在20%以上，是其资产的主要组成部分。

AB公司固定资产、资产总额及固定资产占资产总额的比重（2×17年末至2×22年末）如图3-12所示。

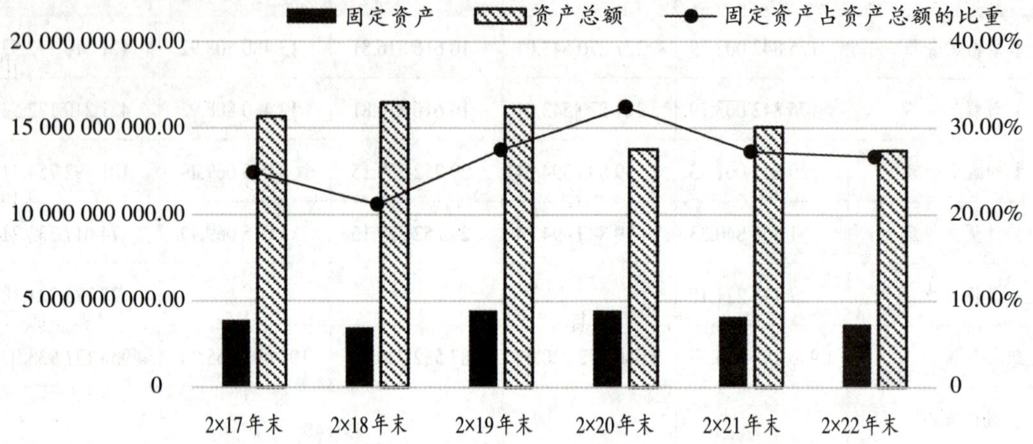

图3-12 AB公司固定资产、资产总额及固定资产占资产总额的比重

（2）从图3-13中可以看出，2×22年末，AB公司的固定资产主要是房屋及建筑物和机器设备，两者之和占到98%以上。从图3-14中可以看出，2×22年末，AB公司固定资产增加的原因是购置和在建工程转入，以购置为主。

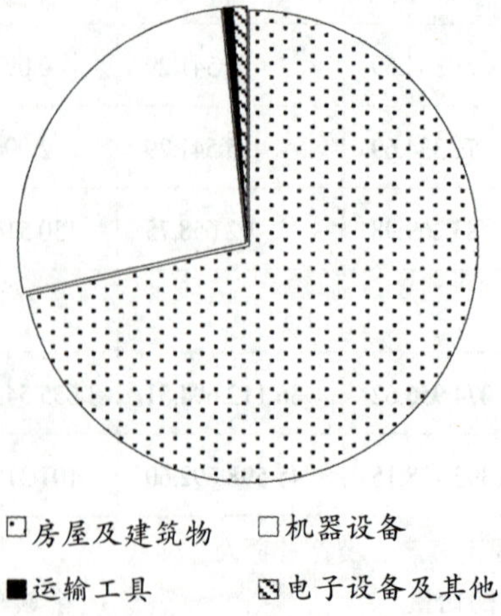

图3-13 AB公司固定资产的各组成部分（2×22年末账面价值）

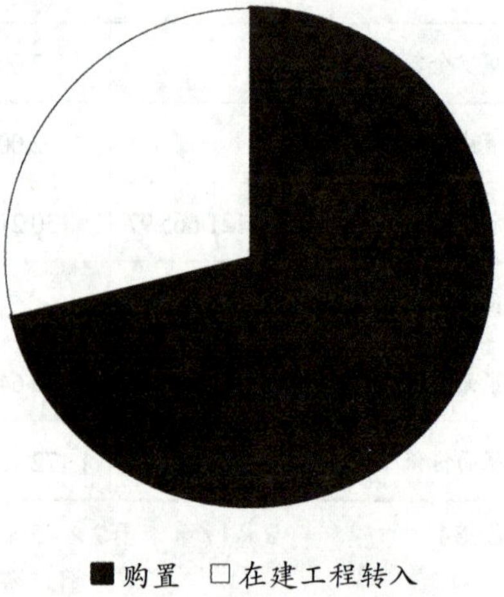

图3-14 AB公司新增固定资产（2×22年末账面原值）

（五）“在建工程”项目分析要点及应用

1.“在建工程”项目的相关概念

微课

非流动资产项目分析——在建工程

“在建工程”项目，反映资产负债表日企业尚未达到预定可使用状态的在建工程的期末账面价值和企业为在建工程准备的各种物资的期末账面价值。

在建工程是个中转站，通过消耗“工程物资”来创造“固定资产”。一旦建设完成，就应该转入“固定资产”。与“固定资产”不同的是，“在建工程”不需要计提折旧。

“在建工程”项目应根据“在建工程”科目的期末余额，减去“在建工程减值准备”

科目的期末余额后的金额，以及“工程物资”科目的期末余额，减去“工程物资减值准备”科目的期末余额后的金额填列。

2.“在建工程”项目分析的要点

（1）在建工程的规模。在建工程的规模反映了预期企业生产能力的扩张情况，有助于预计企业生产经营能力的未来变化情况。在分析时，应注意“工程物资”金额的影响。

（2）在建工程转入固定资产项目、出售、置换、抵押、担保等情况。在建工程转入固定资产项目反映了当期转为现实生产能力的固定资产，出售和置换情况则反映了企业投资方向的转变，抵押和担保等情况则反映了在建工程面临的风险和约束。

（3）在建工程减值准备计提情况及其对利润的影响。在建工程减值准备的大小反映了预期固定资产效益的状况，并会对当期利润产生影响。应深入分析减值准备计提的合理性，是否存在人为调节利润的嫌疑。

3.“在建工程”项目分析的应用

【做中学3-14】（计算题）AB公司2×22年末财务报表及其附注有关“在建工程”项目的注释见表3-35至表3-37。2×21年末和2×22年末资产总额分别为15 052 744 911.68元、13 699 333 348.19元；2×22年营业利润为655 903 715.04元。

表3-35 AB公司在建工程情况 单位：元

2×21年末余额			2×22年末余额		
账面余额	减值准备	账面价值	账面余额	减值准备	账面价值
123 236 590.98	49 070 783.24	74 165 807.74	121 215 499.51	53 462 983.24	67 752 516.27

表3-36 AB公司重要在建工程项目本期变动情况 金额单位：元

项目名称	预算数	期末余额	工程累计投入占预算比例（%）	工程进度（%）	资金来源
AB公司医院综合楼	98 000 000.00	119 937 083.24	122.39	85	自筹

表3-37 本期计提在建工程减值准备情况 单位：元

项目	本期计提金额	计提原因
AB公司医院综合楼	4 392 200.00	工程停建，本期计提减值准备4 392 200.00元

【要求】根据资料，对AB公司2×22年末的“在建工程”项目进行分析。

【答案】

（1）2×21年末和2×22年末，AB公司的在建工程占资产总额的比重均为0.49%，不是其资产的主要组成部分。

（2）2×22年，因计提资产减值损失（在建工程减值准备）而影响营业利润的比例为0.67%（4 392 200 ÷ 655 903 715.04 × 100%），对AB公司利润的影响作用较小。但是，计提原因为AB公司医院综合楼工程停建，而且仅完成85%就已经超支21 937 083.24元，应进一步分析或继续追踪该建设项目。

（六）“无形资产”项目分析要点及应用

1.“无形资产”项目的相关概念

微课

非流动资产项目分析——无形资产

“无形资产”项目，反映企业持有的专利权、非专利技术、商标权、著作权、土地使用权等无形资产的成本减去累计摊销和减值准备后的净值。

“无形资产”项目应根据“无形资产”科目的期末余额，减去“累计摊销”和“无形资产减值准备”科目期末余额后的净额填列。

2.“无形资产”项目分析的要点

（1）无形资产的规模、结构及其变化情况。无形资产的规模分析，主要是分析无形资产占资产总额的比重。一般而言，传统行业在10%以下；高新技术企业在30%左右，甚至更高。

（2）无形资产确认的标准、分类方法、计价方法。根据财务报表附注，分析无形资产的确认是否符合《企业会计准则》，还应注意无形资产规模的不正常增加。一般而言，专利权、商标权、著作权、土地使用权和特许权等无形资产价值较高，且易于鉴定。如果企业的无形资产以非专利技术为主，则容易产生资产泡沫。

无形资产的账面价值只是无形资产的摊余价值，并不代表无形资产真正的价值和潜力，企业的人力资源、良好的管理理念，以及许多自创的无形资产（比如品牌）等都没有在资产负债表中得到应有的反映，所以，应该清楚资产负债表中所反映的无形资产项目的内在规定性和局限性。

（3）各类无形资产的摊销年限和摊销方法及其一贯性。无形资产的摊销会使利润减少，有些企业选择挂账的方法以避免无形资产的摊销。在分析时需要查看财务报表附注，联系现金流量表补充资料中的“无形资产摊销”数额，检验其合理性。

（4）无形资产减值准备计提情况。应分析计提的减值准备是否合理，是否存在操纵利润的情况。

【注意】无形资产由于没有实物形态，其价值变化往往较大，而且变现能力通常较弱，因此，在评价企业偿债能力时，往往用剔除无形资产以后的有形资产对债务的保障程度来衡量。

3.“无形资产”项目分析的应用

【做中学3-15】（计算题）AB公司和AC公司2×18年末至2×22年末财务报表及其附注有关“无形资产”项目的注释见表3-38至表3-40。

表3-38　AB公司2×18年末至2×22年末无形资产的各组成项目　单位：元

年份	土地使用权	专利权	非专利技术	软件及其他	合计
2×18年末	399 136 999.08	4 239 974.17	14 999 392.60	15 230 206.17	433 606 572.02
2×19年末	397 802 566.63	3 293 207.34	22 214 832.87	14 173 525.87	437 484 132.71
2×20年末	388 161 355.05	199 999.75	23 402 604.27	8 984 572.65	420 748 531.72
2×21年末	371 744 041.07		30 514 531.92	8 234 280.84	410 492 853.83
2×22年末	363 899 487.15		26 788 300.08	22 896 136.08	413 583 923.31

表3-39　AC公司2×18年末至2×22年末无形资产的各组成项目　单位：元

年份	土地使用权	办公软件	排污权	专利权	合计
2×18年末	66 343 871.18	248 524.13	1 454 103.28		68 046 498.59
2×19年末	51 624 353.95	257 143.91	3 306 343.34		55 187 841.20
2×20年末	98 138 252.50	1 044 856.99	3 930 366.28	18 869 886.22	121 983 361.99
2×21年末	133 465 679.28	786 331.10	3 318 878.12	16 660 942.01	154 231 830.51
2×22年末	188 966 281.22	1 330 497.99	2 804 057.00	14 446 220.22	207 547 056.43

表3-40　AC公司和AB公司2×18年末至2×22年末无形资产占资产总额的比重　金额单位：元

项目		2×18年末	2×19年末	2×20年末	2×21年末	2×22年末
AB公司	无形资产	433 606 572.02	437 484 132.71	420 748 531.72	410 492 853.83	413 583 923.31
	资产总额	16 455 348 315.56	16 243 077 506.30	13 766 008 708.13	15 052 744 911.68	13 699 333 348.19
	无形资产占资产总额的比重	2.64%	2.69%	3.06%	2.73%	3.02%
AC公司	无形资产	68 046 498.59	55 187 841.20	121 983 361.99	154 231 830.51	207 547 056.43
	资产总额	1 489 860 065.10	2 208 230 604.68	3 335 224 064.68	2 998 806 634.32	3 142 511 868.57
	无形资产占资产总额的比重	4.57%	2.50%	3.66%	5.14%	6.60%

【要求】根据资料，对AB公司和AC公司2×18年末至2×22年末的“无形资产”项目进行分析。

【答案】

（1）2×18年末至2×22年末，AB公司和AC公司的无形资产主要为土地使用权。AB公司和AC公司无形资产的各组成部分（2×18年末至2×22年末）分别如图3-15和图3-16所示。

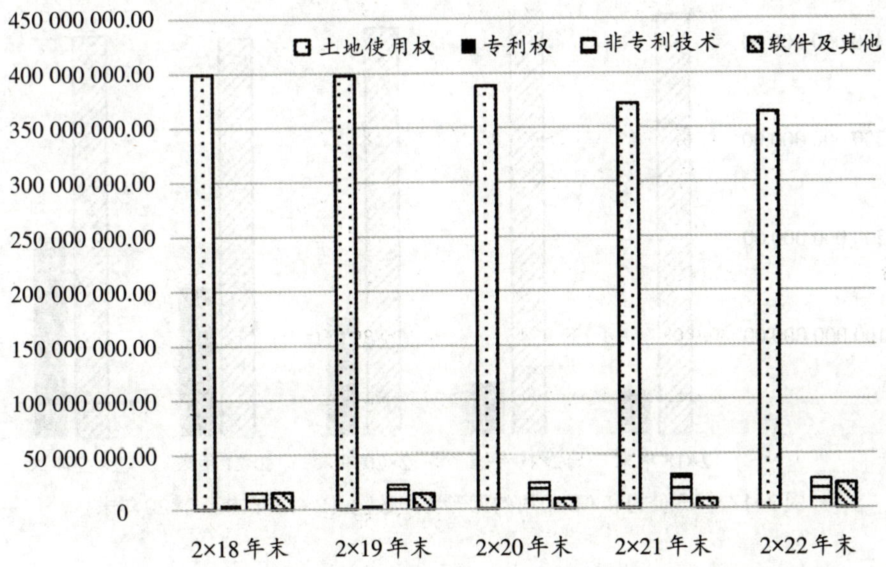

图3-15　AB公司无形资产的各组成部分（2×18年末至2×22年末）

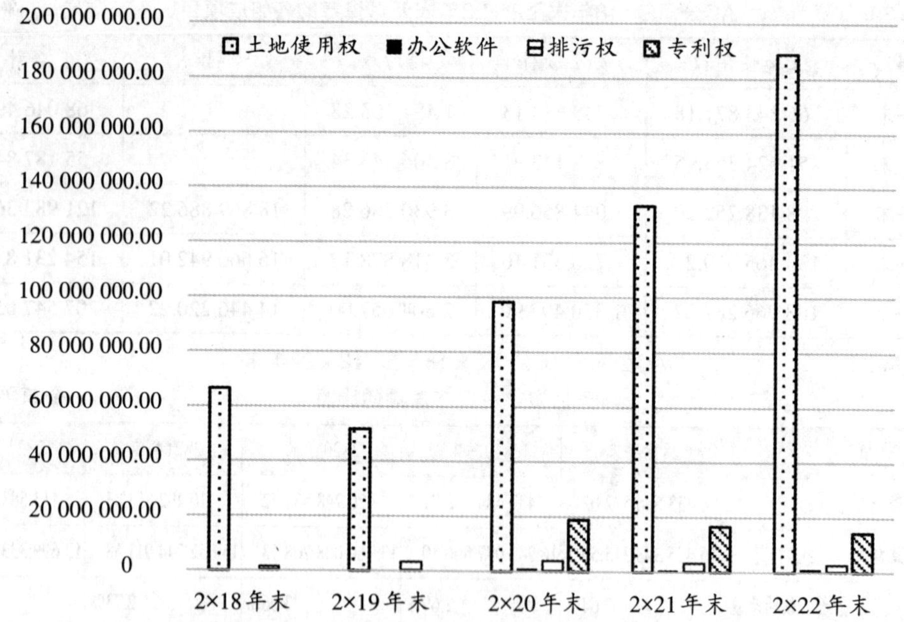

图3-16 AC公司无形资产的各组成部分（2×18年末至2×22年末）

（2）2×19年末至2×22年末，与AB公司相比，AC公司无形资产占资产总额的比重呈现出上升趋势。总体而言，2×18年末至2×22年末，AB公司的无形资产数额远远超过AC公司，基本保持在400 000 000～450 000 000元。

AB公司和AC公司的无形资产数额（2×18年末至2×22年末）如图3-17所示，AB公司和AC公司无形资产占资产总额比重趋势（2×18年末至2×22年末）如图3-18所示。

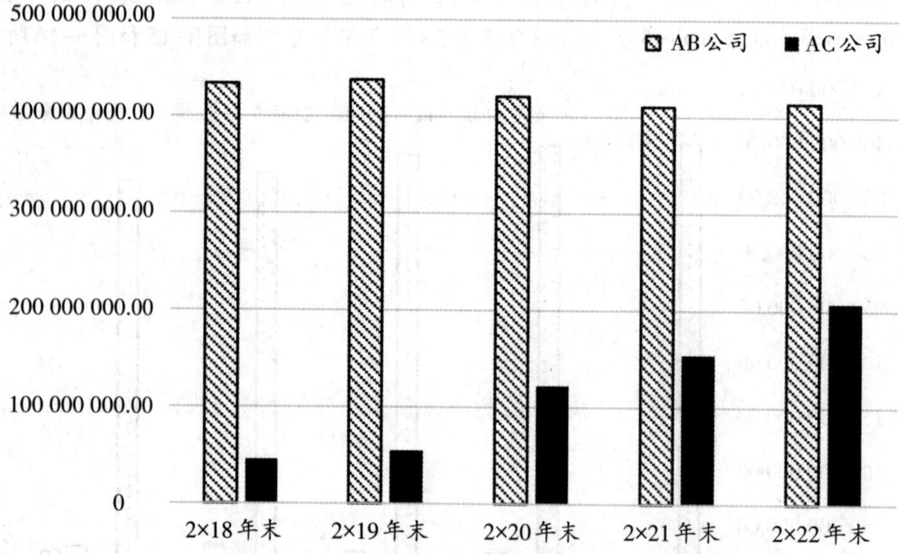

图3-17 AB公司和AC公司的无形资产数额（2×18年末至2×22年末）

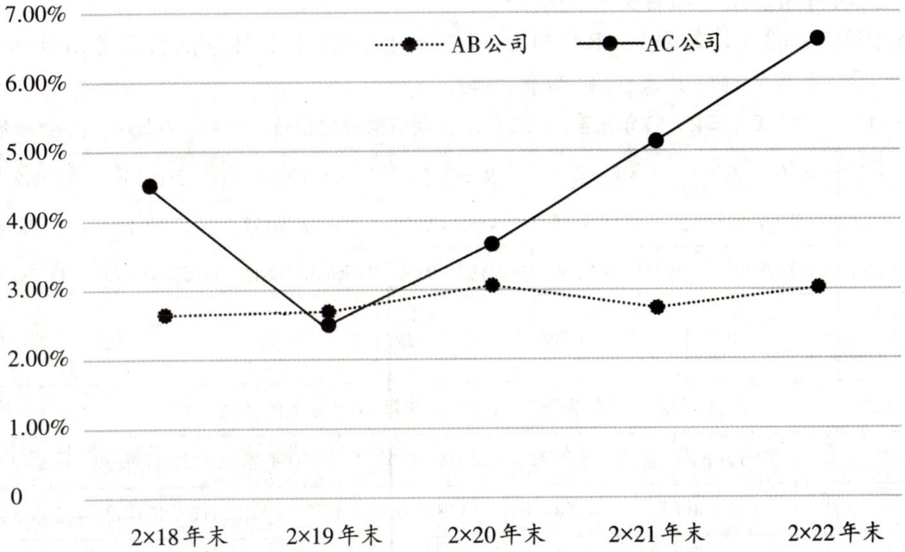

图3-18 AB公司和AC公司无形资产占资产总额比重趋势（2×18年末至2×22年末）

【双创一点通】初创企业的技术壁垒

面对大量同业竞争者，初创企业要成功进入一个行业，就需要建立自己的技术壁垒，确保自己的竞争优势，这会成为初创企业发展的核心。特别是一些关键技术领域的专利，那么可能会出现“卡脖子”的现象。例如，在传统汽车领域，国产车基本上没有任何机会，因为燃油车的技术主要掌握在发达国家的手里。可是新能源车的出现，就完全不一样了，那些拥有先进发动机的汽车工厂不得不从零开始，这也让布局比较早的特斯拉成了技术创新领域的龙头老大，也同样给了国产新能源车迅速发展的机会。

（七）“长期待摊费用”项目分析要点及应用

1. “长期待摊费用”项目的相关概念

“长期待摊费用”项目，反映企业已经发生但应由本期和以后各期负担的分摊期限在一年以上的各项费用，如租入固定资产改良支出、大修理支出以及摊销期限在一年以上（不含一年）的其他待摊费用。

微课

非流动资产项目分析——长期待摊费用

“长期待摊费用”项目应根据“长期待摊费用”科目的期末余额，减去将于一年内（含一年）摊销的数额后的金额分析填列。

长期待摊费用中在一年内（含一年）摊销的部分，在资产负债表“一年内到期的非流动资产”项目填列。

2. “长期待摊费用”项目分析的要点

（1）长期待摊费用的规模和质量。长期待摊费用金额若很大，则总资产的质量就会大大降低。长期待摊费用实际上是已经消耗的资产，已经没有变现的可能，因此不可能用以偿债，在分析偿债能力时应该剔除其影响。

（2）长期待摊费用的种类、成因及摊销情况。结合附注对长期待摊费用项目的说明，分析长期待摊费用的种类、成因、摊销期限、本期的增减变动的合理性以及对当期利润的影响。

3."长期待摊费用"项目分析的应用

【做中学3-16】(计算题)AB公司2×17年末至2×22年末财务报表及其附注有关"长期待摊费用"项目的注释见表3-41和表3-42。

表3-41 AB公司2×17年末至2×22年末长期待摊费用和资产总额及占比 金额单位:元

项目	2×17年末	2×18年末	2×19年末	2×20年末	2×21年末	2×22年末
长期待摊费用	55 177 277.64	44 241 545.65	45 355 014.35	41 208 705.77	52 875 493.51	48 163 151.00
资产总额	15 667 179 105.45	16 455 348 315.56	16 243 077 506.30	13 766 008 708.13	15 052 744 911.68	13 699 333 348.19
长期待摊费用占资产总额的比重	0.35%	0.27%	0.28%	0.30%	0.35%	0.35%

表3-42 AB公司2×17年末至2×22年末长期待摊费用的构成内容 单位:元

项目	2×17年末	2×18年末	2×19年末	2×20年末	2×21年末	2×22年末
装修费	142 166.63	138 687.46	343 345.96	1 779 294.62	16 086 409.74	16 651 928.42
租赁费	1 812 545.37	1 572 237.65	1 370 832.45	1 191 666.00	1 061 666.00	931 666.00
改良支出	41 835 654.84	35 213 990.85	40 931 987.37	35 450 321.37	30 408 155.37	25 365 989.37
维修费	11 386 910.80	6 929 129.69	2 471 348.57	2 462 423.78	5 319 262.40	5 213 567.21
其他		387 500.00	237 500.00	325 000.00		
长期待摊费用合计	55 177 277.64	44 241 545.65	45 355 014.35	41 208 705.77	52 875 493.51	48 163 151.00

【要求】根据资料,对AB公司2×17年末至2×22年末的"长期待摊费用"项目进行分析。

【答案】

(1)2×17年末至2×22年末,长期待摊费用在AB公司资产总额中所占比重较低,不足0.5%,处于不断波动状态。AB公司长期待摊费用占资产总额比重趋势(2×17—2×22年末)如图3-19所示。

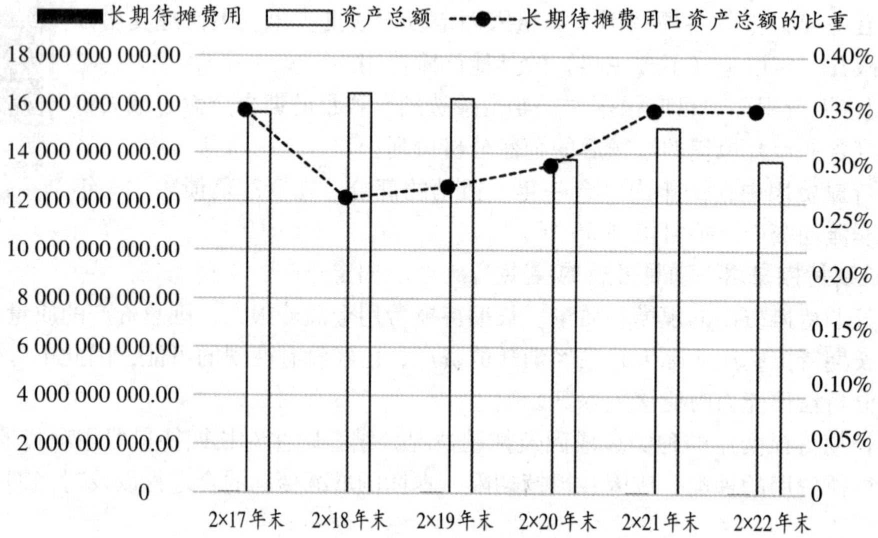

图3-19 AB公司长期待摊费用占资产总额比重趋势(2×17—2×22年末)

（2）2×17年末至2×22年末，在长期待摊费用中，改良支出是最重要的组成部分，不过最近4年处于下降趋势；与此同时，装修费却在快速增长，尤其是2×21年末和2×22年末，与2×17年末相比，增长了110多倍。

AB公司长期待摊费用构成项目（2×17年末至2×22年末）如图3-20所示。

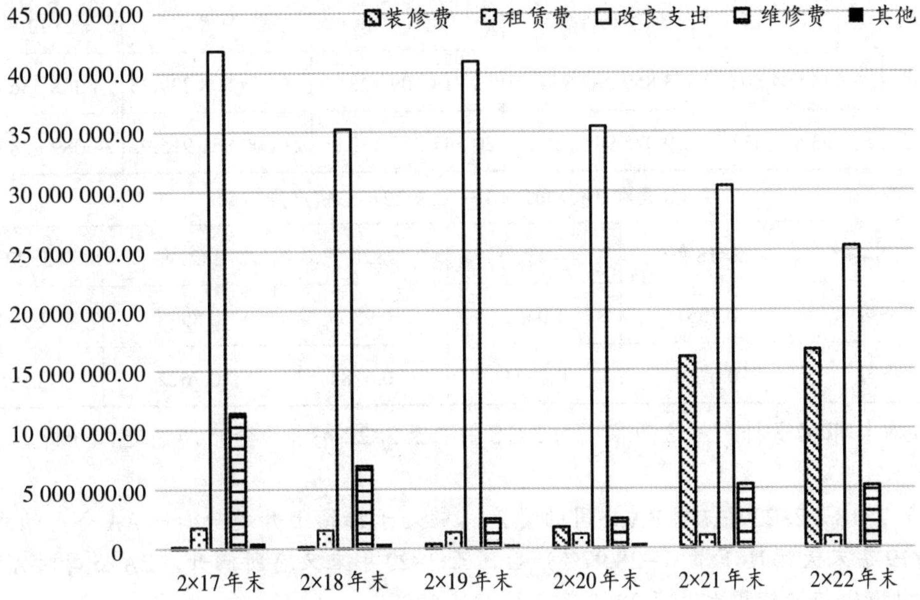

图3-20　AB公司长期待摊费用构成项目（2×17—2×22年末）

（八）“资产”项目分析要点及应用

1. “资产”项目的相关概念

资产，反映由过去的交易或事项形成并由企业在某一特定日期所拥有或控制的，预期会给企业带来经济利益的资源。资产应当按照流动资产和非流动资产两大类在资产负债表中列示，在流动资产和非流动资产类别下进一步按性质分项列示。

微课

非流动资产项目分析——资产总额

流动资产是指预计在一个正常营业周期内变现、出售或耗用，或者主要为交易目的而持有，或者预计在资产负债表日起一年内（含一年）变现的资产，或者自资产负债表日起一年内交换其他资产或清偿负债的能力不受限制的现金或现金等价物。资产负债表中列示的流动资产项目通常包括：货币资金、交易性金融资产、应收票据、应收账款、预付款项、其他应收款、存货等。

非流动资产是指流动资产以外的资产。资产负债表中列示的非流动资产项目通常包括：长期应收款、长期股权投资、投资性房地产、固定资产、在建工程、无形资产、长期待摊费用等。

2. “资产”项目分析的要点

（1）资产总额及其变化情况。把一家企业的资产总额与同行业主要竞争对手或同行业企业总资产的平均值进行比较，可以反映企业在本行业中的地位。对比分析相邻两个报告时点资产总额的变化可以反映企业经营规模的扩张与收缩情况。

（2）总资产周转速度与盈利能力。企业资产总体利用效率和效果可以用总资产周转速度的快慢和盈利能力来概括地反映。

3.“资产”项目分析的应用

【做中学3-17】（计算题）AA公司和BA公司同属化工行业上市公司，2×18年末至2×22年末资产总额和2×18—2×22年的总资产周转率见表3-43和表3-44。

表3-43 AA公司和BA公司2×18—2×22年末资产总额

单位：元

资产总额	2×18年末	2×19年末	2×20年末	2×21年末	2×22年末
AA公司	5 433 604 403.45	3 859 282 854.00	3 714 109 128.73	3 755 508 239.75	4 308 536 891.27
BA公司	18 793 412 413.76	20 025 941 719.04	20 347 257 530.99	21 000 851 915.92	24 089 608 940.60

表3-44 AA公司和BA公司2×18—2×22年总资产周转率

总资产周转率	2×18年	2×19年	2×20年	2×21年	2×22年
AA公司	0.7551	1.0452	0.9303	0.8998	1.1947
BA公司	0.6720	0.6541	0.6784	0.7622	0.8958

【要求】根据资料，对这两家公司2×18年末至2×22年末的资产总额进行分析。

【答案】

（1）2×18—2×22年末，BA公司的资产总额处于持续上升趋势，而AA公司的资产总额在2×19年末大幅度下滑（-28.97%）后，至2×22年末又有所回升。BA公司对AA公司的资产规模优势持续扩大，至2×22年末扩大了62%。

（2）2×19—2×22年，BA公司的总资产周转率持续上升，但均低于AA公司的同一指标。AA公司受2×19年资产总额大幅度下降的影响，总资产周转率快速上升后又有所回落，处于不断波动的趋势。

AA公司和BA公司的资产总额比较如图3-21所示，AA公司和BA公司的总资产周转率比较如图3-22所示。

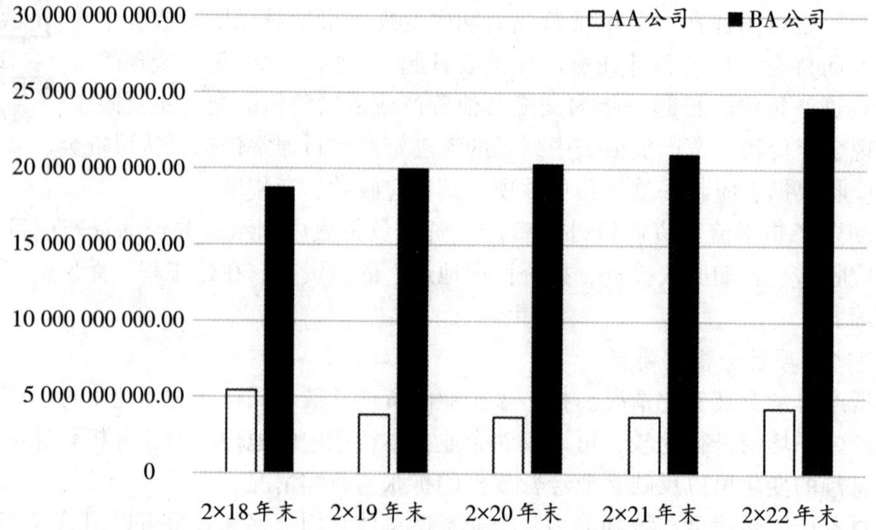

图3-21 AA公司和BA公司的资产总额比较

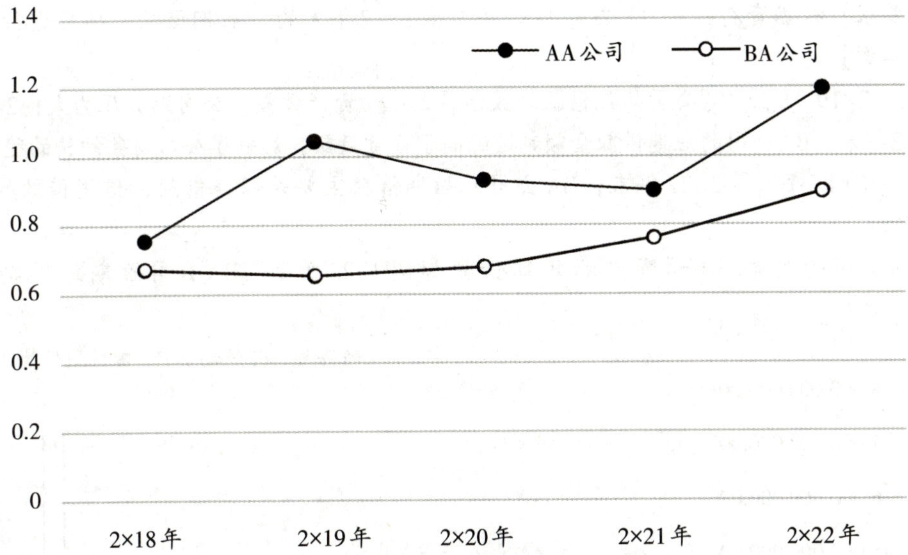

图3-22　AA公司和BA公司的总资产周转率比较

三、负债项目分析相关知识及应用

(一)“短期借款”项目分析要点及应用

微课

负债项目分析——短期借款

1.“短期借款”项目的相关概念

“短期借款”项目，反映企业向银行或其他金融机构等借入的期限在一年以下（含一年）的各种借款。本项目应根据“短期借款”科目的期末余额填列。

短期借款属于银行信用，一般有固定的还款期限，是否能够展期取决于公司本身的财务实力以及与银行的关系。

2.“短期借款”项目分析的要点

(1) 短期借款数量。通常，短期借款应和流动资产尤其是存货的数额相适应，以流动资产数额为上限，否则公司的财务压力就会很大，财务结构很难稳定。

(2) 短期借款利率。关注短期借款利率，主要是分析短期借款利率与公司整体资产利润率的关系，看通过短期借款是否获得正的财务杠杆效应，由此可以评价短期借款效果的好坏。

3.“短期借款”项目分析的应用

【做中学3-18】(计算题) BA公司2×17年末至2×22年末财务报表及其附注有关“短期借款”项目的注释见表3-45。

表3-45　BA公司2×17年末至2×22年末存货、流动资产及短期借款　单位：元

项目	2×17年末	2×18年末	2×19年末	2×20年末	2×21年末	2×22年末
存货	923 104 534.94	1 210 997 275.00	1 330 056 307.30	1 159 047 372.72	1 424 242 453.86	1 909 678 109.45
流动资产	4 145 972 576.95	4 896 118 807.64	5 019 521 285.71	5 006 982 987.53	5 414 631 872.25	7 213 143 416.57
短期借款	3 135 287 848.07	4 395 322 852.46	4 961 134 819.87	3 709 597 651.91	4 285 139 743.17	3 847 377 034.64
其中：质押借款	94 000 000.00	45 798 400.00	25 000 000.00	24 000 000.00		
抵押借款					110 000 000.00	110 000 000.00
保证借款	2 825 037 271.22	3 735 831 038.71	4 186 134 819.87	3 057 132 156.48	3 232 765 782.95	2 919 377 034.64
信用借款	216 250 576.85	613 693 413.75	750 000 000.00	628 465 495.43	942 373 960.22	818 000 000.00

【要求】根据资料，对BA公司2×17年末至2×22年末的“短期借款”项目进行分析。

【答案】

（1）2×19年末，BA公司短期借款的数额逼近流动资产数额，公司财务压力大；2×17年末至2×22年末，BA公司的短期借款金额都远远高于存货数额，影响了公司财务结构的稳定性。

（2）2×17年末至2×22年末，BA公司的短期借款主要是保证借款，信用借款的数额在逐年增加。

BA公司的存货、流动资产和短期借款如图3-23所示，BA公司短期借款构成如图3-24所示。

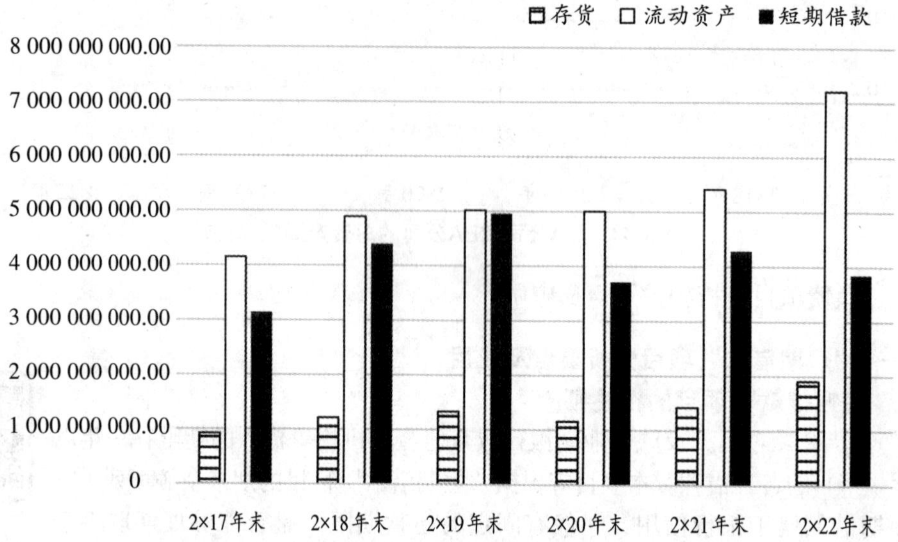

图3-23　BA公司的存货、流动资产和短期借款

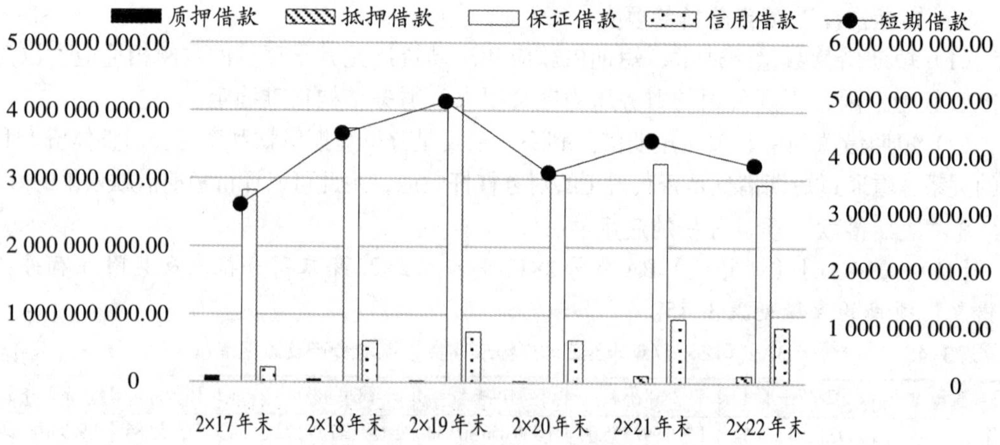

图3-24　BA公司短期借款构成

（二）“应付职工薪酬”项目分析要点及应用

1.“应付职工薪酬”项目的相关概念

“应付职工薪酬”项目，反映企业为获得职工提供的服务或解除劳动关系而给予的各种形式的报酬或补偿。企业提供给职工配偶、子女、受赡养人、已故员工遗属及其他受益人等的福利，也属于职工薪酬。

职工薪酬主要包括短期薪酬、离职后福利、辞退福利和其他长期职工福利。“应付职工薪酬”项目应根据“应付职工薪酬”科目所属各明细科目的期末贷方余额分析填列。

微课

负债项目分析——应付职工薪酬

2.“应付职工薪酬”项目分析的要点

（1）应付职工薪酬的总额及其变动。通过对应付职工薪酬总额及其变动情况的分析，可以从人力资源成本方面反映公司规模或经营情况的变化。

（2）应付职工薪酬的明细。通过对应付职工薪酬明细情况的分析，在一定程度上可以获得公司薪酬政策方面的信息。

（3）应付职工薪酬的红字。应付职工薪酬是企业因为接受职工服务而形成的对职工的负债，但有时应付职工薪酬由于透支可能出现红字，因而在会计意义上成了债权，但又很难向职工收回。因此，在分析企业的短期偿债能力时，无论是计算流动比率还是其他基于流动负债计算的衡量指标，一般都应该剔除该项目红字的影响，否则红字会影响财务报表分析的真实性和准确性。

3.“应付职工薪酬”项目分析的应用

【做中学3-19】（计算题）AB公司2×22年末财务报表附注有关应付职工薪酬的披露见表3-46至表3-48；2×17年末至2×22年末应付职工薪酬与负债总额见表3-49。

表3-46　AB公司2×22年末应付职工薪酬列示

单位：元

项目	期初余额	本期增加	本期减少	期末余额
一、短期薪酬	530 473 869.14	1 511 018 630.63	1 562 005 934.00	479 486 565.77
二、离职后福利-设定提存计划	4 656 042.85	217 605 672.62	217 534 701.39	4 727 014.08
三、辞退福利	8 384 809.61	1 134 121.42	2 838 857.41	6 680 073.62
四、一年内到期的其他福利				
合计	543 514 721.60	1 729 758 424.67	1 782 379 492.80	490 893 653.47

表3-47　AB公司2×22年末短期薪酬列示

单位：元

项目	期初余额	本期增加	本期减少	期末余额
一、工资、奖金、津贴和补贴	461 224 305.97	1 027 928 211.60	1 064 597 896.33	424 554 621.24
二、职工福利费	19 781 956.05	175 563 440.05	194 650 159.90	695 236.20
三、社会保险费	20 423 613.47	105 548 087.90	105 901 446.67	20 070 254.70
其中：医疗保险费	20 423 613.47	93 640 709.21	93 947 989.24	20 116 333.44
工伤保险费		6 964 497.93	6 963 987.73	510.20
生育保险费		4 942 880.76	4 989 469.70	-46 588.94
四、住房公积金		142 120 533.70	136 648 142.48	5 472 391.22
五、工会经费和职工教育经费	29 043 993.65	18 579 735.29	18 999 666.53	28 624 062.41
六、短期带薪缺勤				
七、短期利润分享计划				
八、其他短期薪酬		41 278 622.09	41 208 622.09	70 000.00
合计	530 473 869.14	1 511 018 630.63	1 562 005 934.00	479 486 565.77

表3-48　　AB公司2×22年末设定提存计划列示　　单位：元

项目	期初余额	本期增加	本期减少	期末余额
1.基本养老保险	3 799 357.92	209 790 001.66	210 114 478.18	3 474 881.40
2.失业保险费	856 684.93	7 144 885.74	6 749 437.99	1 252 132.68
3.企业年金缴费				
4.其他		670 785.22	670 785.22	
合计	4 656 042.85	217 605 672.62	217 534 701.39	4 727 014.08

表3-49　　AB公司2×17年末至2×22年末应付职工薪酬和负债总额　　金额单位：元

项目	2×17年末	2×18年末	2×19年末	2×20年末	2×21年末	2×22年末
应付职工薪酬	522 815 079.45	573 890 191.04	591 609 718.52	560 751 001.18	543 514 721.60	490 893 653.47
负债总额	7 015 108 660.76	7 682 206 149.81	7 473 005 427.66	6 283 002 510.50	6 754 640 834.89	6 217 744 943.84
应付职工薪酬占负债的百分比	7.45%	7.47%	7.92%	8.92%	8.05%	7.90%

【要求】根据材料，对AB公司的应付职工薪酬项目进行分析。

【答案】

（1）2×17年末至2×22年末，AB公司应付职工薪酬占负债总额的比重维持在7%～9%，较为稳定。

AB公司应付职工薪酬、负债总额及应付职工薪酬占负债总额的比重（2×17年末至2×22年末）如图3-25所示。

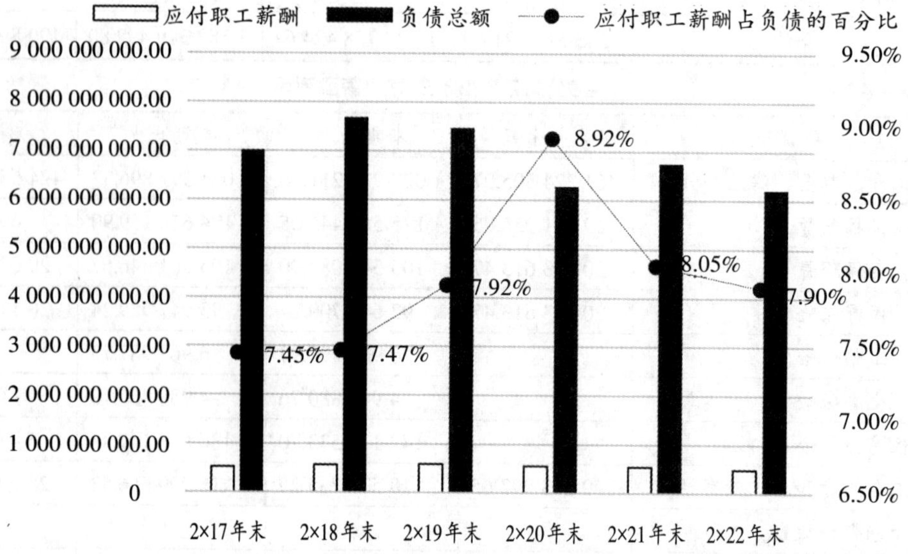

图3-25　AB公司应付职工薪酬占负债总额的比重（2×17年末至2×22年末）

（2）从AB公司2×22年的披露来看，应付职工薪酬主要是短期薪酬，特别是工资、奖金、津贴和补贴，占88.54%。AB公司2×22年末“应付职工薪酬”的主要构成项目如图

3-26所示。

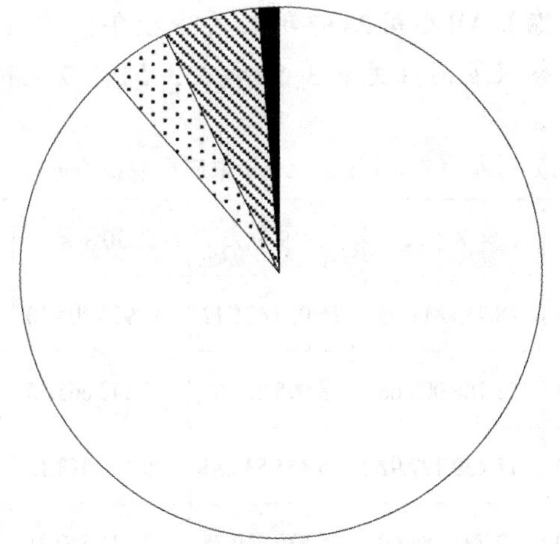

□ 工资、奖金、津贴和补贴 ⊡社会保险费 ▨ 工会经费和职工教育经费 ■其他

图3-26　AB公司2×22年末“应付职工薪酬”的主要构成项目

（三）“应交税费”项目分析要点及应用

1.“应交税费”项目的相关概念

微课

负债项目分析——应交税费

“应交税费”项目，反映企业按照税法的规定计算的应交纳的各种税费，包括增值税、消费税、城市维护建设税、教育费附加、企业所得税、资源税、土地增值税、房产税、城镇土地使用税、车船税、矿产资源补偿费等。企业代扣代缴的个人所得税，也通过“应交税费”项目列示。企业所交纳的税费不需要预计应交数的，如印花税、耕地占用税等，不在“应交税费”项目列示。

“应交税费”项目应根据“应交税费”科目的期末贷方余额填列，如“应交税费”科目期末为借方余额，应以“-”号填列。

需要说明的是，“应交税费”科目下的“应交增值税”“未交增值税”“待抵扣进项税额”“待认证进项税额”“增值税留抵税额”等明细科目期末借方余额应根据情况，在资产负债表中的“其他流动资产”或“其他非流动资产”项目列示；“应交税费——待转销项税额”等科目期末贷方余额应根据情况，在资产负债表中的“其他流动负债”或“其他非流动负债”项目列示；“应交税费”科目下的“未交增值税”“简易计税”“转让金融商品应交增值税”“代扣代交增值税”等科目期末贷方余额应在资产负债表中的“应交税费”项目列示。

2.“应交税费”项目分析的要点

“应交税费”项目反映的负债金额是公司在营业环节应该向国家承担的支付义务，具有强制约束力。

因增值税实行抵扣制度不计入损益，因此，可以把这项数据扣除应交增值税的影响以后与利润表中的税金及附加和所得税金额之和进行比较，以反映公司应交税费的实际交纳和欠缴的比例，从侧面反映公司现金的充裕度。

3.“应交税费”项目分析的应用

【做中学3-20】(计算题) AB公司2×17年末至2×22年末“应交税费”、“税金及附加”和“所得税费用”项目财务报表附注见表3-50和表3-51，应交税费占负债总额的百分比见表3-52。

表3-50　　AB公司2×17年末至2×22年末应交税费构成项目　　单位：元

项目	2×17年末	2×18年末	2×19年末	2×20年末	2×21年末	2×22年末
增值税	-1 595 261.69	18 713 811.05	16 050 621.12	55 970 404.10	95 435 852.36	64 673 040.30
企业所得税	167 582 206.18	153 784 004.66	95 095 224.68	65 342 665.25	93 397 503.81	22 187 785.00
个人所得税	12 272 923.10	12 439 177.92	5 155 533.83	19 175 518.15	5 081 213.84	3 857 563.84
城市维护建设税	17 064 182.30	12 721 684.09	5 830 610.75	7 721 640.71	10 373 139.11	5 535 819.97
房产税	2 075 900.67	2 873 723.33	1 060 155.14	3 216 688.19	3 635 859.68	4 243 594.52
教育费附加	11 563 619.68	5 669 337.57	592 244.42	2 395 707.83	4 290 393.83	2 619 963.90
其他	8 009 394.74	8 122 285.16	2 510 754.12	1 822 489.50	3 269 446.27	3 326 812.59
应交税费合计	216 972 964.98	214 324 023.78	126 295 144.06	155 645 113.73	215 483 408.90	106 444 580.12

表3-51　　AB公司2×17—2×22年税金及附加和所得税费用　　单位：元

项目	2×17年	2×18年	2×19年	2×20年	2×21年	2×22年
税金及附加	56 622 659.85	46 340 247.00	110 326 103.47	98 937 827.77	36 663 986.57	66 771 299.58
所得税费用	42 881 598.30	28 319 566.45	168 802 750.70	171 727 374.17	9 459 463.47	14 719 170.49
两者之和	99 504 258.15	74 659 813.45	279 128 854.17	270 665 201.94	46 123 450.04	81 490 470.07

表3-52　　AB公司2×17年末至2×22年末应交税费占负债的百分比　　金额单位：元

项目	2×17年末	2×18年末	2×19年末	2×20年末	2×21年末	2×22年末
应交税费	216 972 964.98	214 324 023.78	126 295 144.06	155 645 113.73	215 483 408.90	106 444 580.12
负债总额	7 015 108 660.76	7 682 206 149.81	7 473 005 427.66	6 283 002 510.50	6 754 640 834.89	6 217 744 943.84
应交税费占负债的百分比	3.09%	2.79%	1.69%	2.48%	3.19%	1.71%

【要求】根据资料，对AB公司的应交税费项目进行分析。

【答案】

(1) 2×17年末至2×22年末，AB公司应交税费占负债总额的比重维持在1.5%～3.5%，较为稳定。

（2）从图3-27可以看出，AB公司的税费主要是企业所得税，2×19年后有所下降；而增值税有所增加，在2×21年和2×22年甚至超过了企业所得税。

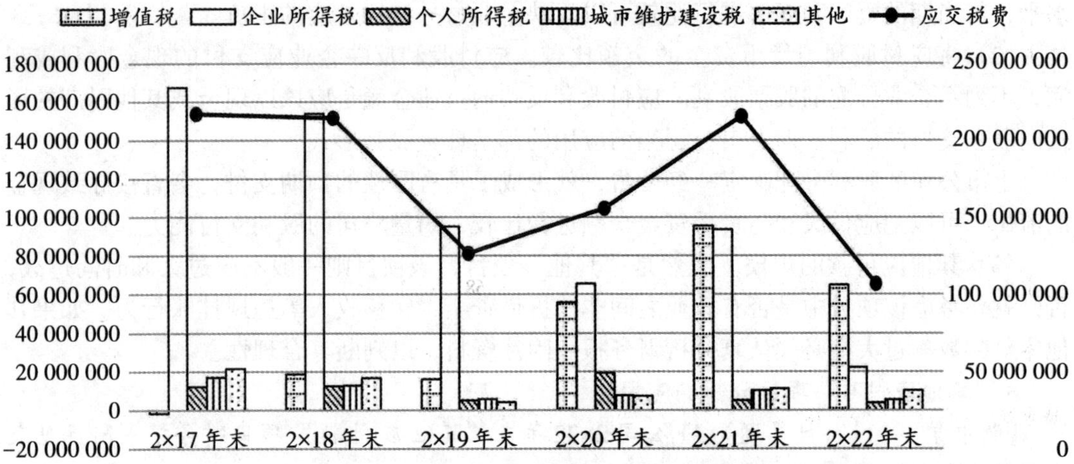

图3-27　AB公司应交税费主要构成项目（2×18年末至2×22年末）

（3）从图3-28可以看出，2×17年末至2×22年末，扣除增值税的应交税费与税金及附加和所得税费用之和的比较处于不断的波动之中。

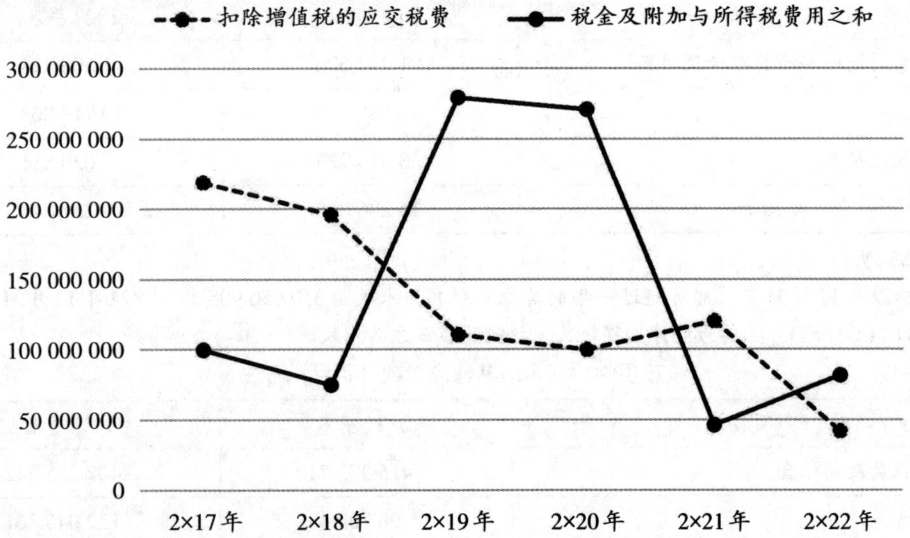

图3-28　AB公司扣除增值税的应交税费和税金及附加与所得税费用之和的比较

（四）“其他应付款”项目分析要点及应用

1.“其他应付款”项目的相关概念

“其他应付款”项目，反映企业除应付票据、应付账款、预收款项、应付职工薪酬、应交税费等经营活动以外的其他各项应付、暂收的款项。

“其他应付款”项目应根据“应付利息”“应付股利”“其他应付款”科目的期末余额合计数填列。

微课

负债项目分析——其他应付款

2.“其他应付款”项目分析的要点

（1）将应付利息与应付债券的余额比较。应付利息反映企业按照规定应当支付的利息，包括分期付息到期还本的长期借款应支付的利息、发行的企业债券应支付的利息等。

可以把应付利息与应付债券等借款账户的余额进行对比，以反映企业借款的实际利率水平，与当期的资产利润率进行比较可以反映企业财务杠杆效应的正负。

（2）将应付股利与货币资金的余额比较。应付股利反映企业应支付的现金股利或利润，不列示企业分配的股票股利。应付股利反映的负债金额是应该以现金或其他财产的形式向股东支付的股利，但上市公司当前应用的都是现金股利形式。

上市公司的股利分配决定一经公告，就形成了具有刚性的预期支付，会直接导致现金的流出，可以把应付股利与货币资金余额进行比较，衡量公司的股利支付能力。

（3）其他应付款的规模。既然是“其他”项目，该项目则一般不应过大和时间过久，否则就要考虑该项目中是否有企业之间非法拆借资金、转移收入等违规挂账行为。如果其他应付款数额过大则必须认真分析财务报表附注资料，以判断其合理性。

3.“其他应付款”项目分析的应用

【做中学3-21】（计算题）AF公司2×22年末“其他应付款”项目财务报表附注见表3-53至表3-55。

【要求】根据资料，对AF公司的其他应付款项目进行分析。

表3-53　应付利息附注　单位：元

项目	2×21年末	2×22年末
分期付息到期还本的长期借款利息	1 282 600	1 508 424
公司债券利息	10 688 525	10 717 808
短期借款应付利息	3 314 923	17 030 811
合计	15 286 048	29 257 043

其他说明：

于2×22年12月31日，账龄超过一年的其他应付款为人民币359 050 905元（2×21年12月31日为人民币323 071 001元），主要为应付工程款及货款回笼第三方质押款。

表3-54　按款项性质列示的其他应付款（科目）附注　单位：元

项目	2×21年末	2×22年末
应付工程款及质保金	415 373 710	402 655 542
应付运费	96 763 487	122 045 361
应付仓储配送费	100 436 955	115 931 083
货款回笼第三方质押款	76 307 000	71 876 200
应付水电费	62 645 191	57 454 988
应付木箱及包装费	50 193 173	49 254 486
应付加工费	64 715 366	30 571 341
待返还工程建设准备金	20 410 000	20 410 000
应付其他	203 767 592	169 650 134
合计	1 090 612 474	1 039 849 135

表3-55　　AF公司资产负债表部分数据　　单位：元

项目	2×21年末	2×22年末
流动负债	9 391 480 312	11 154 085 501
其他应付款	1 105 898 522	1 069 106 178
其中：其他应付款	1 090 612 474	1 039 849 135
应付利息	15 286 048	29 257 043
其他应付款占流动负债比重	11.78%	9.58%

【答案】

（1）2×21年末和2×22年末，AF公司的“其他应付款”项目占流动负债的10%左右，不存在应付股利，应付利息占比非常小，主要是其他应付款。2×21—2×22年末其他应付款项目的组成如图3-29所示。

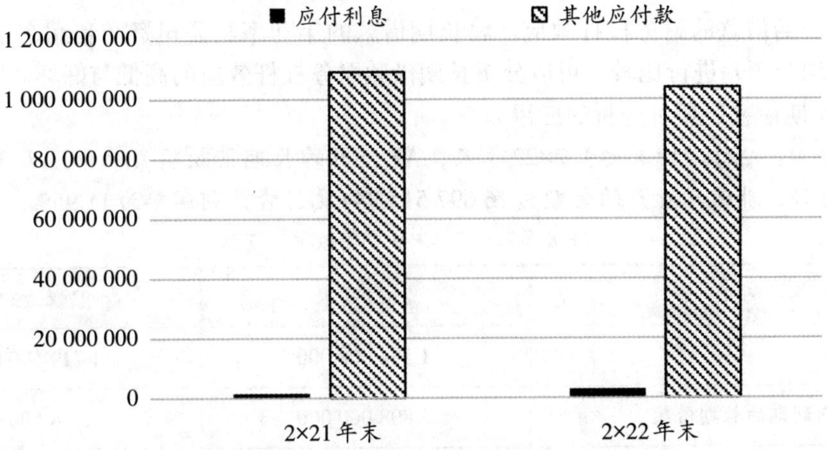

图3-29　2×21—2×22年末其他应付款项目的组成

（2）2×22年末的“其他应付款”科目，以应付工程款及质保金、应付其他、应付仓储配送费、应付运费为主，应付工程款及质保金的金额最大，占38%左右。2×22年末“其他应付款”科目的主要构成部分如图3-30所示。

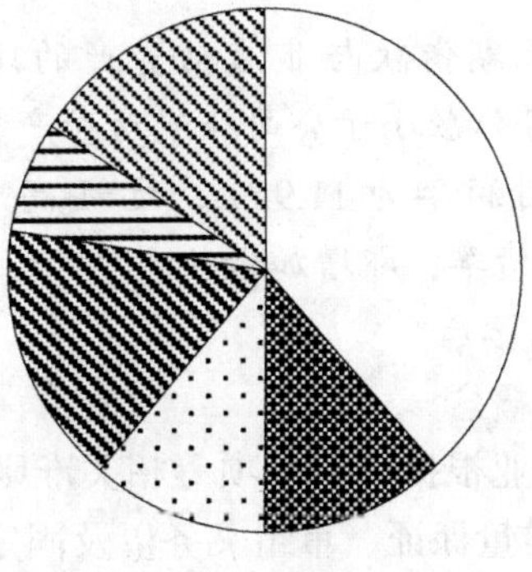

图3-30　2×22年末“其他应付款”科目的主要构成部分

（五）“长期借款”项目分析要点及应用

1.“长期借款”项目的相关概念

微课

负债项目分析——短期借款和预计负债

“长期借款”项目，反映企业向银行或其他金融机构借入的期限在一年以上（不含一年）的各项借款。

“长期借款”项目应根据“长期借款”科目的期末余额，扣除“长期借款”科目所属的明细科目中将在资产负债表日起一年内到期且企业不能自主地将清偿义务展期的长期借款后的金额计算填列。

2.“长期借款”项目分析的要点

（1）长期借款的规模。把长期借款的余额和固定资产、无形资产等非流动资产进行比较，可分析借款规模的合理性。长期借款用于扩大生产投资，因此，长期借款应该小于企业非流动资产，否则就应分析长期借款的用途是否合理。

（2）长期借款的利息。结合财务报表附注信息分析长期借款利息的会计处理（资本化或计入财务费用）是否合理，是否存在以此调节利润的行为。

（3）长期借款的财务杠杆效应。将长期借款的年利率与公司资产利润率（利润总额/总资产平均余额）进行比较，可以分析长期借款财务杠杆效应的高低与好坏。

3.“长期借款”项目分析的应用

【做中学3-22】（计算题）2×22年末，AF公司的长期借款项目注释见表3-56。2×22年12月31日，非流动资产的金额为16 697 515 944元、资产利润率为11.95%。

表3-56 AF公司2×22年末长期借款项目注释 单位：元

项目	2×21年末	2×22年末
信用借款	1 584 000 000	1 719 500 000
减：一年内到期的长期借款	808 000 000	8 500 000
长期借款合计	776 000 000	1 711 000 000

其他说明：2×22年12月31日，长期借款的年利率为2.64%至4.275%。

【要求】根据资料，对AF公司的长期借款项目进行分析。

【答案】

（1）2×22年末，AF公司长期借款与非流动资产的比率为10.25%（1 711 000 000 ÷ 16 697 515 944 × 100%），即长期借款小于公司非流动资产。

（2）2×22年，公司资产利润率为11.95%，远远高于公司借款年利率（2.64%至4.275%），可以适当提高资产负债率，即增加借款。

（六）“预计负债”项目分析要点

1.“预计负债”项目的相关概念

“预计负债”项目，反映企业根据或有事项等相关准则确认的各项预计负债，包括对外提供担保、未决诉讼、产品质量保证、重组义务以及固定资产和矿区权益弃置义务等产生的预计负债。

“预计负债”项目应根据“预计负债”科目的期末余额填列。

2.“预计负债”项目分析的要点

（1）预计负债的规模。应分析预计负债形成的具体原因，以及预计负债金额的合理性、有无多计或少计预计负债以调节利润的行为等。

（2）预计负债的计量。分析公司预计负债的确认是否符合有关企业会计准则的规定，预计负债的计量是否准确，特别是考虑风险和不确定性、货币时间价值、未来事项等因素。

3.“预计负债”项目分析的应用

【做中学3-23】（计算题）2×22年末，AD公司预计负债项目注释见表3-57。2×22年末，负债2 640 771 404.68元，资产总额4 555 442 844.78元。

表3-57　AD公司预计负债项目注释　单位：元

项目	期初余额	期末余额	形成原因
对外提供担保			
未决诉讼	2 715 000.00	79 535 000.00	
产品质量保证			
重组义务			
待执行的亏损合同			
其他			
合计	2 715 000.00	79 535 000.00	

其他说明，包括重要预计负债的相关重要假设、估计说明：

本公司与××集团因合同履行发生纠纷，于2×22年12月12日收到中华人民共和国最高人民法院的判决，判定本公司重大违约，赔偿××集团4 000.00万元的损失，并与之协商解除合同及判决未涵盖的损失赔偿事宜。基于《企业会计准则第13号——或有事项》的规定，本公司暂时根据租金估计该事项的可能损失，扣除对6 000.00万元预付定金采用个别认定法全额计提坏账准备后，对不足的部分确认为预计负债，详见本附注七、9.其他应收款。

【要求】根据资料，对AD公司预计负债项目进行分析。

【答案】2×22年末，AD公司的预计负债占资产总额的1.75%（79 535 000.00 ÷ 4 555 442 844.78 × 100%），规模小，主要是与××集团因合同履行纠纷而发生的未决诉讼，该公司暂时根据租金估计该事项的可能损失，扣除对6 000.00万元预付定金采用个别认定法全额计提坏账准备后，对不足的部分确认为预计负债。

（七）“负债”项目分析要点及应用

1.“负债”项目的相关概念

负债，反映在某一特定日期企业所承担的、预期会导致经济利益流出企业的现时义务。负债应当按照流动负债和非流动负债在资产负债表中进行列示，在流动负债和非流动负债类别下再进一步按性质分项列示。

微课

负债项目分析——负债总额

流动负债是指预计在一个正常营业周期中清偿，或者主要为交易目的而持有，或者自资产负债表日起一年内（含一年）到期应予以清偿，或者企业无权自主地将清偿义务推迟至资产负债表日后一年以上的负债。资产负债表中列示的流动负债项目通常包括：短期借款、交易性金融负债、应付票据、应付账款、预收款项、应付职工薪酬、应交税费、其他应付款等。

非流动负债是指流动负债以外的负债。非流动负债项目通常包括：长期借款、应付债券、长期应付款、预计负债、递延收益、递延所得税负债和其他非流动负债等。

2. “负债”项目分析的要点

负债总额反映了企业经济资源运用上的财务约束，应把负债总额与企业的资产总额、净资产总额以及有形净资产额等进行比较，以反映企业财务结构状况及其稳定性。

3. “负债”项目分析的应用

【做中学3-24】（计算题）AA公司2×17年末至2×22年末资产总额、负债总额、净资产总额、无形资产、有形净资产额见表3-58。

表3-58 AA公司2×17—2×22年末资产总额、负债总额、净资产总额、无形资产、有形净资产额

单位：元

项目	2×17年末	2×18年末	2×19年末	2×20年末	2×21年末	2×22年末
资产总额	5 995 924 309.53	5 433 604 403.45	3 859 282 854.00	3 714 109 128.73	3 755 508 239.75	4 308 536 891.27
负债总额	2 673 626 008.58	3 350 662 815.54	1 716 505 056.68	1 449 198 588.84	1 613 631 541.26	1 507 241 044.77
净资产总额	3 322 298 300.95	2 082 941 587.91	2 142 777 797.32	2 264 910 539.89	2 141 876 698.49	2 801 295 846.50
无形资产	147 889 204.85	138 111 360.04	91 663 834.51	89 724 997.49	85 374 551.12	84 787 336.27
有形净资产额	3 174 409 096.10	1 944 830 227.87	2 051 113 962.81	2 175 185 542.40	2 056 502 147.37	2 716 508 510.23

【要求】根据资料，对AA公司2×17年末至2×22年末的负债总额进行分析。

【答案】分别计算资产负债率 $=\dfrac{\text{负债总额}}{\text{资产总额}}\times 100\%$、产权比率 $=\dfrac{\text{负债总额}}{\text{净资产总额}}\times 100\%$、有形净值债务率 $=\dfrac{\text{负债总额}}{\text{净资产总额}-\text{无形资产}}\times 100\%$，具体计算比率见表3-59。

表3-59 AA公司2×17—2×22年末资产负债率、产权比率和有形净值债务率

比率	2×17年末	2×18年末	2×19年末	2×20年末	2×21年末	2×22年末
资产负债率	44.59%	61.67%	44.48%	39.02%	42.97%	34.98%
产权比率	80.48%	160.86%	80.11%	63.98%	75.34%	53.81%
有形净值债务率	84.22%	172.29%	83.69%	66.62%	78.46%	55.48%

2×17—2×22年，AA公司的资产负债率基本处于40%～60%的理想状态，自2×18年

末开始，AA公司的产权比率和有形净值债务率处于下降趋势，这两个指标越低，说明公司负债占净资产或有形净资产额的比率越低，其长期偿债能力越强，风险越小。AA公司资产负债率、产权比率和有形净值债务率（2×17年末至2×22年末）如图3-31所示。

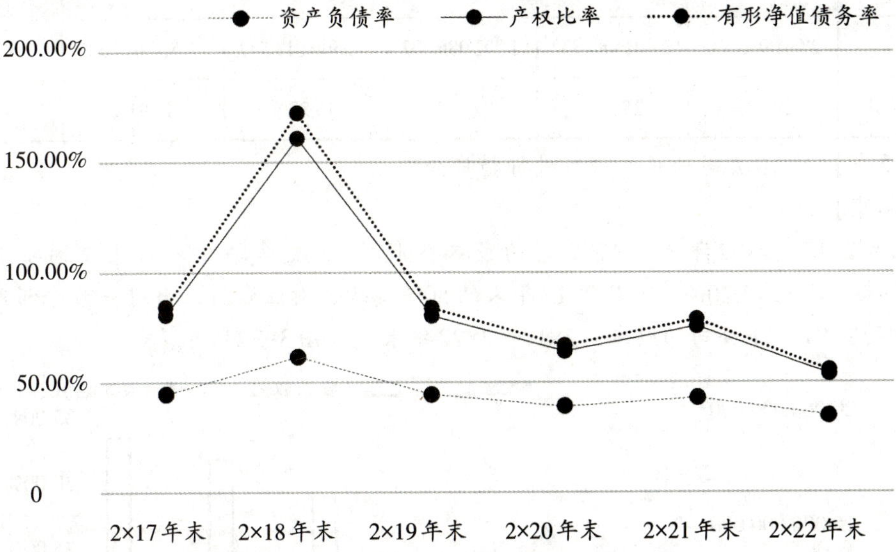

图3-31　AA公司资产负债率、产权比率和有形净值债务率（2×17-2×22年末）

四、所有者权益项目分析相关知识及应用

（一）“实收资本（或股本）”项目分析要点及应用

1.“实收资本（或股本）”项目的相关概念

微课

所有者权益项目分析——实收资本

“实收资本（或股本）”项目，反映企业各投资者实际投入的资本（或股本）总额。本项目应根据“实收资本（或股本）”科目的期末余额填列。实收资本（或股本）的大小一方面体现了企业准入的门槛，另一方面在最低程度上反映了投资者投入企业的永久性资本的规模，是企业经营的基础本钱和偿债的最低保障。

2.“实收资本（或股本）”项目分析的要点

（1）实收资本（或股本）数量规模及其增减变动情况。我国实行的是实收资本制度，按规定，实收资本（或股本）应该和注册资本一致。因此，可以把实收资本（或股本）与公司的注册资本相比较以反映公司注册资本是否及时足额到位，是否存在抽逃注册资本的情况。结合所有者权益（或股东权益，下同）变动表，可以分析报告期内公司实收资本（或股本）增减变动情况及其对期末所有者权益的影响。

（2）实收资本（或股本）结构。认真分析实收资本（或股本）的出资方式、发行股票的种类，以及发行批次结构等信息，这些对于理解所有者权益的内部构成具有积极意义。

3.“实收资本（或股本）”项目分析的应用

【做中学3-25】（计算题）2×17—2×22年末，AF公司“股本”项目的相关信息及报表注释见表3-60。

表3-60　　AF公司股东权益和股本项目　　金额单位：元

项目	2×17年末	2×18年末	2×19年末	2×20年末	2×21年末	2×22年末
股东权益	6 975 252 892	7 845 748 011	8 802 623 323	16 415 066 432	18 038 545 794	19 005 258 274
股本	2 002 986 332	2 002 986 332	2 002 986 332	2 508 617 532	2 508 617 532	2 508 617 532
股本占比	28.72%	25.53%	22.75%	15.28%	13.91%	13.20%

【要求】对AF公司的股本项目进行趋势分析。

【答案】

（1）2×17—2×22年末，AF公司的股本在股东权益总额中所占比重逐年下降，至2×22年末，降至13.20%，不足2×17年末的50%。结合附注资料，可进一步分析所有者权益结构的变化。AF公司的股本（2×17—2×22年末）如图3-32所示。

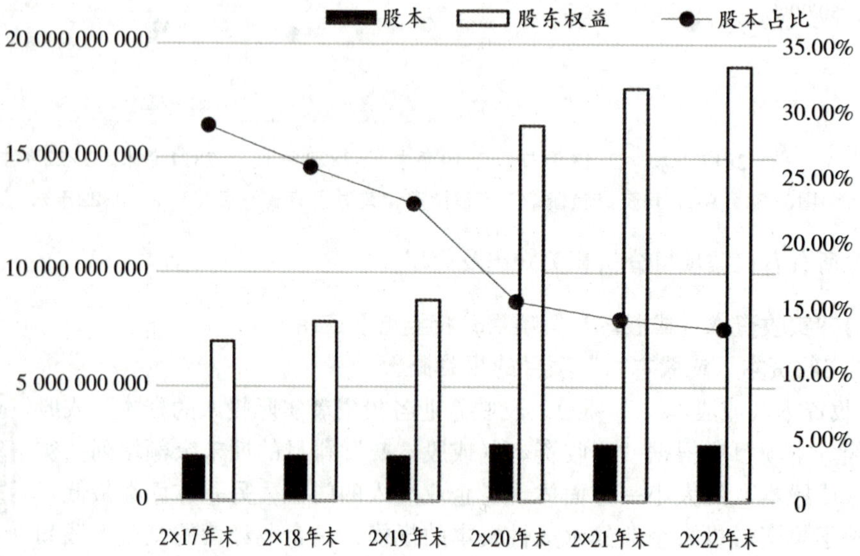

图3-32　AF公司的股本（2×17—2×22年末）

（2）根据财务报表附注披露，2×20年末，AF公司发行了新股，股本增加505 631 200元，增长幅度为25.24%。除此之外，AF公司的股本没有发生变化。

（二）“资本公积”项目分析要点及应用

1.“资本公积”项目的相关概念

“资本公积”项目，反映企业收到投资者出资超出其在注册资本或股本中所占的份额以及直接计入所有者权益的利得和损失等。该项目应根据“资本公积”科目的期末余额填列。

2.“资本公积”项目分析的要点

（1）资本公积的增减变动。应该结合所有者权益变动表，分析报告期内资本公积增减变动的具体原因及合理性。

（2）增值形成的资本公积。对于评估增值形成的资本公积，应该分析是否存在为了粉饰公司财务指标（如资产负债率、有形净值债务率、每股净资产等）和公司形象而进行虚假资产评估的情况。

(3) 结合实收资本（或股本）进行分析。实收资本（或股本）和资本公积均是外部投入资本，将二者之和与所有者权益总额进行比较，可以分析判断公司的成长性。

微课

所有者权益项目分析——资本公积

3. “资本公积”项目分析的应用

【做中学3-26】（计算题）2×17—2×22年末，AF公司股东权益、股本、资本公积项目的相关信息及报表注释见表3-61。

表3-61 AF公司股东权益、股本和资本公积项目 单位：元

项目	2×17年末	2×18年末	2×19年末	2×20年末	2×21年末	2×22年末
股东权益	6 975 252 892	7 845 748 011	8 802 623 323	16 415 066 432	18 038 545 794	19 005 258 274
股本	2 002 986 332	2 002 986 332	2 002 986 332	2 508 617 532	2 508 617 532	2 508 617 532
资本公积	209 827 007	209 827 007	209 827 007	6 228 932 452	6 228 753 097	6 224 133 097
其中：股本溢价	184 994 549	184 994 549	184 994 549	6 203 200 803	6 203 200 803	6 198 580 803
其他资本公积	14 332 458	14 332 458	14 332 458	14 331 649	14 152 294	14 152 294
政府资本性投入	10 500 000	10 500 000	10 500 000	11 400 000	11 400 000	11 400 000

【要求】根据资料，对AF公司的资本公积项目进行分析。

【答案】(1) 2×20年，AF公司在发行新股后，资本公积也相应地大幅度增加。以2×20年末为分割点，2×17—2×19年末，2×20—2×22年末，AF公司的股本和资本公积之和在股东权益中的比重呈现出明显的下降趋势，留存收益逐年增加。AF公司的股本、资本公积项目如图3-33所示。

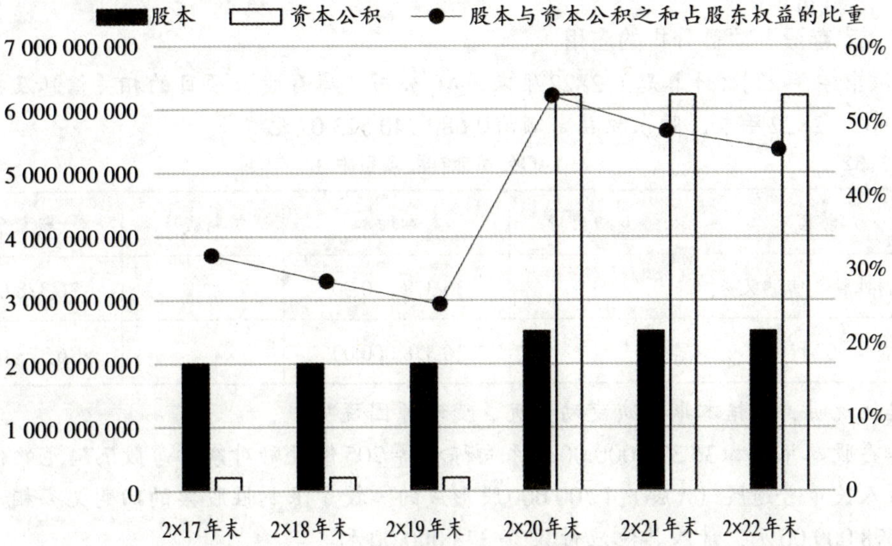

图3-33 AF公司的股本、资本公积项目

(2) 2×17—2×22年末，在资本公积的三个组成项目中，股本溢价是其主要组成部分，

在2×20年末增长快速，其他两项基本保持不变。AF公司的资本公积及其构成项目（2×17—2×22年末）如图3-34所示。

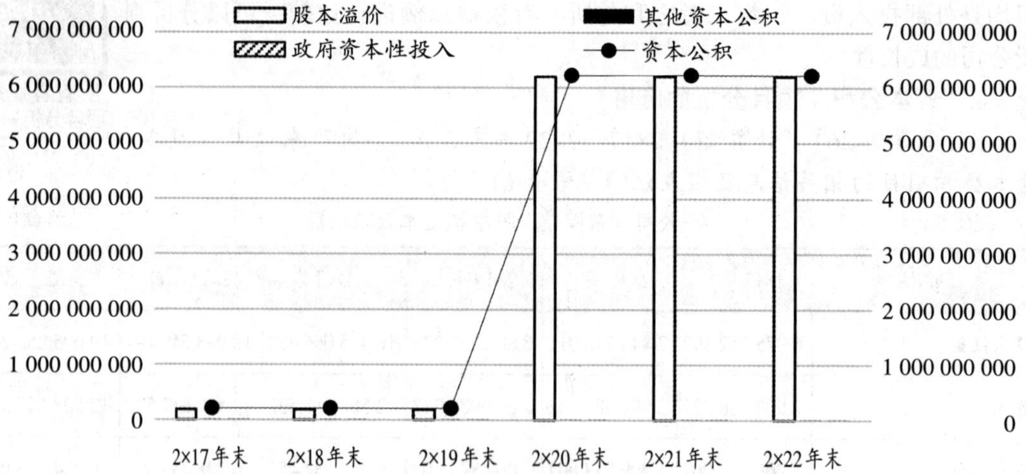

图3-34 AF公司的资本公积及其构成项目（2×17—2×22年末）

（三）“库存股”项目分析要点及应用

1.“库存股”项目的相关概念

库存股反映企业持有的尚未注销或转让的本公司股份的金额。

微课

所有者权益项目分析：相关知识和应用（2）

2.“库存股”项目分析的要点

（1）库存股回收规模。分析企业持有的库存股的累计金额和股票数量以及当期的增减变化情况，对评价企业货币资金充裕程度及对期末净资产的影响具有重要意义。

（2）库存股持有的目的。分析企业持有库存股的目的是注销一部分股份、用于股权激励还是其他方面，这对于预测企业未来的财务状况具有重要的价值。

3.“库存股”项目分析的应用

【做中学3-27】（计算题）2×22年末，AC公司“库存股”项目的相关信息及报表注释见表3-62。2×22年末，股东权益金额为2 680 740 523.07元。

表3-62 AC公司库存股项目附注 单位：元

余额	期初余额	本期增加	本期减少	期末余额
限制性股票回购义务		36 378 000.00		36 378 000.00
合计		36 378 000.00		36 378 000.00

其他说明，包括本期增减变动情况、变动原因说明：

库存股本年增加36 378 000.00元系向陈××等205位激励对象按每股7.74元的价格发行限制性人民币普通股（A股）4 700 000股形成的。授予限制性股票的回购义务相应确认负债36 378 000.00元，计入其他应付款36 378 000.00元。

【要求】对AC公司的“库存股”项目进行分析。

【答案】根据AC公司2×22年末“库存股”项目附注披露，2×22年末因向陈××等205位激励对象发行限制性人民币普通股（A股）形成了库存股，占股东权益的比重较低，仅为1.36%。

（四）“盈余公积”项目分析要点及应用

1.“盈余公积”项目的相关概念

“盈余公积”项目，反映企业盈余公积的期末余额。盈余公积是公司从历年实现的利润中提取的公共积累资金，主要包括法定盈余公积、任意盈余公积。提取盈余公积是对将利润分配给股东的一种限制，法定盈余公积和任意盈余公积的主要用途是弥补亏损、转增资本和有限制地分配利润等。

“盈余公积”项目应根据“盈余公积”科目的期末余额填列。

2.“盈余公积”项目分析的要点

（1）盈余公积的数量。盈余公积来源于净利润，留存于公司用于满足维持和扩大再生产的需要，因此，对于公司的发展而言，盈余公积越多越好。如果盈余公积很少则说明通过内部积累用于企业发展的资金不足。

（2）盈余公积的结构。所有者权益变动表揭示的盈余公积变动情况信息，从一个侧面反映了公司利润分配政策以及其他财务政策意图：一方面，由于法定盈余公积是按照规定标准提取的，而任意盈余公积则是公司酌情掌握的，因此，如果任意盈余公积所占的比重较大，则说明公司意在加强积累，着眼于公司长远发展；另一方面，运用盈余公积弥补亏损、转增资本和在限定条件下发放股利同样传递出公司不同的财务意图。因此，分析企业盈余公积的使用情况可以获知其中所传达的企业财务政策信息。

3.“盈余公积”项目分析的应用

【做中学3-28】（计算题）2×17—2×22年末，AF公司股东权益和盈余公积项目的相关信息及报表注释见表3-63。

表3-63 AF公司股东权益和盈余公积项目 单位：元

项目	2×17年末	2×18年末	2×19年末	2×20年末	2×21年末	2×22年末
股东权益	6 975 252 892	7 845 748 011	8 802 623 323	16 415 066 432	18 038 545 794	19 005 258 274
盈余公积	774 401 477	909 517 516	1 102 137 808	1 343 078 789	1 634 319 463	1 912 914 559
其中：法定盈余公积	774 401 477	909 517 516	1 102 137 808	1 343 078 789	1 634 319 463	1 912 914 559

其他说明：按净利润的10%提取法定盈余公积。

【要求】对AF公司的“盈余公积”项目进行分析。

【答案】（1）AF公司于2×20年发行新股，盈余公积占股东权益的比重下降；从2×20年末开始，盈余公积占股东权益的比重继续保持了持续增长的态势。

（2）2×17—2×22年末，AF公司的盈余公积数额持续增加，公司发展资金不断增长。从盈余公积的构成来看，盈余公积均为法定盈余公积，按净利润的10%提取，从侧面反映出AF公司的经营业绩较好，盈利持续增加。AF公司盈余公积分析如图3-35所示。

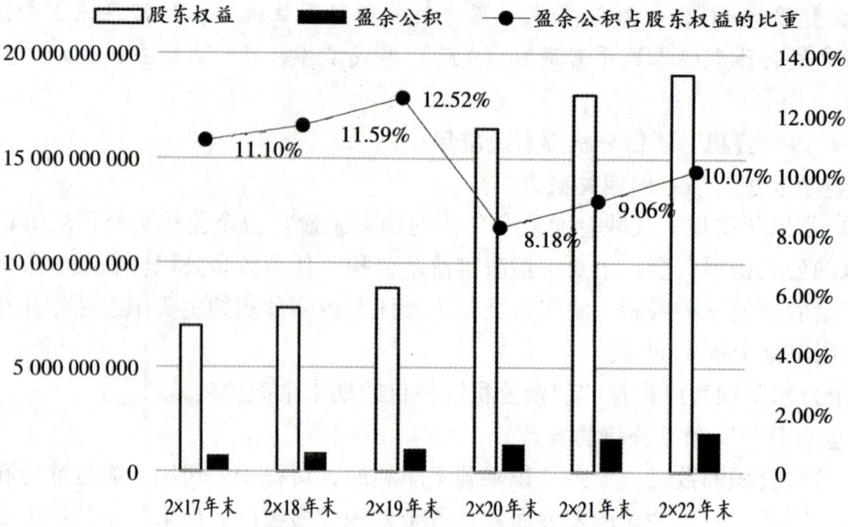

图3-35 AF公司盈余公积分析

（五）“未分配利润”项目分析要点及应用

1.“未分配利润”项目的相关概念

微课

所有者权益项目分析——未分配利润

“未分配利润”项目，反映企业尚未分配的利润，是企业实现的净利润经过弥补亏损、提取盈余公积和向投资者分配利润后留存在企业的、历年结存的利润。

未分配利润相对于盈余公积而言是尚未确定用途的留存收益，受相关的法规限制少，公司在使用上拥有较大的自主权。

“未分配利润”项目应根据“本年利润”科目和“利润分配”科目的余额计算填列。未弥补的亏损以“-”号填列。

2.“未分配利润”项目分析的要点

（1）未分配利润的数额及变动趋势比较。未分配利润项目是各年累积的结果，只有把其数额与年初数进行比较，才能看出本年度未分配利润的增减情况。分析时应该区分报告年度利润分配前与分配后的未分配利润项目，年度利润分配前的未分配利润的增减变动是报告期间内实现全部利润影响的结果，而年度利润分配后未分配利润的增减变动是报告期间内全部利润分配以后的当期留存利润影响的结果。

（2）结合盈余公积进行分析。盈余公积和未分配利润属于公司的留存收益，是经营积累的结果，通常把二者之和与股东权益进行比较可以反映公司投入资本的保值增值程度（已扣除已分配股利或利润）。

3.“未分配利润”项目分析的应用

【做中学3-29】（计算题）2×17—2×22年末，AF公司股东权益、盈余公积、未分配利润项目的相关信息及报表注释见表3-64。

表3-64　AF公司股东权益、盈余公积和未分配利润项目注释　单位：元

项目	2×17年末	2×18年末	2×19年末	2×20年末	2×21年末	2×22年末
股东权益	6 975 252 892	7 845 748 011	8 802 623 323	16 415 066 432	18 038 545 794	19 005 258 274
盈余公积	774 401 477	909 517 516	1 102 137 808	1 343 078 789	1 634 319 463	1 912 914 559
未分配利润	3 930 592 142	4 711 531 420	5 737 166 896	6 599 365 793	7 570 889 309	8 559 579 107

【要求】根据资料，对AF公司的盈余公积和未分配利润项目进行分析。

【答案】(1) 2×17—2×22年末，AF公司的未分配利润处于持续上涨趋势，增长速度较快。AF公司的未分配利润（2×17—2×22年末）如图3-36所示。

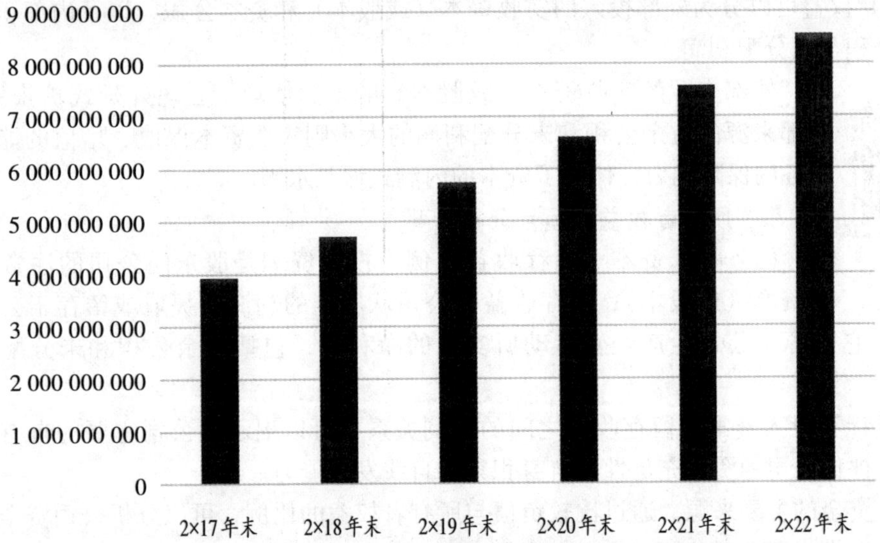

图3-36　AF公司的未分配利润（2×17—2×22年末）

(2) 2×17—2×22年末，AF公司受2×20年末发行新股的影响，股东权益大幅度增长，而留存收益却处于稳步增长的趋势；以2×20年末为转折点，留存收益占股东权益的比重大幅度下滑，随后又呈现出上升趋势。AF公司的留存收益占股东权益的比重（2×17—2×22年末）如图3-37所示。

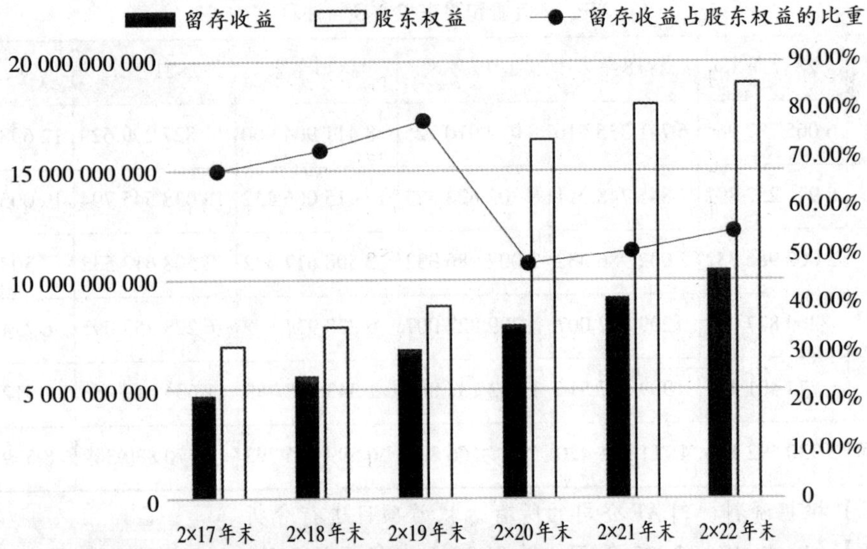

图3-37　AF公司的留存收益占所有者权益的比重（2×17—2×22年末）

（六）“所有者权益”项目分析要点及应用

1.“所有者权益”项目的相关概念

所有者权益，是企业资产扣除负债后的剩余权益，反映企业在某一特定日期股东（投资者）拥有的净资产的总额。所有者（或股东）权益一般按照实收资本（或股本）、其他权益工具、资本公积、其他综合收益、盈余公积和未分配利润分项列示。

所有者（或股东）权益项目反映了企业权益资本状况。按来源构成的不同，所有者（或股东）权益可以分为外部投入的实收资本（或股本）和资本公积，以及内部积累形成的盈余公积与未分配利润。

微课

所有者权益项目分析——所有者权益

外部来源的实收资本（或股本）的多少体现了公司外延式扩张的能力，内部来源的盈余公积和未分配利润的大小则表明资本保值、增值的能力和对债务的保障能力，体现了资本的内涵式增长水平。

2.“所有者权益”项目分析的要点

（1）投入资本与留存收益比例。投入资本是股东向公司的注资，即实收资本（或股本）；留存收益是公司从历年的利润中提取或留存于公司的内部积累，它来源于公司生产经营活动所实现的净利润，包括盈余公积和未分配利润两部分。

通过计算投入资本与留存收益之间的比例关系，可以揭示出公司主要的自有资金来源，由此评价公司的资本充足性、自身积累和自我发展能力。

（2）资金的主要来源。通过比较负债与所有者权益的比例，可以分析公司资金的主要来源，是以借入资金（负债）为主，还是以自有资金（所有者权益）为主，反映公司的融资偏好。

3.“所有者权益”项目分析的应用

【做中学3-30】（计算题）2×17—2×22年末，AF公司负债和股东权益及其构成部分的相关财务数据见表3-65。

表3-65　　AF公司负债和股东权益项目注释　　单位：元

项目	2×17年末	2×18年末	2×19年末	2×20年末	2×21年末	2×22年末
负债	6 065 787 960	6 741 335 516	8 072 970 725	8 411 904 960	11 827 299 629	12 698 751 215
股东权益	6 975 252 892	7 845 748 011	8 802 623 323	16 415 066 432	18 038 545 794	19 005 258 274
股本	2 002 986 332	2 002 986 332	2 002 986 332	2 508 617 532	2 508 617 532	2 508 617 532
资本公积	209 827 007	209 827 007	209 827 007	6 228 932 452	6 228 753 097	6 224 133 097
盈余公积	774 401 477	909 517 516	1 102 137 808	1 343 078 789	1 634 319 463	1 912 914 559
未分配利润	3 930 592 142	4 711 531 420	5 737 166 896	6 599 365 793	7 570 889 309	8 559 579 107

【要求】根据资料，对AF公司的所有者权益项目进行分析。

【答案】(1) 2×17—2×22年间，除2×20年发行新股之外，AF公司没有通过追加投资方式增加资本，与此同时，AF公司的留存收益逐年稳定增长，自身积累不断增加。2×20年后，投入资本与留存收益之比逐渐下降，但是仍以自身积累留存收益方式获取自有资金。投入资本与留存收益之比如图3-38所示。

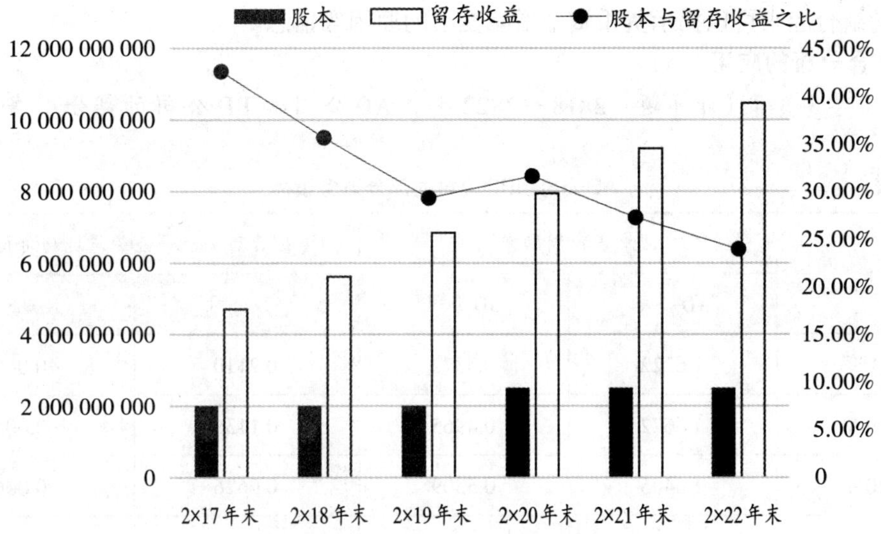

图3-38　投入资本与留存收益之比

（2）2×17—2×22年末，负债与股东权益之比都小于1，说明AF公司更多地是采用权益资金筹资，2×20年后，这种趋势更加明显，二者之比都低于70%以上。负债与股东权益比较如图3-39所示。

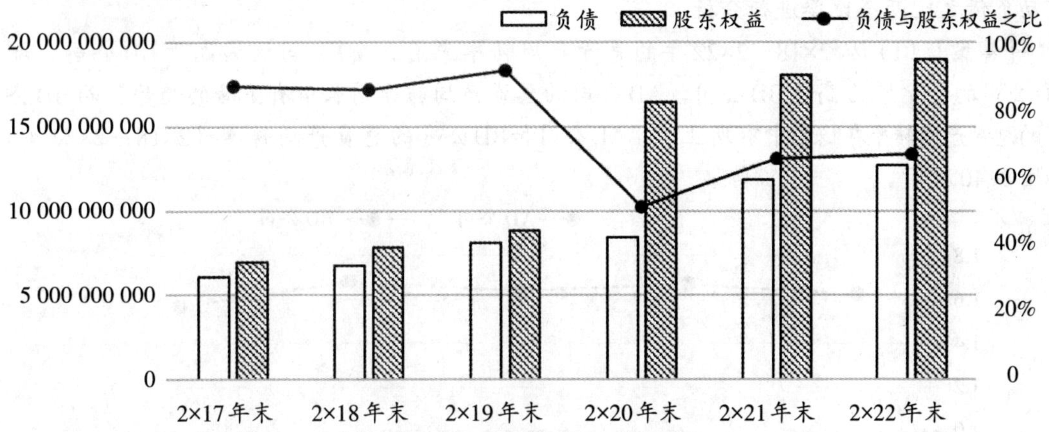

图3-39　负债与所有者权益比较

（七）资产负债表与其他财务报表的结合分析

1.结合分析的要点

由于企业财务状况与经营业绩是对企业经济活动过程及其结果的不同方面的描述，二者之间具有密切联系。因此，资产负债表项目的分析也需要结合其他财务报表相关项目的表现。

把资产负债表有关资产项目与营业收入、净利润、营业成本等项目相结合可以计算反映资产的营运效率、营运效果的财务比率指标，如各类资产及总资产的周转速度、总资产或净资产盈利能力等指标。

把资产负债表有关项目与现金流量表项目相结合可以得出一些有意义的分析，如将经营活动现金净流量与流动负债、负债总额进行比较等可反映基于现金流量视角的偿债能力高低，把货币资金期末存量与报告期经营活动现金流量、投资活动现金流量以及筹资活动现金流量结合起来可以揭示货币资金增减变动的原因等信息。

2.结合分析的应用

【做中学3-31】（计算题）2×18—2×22年，AD公司和BD公司的部分财务指标见表3-66。

表3-66 AD公司和BD公司的部分财务指标

年份	总资产周转率		经营活动现金净流量与流动负债之比	
	AD公司	BD公司	AD公司	BD公司
2×18年	1.6222	0.5372	0.2110	-0.0661
2×19年	1.6672	0.4965	0.1136	-0.0052
2×20年	1.6405	0.5309	0.0626	0.0069
2×21年	1.6817	0.4935	0.0653	-0.0062
2×22年	1.5651	0.5558	0.0703	0.0367

【要求】根据资产，对AD公司和BD公司的总资产周转率和经营活动现金流量净额与流动负债之比两个比率进行分析。

【答案】(1) 从2×18—2×22年的总资产周转率来看，AD公司远远高于BD公司，即AD公司的营运能力高于BD公司。AD公司的总资产周转率增长中有下降的趋势，而BD公司的总资产周转率在稳定中有所上升。AD公司和BD公司的总资产周转率（2×18—2×22年）如图3-40所示。

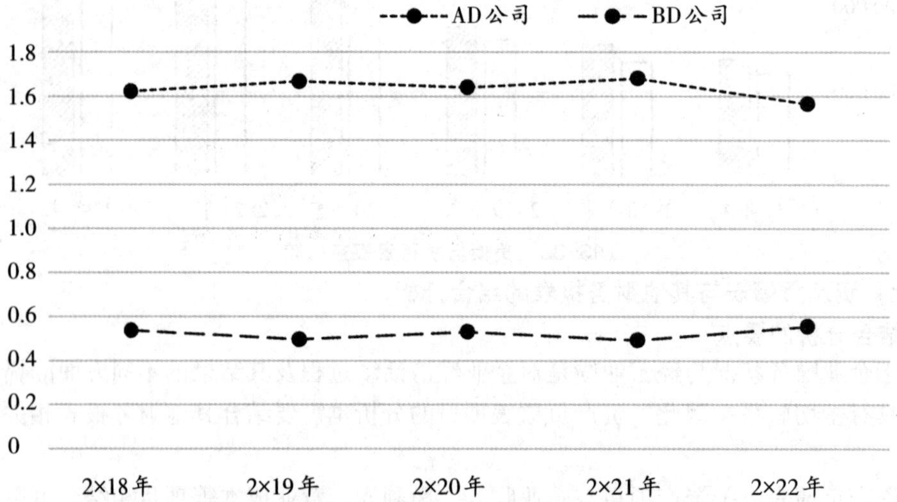

图3-40 AD公司和BD公司的总资产周转率（2×18—2×22年）

(2) 从2×18—2×22年的经营活动现金净流量与流动负债之比来看，AD公司高于BD公司，即AD公司的（短期）偿债能力高于BD公司。AD公司的该比率处于持续下降之势，而BD公司的该比率持续上升。AD公司和BD公司的经营活动现金净流量与流动负债之比（2×18—2×22年）如图3-41所示。

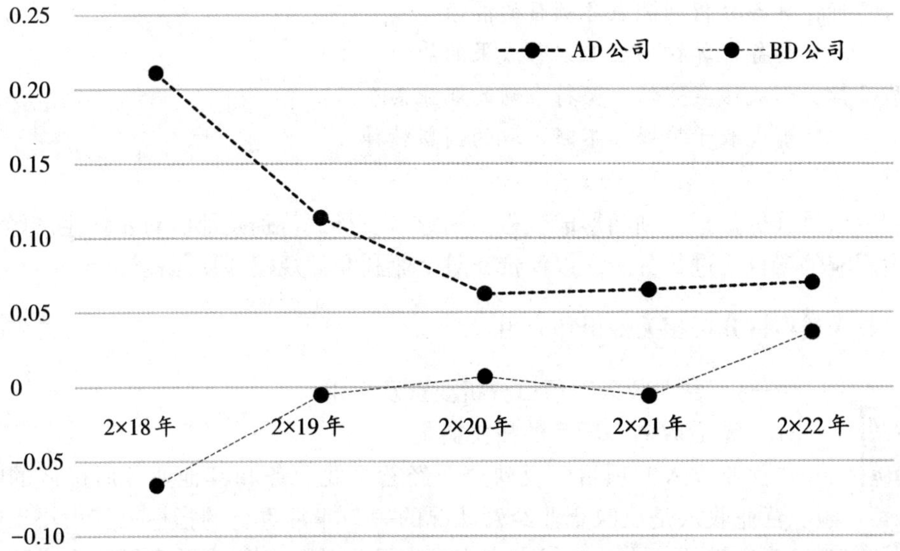

图3-41　AD公司和BD公司的经营活动现金净流量与流动负债之比（2×18—2×22年）

【学思践悟】财务报表作为企业对外发布经营信息的载体，很多时候都能“一叶落而知天下秋”，即使只关注财务报表的一些项目，也能分析出企业财务状况和经营形势的很多“小秘密”。因此，进行报表分析就变得十分重要。

朱镕基同志几乎从不题词，他在任国务院总理期间，却“破例”为新成立的国家会计学院3次题词“不做假账”，并明确指示将其作为校训。这既说明了朱镕基同志对国家会计学院的“偏爱”，更充分显示了他对会计工作和会计人员职业操守的重视。目前，“不做假账”已经成为会计业界甚至经济领域的至理名言。“不做假账”是会计从业人员的基本职业道德和行为准则，所有会计人员必须以诚信为本，以操守为重，遵循准则，不做假账，保证财务信息的真实、可靠。

“不做假账”，呼唤的是诚信，是道德，是人的规范和尊严，是礼之经也！著诚去伪是社会的责任，也是一项长期任务。经济的高速发展固然可喜，但如果文明的底线模糊不清、得不到敬畏坚守，那么这样的繁荣就会十分脆弱。正如文艺复兴揭开了欧洲近代历史的序幕、中华民族走向复兴，不仅要有物质基础，更要有精神准备，首要的一点，就是在滚滚的物质红尘中捍卫文明的底线。

任务二　利润表项目分析

学习目标

知识目标：掌握利润表各项目分析的要点
　　　　　熟悉利润表各项目编制的方法
　　　　　了解利润表各项目的含义

能力目标：具备分析利润表各项目的能力
具备计算初创企业经营成果的能力
素质目标：形成诚实守信、坚持准则的职业素养
形成敢于挑战、不断进取的创新精神

利润表项目分析是指对利润形成过程中的每一项目，特别是那些对企业生产经营成果产生较大影响的项目，进行分析，以评价其对企业利润的规模和质量的影响。

一、收入类项目分析相关知识和应用

微课

收入类项目分析：相关知识和应用（1）

（一）“营业收入”项目分析要点及应用

1.“营业收入”项目的相关概念

“营业收入”项目，反映企业经营主要业务和其他业务所确认的收入总额。营业收入是反映企业经营状况的一个非常重要的指标，其大小反映了企业经营规模的大小、市场占有水平以及企业经营能力的高低。在实际中，我们经常以“营业收入”为分母，建立相对指标进行分析。

“营业收入”项目应当根据“主营业务收入”和“其他业务收入”科目的本期发生额分析填列。一般来说，“主营业务收入”是企业“营业收入”的主要来源，占较大的比重。企业取得收入，应通过“诚信经营”获得，不得走歪门邪道，孔子云，“君子爱财，取之有道”。

2.“营业收入”项目分析的要点

（1）营业收入规模分析。

① 营业收入的规模及其变化趋势。营业收入的规模反映了企业开拓市场的能力和经营规模，也是企业获利的根本和基础。在分析营业收入时，不仅要分析当期营业收入金额的大小，也要结合企业营业收入的历史资料，计算企业营业收入增长变化的趋势，为预测企业未来营业收入变化奠定基础。

② 营业收入所反映的企业在所在行业中的地位。在进行营业收入分析时，既要对企业营业收入进行历史纵向比较，又要与同行业平均水平、行业总收入以及主要竞争对手营业收入进行横向比较，以反映企业经营规模在整个行业中所处的地位。通过行业比较，在一定程度上可以反映出企业营业收入的未来发展前景。

③ 营业收入所反映的企业资产利用效率。营业收入是企业资产使用的结果，应该把营业收入与企业使用的资产进行比较，以计算资产的利用效率。在财务报表分析中，经常使用营业收入计算应收账款周转率、总资产周转率、净资产周转率等指标来分析企业资产运用效率的高低。

（2）营业收入质量分析。

营业收入的质量是指营业收入项目金额的真实公允性。通常情况下，在企业的信用政策保持不变的情况下，营业收入与企业的应收账款平均余额之间具有比较稳定的比例关系。

如果企业当期营业收入与应收账款之间的比例关系发生了重大变化，就要引起分析人

员的注意，需要深入分析是否存在通过突击赊销或者与关联方或分销商联手制造虚假营业收入的情况，以及是否存在采用其他造假行为创造营业收入的情况。

对于来自关联方的营业收入，尤其要关注其金额大小、交易的实质性以及定价的公允性，以判断营业收入的质量。

（3）营业收入构成分析。

营业收入的构成反映了企业营业收入的来源。通过对营业收入来源构成分析，可以明确营业收入的主要来源，以及面临的风险和挑战。

① 营业收入的品种构成。在企业从事多品种经营的条件下，哪些品种是企业过去利润的增长点，其收入占总收入的比重如何，这些都是分析人员需要关心的问题。分析企业主营业务收入的构成，是了解企业过去业绩的基础；分析企业主要品种的未来发展趋势，可以确定企业的未来发展方向。

微课

收入类项目分析：相关知识和应用（2）

② 营业收入的地区构成。在分析主营业务收入时，还应该考虑收入的地区构成，分析哪些地区的收入是企业利润的增长点。不同地区的消费者对不同企业的不同品牌具有不同的偏好，不同地区的市场潜力，在很大程度上制约着企业的未来发展。

3. "营业收入"项目分析的应用

【做中学3-32】（计算题）2×17—2×22年，AF公司营业收入项目及其注释见表3-67至表3-69，AF公司的应收账款周转率见表3-70。

表3-67　AF公司收入的构成　单位：元

项目	2×17年	2×18年	2×19年	2×20年	2×21年	2×22年
主营业务收入	10 070 531 634	11 276 120 534	12 655 966 865	13 272 702 952	16 290 566 904	18 190 913 985
其他业务收入	176 859 861	225 089 235	272 214 792	300 792 103	330 769 369	524 694 770
营业收入	10 247 391 495	11 501 209 769	12 928 181 657	13 573 495 055	16 621 336 273	18 715 608 755

表3-68　AF公司主营业务收入的构成　单位：元

项目	2×17年	2×18年	2×19年	2×20年	2×21年	2×22年
汽车玻璃	9 514 829 117	10 912 029 846	12 439 376 697	13 137 756 530	16 145 325 933	17 868 123 103
浮法玻璃	2 271 823 948	2 238 927 048	2 129 747 849	2 485 240 231	2 729 025 698	2 899 053 827
其他	165 357 730	204 356 862	214 754 526	160 815 336	73 550 610	95 819 302
减：内部抵销	1 881 479 161	2 079 193 222	2 127 912 207	2 511 109 145	2 657 335 337	2 672 082 247
主营业务收入合计	10 070 531 634	11 276 120 534	12 655 966 865	13 272 702 952	16 290 566 904	18 190 913 985

表3-69　AF公司其他业务收入的构成　单位：元

其他业务收入	2×17年	2×18年	2×19年	2×20年	2×21年	2×22年
销售废料及材料	176 859 861	225 089 235	272 214 792	300 792 103	330 769 369	524 694 770

表3-70　　AF公司应收账款周转率

项目＼年份	2×17年	2×18年	2×19年	2×20年	2×21年	2×22年
应收账款周转率	6.2896	6.0585	5.7615	5.2234	5.1952	5.0909

【要求】根据资料，对AF公司的营业收入项目进行分析。

【答案】(1) 2×17—2×22年，AF公司的营业收入处于持续上涨态势，特别是主营业务收入增长快速。AF公司的营业收入及其构成（2×17—2×22年）如图3-42所示。

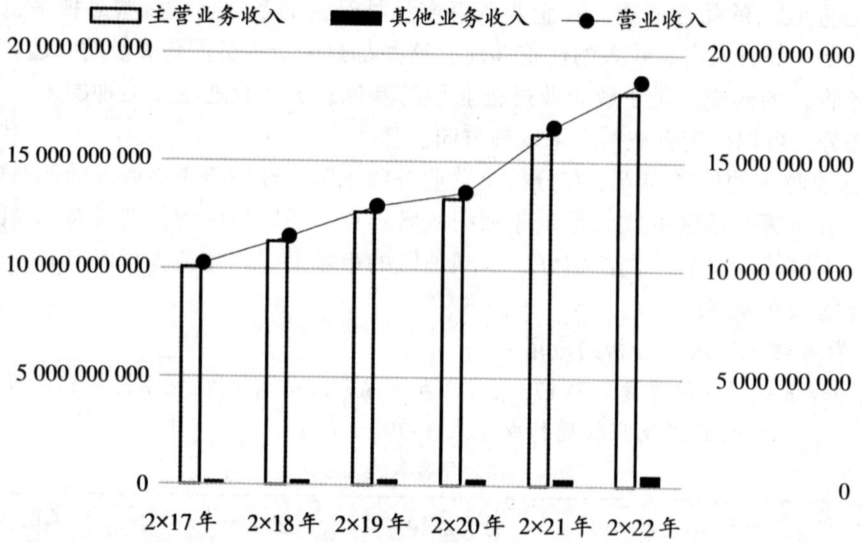

图3-42　AF公司的营业收入及其构成（2×17—2×22年）

(2) 2×17—2×22年，AF公司的应收账款周转率处于持续下降态势，应收账款回收时间变长，质量降低。AF公司的应收账款周转率（2×17—2×22年）如图3-43所示。

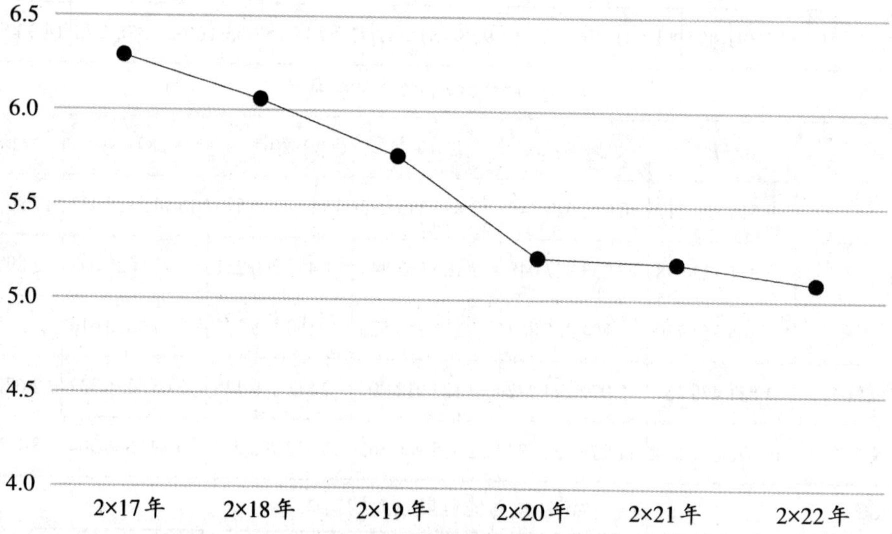

图3-43　AF公司的应收账款周转率（2×17—2×22年）

(3) 2×17—2×22年，AF公司的主营业务收入主要是汽车玻璃，并处于持续增长的趋势。AF公司的主营业务收入构成（2×17—2×22年）如图3-44所示。

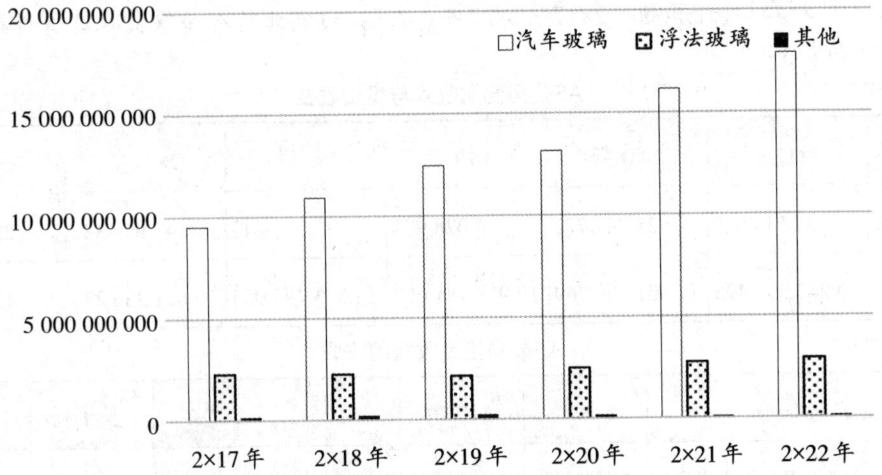

图3-44　AF公司的主营业务收入构成（2×17—2×22年）

【教学案例】2010年、2011年，*ST国药连续两年亏损，公司股票被证券交易所实行退市风险警示。为避免退市，满足维持上市地位所需的营业收入等财务条件，*ST国药想到通过弄虚作假来增加公司的营业收入。2012年9月至2013年10月，*ST国药记录了20笔钢材销售业务，累计确认收入144 201 093.66元。但是，这些业务没有真实的货物和货物流；签订的钢材购销合同所附的提货单，未标示提货所必需的钢材编号，无法提货；钢材购销合同列示的存放钢材的部分第三方仓库表示未存放过相关钢材。请思考：上述20笔钢材销售业务是否应确认收入？会对当期利润产生什么影响？

（二）“投资收益”项目分析要点及应用

1.“投资收益”项目的相关概念

“投资收益”项目，反映企业以各种方式对外投资所取得的收益。

“投资收益”项目应根据“投资收益”科目的发生额分析填列；如为投资损失，以“-”号填列。

2.“投资收益”项目分析的要点

（1）投资收益的规模。投资收益是让渡部分资产使用权而换取的经济利益流入，即通过其他单位使用投资者投入的资产创造效益后分配取得的。正是由于投资收益的这种间接获取的特点，因此投资收益的高低及真实性相对不易控制，如果其数额过大必须引起关注。

（2）投资收益核算方法的恰当性。长期股权投资有成本法和权益法两种核算方法。若不恰当地采用成本法会掩盖企业的投资损失，或转移企业的资产；而不恰当地采用权益法则可能虚增企业的投资收益。因此，必须认真分析企业投资收益的核算方法，确认其真实合理性。

（3）投资收益水平。投资收益率一般应高于同期银行存款利率。如果投资收益率连续几个会计期间低于同期银行存款利率或为负数，则需进一步分析对外投资的目的及合理性。

3. “投资收益”项目分析的应用

【做中学3-33】（计算题）2×17—2×22年，AF公司营业收入与投资收益项目及其注释见表3-71和表3-72。

表3-71 AF公司营业收入与投资收益

单位：元

项目	2×17年	2×18年	2×19年	2×20年	2×21年	2×22年
投资收益	21 538 576	25 747 772	31 028 937	23 781 843	41 956 332	23 390 958
营业收入	10 247 391 495	11 501 209 769	12 928 181 657	13 573 495 055	16 621 336 273	18 715 608 755

表3-72 AF公司投资收益的构成

单位：元

项目	2×17年	2×18年	2×19年	2×20年	2×21年	2×22年
权益法核算的长期股权投资收益	21 538 576	25 747 772	31 028 937	5 559 310	−112 916	−6 016 466
处置长期股权投资产生的投资收益				18 222 533	37 410 152	29 407 424
丧失控制权后，剩余股权按公允价值重新计量产生的利得					4 659 096	
投资收益合计	21 538 576	25 747 772	31 028 937	23 781 843	41 956 332	23 390 958

【要求】根据资料，对AF公司的投资收益项目进行分析。

【答案】（1）2×17—2×22年，AF公司的投资收益与营业收入的比重非常低，投资活动取得的收益不是AF公司主要的收入来源。AF公司的投资收益与营业收入之比如图3-45所示。

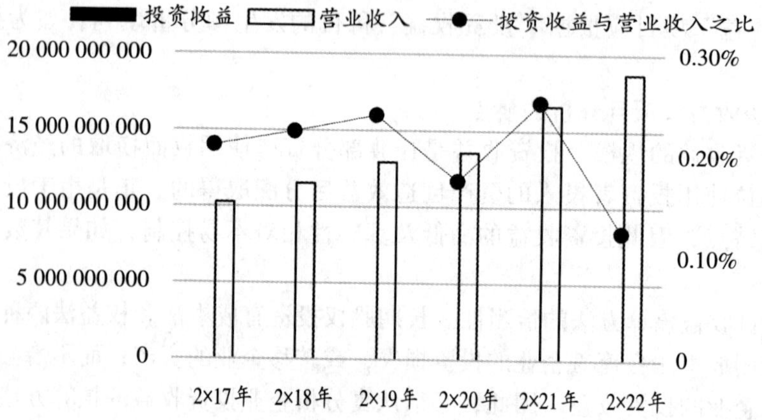

图3-45 AF公司的投资收益与营业收入之比

（2）2×17—2×19年，AF公司的投资收益主要来自权益法核算的长期股权投资，2×20—2×22年，投资收益主要来自处置长期股权投资。AF公司的投资收益的构成如图3-46所示。

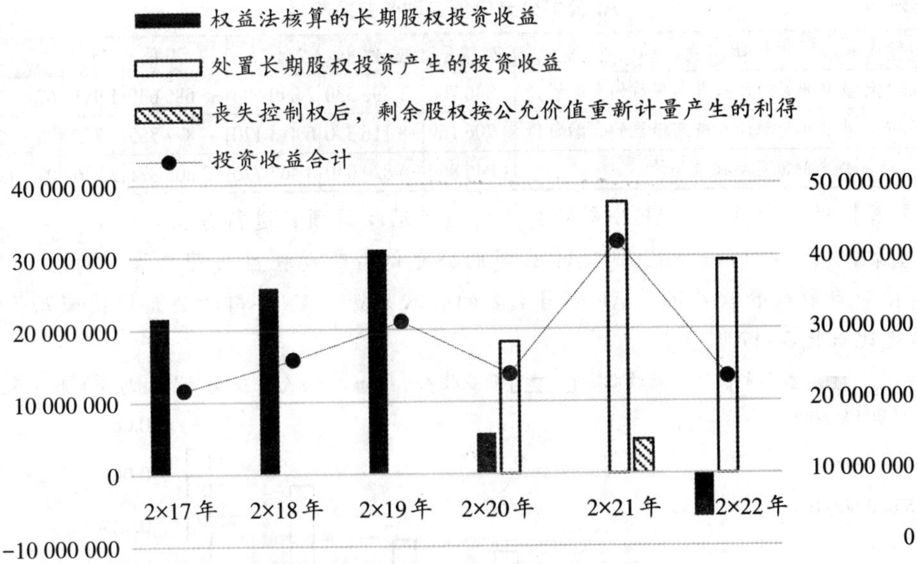

图3-46 AF公司的投资收益的构成

（三）“公允价值变动收益”项目分析要点及应用

1. “公允价值变动收益”项目的相关概念

“公允价值变动收益”项目，反映企业应当计入当期损益的资产或负债公允价值变动损益。按照现行企业会计准则的要求，交易性金融资产、投资性房地产等项目在资产负债表上应按照公允价值（即市场价格）列示。当这些资产的期末公允价值高于（或低于）其账面价值时，差额需要确认为公允价值变动收益（或损失）。

“公允价值变动收益”项目应根据“公允价值变动损益”科目的发生额分析填列；如为净损失，以“-”号填列。

2. “公允价值变动收益”项目分析的要点

微课

收入类项目分析：相关知识和应用（3）

（1）公允价值变动损益的规模。关注公允价值变动损益的绝对数额，其绝对数额越大，说明企业相关资产面临的风险越大，反之，则说明相关资产的风险越小。

（2）按公允价值计量的资产价值的变动。关注采用公允价值计价的资产构成及单项资产公允价值波动的可能性大小，以分析企业面临的风险水平。

3. “公允价值变动收益”项目分析的应用

【做中学3-34】（计算题）2×17—2×22年，AF公司营业收入与公允价值变动收益项目及其注释见表3-73和表3-74。

表3-73 AF公司营业收入与公允价值变动收益 单位：元

项目	2×17年	2×18年	2×19年	2×20年	2×21年	2×22年
公允价值变动收益	1 046 869	-6 820 040	8 462 776	-2 808 871	2 776 702	-19 118 332
营业收入	10 247 391 495	11 501 209 769	12 928 181 657	13 573 495 055	16 621 336 273	18 715 608 755

表3-74 AF公司公允价值变动收益的构成

单位：元

项目	2×17年	2×18年	2×19年	2×20年	2×21年	2×22年
以公允价值计量且其变动计入当期损益的金融资产	340 700	1 296 330	2 049 606	-3 686 636	1 951 267	3 538 137
以公允价值计量且其变动计入当期损益的金融负债	706 169	-8 116 370	6 413 170	877 765	825 435	-22 656 469
公允价值变动收益合计	1 046 869	-6 820 040	8 462 776	-2 808 871	2 776 702	-19 118 332

【要求】根据资料，对AF公司的公允价值变动收益项目进行分析。

【答案】(1) 2×17—2×22年，AF公司的公允价值变动收益与营业收入的比重非常低，公允价值变动取得的收益不是AF公司主要的收入来源。AF公司的公允价值变动收益与营业收入之比如图3-47所示。

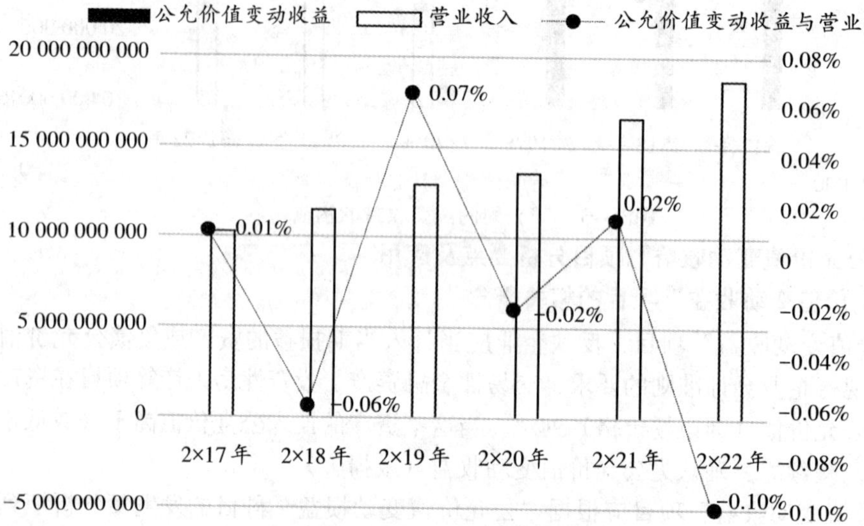

图3-47 AF公司的公允价值变动收益与营业收入之比

(2) 2×17—2×19年，AF公司的公允价值变动收益包括两部分："以公允价值计量且其变动计入当期损益的金融资产"和"以公允价值计量且其变动计入当期损益的金融负债"。AF公司的公允价值变动收益的构成如图3-48所示。

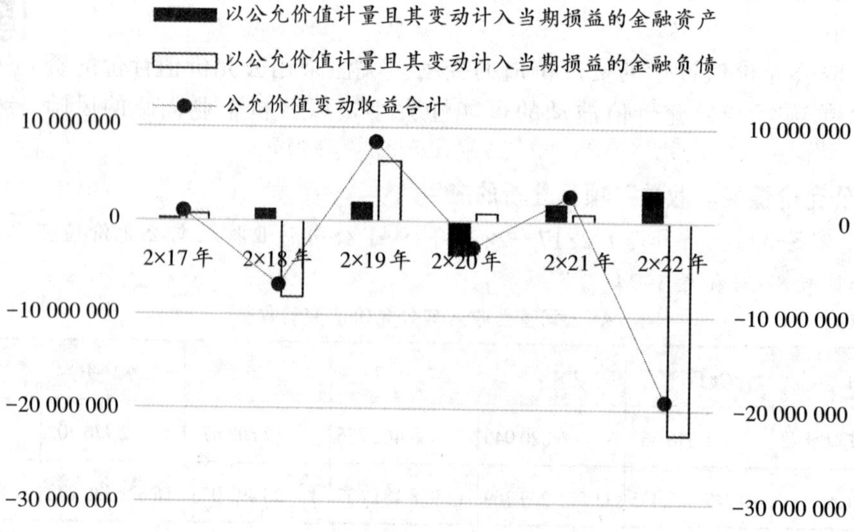

图3-48 AF公司的公允价值变动收益的构成

(四)"营业外收入"项目分析要点及应用

1. "营业外收入"项目的相关概念

"营业外收入"项目，反映企业发生的除营业利润以外的收益，主要包括债务重组利得、与企业日常活动无关的政府补助、盘盈利得、捐赠利得（企业接受股东或股东的子公司直接或间接的捐赠，经济实质属于股东对企业的资本性投入的除外）等。

"营业外收入"项目应根据"营业外收入"科目的发生额分析填列。

2. "营业外收入"项目分析的要点

营业外收入通常属于不经过经营过程取得或不曾期望获得的收益，其数额一般较小。如果数额较大，比如占营业收入的10%以上，则需要进一步分析其产生的原因及可持续性。

3. "营业外收入"项目分析的应用

【做中学3-35】（计算题）2×17—2×22年，AF公司营业收入、营业外收入项目构成见表3-75和表3-76。

表3-75 AF公司营业收入项目 单位：元

项目	2×17年	2×18年	2×19年	2×20年	2×21年	2×22年
营业收入	10 247 391 495	11 501 209 769	12 928 181 657	13 573 495 055	16 621 336 273	18 715 608 755

表3-76 AF公司营业外收入项目构成 单位：元

项目	2×17年	2×18年	2×19年	2×20年	2×21年	2×22年
非流动资产处置利得	5 440 472	145 637 123	5 631 833	7 147 462		
其中：固定资产处置利得	5 440 472	15 192 888	5 631 833	7 147 462		
无形资产处置利得		130 444 235				
政府补助	62 917 313	54 296 882	46 017 082	97 835 999	89 542 263	164 000
其他	13 726 895	8 509 451	19 832 019	24 951 791	11 350 600	27 008 108
营业外收入	82 084 680	208 443 456	71 480 934	129 935 252	100 892 863	27 172 108

【要求】对AF公司的营业外收入项目进行分析。

【答案】（1）2×17—2×22年，营业外收入与营业收入之比非常小，不足1%，营业外收入对企业利润总额的影响非常小，说明AF公司的主要利润来源是营业利润。AF公司营业外收入与营业收入之比（2×17—2×22年）如图3-49所示。

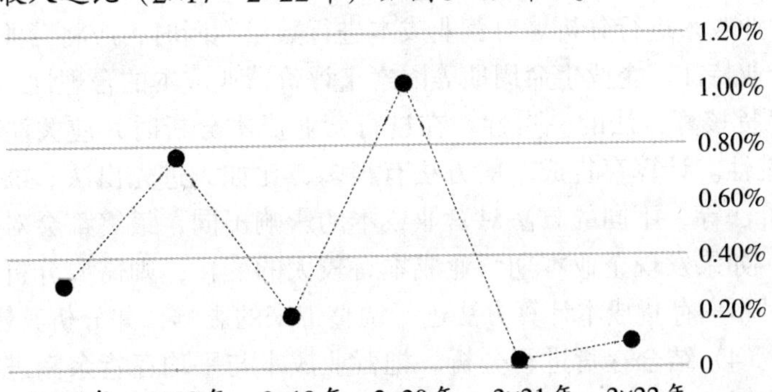

图3-49 AF公司营业外收入与营业收入之比（2×17—2×22年）

（2）2×17—2×21年，营业外收入以不稳定的政府补助为主，其他营业外收入逐年增加，2×21年和2×22年没有取得非流动资产处置利得。AF公司营业外收入的主要构成内容（2×17—2×22年）如图3-50所示。

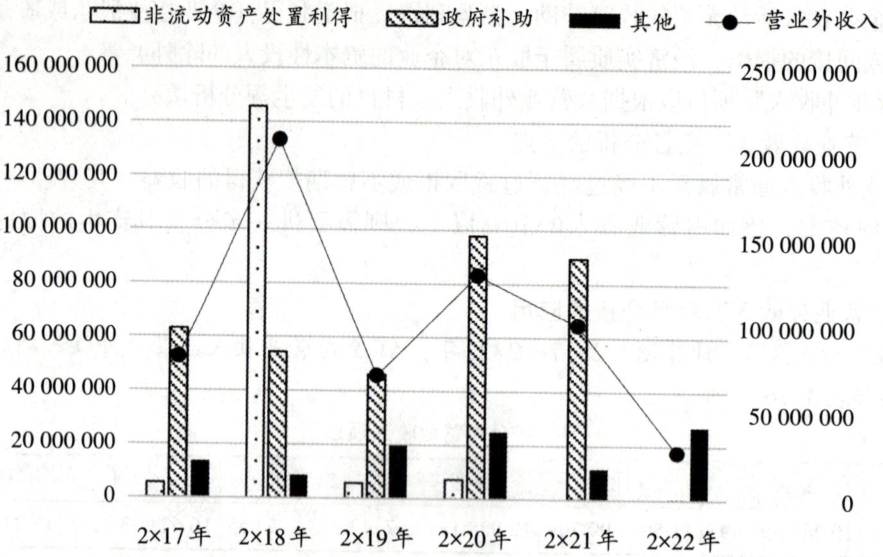

图3-50 AF公司营业外收入的主要构成内容（2×17—2×22年）

二、费用类项目分析相关知识和应用

（一）“营业成本”项目分析要点及应用

1.“营业成本”项目的相关概念

“营业成本”项目，反映企业经营主营业务和其他业务所发生的成本总额。

“营业成本”项目应根据“主营业务成本”和“其他业务成本”科目的发生额分析填列。

2.“营业成本”项目分析的要点

（1）营业成本水平的高低。影响企业营业成本水平高低的既有企业不可控的因素（如受市场因素的影响而引起的价格波动等），也有企业可以控制的因素（如企业可以选择供货渠道、采购批量来控制成本水平等），因此，对营业成本变化的评价应结合多种因素进行。

（2）结合营业收入进行分析。对营业成本进行数量判断时，应将营业成本和营业收入配比，并结合行业特征、企业生命周期等因素来评价营业成本的合理性。

（3）关注存货核算方法的一贯性。在进行营业成本分析时，应关注存货核算方法的一贯性。计算存货成本的方法有很多，比如先进先出法、加权平均法、个别计价法等，不同的方法对营业成本的影响不同，最终都会对企业利润产生影响。如果发现企业本期营业成本有较大的变化，则需要分析该变化是不是企业对本期存货成本计算方法进行调整带来的影响，并分析其影响程度。

微课

费用类项目分析：相关知识和应用（1）

（4）结合存货进行分析。把营业成本与平均存货余额进行对比，计算出存货周转率，以此来评价企业存货的管理效率。

3. “营业成本”项目分析的应用

【做中学3-36】（计算题）2×17—2×22年，AF公司营业收入、营业成本项目及其注释见表3-77至表3-80，AF公司的存货周转率见表3-81。

表3-77 AF公司收入的构成 单位：元

项目	2×17年	2×18年	2×19年	2×20年	2×21年	2×22年
主营业务收入	10 070 531 634	11 276 120 534	12 655 966 865	13 272 702 952	16 290 566 904	18 190 913 985
其他业务收入	176 859 861	225 089 235	272 214 792	300 792 103	330 769 369	524 694 770
营业收入	10 247 391 495	11 501 209 769	12 928 181 657	13 573 495 055	16 621 336 273	18 715 608 755

表3-78 AF公司成本的构成 单位：元

项目	2×17年	2×18年	2×19年	2×20年	2×21年	2×22年
主营业务成本	6 295 483 738	6 684 821 074	7 374 323 497	7 696 406 162	9 329 573 724	10 484 369 082
其他业务成本	42 432 215	54 685 256	82 231 674	117 937 075	133 740 207	228 242 734
营业成本	6 337 915 953	6 739 506 330	7 456 555 171	7 814 343 237	9 463 313 931	10 712 611 816

表3-79 AF公司主营业务成本的构成 单位：元

项目	2×17年	2×18年	2×19年	2×20年	2×21年	2×22年
汽车玻璃	6 238 788 876	6 943 570 130	7 832 729 038	8 237 716 627	10 069 543 726	11 274 474 151
浮法玻璃	1 842 948 856	1 687 198 231	1 526 956 611	1 877 414 538	1 889 551 191	1 841 648 761
其他	95 225 167	133 245 935	142 550 055	92 384 142	27 814 144	40 328 417
减：内部抵销	1 881 479 161	2 079 193 222	2 127 912 207	2 511 109 145	2 657 335 337	2 672 082 247
主营业务成本合计	6 295 483 738	6 684 821 074	7 374 323 497	7 696 406 162	9 329 573 724	10 484 369 082

表3-80 AF公司其他业务成本的构成 单位：元

其他业务成本	2×17年	2×18年	2×19年	2×20年	2×21年	2×22年
销售废料及材料	42 432 215	54 685 256	82 231 674	117 937 075	133 740 207	228 242 734

表3-81 AF公司存货周转率

指标	2×17年	2×18年	2×19年	2×20年	2×21年	2×22年
存货周转率	3.3365	3.5616	3.6857	3.3510	3.5841	3.7193

【要求】对AF公司的营业成本项目进行分析。

【答案】(1) 2×17—2×22年，AF公司的营业收入与营业成本都保持了一定的增长速度，二者的差距逐渐拉大，是因为营业收入的增长快于营业成本的增长，说明企业在保持营业收入快速增长的同时，有效降低了营业成本。AF公司的营业收入和营业成本

（2×17—2×22年）如图3-51所示。

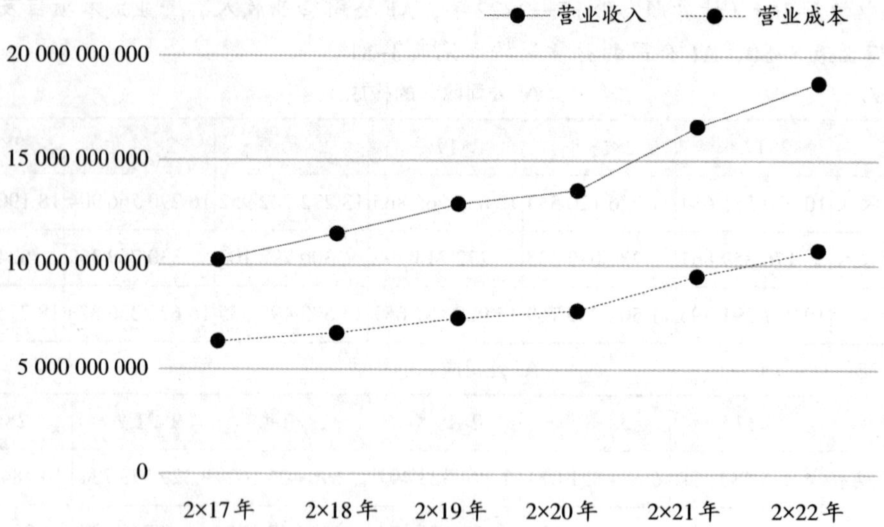

图3-51 AF公司的营业收入和营业成本（2×17—2×22年）

（2）2×17—2×22年，AF公司的存货周转率保持稳定，均在3.3~3.8之间，存货管理政策稳定。AF公司的存货周转率（2×17—2×22年）如图3-52所示。

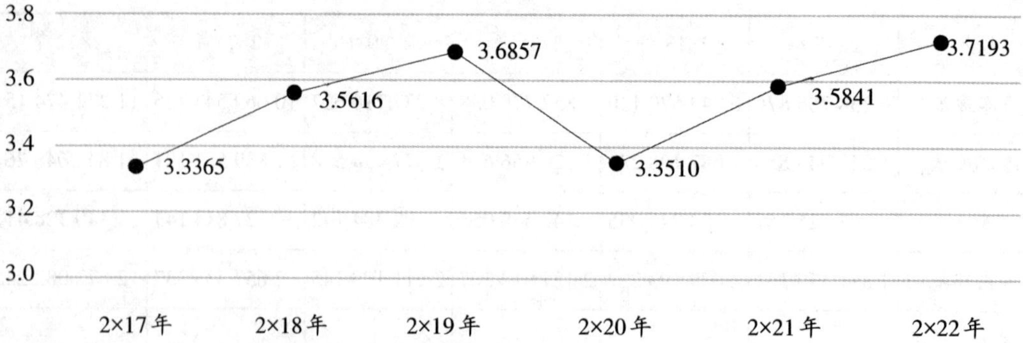

图3-52 AF公司的存货周转率（2×17—2×22年）

（二）“税金及附加”项目分析要点及应用

1.“税金及附加”项目的相关概念

“税金及附加”项目，反映企业经营业务应负担的消费税、城市维护建设税、教育费附加、资源税、土地增值税及房产税、车船税、城镇土地使用税、印花税等相关税费。

“税金及附加”项目应根据“税金及附加”科目的发生额分析填列。

2.“税金及附加”项目分析的要点

（1）税金及附加的规模。税金及附加体现了企业生产经营环节中的税收负担，是反映企业对国家财政贡献水平的一个重要指标。

通常，税金及附加越大，说明企业对国家的财政贡献越多，受政府关注的程度也会越高。

（2）与所得税费用、当期缴纳的增值税结合分析。把税金及附加与所得税费用以及当期缴纳的增值税结合在一起进行分析，可以综合衡量企业在报告期内对国家财政的直接贡献，把三个项目的合计数与当地同期财政收入进行对比，可以大致衡量（因为企业缴纳的税收和附加中有一部分要上交中央财政）该企业对地方的影响。该合计数越大，占地方财政收入的比例越高，该企业对于地方就越重要，就会得到地方政府越多的支持和关照。

3.“税金及附加”项目分析的应用

【做中学3-37】（计算题）2×17—2×22年，AF公司利润表部分项目及税金及附加项目注释见表3-82和表3-83。

表3-82　　AF公司利润表部分数据　　单位：元

项目	2×17年	2×18年	2×19年	2×20年	2×21年	2×22年
营业收入	10 247 391 495	11 501 209 769	12 928 181 657	13 573 495 055	16 621 336 273	18 715 608 755
税金及附加	67 787 191	86 169 090	98 136 348	112 453 855	174 265 074	200 263 617
销售费用	778 540 137	876 776 071	982 164 821	1 020 584 621	1 184 740 033	1 274 308 845
管理费用	995 163 549	1 294 180 997	1 538 930 152	1 873 364 984	2 392 097 806	2 600 820 616
财务费用	245 042 513	243 803 451	285 435 283	−289 059 545	−399 432 422	418 737 949
投资收益	21 538 576	25 747 772	31 028 937	23 781 843	41 956 332	23 390 958
公允价值变动收益	1 046 869	−6 820 040	8 462 776	−2 808 871	2 776 702	−19 118 332
营业利润	1 811 339 063	2 258 072 386	2 591 600 730	3 051 239 940	3 822 544 298	3 669 926 656
营业外收入	82 084 680	208 443 456	71 480 934	129 935 252	100 892 863	27 172 108
营业外支出	30 840 746	87 475 381	24 233 341	138 450 464	3 811 457	17 376 997
利润总额	1 862 582 997	2 379 040 461	2 638 848 323	3 042 724 728	3 919 625 704	3 679 721 767
所得税费用	337 942 467	461 923 837	421 567 157	435 226 131	776 909 142	531 479 253
净利润	1 524 640 530	1 917 116 624	2 217 281 166	2 607 498 597	3 142 716 562	3 148 242 514

表3-83　　AF公司税金及附加项目构成　　单位：元

项目	2×17年	2×18年	2×19年	2×20年	2×21年	2×22年
城市维护建设税	35 765 709	45 919 213	52 312 216	58 619 236	72 704 031	70 434 375
教育费附加	17 570 490	22 560 854	25 301 979	26 923 086	32 167 616	31 877 737
资源税	1 725 245	1 570 056	1 560 715	1 672 067	1 478 195	3 185 937
房产税					21 307 703	41 216 925
城镇土地使用税					12 940 746	19 314 228
车船税					36 753	93 862
印花税					6 224 837	9 975 196
地方教育附加	11 765 065	14 833 888	16 867 845	18 059 541	22 663 085	20 753 285
其他	960 682	1 285 079	2 093 593	7 179 925	4 742 108	3 412 072
合计	67 787 191	86 169 090	98 136 348	112 453 855	174 265 074	200 263 617

注：根据财政部《增值税会计处理规定》（财会〔2016〕22号）的通知，从2016年5月1日起将“管理费用”科目下核算的城镇土地使用税、房产税、车船税及印花税，统一在“税金及附加”科目中进行核算。

【要求】根据资料，对AF公司的税金及附加项目进行分析。

【答案】(1) 2×17—2×22年，AF公司的税金及附加以城市维护建设税和教育费附加为主；2×21年后，AF公司开始缴纳房产税，它也逐渐成为税金及附加的主要组成部分。AF公司的税金及附加项目的主要构成（2×17—2×22年）如图3-53所示。

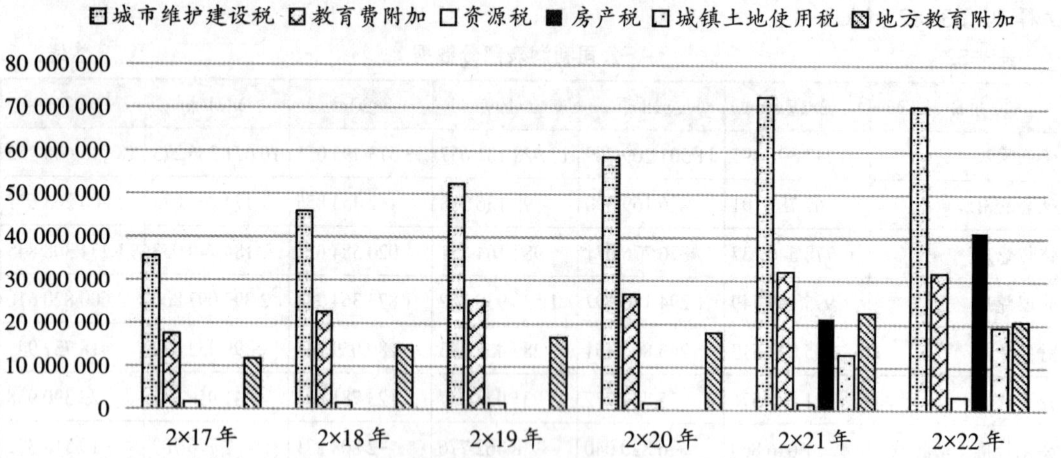

图3-53 AF公司的税金及附加项目的主要构成（2×17—2×22年）

(2) 2×17—2×20年，AF公司税金及附加在营业收入中的比重稳步上升，2×21年以后快速上升，这是由于从2016年5月1日起将“管理费用”科目下核算的城镇土地使用税、房产税、车船税及印花税，统一在“税金及附加”科目中进行核算。AF公司税金及附加占营业收入的比率（2×17—2×22年）如图3-54所示。

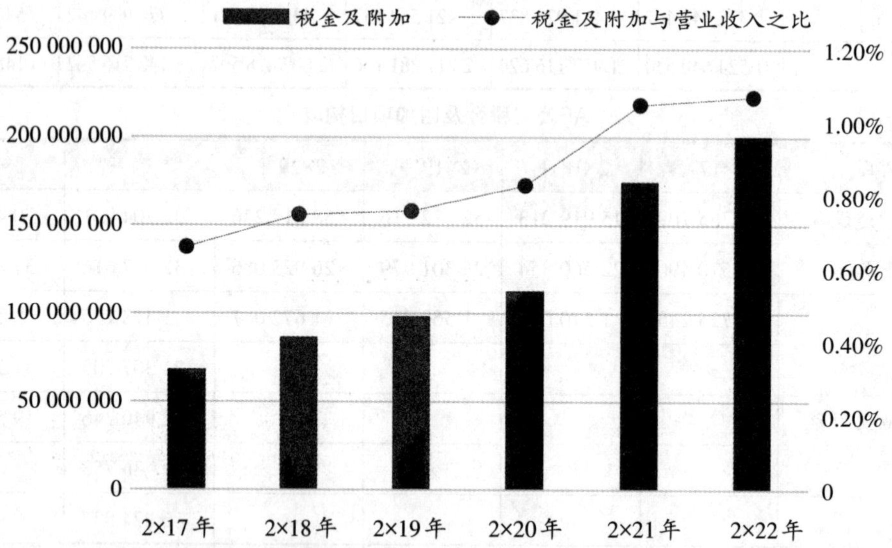

图3-54 AF公司税金及附加占营业收入的比率（2×17—2×22年）

（三）“销售费用”项目分析要点及应用

1.“销售费用”项目的相关概念

“销售费用”项目，反映企业在销售商品过程中发生的包装费、广告费等费用和为销售本企业商品而专设的销售机构的职工薪酬、业务费等经营费用。

"销售费用"项目应根据"销售费用"科目的发生额分析填列。

微课

费用类项目分析：相关知识和应用（2）

2."销售费用"项目分析的要点

（1）销售费用占营业收入的比例及其变化情况。通常，销售费用与营业收入之间存在正相关关系。在一定范围内，二者之间的比例应相对稳定。销售费用占营业收入的比例越低，通常意味着企业营销效果越好，产品适销程度越高，反之，则说明企业营销效果不佳或产品适销程度差。

在对销售费用进行分析时，必须联系营业收入才能获得正确的评价。对销售费用进行分析，既要分析报告期销售费用占营业收入比例的高低，又要把该比例与企业历史水平进行比较，以反映企业营销水平、营销效果的变化趋势；更重要的是，还要把报告企业的销售费用占营业收入的比例与同行业平均水平、主要竞争对手同一指标进行比较，以反映报告企业营销水平在整个行业中的地位或相对于主要竞争对手的差距或优势。

（2）销售费用的构成情况。根据财务报表附注对销售费用的详细描述，分析各种销售费用占总体销售费用的比例，以便找出降低销售费用的具体途径。同时，要关注长期待摊费用中属于销售费用性质的部分：一是关注总额；二是分析巨额广告费等销售费用的摊销期是否合理，若摊销期过长，会减少当期销售费用，制造利润"泡沫"。

3."销售费用"项目分析的应用

【做中学3-38】（计算题）2×17—2×22年，AF公司营业收入与销售费用项目注释见表3-84。

表3-84　AF公司营业收入与销售费用项目构成　单位：元

项目	2×17年	2×18年	2×19年	2×20年	2×21年	2×22年
营业收入	10 247 391 495	11 501 209 769	12 928 181 657	13 573 495 055	16 621 336 273	18 715 608 755
运费	165 993 529	193 288 627	225 279 825	240 934 252	292 394 366	375 045 145
包装费	234 757 318	262 123 083	286 470 875	289 607 964	301 037 794	331 388 726
仓储配送费	178 524 632	206 370 005	231 026 660	237 576 612	268 687 419	236 404 981
职工薪酬	63 416 484	77 677 069	84 165 284	97 083 301	130 255 691	113 248 217
售后服务费	35 564 385	36 736 603	44 682 386	46 495 204	52 928 456	54 088 316
租赁费			20 052 288	21 679 175	28 114 627	31 270 840
保险费	25 193 438	32 507 278	32 362 266	20 897 447	27 148 457	30 836 650
其他	75 090 351	68 073 406	58 125 237	66 310 666	84 173 223	102 025 970
销售费用合计	778 540 137	876 776 071	982 164 821	1 020 584 621	1 184 740 033	1 274 308 845

【要求】对AF公司的销售费用项目进行分析。

【答案】（1）2×17—2×22年，AF公司的销售费用逐年上升，但是上升的幅度低于营业收入上升的幅度，因此销售费用占营业收入的比率逐年下降，甚至2×21年出现大幅度下滑，说明AF公司营销效果越来越好，产品适销程度进一步提高。AF公司销售费用与营业收入之比（2×17—2×22年）如图3-55所示。

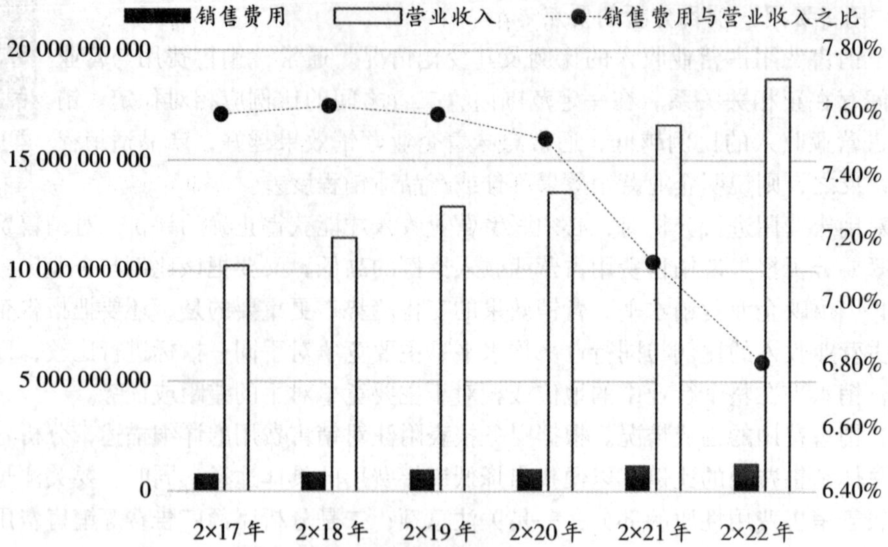

图3-55　AF公司销售费用与营业收入之比（2×17—2×22年）

（2）2×17—2×22年，AF公司的销售费用主要是包装费、运费、仓储配送费和职工薪酬；2×22年，运费的数额超过包装费，成为销售费用的第一构成项目。AF公司销售费用的主要构成（2×17—2×22年）如图3-56所示。

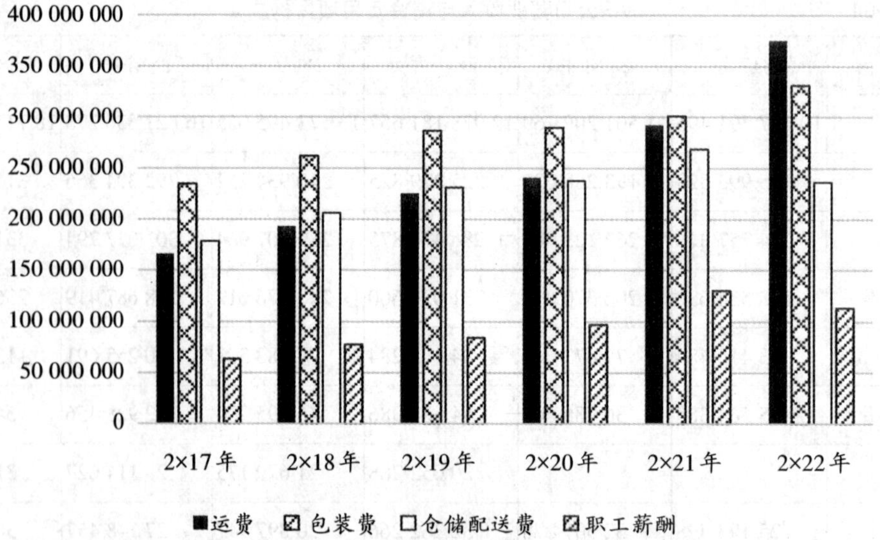

图3-56　AF公司销售费用的主要构成（2×17—2×22年）

（四）“管理费用”项目分析要点及应用

1.“管理费用”项目的相关概念

“管理费用”项目，反映企业为组织和管理生产经营发生的管理费用。

“管理费用”项目应根据“管理费用”科目的发生额分析填列。

2.“管理费用”项目分析的要点

（1）管理费用与营业收入之间的比例及其变动情况。该比例在企业营业规模一定的情况下，不同时期变动通常不会太大。如果不同期间该比例变化很大，应结合管理费用的构成情况分析原因。

另外，还应该把企业该比率与其所在行业的管理费用水平或者主要竞争对手的管理费用水平进行比较，以便分析考查其管理费用水平的合理性。

（2）管理费用与财务预算的比较。从成本特性的角度来看，企业的管理费用很多属于固定性费用，在企业营业规模一定、营业收入量一定的情况下，有效地控制与压缩那些固定性行政管理费用，将会给企业带来更多的收益。如果能获得企业的管理费用预算资料，把实际发生额与预算进行比较，便可以发现管理费用开支的成效与问题。

3. **“管理费用”项目分析的应用**

【做中学3-39】（计算题）2×17—2×22年，AF公司营业收入与管理费用项目注释见表3-85。

表3-85　AF公司营业收入与管理费用项目构成①　单位：元

项目	2×17年	2×18年	2×19年	2×20年	2×21年	2×22年
营业收入	10 247 391 495	11 501 209 769	12 928 181 657	13 573 495 055	16 621 336 273	18 715 608 755
职工薪酬	320 061 905	407 240 443	449 904 487	547 431 789	900 279 265	715 831 137
研发支出	236 460 725	388 757 913	517 924 312	592 889 207	803 441 192	727 586 099
修理费	136 294 493	141 128 798	162 000 588	145 739 398	246 155 802	215 325 131
折旧	59 200 087	68 914 619	52 864 629	90 819 248	125 888 856	114 821 665
存货报废（处理）			20 504 840	18 463 393	71 951 110	159 261 917
差旅费			11 020 159	52 981 283	66 212 800	62 436 143
消防安全及环保			20 512 064	32 901 591	64 051 623	52 192 684
租赁费	20 496 719	21 938 567	22 569 189	28 935 277	45 825 449	37 886 826
顾问费					45 731 475	43 259 921
无形资产摊销	26 078 337	22 198 960	24 654 058	28 213 663	38 096 039	33 131 743
保险费	21 823 670	23 932 522	23 354 380	30 591 452	32 784 461	29 670 864
开办费	15 871 651	35 463 789	58 676 843	129 032 017	12 403 690	37 107 950
税费	41 115 654	49 492 779	56 101 416	67 029 990	9 529 066	33 619 258
其他	88 078 822	106 545 014	90 932 489	102 025 621	138 469 788	129 966 468
技术转让及服务费	29 681 486	28 567 593	27 910 698	6 311 055		
管理费用合计	995 163 549	1 294 180 997	1 538 930 152	1 873 364 984	2 600 820 616	2 392 097 806

【要求】对AF公司的管理费用项目进行分析。

【答案】（1）2×17—2×22年，AF公司的管理费用占营业收入的比重在持续上升中又有所下降，可以结合2×20年和2×21年的比值进一步观察。AF公司管理费用与营业收入之比（2×17—2×22年）如图3-57所示。

（2）2×17—2×22年，管理费用以职工薪酬和研发支出为主，受职工薪酬和研发支出降低的影响，2×22年管理费用呈现出下降趋势。AF公司管理费用的主要构成（2×17—2×22年）如图3-58所示。

① 2018年6月15日，《财政部关于修订印发2018年度一般企业财务报表格式的通知》颁布的一般企业财务报表格式（适用于已执行新金融准则或新收入准则的企业），将“研发支出”在利润表中单独一行列示。

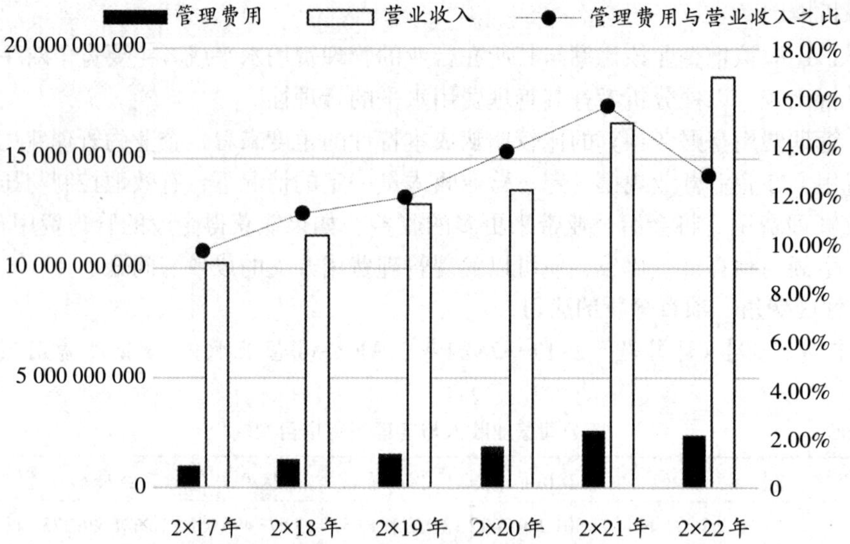

图3-57 AF公司管理费用与营业收入之比（2×17—2×22年）

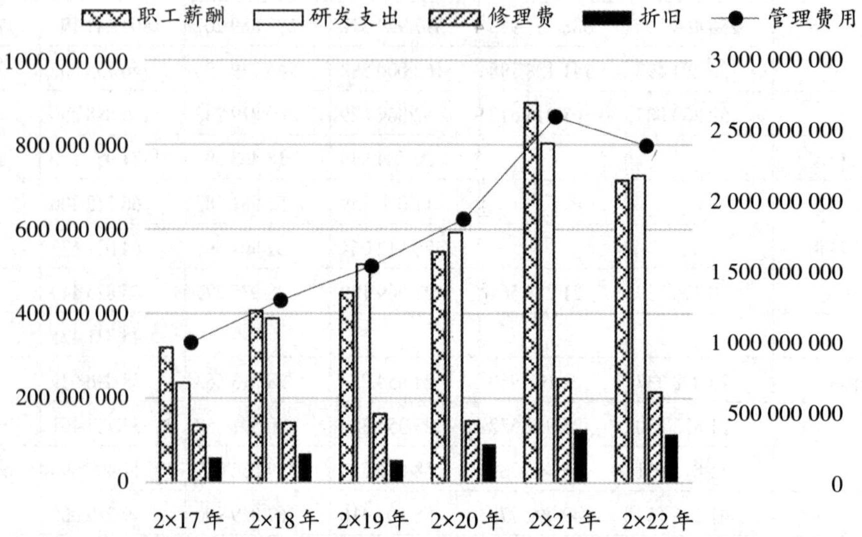

图3-58 AF公司管理费用的主要构成（2×17—2×22年）

（五）“财务费用”项目分析要点及应用

微课

费用类项目分析：相关知识和应用（3）

1.“财务费用”项目的相关概念

“财务费用”项目，反映企业为筹集生产经营所需资金等而发生的筹资费用。该项目应根据“财务费用”科目的发生额分析填列。

“利息费用”项目，反映企业为筹集生产经营所需资金等而发生的应予费用化的利息支出，该项目应根据“财务费用”科目的相关明细科目的发生额分析填列。

“利息收入”项目，反映企业确认的利息收入，应根据“财务费用”科目的相关明细科目的发生额分析填列。

2.“财务费用”项目分析的要点

（1）财务费用与营业收入的比较。通过对该比率进行行业水平比较，并结合企业规模以及本企业经营生命周期、历史水平分析，判断其合理性与合法性（如企业之间的私下信贷交易产生的财务费用，属于违规行为）。

（2）信贷利率与总资产利润率相比较。如果信贷利率小于总资产利润率，则说明贷款具有正的财务杠杆效应；反之，则说明财务杠杆效应为负。通过财务杠杆效应的正负可以大致判断财务费用开支的合理性。

（3）财务费用的赤字。对于大多数企业而言，财务费用不会出现赤字，如果出现企业的存款利息收入大于贷款利息费用的时候，且数额较大，也应引起注意，要进一步查明原因，分析其合理性。

3.“财务费用”项目分析的应用

【做中学3-40】（计算题）2×17—2×22年，AF公司利润表财务费用项目注释见表3-86。

表3-86 AF公司财务费用项目构成 单位：元

项目	2×17年	2×18年	2×19年	2×20年	2×21年	2×22年
利息支出	226 203 288	202 297 219	241 222 905	190 512 029	157 713 120	182 373 020
利息收入	−2 198 740	−3 116 664	−14 361 516	−19 724 867	−106 577 485	−156 658 899
汇兑损益	17 172 734	42 154 832	48 655 931	−466 734 319	−458 716 176	387 506 549
其他	3 865 231	2 468 064	9 917 963	6 887 612	8 148 119	5 517 279
合计	245 042 513	243 803 451	285 435 283	−289 059 545	−399 432 422	418 737 949

【要求】对AF公司的财务费用项目进行分析。

【答案】2×17—2×22年，AF公司的财务费用占营业收入的比重处于不断波动的状态；2×17—2×19年，利息支出净额在财务费用中占较大比重；2×20—2×22年，汇兑损益对财务费用的数额有较大的影响。AF公司财务费用的主要构成和财务费用与营业收入之比（2×17—2×22年）如图3-59所示。

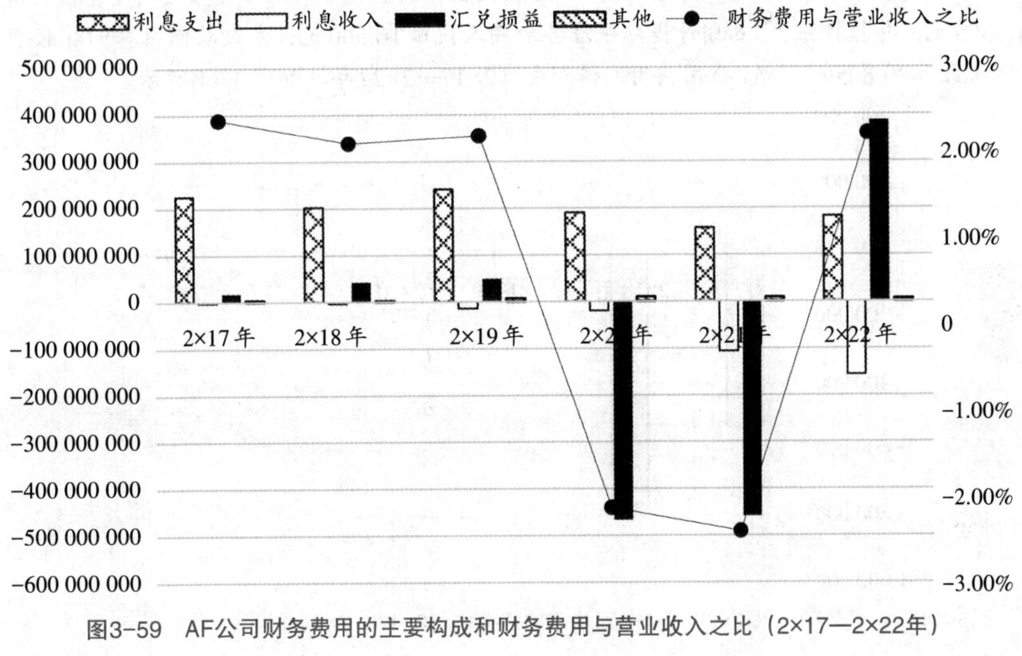

图3-59 AF公司财务费用的主要构成和财务费用与营业收入之比（2×17—2×22年）

(六)"资产(信用)减值损失"项目分析要点及应用

1."资产(信用)减值损失"项目的相关概念

"资产减值损失"项目,反映企业各项资产发生的减值损失。该项目应根据"资产减值损失"科目的发生额分析填列。

"信用减值损失"项目,反映企业计提的各项金融工具减值准备所形成的预期信用损失。该项目应根据"信用减值损失"科目的发生额分析填列。

2."资产(信用)减值损失"项目分析的要点

对资产(信用)减值损失既要关注当期减值的金额和不同期间资产减值的变化情况,也要关注资产减值的具体项目构成,以便发现引起企业资产价值减损的主要项目,从而有针对性地进行资产管理,降低资产经营风险。

3."资产(信用)减值损失"项目分析的应用

【做中学3-41】(计算题)2×17—2×22年,AF公司利润表资产减值损失和信用减值损失项目注释见表3-87。

表3-87 AF公司资产减值损失和信用减值损失项目构成 单位:元

项目	2×17年	2×18年	2×19年	2×20年	2×21年	2×22年
信用减值损失	-534 712	-764 579	-86 707	-176 901	188 704	-13 305
坏账损失	-534 712	-764 579	-86 707	-176 901	188 704	-13 305
资产减值损失	34 723 246	22 393 755	14 937 572	11 717 836	11 035 893	5 124 005
存货跌价损失	14 180 884	4 874 967	10 809 610	11 717 836	11 035 893	5 124 005
被划分为持有待售的处置组中的资产减值损失		17 518 788	4 127 962			
固定资产减值损失	20 542 362					

【要求】对AF公司的资产减值损失和信用减值损失项目进行分析。

【答案】(1)2×17—2×22年,AF公司的信用减值损失主要是坏账损失,除2×21年外,坏账损失均为负数,可以结合应收账款、其他应收款等科目进一步分析,如2×22年坏账损失-13 305元,年报披露:"本期计提坏账准备金额人民币16 500元;本期收回或转回坏账准备金额人民币29 805元。"AF公司信用减值损失(2×17—2×22年)如图3-60所示。

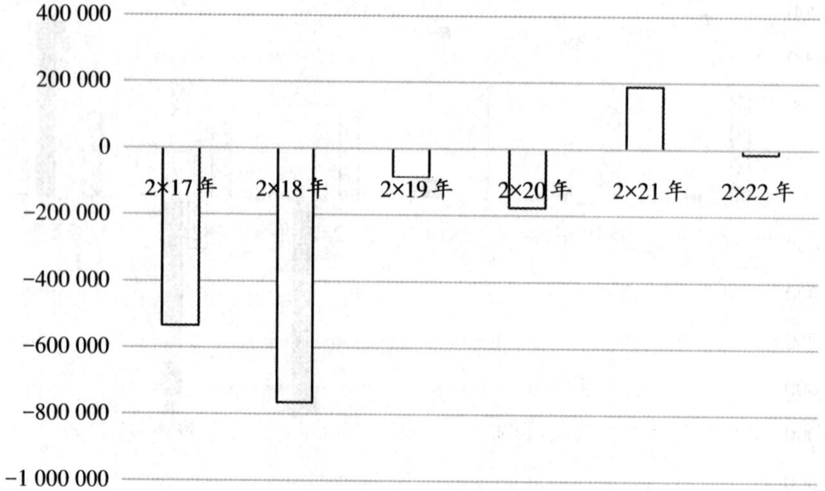

图3-60 AF公司信用减值损失(2×17—2×22年)

（2）2×17—2×22年，资产减值损失在营业收入中所占比重极低，不足0.5%，且呈现出逐年下降的趋势。AF公司资产减值损失与营业收入之比（2×17—2×22年）如图3-61所示。AF公司资产减值损失的主要构成（2×17—2×22年）如图3-62所示。

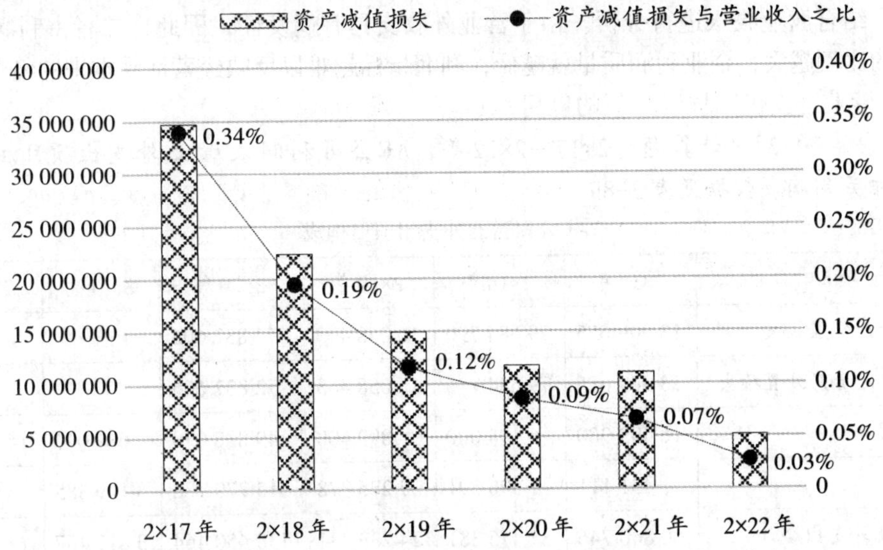

图3-61 AF公司资产减值损失与营业收入之比（2×17—2×22年）

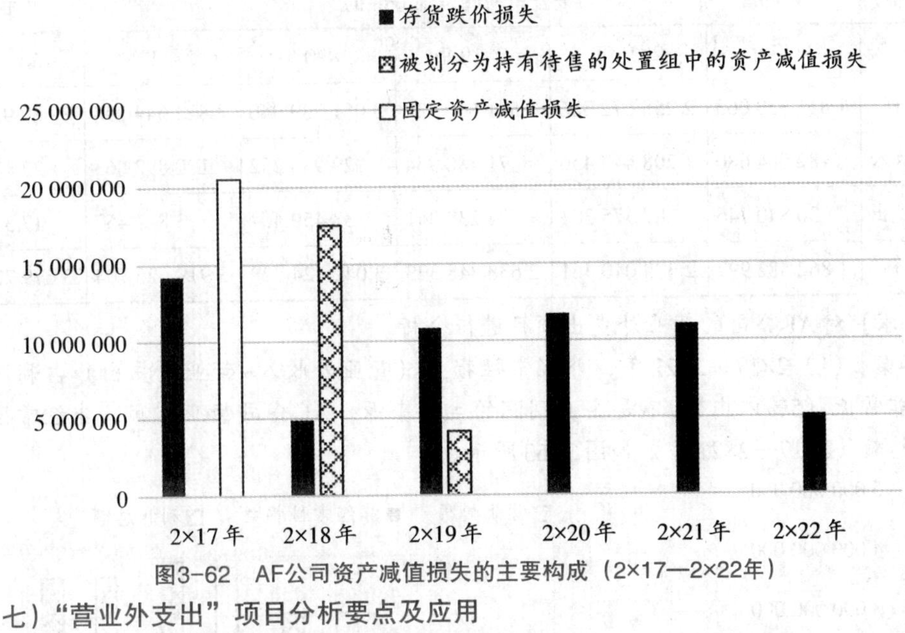

图3-62 AF公司资产减值损失的主要构成（2×17—2×22年）

（七）"营业外支出"项目分析要点及应用

1."营业外支出"项目的相关概念

"营业外支出"项目，反映企业发生的与经营业务无直接关系的各项支出，主要包括债务重组损失、公益性捐赠支出、非常损失、盘亏损失、非流动资产毁损报废损失等。

"营业外支出"项目应根据"营业外支出"科目的发生额分析填列。

微课

费用类项目分析：相关知识和应用（4）

2."营业外支出"项目分析的要点

（1）营业外支出的规模。判断营业外支出时应注意，既然是营业外发生的支出，其数额不应过大，否则应当引起关注，并认真分析其产生的原因：是不是企业的经营管理者水平较低？是不是关联方交易，转移企业资产？是不是违法经营行为（如违反经济合同、补交滞纳税金或走私商品）？是不是由于发生了经济诉讼和纠纷等造成的？

（2）结合营业收入进行分析。由于营业外收支具有偶发性，因此，二者占利润总额或净利润的比例越大，企业利润质量就越低，利润指标越难以反映经营活动本来的经营绩效。

3.“营业外支出”项目分析的应用

【做中学3-42】（计算题）2×17—2×22年，AF公司利润表营业外支出项目注释见表3-88，相关利润表数据见表3-89。

表3-88 AF公司营业外支出项目构成

单位：元

项目	2×17年	2×18年	2×19年	2×20年	2×21年	2×22年
非流动资产处置损失	13 909 655	79 684 790	16 058 463	72 832 606		
其中：固定资产处置损失	13 909 655	79 684 790	16 058 463	72 832 606		
对外捐赠	16 499 980	6 194 000	899 500	49 838 070	682 072	14 136 664
其他	431 111	1 596 591	7 275 378	15 779 788	3 129 385	3 240 333
营业外支出合计	30 840 746	87 475 381	24 233 341	138 450 464	3 811 457	17 376 997

表3-89 AF公司利润表部分数据

单位：元

项目	2×17年	2×18年	2×19年	2×20年	2×21年	2×22年
营业利润	1 811 339 063	2 258 072 386	2 591 600 730	3 051 239 940	3 822 544 298	3 669 926 656
营业外收入	82 084 680	208 443 456	71 480 934	129 935 252	100 892 863	27 172 108
营业外支出	30 840 746	87 475 381	24 233 341	138 450 464	3 811 457	17 376 997
利润总额	1 862 582 997	2 379 040 461	2 638 848 323	3 042 724 728	3 919 625 704	3 679 721 767

【要求】对AF公司的营业外支出项目进行分析。

【答案】（1）2×17—2×22年，非经常性损益（营业外收入-营业外支出）占利润总额的比重非常低（5%以内），不是企业利润的主要来源。AF公司营业利润、非经常性损益和利润总额（2×17—2×22年）如图3-63所示。

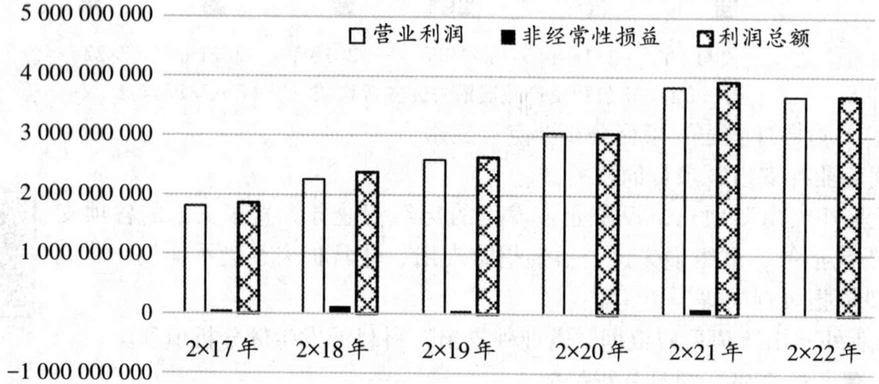

图3-63 AF公司营业利润、非经常性损益和利润总额（2×17—2×22年）

（2）2×17—2×22年，营业外支出主要是非流动资产处置损失（固定资产处置损失）和对外捐赠。2×21年和2×22年，因为没有了非流动资产处置损失，营业外支出数额大幅度下降。AF公司营业外支出的主要构成内容（2×17—2×22年）如图3-64所示。

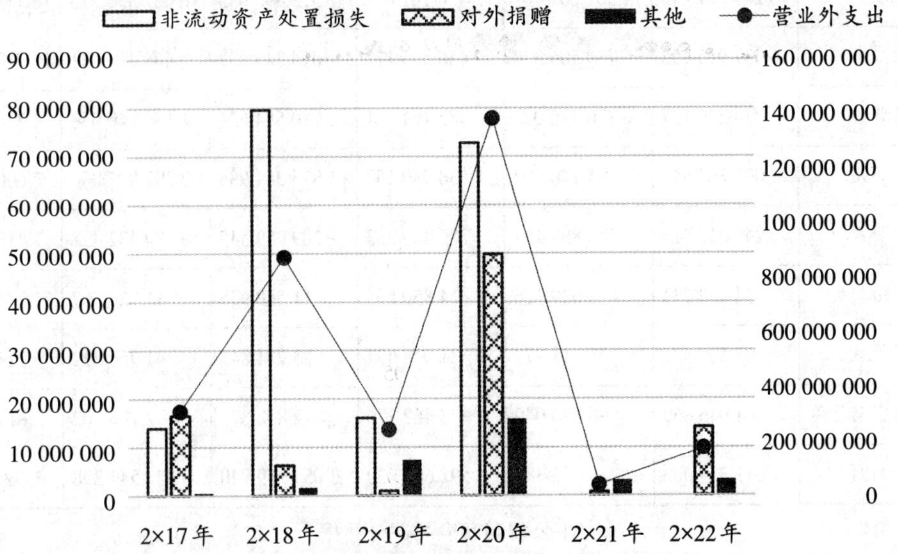

图3-64　AF公司营业外支出的主要构成内容（2×17—2×22年）

三、利润类项目分析相关知识和应用

（一）“营业利润”项目分析要点及应用

1.“营业利润”项目的相关概念

“营业利润”项目，反映企业实现的营业利润。如为亏损，以“-”号填列。

营业利润是指企业从事经营活动和投资活动取得的利润，是企业利润的主要来源。营业利润 = 营业收入-营业成本-税金及附加-销售费用-管理费用-研发费用-财务费用 + 其他收益 + 投资收益（-投资损失）+ 公允价值变动收益（-公允价值变动损失）+ 资产减值损失 + 信用减值损失 + 资产处置收益（-资产处置损失）。

微课

利润类项目分析：相关知识和应用

2.“营业利润”项目分析的要点

（1）营业利润的规模。营业利润的多少，代表了企业的整体管理水平和效果。通常，营业利润越大的企业，效益越好。营业利润额较小时，应着重分析主营业务利润的大小、多种经营的发展情况和期间费用的多少。

（2）营业利润的构成。营业利润包括其他业务利润，所以企业多元化经营、多种经营业务开展得较好时，其他业务利润会弥补主营业务利润的缺陷；如果其他业务利润长期高于主营业务利润，企业应考虑营业利润结构调整问题。

3.“营业利润”项目分析的应用

【做中学3-43】（计算题）2×17—2×22年，AF公司和BF公司利润表部分项目数据见表3-90和表3-91。

表3-90　AF公司利润表的部分数据　单位：元

项目	2×17年	2×18年	2×19年	2×20年	2×21年	2×22年
营业收入	10 247 391 495	11 501 209 769	12 928 181 657	13 573 495 055	16 621 336 273	18 715 608 755
营业成本	6 337 915 953	6 739 506 330	7 456 555 171	7 814 343 237	9 463 313 931	10 712 611 816
销售费用	778 540 137	876 776 071	982 164 821	1 020 584 621	1 184 740 033	1 274 308 845
管理费用	995 163 549	1 294 180 997	1 538 930 152	1 873 364 984	2 392 097 806	2 600 820 616
财务费用	245 042 513	243 803 451	285 435 283	−289 059 545	−399 432 422	418 737 949
资产减值损失	34 188 534	21 629 176	14 850 865	11 540 935	11 224 597	5 110 700
投资收益	21 538 576	25 747 772	31 028 937	23 781 843	41 956 332	23 390 958
公允价值变动收益	1 046 869	−6 820 040	8 462 776	−2 808 871	2 776 702	−19 118 332
营业利润	1 811 339 063	2 258 072 386	2 591 600 730	3 051 239 940	3 822 544 298	3 669 926 656

表3-91　BF公司利润表的部分数据　单位：元

项目	2×17年	2×18年	2×19年	2×20年	2×21年	2×22年
营业收入	17 451 908 953.44	22 973 110 876.17	3 076 471 293.15	2 435 210 479.21	93 183 521 384.54	151 569 392 236.63
营业成本	11 989 402 209.33	16 078 835 091.00	2 714 875 438.65	2 128 666 957.95	72 099 983 058.63	118 467 630 098.34
销售费用	883 655 644.27	1 248 808 145.49	114 608 632.46	99 600 059.93	7 644 628 984.86	10 337 770 491.89
管理费用	1 477 284 081.59	1 726 523 493.96	211 031 713.16	202 611 562.02	7 651 679 576.71	9 601 587 744.66
财务费用	−96 623 855.47	−127 872 774.26	−12 862 188.67	−13 154 287.11	198 822 884.84	590 752 971.58
资产减值损失	−11 114 406.48	−29 289 088.40	23 900 415.69	16 596 326.83	984 410 371.57	1 950 139 536.86
投资收益	974 160 222.50	426 997 138.98	30 827 407.15	30 746 884.20	120 490 092.49	153 922 745.85
公允价值变动收益					−155 320 838.99	100 768 888.41
营业利润	4 083 540 678.11	4 347 283 862.60	46 659 869.89	22 059 320.23	4 110 583 937.87	10 384 903 874.50

【要求】根据资料，对AF公司和BF公司的营业利润项目进行分析。

【答案】（1）从绝对额分析，2×17—2×22年，AF公司的营业利润稳定上涨，而BF公司的营业利润变动幅度较大；2×22年，BF公司的营业利润远远高于AF公司，这主要是因为BF公司的营业毛利（营业收入–营业成本）高，是AF公司的4倍多。（2）从营业利润率来看（营业利润与营业收入之比），2×17—2×22年，AF公司的营业利润率保持稳定，维持在20%左右；而BF公司却从2×17年的23.40%大幅度下滑，跌至2×19年的1.52%，又有所回升，至2×22年的6.85%。AF公司和BF公司的营业利润和营业利润率（2×17—2×22年）如图3-65和图3-66所示。

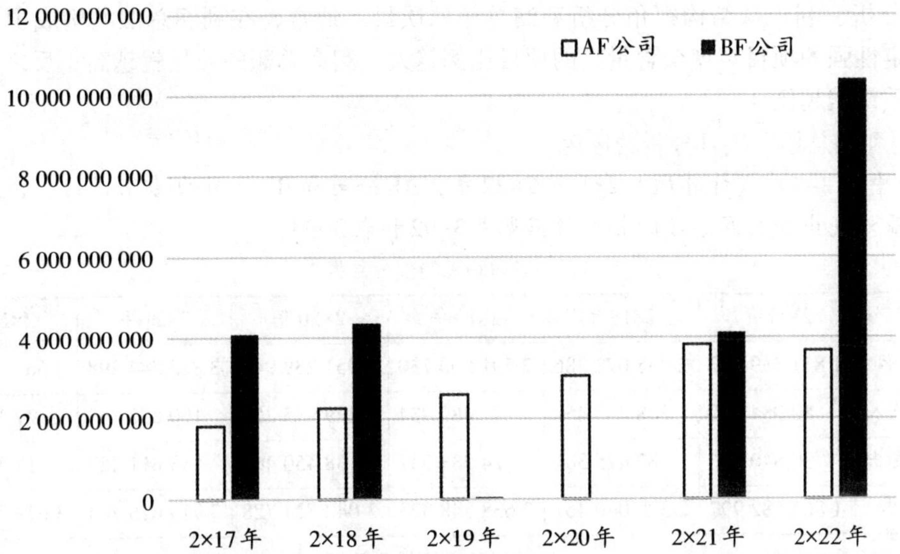

图3-65　AF公司和BF公司的营业利润（2×17—2×22年）

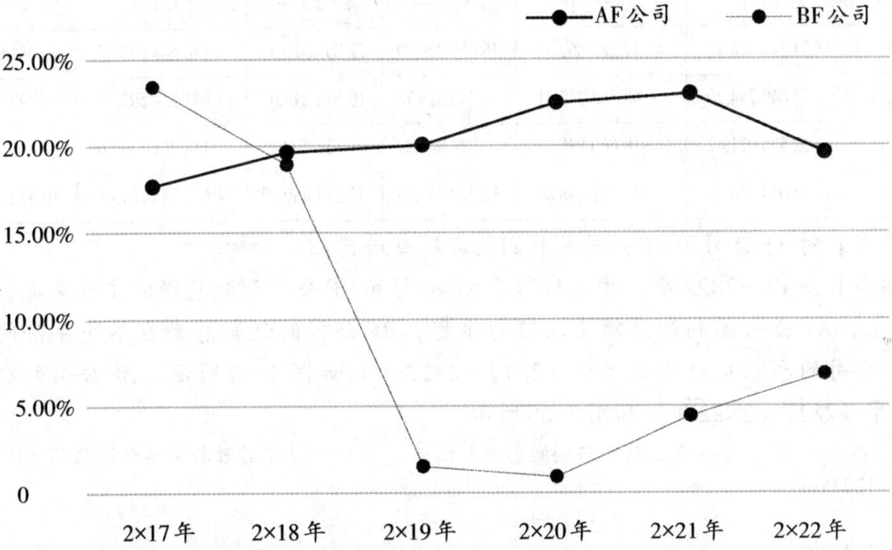

图3-66　AF公司和BF公司的营业利润率（2×17—2×22年）

（二）“利润总额”项目分析要点及应用

1.“利润总额”项目的相关概念

“利润总额”项目，反映企业实现的利润。如为亏损，以“-”号填列。

利润总额是企业在一定时期内实现的盈亏总额，反映企业最终的财务成果。

利润总额 = 营业利润 + 营业外收入 - 营业外支出

2.“利润总额”项目分析的要点

（1）利润总额的规模。利润总额的绝对数可以反映企业当期的利润规模。若利润总额中包括许多非经常性项目的净收益，其稳定性将很差。但是，不管利润的形成原因如何，全部的利润都增加了所有者权益，都可以用于对投资者进行分配。因此，利润总额总是多多益善。

（2）利润总额的质量。对利润总额中不同的利润组成部分的经常性、稳定性、现金含量进行分析，利于从结构视角分析利润总额的质量。通常，在利润总额的构成中，经常性、稳定性强的项目与现金含量高的项目比例越大，利润总额的质量就越高；反之，利润总额的质量就越低。

3. “利润总额”项目分析的应用

【做中学3-44】（计算题）2×17—2×22年，AF公司和BF公司的营业利润、营业外收入、营业外支出和利润总额的相关数据见表3-92和表3-93。

表3-92 AF公司利润表的部分数据 单位：元

项目	2×17年	2×18年	2×19年	2×20年	2×21年	2×22年
营业利润	1 811 339 063	2 258 072 386	2 591 600 730	3 051 239 940	3 822 544 298	3 669 926 656
营业外收入	82 084 680	208 443 456	71 480 934	129 935 252	100 892 863	27 172 108
营业外支出	30 840 746	87 475 381	24 233 341	138 450 464	3 811 457	17 376 997
利润总额	1 862 582 997	2 379 040 461	2 638 848 323	3 042 724 728	3 919 625 704	3 679 721 767

表3-93 BF公司利润表的部分数据 单位：元

项目	2×17年	2×18年	2×19年	2×20年	2×21年	2×22年
营业利润	4 083 540 678.11	4 347 283 862.60	46 659 869.89	22 059 320.23	4 110 583 937.87	10 384 903 874.50
营业外收入	67 049 794.20	68 568 732.41	5 763 419.78	10 546 249.02	641 334 592.93	298 582 901.77
营业外支出	12 535 971.62	18 660 896.21	220 847.92	321 109.76	114 271 759.36	161 219 278.15
利润总额	4 138 054 500.69	4 397 191 698.80	52 202 441.75	32 284 459.49	4 637 646 771.44	10 522 267 498.12

【要求】对AF公司和BF公司的利润总额项目进行比较分析。

【答案】2×17—2×22年，营业利润是AF公司和BF公司利润总额的主要来源，都占到95%以上；AF公司的利润总额变动较为平稳，BF公司的利润总额在不同年份间变动较大。AF公司的利润总额构成比率（2×17—2×22年）如图3-67所示，BF公司的利润总额构成比率（2×17—2×22年）如图3-68所示。

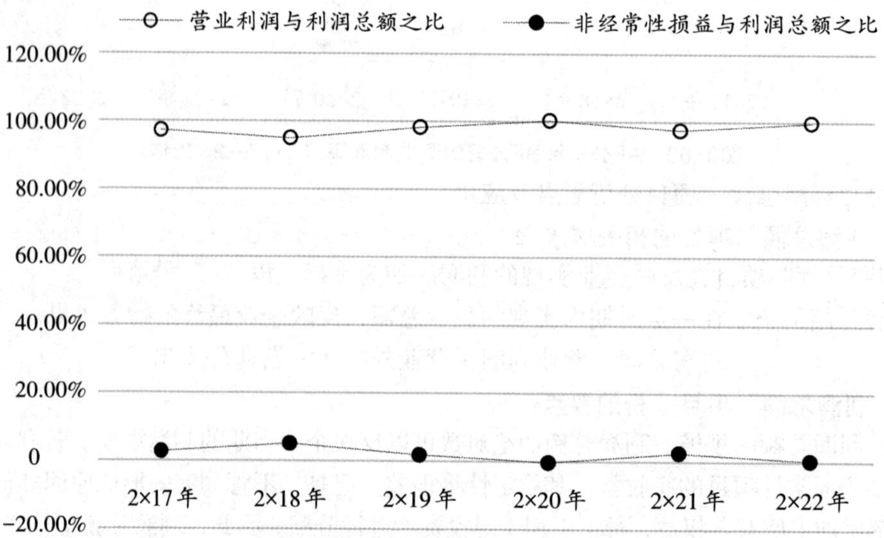

图3-67 AF公司的利润总额构成比率（2×17—2×22年）

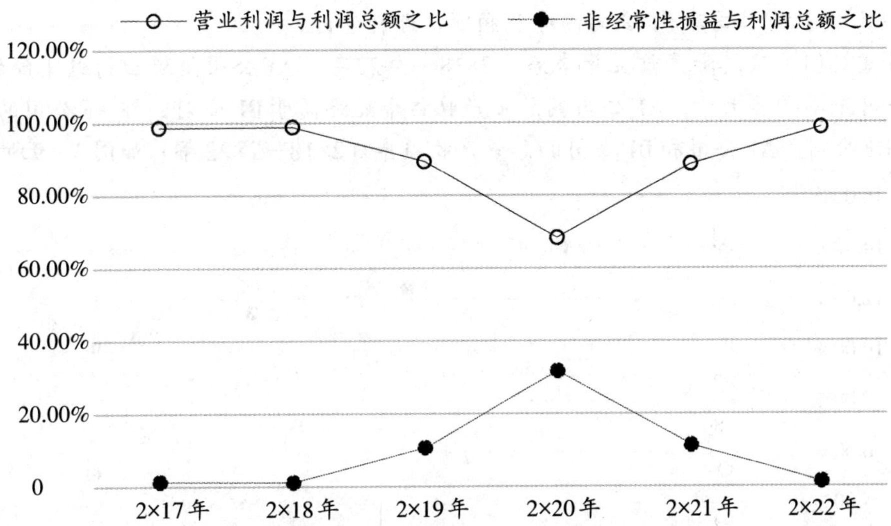

图3-68 BF公司的利润总额构成比率（2×17—2×22年）

（三）“净利润”项目分析要点及应用

1.“净利润”项目的相关概念

“净利润”项目，反映企业实现的净利润。如为亏损，以“-”号填列。

净利润是企业按规定交纳了所得税费用后的企业利润的留存，一般也称为税后利润或净收入，即净利润 = 利润总额-所得税费用。

2.“净利润”项目分析的要点

（1）净利润的规模。净利润是一家企业经营的最终成果，净利润多，企业的经营效益就好；净利润少，企业的经营效益就差，它是衡量一家企业经营效益的主要指标。

（2）净利润的质量。在正常情况下，所得税费用是相对稳定的，因此，只要利润总额较大，净利润也会较高。在分析时要注意盈利的质量高低，即盈利是否具有可持续性。

3.“净利润”项目分析的应用

【做中学3-45】（计算题）2×17—2×22年，AF公司和BF公司资产总额和净利润项目的相关数据见表3-94和表3-95。

表3-94 AF公司的部分数据 单位：元

项目	2×17年	2×18年	2×19年	2×20年	2×21年	2×22年
净利润	1 524 640 530	1 917 116 624	2 217 281 166	2 607 498 597	3 142 716 562	3 148 242 514
资产总额	13 041 040 852	14 587 083 527	16 875 594 048	24 826 971 392	29 865 845 423	31 704 009 489

表3-95 BF公司的部分数据 单位：元

项目	2×17年	2×18年	2×19年	2×20年	2×21年	2×22年
净利润	3 643 539 237.76	3 830 948 677.86	46 636 720.36	30 923 692.19	3 596 253 651.27	9 178 366 777.82
资产总额	66 320 362 850.69	78 521 808 732.21	3 533 169 736.24	3 447 613 940.48	163 536 190 262.14	189 638 166 629.52

【要求】对AF公司和BF公司的净利润项目进行分析。

【答案】(1) 从总资产收益率来看，2×18—2×22年，AF公司呈现出持续下降的趋势，而BF公司先下降后上升，AF公司的总资产收益率始终高于BF公司，即AF公司的盈利能力强于BF公司。AF公司和BF公司的总资产收益率（2×18—2×22年）如图3-69所示。

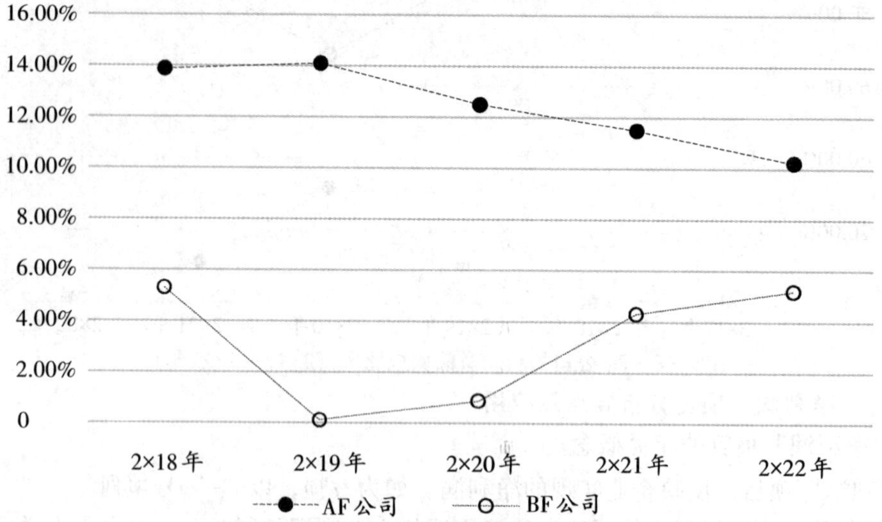

图3-69 AF公司和BF公司的总资产收益率（2×18—2×22年）

(2) 2×18—2×22年，AF公司的净利润增长率持续稳定上升，而BF公司的该指标在下降后快速上升，至2×22年，已经赶超BF公司。AF公司和BF公司的净利润增长率（2×18—2×22年）如图3-70所示。

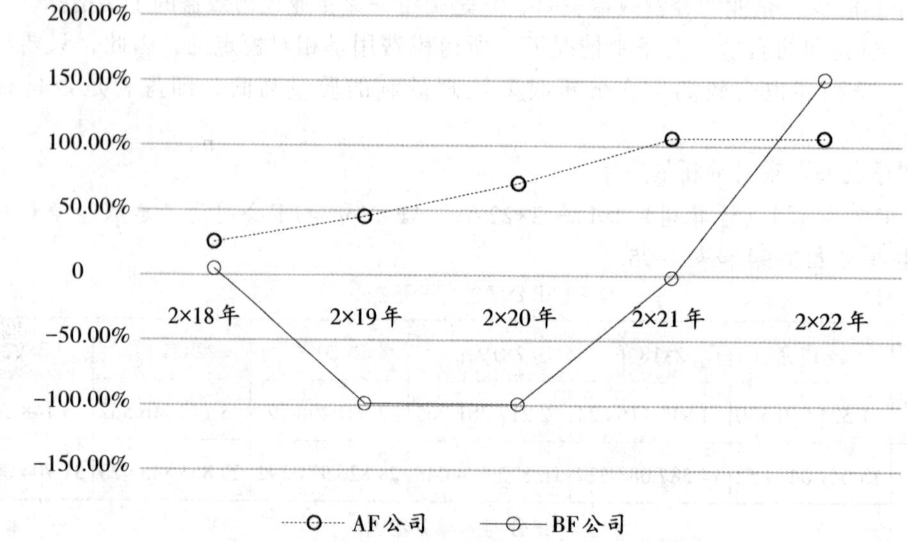

图3-70 AF公司和BF公司的净利润增长率（2×18—2×22年）

【双创一点通】初创企业提高利润的方法

利润 = 收入 - 费用，初创企业想要提高利润，就需要在增加收入和降低成本费用上下功夫。增加收入的方法有：(1) 挖掘存量，提高单个客户收入，如增加购买量；(2) 拓展增量，寻找客户源，增加客户数量，提高客户签约率等。对于初创企业而言，不太使用薄利多销的方式。降低成本费用的方法有：（1）优化供应链，与上游、下游建立良好的合作伙伴关系；（2）节约期间费用，尤其是减少管理费用；（3）降低不必要的成本，如使用学校免费提供的营业场所等。

任务三　现金流量表项目分析

学习目标

知识目标：掌握现金流量表各项目分析的要点
熟悉现金流量表各项目编制的方法
了解现金流量表各项目的含义

能力目标：具备分析现金流量表各项目的能力
具备管理好初创企业现金流的能力

素质目标：形成诚实守信、坚持准则的职业素养
形成敢于挑战、不断进取的创新精神

现金流量表项目分析的目的是通过分析现金流量表每一项目所反映的信息内涵及数量大小所传递的企业经济活动信息，为分析企业现金流量状况和预测企业现金流量的未来发展趋势提供依据。

一、经营活动现金流量项目分析相关知识和应用

（一）“销售商品、提供劳务收到的现金”项目分析要点及应用

1.“销售商品、提供劳务收到的现金”项目的相关概念

“销售商品、提供劳务收到的现金”项目反映企业销售商品、提供劳务实际收到的现金，包括销售收入和应向购买者收取的增值税销项税额，具体包括：本期销售商品、提供劳务收到的现金，以及前期销售商品、提供劳务本期收到的现金和本期预收的款项，减去本期销售本期退回的商品和前期销售本期退回的商品支付的现金。企业销售材料和代购代销业务收到的现金，也在本项目反映。

微课

经营活动现金流量项目分析：相关知识和应用（1）

“销售商品、提供劳务收到的现金”项目可以根据“库存现金”“银行存款”“应收票据”“应收账款”“预收账款”“主营业务收入”“其他业务收入”科目的记录分析填列。

2.“销售商品、提供劳务收到的现金”项目分析的要点

（1）销售商品、提供劳务收到的现金的数量。应结合企业规模和企业生命周期发展阶段等因素对“销售商品、提供劳务收到的现金”项目进行分析，通过对绝对数额和结构比例的分析可以判断其金额的合理性。如果“销售商品、提供劳务收到的现金”项目的金额多则正常；金额少则不正常，必须引起关注。

在正常情况下，现金净流量结构特征与企业生命周期之间存在着密切关系（见表3-96）。

表3-96 现金净流量结构与企业生命周期之间的关系

时期	经营现金净流量的符号	投资现金净流量的符号	筹资现金净流量的符号
初创时期	负	负	正
成长时期	正	负	正
成熟时期	正	正	负
衰退时期	负	正	负

如果在企业生命周期的某一时期现金流量的表现不同于上述方面，应认真分析，查明现金流量异常的原因，并预测现金流量未来的变化趋势。由于现金净流量结构与企业生命周期存在着上述关系，因而对现金流量表分析时必须结合企业所在生命周期的阶段进行判断，才能正确评价企业现金流量的合理性。

【做中学3-46】（计算题）2×17—2×22年，AA公司比较现金流量表见附录。

【要求】根据资料，判断AA公司所处生命周期阶段。

【答案】总体判断，2×17—2×22年，AA公司处于成长-成熟阶段。AA公司经营活动、投资活动和筹资活动产生的现金流量净额（2×17—2×22年）如图3-71所示。

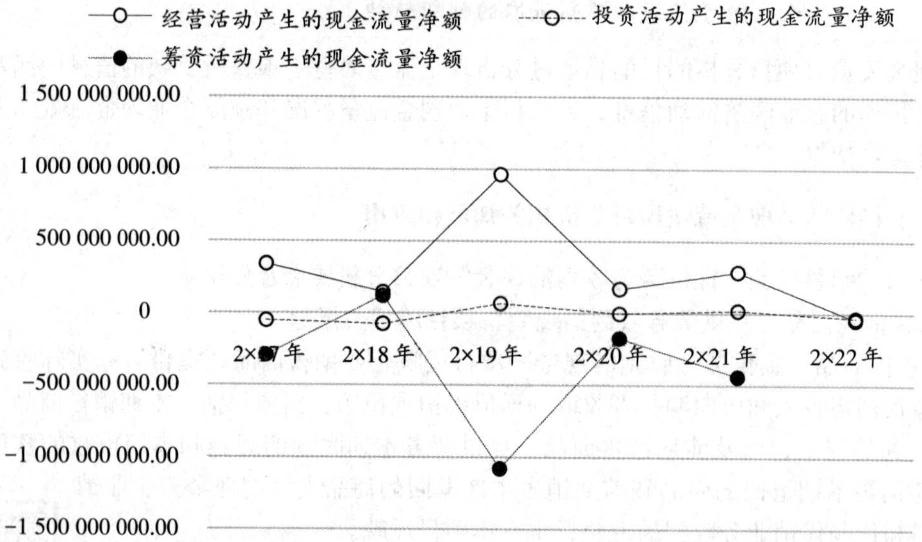

图3-71 AA公司经营活动、投资活动和筹资活动产生的现金流量净额（2×17—2×22年）

（2）销售商品、提供劳务收到的现金的质量。如果一家企业经营活动现金流入结构比较合理（即企业销售商品、提供劳务收到的现金明显高于其他经营活动流入的现金），且稳定程度较高，一般情况下，这样的企业经营活动现金流量的质量较好。

反之，如果一家企业经营活动现金流量的规模和结构经常出现明显波动，则说明企业主营业务的获现能力可能存在很大的不确定性，经营风险较大，经营活动现金流量的质量就较差。

3.“销售商品、提供劳务收到的现金”项目分析的应用

【做中学3-47】（计算题）2×17—2×22年，AA公司“销售商品、提供劳务收到的现金”项目资料见附录。

【要求】根据资料，对AA公司“销售商品、提供劳务收到的现金”项目进行分析。

【答案】2×17—2×22年，AA公司的销售商品、提供劳务收到的现金的数额变动幅度较大，占经营活动现金流入的比重在95%~99%之间，稳定程度较高，经营活动现金流量的质量较好。AA公司销售商品、提供劳务收到的现金占经营活动产生现金流入小计的比重（2×17—2×22年）如图3-72所示。

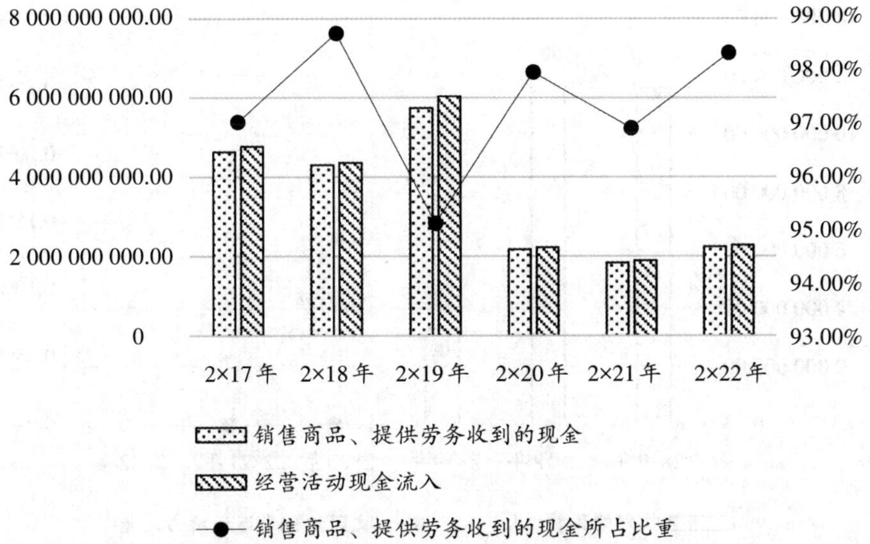

图3-72 AA公司销售商品、提供劳务收到的现金占经营活动产生现金流入小计的比重（2×17—2×22年）

【教学案例】2016年，东方铁塔取得营业收入16.57亿元，而当期的“销售商品、提供劳务收到的现金”有20.20亿元，由此可看出，含税营业收入比现金流量要少0.81亿元。但是，经分析，这些现金流量既没有形成相应的营业收入，也没有形成应收、预收款项的相应增减金额。于是，2017年，中国证监会向东方铁塔发了问询函。对此，东方铁塔给出的解释为“因为销售商品提供劳务收到的现金增加所致，公司销售商品提供劳务收到的现金2016年度较2015年度增加29 534.15万元，增长17.21%。销售商品提供劳务收到现金增加，除公司加大催收力度外，另一个原因为公司本期新增钾肥收入和发电收入产生的应收款信用周期短，收款速度快”。请思考：什么科目会影响企业销售商品、提供劳务收到的现金？编制这一项目时，需要注意哪些问题？

（二）“收到的税费返还”项目分析要点及应用

1.“收到的税费返还”项目的相关概念

“收到的税费返还”项目反映企业收到返还的各种税费，如收到的增值税、所得税、消费税、关税和教育费附加返还款等。

2.“收到的税费返还”项目分析的要点

一般企业现金流量表的“收到的税费返还”项目往往没有数字。如果此项目数额较大，为谨慎起见，在评价企业流动性和经营业绩时应该剔除其影响，因为本项目现金流量的可持续性较低。

3.“收到的税费返还”项目分析的应用

【做中学3-48】（计算题）2×17—2×22年，AA公司“收到的税费返还”项目资料见附录。

【要求】根据资料，对AA公司“收到的税费返还”项目进行分析。

【答案】2×17—2×19年，AA公司收到的税费返还金额较低，不足经营活动现金流入的0.30%；2×20—2×22年，收到的税费返还项目金额为0。AA公司收到的税收返还占经营活动产生现金流入小计的比重（2×17—2×22年）如图3-73所示。

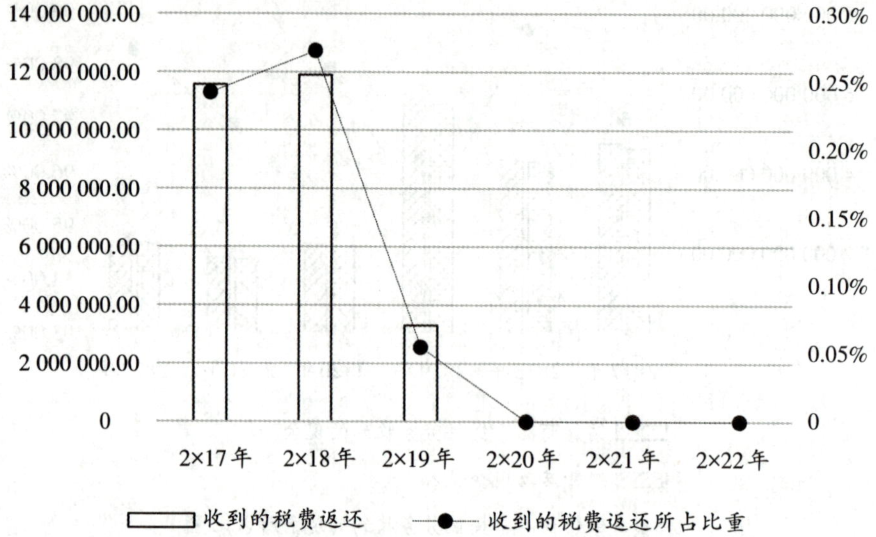

图3-73 AA公司收到的税收返还占经营活动产生现金流入小计的比重（2×17—2×22年）

（三）“收到其他与经营活动有关的现金”项目分析要点及应用

微课

经营活动现金流量项目分析：相关知识和应用（2）

1.“收到其他与经营活动有关的现金”项目的相关概念

“收到其他与经营活动有关的现金”项目反映企业除上述各项目外，收到的其他与经营活动有关的现金，如罚款收入、租赁固定资产收到的现金、投资性房地产收到的租金收入、流动资产损失中由个人赔偿的现金收入、除税费返还外的其他政府补助收入等。

“收到其他与经营活动有关的现金”项目，根据“库存现金”“银行存款”“管理费用”“销售费用”等科目的记录分析填列。

2.“收到其他与经营活动有关的现金”项目分析的要点

因为属于“其他”类，所以一般数额不多，如果数额较多，需关注其项目的构成内容及其合理性。

3.“收到其他与经营活动有关的现金”项目分析的应用

【做中学3-49】（计算题）2×17—2×22年，AA公司“收到其他与经营活动有关的现金”项目构成内容见表3-97。

【要求】根据资料，对AA公司“收到其他与经营活动有关的现金”项目进行分析。

【答案】2×17—2×22年，AA公司的收到其他与经营活动有关的现金占经营活动产生的现金流入小计的比重在1%~5%之间，比较稳定。“收到其他与经营活动有关的现金”项目构成内容较多，没有稳定的占比较高的项目。收到其他与经营活动有关的现金占经营活动产生的现金流入小计的比重（2×17—2×22年）如图3-74所示。

表3-97 "收到其他与经营活动有关的现金"项目构成 单位：元

项目	2×17年	2×18年	2×19年	2×20年	2×21年	2×22年
处置分公司收回往来款	97 688 286.07		259 123 632.51			
租金收入		5 418 123.99	9 509 321.71	13 464 143.48	10 857 609.57	13 551 174.91
收回往来款		22 082 222.46	4 370 532.23	6 743 765.89	29 879 756.12	
代付款项	3 426 038.11	7 522 763.25				
供暖补助资金	11 042 000.00	3 997 000.00				
投标、履约、安全保证金	1 512 100.00				8 368 366.20	13 546 884.55
补助资金	7 800 000.00		4 481 500.00	2 521 000.00	85 400.00	289 553.00
银行利息收入	6 401 236.93	3 742 127.60	5 065 373.09	2 769 071.38	2 784 454.16	1 934 477.78
其他	2 103 538.48	1 055 053.03	8 689 121.55	19 234 523.53	6 350 853.98	8 247 611.72
合计	129 973 199.59	43 817 290.33	291 239 481.09	44 732 504.28	58 326 440.03	37 569 701.96

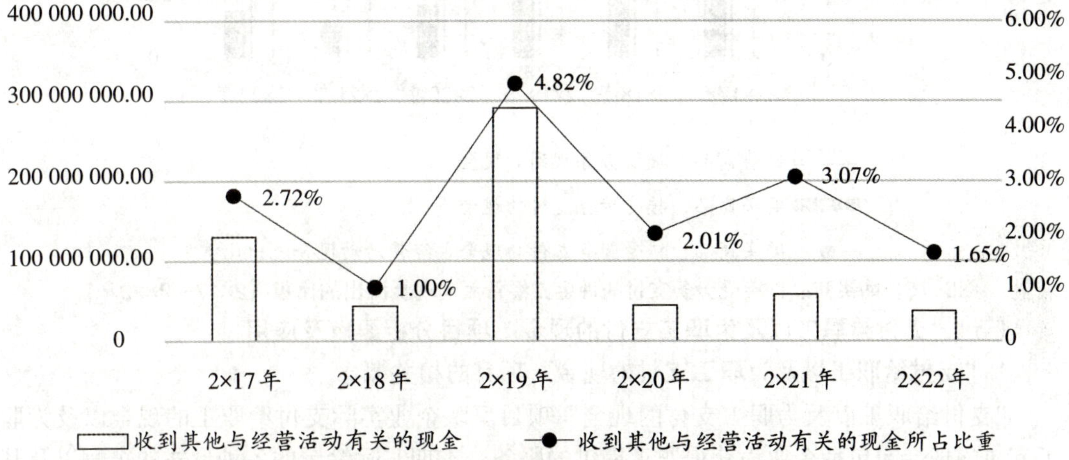

图3-74 收到其他与经营活动有关的现金占经营活动产生的现金流入小计的比重（2×17—2×22年）

（四）"购买商品、接受劳务支付的现金"项目分析要点及应用

1."购买商品、接受劳务支付的现金"项目的相关概念

"购买商品、接受劳务支付的现金"项目反映企业购买材料、商品、接受劳务实际支付的现金，包括支付的货款以及与货款一并支付的增值税进项税额，具体包括：本期购买商品、接受劳务支付的现金，以及本期支付前期购买商品、接受劳务的未付款项和本期预付款项，减去本期发生的购货退回收到的现金。

"购买商品、接受劳务支付的现金"项目可以根据"库存现金""银行存款""应付票据""应付账款""预付账款""主营业务成本""其他业务成本"等科目的记录分析填列。

2."购买商品、接受劳务支付的现金"项目分析的要点

应结合企业规模和发展阶段等对"购买商品、接受劳务支付的现金"项目绝对数额和结构比例进行分析，并与"销售商品、提供劳务收到的现金"项目进行比较，如果本项目

数额多则正常，若数额少，需引起关注。

3.“购买商品、接受劳务支付的现金”项目分析的应用

【做中学3-50】（计算题）2×17—2×22年，AA公司“购买商品、接受劳务支付的现金”项目资料见表附录。

【要求】根据资料，对“购买商品、接受劳务支付的现金”项目进行分析。

【答案】2×17—2×22年，“销售商品、提供劳务收到的现金”与“购买商品、接受劳务支付的现金”基本保持了一致的变动趋势。购买商品、接受劳务支付的现金占经营活动现金流出的比重变动幅度较大，而且从2×20年开始，呈现出大幅度下降趋势。购买商品、接受劳务支付的现金占经营活动现金流出的比重（2×17—2×22年）如图3-75所示。

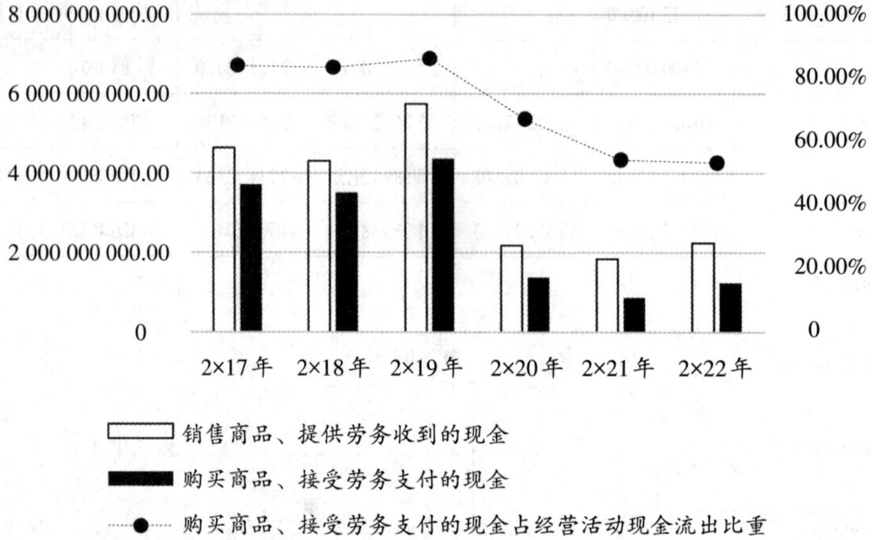

图3-75 购买商品、接受劳务支付的现金占经营活动现金流出的比重（2×17—2×22年）

（五）“支付给职工以及为职工支付的现金”项目分析要点及应用

1.“支付给职工以及为职工支付的现金”项目的相关概念

“支付给职工以及为职工支付的现金”项目反映企业实际支付给职工的现金以及为职工支付的现金，包括企业为获得职工提供的服务，本期实际给予的各种形式的报酬以及其他相关支出，如支付给职工的工资、奖金、各种津贴和补贴等，以及为职工支付的其他费用，不包括支付给在建工程人员的工资。

“支付给职工以及为职工支付的现金”项目可以根据“库存现金”“银行存款”“应付职工薪酬”等科目的记录分析填列。

2.“支付给职工以及为职工支付的现金”项目分析的要点

“支付给职工以及为职工支付的现金”项目反映了经营中人力资源方面的现金耗费，应该结合公司可比历史数据以及同行业其他企业以及行业平均水平来分析其支出规模的合理性。

人工成本较高、外购原材料和燃料需求不高的企业，其购买商品、接受劳务支付的现金就会显著低于为职工支付的现金；反之，人工成本不高、外购原材料和燃料占生产成本比重较大的企业，其购买商品、接受劳务支付的现金就会显著高于为职工支付的现金。

3.“支付给职工以及为职工支付的现金”项目分析的应用

【做中学3-51】（计算题）2×17—2×22年，AA公司“支付给职工以及为职工支付的现金”项目资料见附录。

【要求】根据资料，对“支付给职工以及为职工支付的现金”项目进行分析。

【答案】2×17—2×22年，AA公司“购买商品、接受劳务支付的现金”占经营活动现金流出的比重逐年下降，而“支付给职工以及为职工支付的现金”所占比重呈现出较明显的上升趋势。因为AA公司“购买商品、接受劳务支付的现金”的金额大幅度减少，而“支付给职工以及为职工支付的现金”的金额多年变化不大，所以，支付给职工以及为职工支付的现金占比的上升是因为购买商品、接受劳务支付的现金占比的下降导致的。支付给职工以及为职工支付的现金占经营活动现金流出的比重（2×17—2×22年）如图3-76所示。

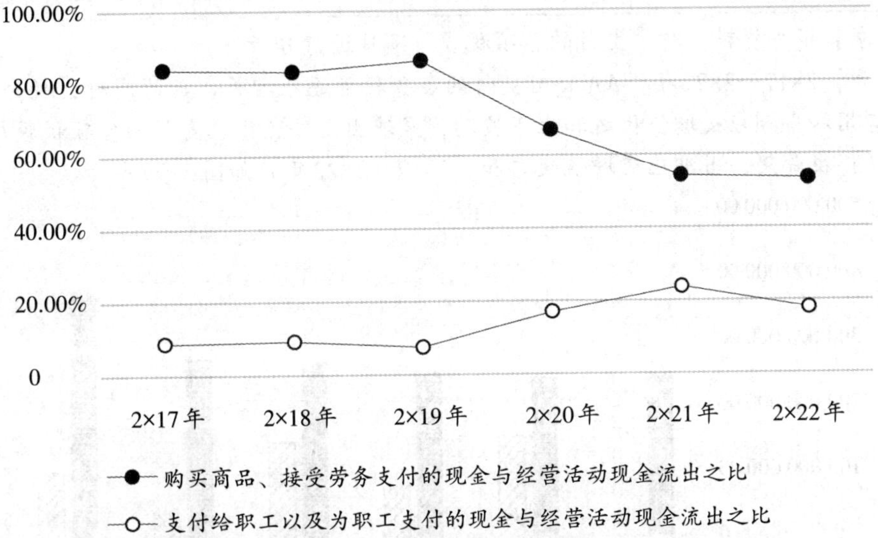

图3-76　支付给职工以及为职工支付的现金占经营活动现金流出的比重（2×17—2×22年）

（六）“支付的各项税费”项目分析要点及应用

1.“支付的各项税费”项目的相关概念

“支付的各项税费”项目反映企业按规定支付的各项税费，包括本期发生并支付的税费，以及本期支付以前各期发生的税费和预交的税金，如支付的增值税、消费税、所得税、教育费附加、印花税、房产税、土地增值税、车船税等。本项目不包括本期退回的增值税、所得税。

“支付的各项税费”项目可以根据“应交税费”“库存现金”“银行存款”等科目分析填列。

2.“支付的各项税费”项目分析的要点

在对本项目进行分析时，应将本项目与利润表中的税金及附加、所得税费用以及当期应交增值税合计数进行比较，以反映税费的支付情况，把本项目与公司的经营规模进行比较以反映公司的税费水平，同时还须结合其他可比企业同类数据进行分析。

3.“支付的各项税费”项目分析的应用

【做中学3-52】（计算题）2×17—2×22年，AA公司“支付的各项税费”项目构成内容见表3-98。

表3-98 AA公司支付的各项税费及本期有关税费

单位：元

项目	2×17年	2×18年	2×19年	2×20年	2×21年	2×22年
支付的各项税费	251 256 423.86	247 819 046.79	257 807 708.45	272 706 154.64	279 777 565.29	387 038 784.01
税金及附加、所得税费用、当期应交增值税之和	−127 004 380.74	156 287 154.71	80 351 502.36	148 808 045.71	42 597 026.62	106 649 805.11
其中：税金及附加	66 944 104.41	55 599 472.87	55 097 219.79	70 845 444.95	72 724 444.14	71 334 987.16
所得税费用	−204 532 653.56	101 218 973.30	42 624 398.95	69 887 060.66	−20 935 086.96	10 856 852.40
当期应交增值税	10 584 168.41	−531 291.46	−17 370 116.38	8 075 540.10	−9 192 330.56	24 457 965.55

【要求】根据资料，对“支付的各项税费”项目进行分析。

【答案】2×17—2×22年，AA公司支付的各项税费逐年增长，与此同时，税金及附加、所得税费用和当期应交增值税之和上下波动，呈现出无序变化。支付的各项税费与税金及附加、所得税费用、当期应交增值税之和（2×17—2×22年）如图3-77所示。

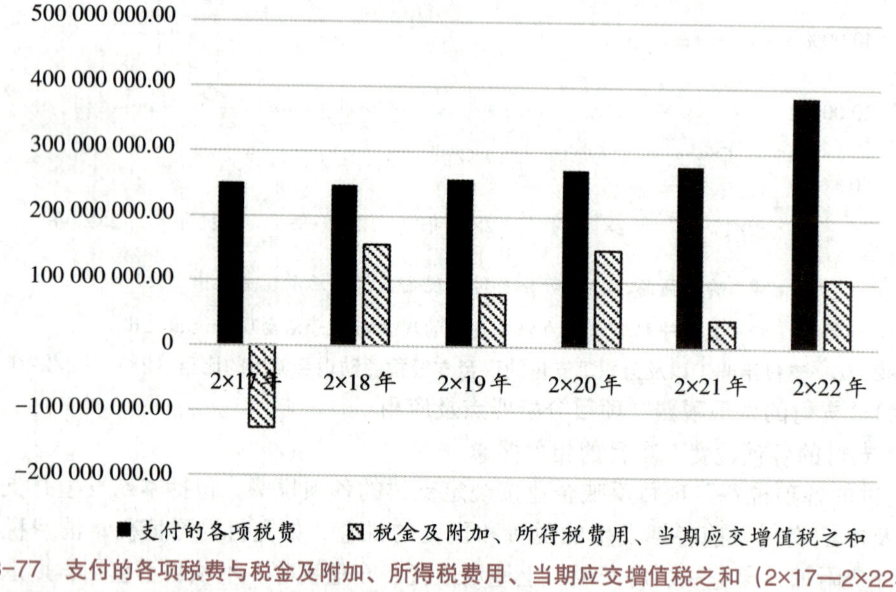

图3-77 支付的各项税费与税金及附加、所得税费用、当期应交增值税之和（2×17—2×22年）

（七）“支付其他与经营活动有关的现金”项目分析要点及应用

微课

经营活动现金流量项目分析：相关知识和应用（3）

1.“支付其他与经营活动有关的现金”项目的相关概念

“支付其他与经营活动有关的现金”项目反映企业除上述各项目外，支付的其他与经营活动有关的现金，如罚款支出、支付的差旅费、业务招待费、保险费、经营租赁支付的现金等。其他与经营活动有关的现金，如果金额较大，应单列项目反映。

2.“支付其他与经营活动有关的现金”项目分析的要点

支付的其他与经营活动有关的现金的数额的大小与企业规模、行业等密切相关，可以通过比较历史同期水平或与同行业可比数据相比较来判断本项目金额的合理性。相比其他三项经营活动现金流出项目，本项目金额一般较少。

3. “支付其他与经营活动有关的现金”项目分析的应用

【做中学3-53】（计算题）2×17—2×22年，AA公司“支付其他与经营活动有关的现金”项目构成内容见表3-99。

表3-99　支付其他与经营活动有关的现金项目构成　单位：元

项目	2×17年	2×18年	2×19年	2×20年	2×21年	2×22年
支付溃泄损失赔偿款					22 000 000.00	219 000 000.00
物业管理费	9 923 784.19	8 670 002.64	9 537 346.43	10 150 685.44	10 031 399.87	9 803 833.41
代付款项		8 706 507.80	8 228 997.22	7 281 201.80	6 547 600.70	2 158 421.28
差旅费	7 874 402.21	6 480 582.55	5 912 137.49	6 034 972.47	5 614 854.16	3 284 701.88
保险费	5 910 814.37	5 745 936.16	5 315 552.03	3 579 845.96	3 559 362.88	3 362 742.48
租赁费		4 824 612.00	5 135 157.00	7 832 390.00	8 326 978.46	8 541 624.35
健康安全环保费	5 008 333.07	2 814 672.04	2 440 903.23	1 651 033.09	2 246 787.11	7 277 981.64
退押金、保证金		5 166 968.08	3 388 530.00	800 554.63		
业务招待费	9 830 407.23	8 036 085.63				
职工教育经费		4 639 610.55				
运杂装卸费	19 514 344.90					
港杂费	19 080 810.77					
其他	2 380 295.19	16 147 868.21	24 500 729.06	20 608 437.23	17 374 064.35	28 817 915.31
合计	79 523 191.93	71 232 845.66	64 459 352.46	57 939 120.62	75 701 047.53	282 247 220.35

【要求】根据资料，对AA公司“支付其他与经营活动有关的现金”项目进行分析。

【答案】2×22年，AA公司的支付其他与经营活动有关的现金与经营活动现金流出之比在2×22年快速提升至12.15%，这是由于支付了溃泄损失赔偿款2.19亿元。“支付其他与经营活动有关的现金”项目构成内容较多，没有稳定的占比较高的项目，这也符合“其他”的定义。支付其他与经营活动有关的现金与经营活动现金流出之比（2×17—2×22年）如图3-78所示。

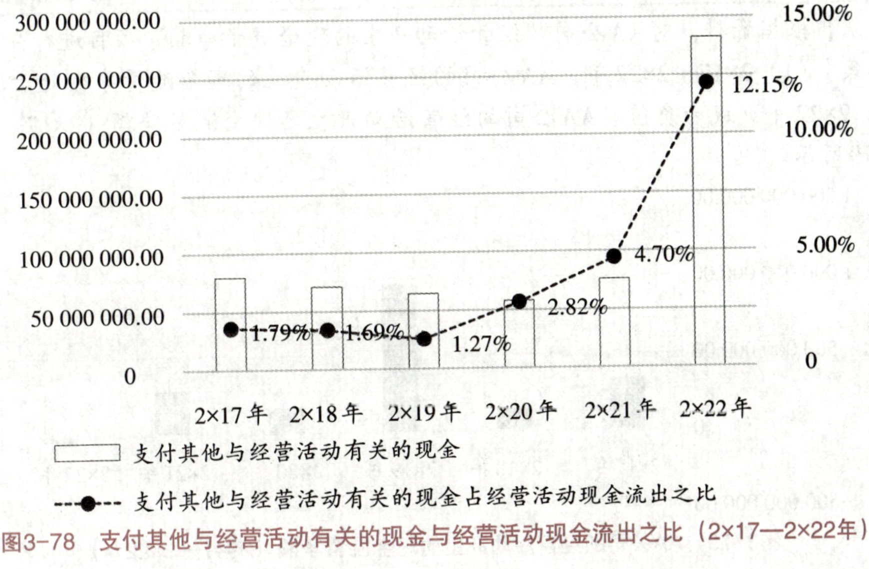

图3-78　支付其他与经营活动有关的现金与经营活动现金流出之比（2×17—2×22年）

(八)"经营活动产生的现金流量净额"项目分析要点及应用

1."经营活动产生的现金流量净额"项目的相关概念

经营活动产生的现金流量净额，是企业主营业务收入产生的现金流量，即经营活动现金流入与经营活动现金流出的差额。

2."经营活动产生的现金流量净额"项目分析的要点

(1) 经营活动产生的现金流量净额与净利润。

净现比，即经营活动产生的现金流量净额与净利润的比率，是评价企业盈利质量的一个指标，可以反映企业创造自由现金流量的能力。

净现比越高，说明企业盈利质量越好，现金流越充足。净现比低，说明企业盈利质量不好，虽然有利润，但是没有收到现金，都停留在实物和应收账款状态，实物可能损坏或者贬值，应收账款可能无法收回，这些没有收到现金的利润风险明显比收到现金的利润风险要大，收益质量要低。

(2) 经营活动产生的现金流量净额与流动负债。

现金流动负债比率，是企业一定时期的经营活动产生的现金流量净额同流动负债的比率，它可以从现金流量的角度反映企业当期偿付短期负债的能力。

现金流动负债比率越大，表明企业经营活动产生的现金流量净额越多，越能保障企业按期偿还到期债务。但是，该指标也不是越大越好，指标过大表明企业流动资金利用不充分，获利能力不强。

3."经营活动产生的现金流量净额"项目分析的应用

【做中学3-54】(计算题) 2×17—2×22年，AA公司经营活动产生的现金流量净额、净利润和流动负债等项目数据见表3-100。

表3-100　　AA公司经营活动产生的现金流量净额、净利润和流动负债　　单位：元

项目	2×17年	2×18年	2×19年	2×20年	2×21年	2×22年
经营活动产生的现金流量净额	340 520 657.31	144 713 771.54	962 892 552.37	168 596 078.57	287 706 028.17	−44 609 969.64
净利润	−542 401 283.69	−1 240 127 471.92	146 531 202.69	122 167 203.88	−123 419 140.73	657 948 362.99
流动负债	2 530 361 934.93	2 985 346 465.35	1 572 641 872.17	1 300 551 903.61	1 107 468 024.31	1 169 973 235.06

【要求】根据资料，对AA公司"经营活动产生的现金流量净额"项目进行分析。

【答案】(1) 2×17—2×22年，AA公司的经营活动产生的现金流量净额处于较大的波动之中，2×22年更成为负值。AA公司的经营活动产生的现金流量净额(2×17—2×22年)如图3-79所示。

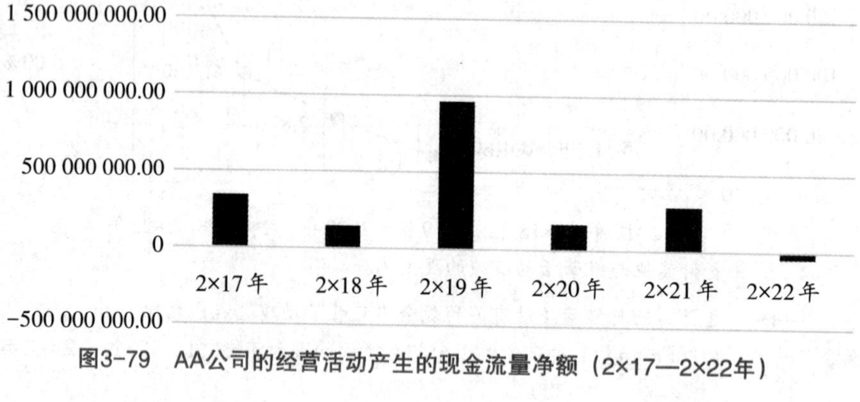

图3-79　AA公司的经营活动产生的现金流量净额(2×17—2×22年)

(2) 2×17—2×22年，AA公司的净现比波动幅度较大。2×19年，是这个期间盈利质量最好的一年，现金流较为充足。AA公司的净现比（2×17—2×22年）如图3-80所示。

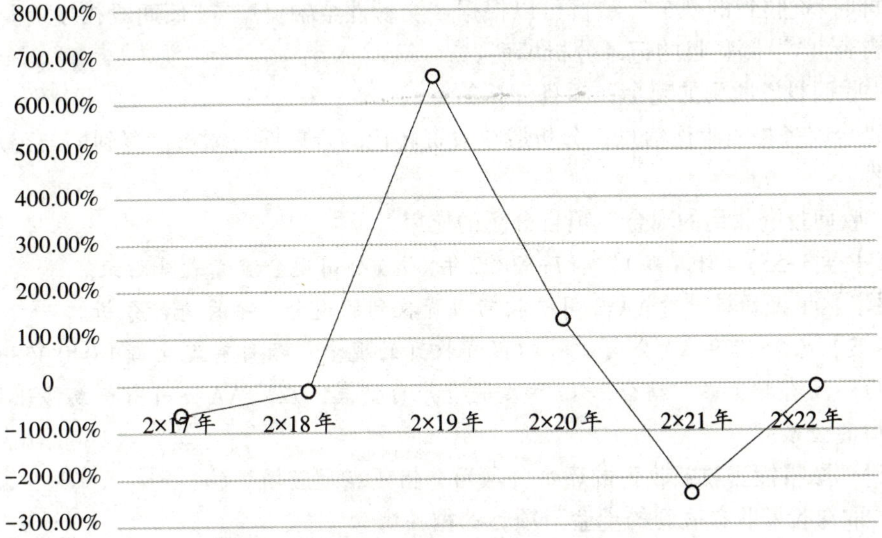

图3-80 AA公司的净现比（2×17—2×22年）

(3) 2×19年和2×21年，AA公司的现金流动负债比都超过了20%，经营活动产生的现金流量净额较多，债务的偿还能力较强。AA公司的现金流动负债比（2×17—2×22年）如图3-81所示。

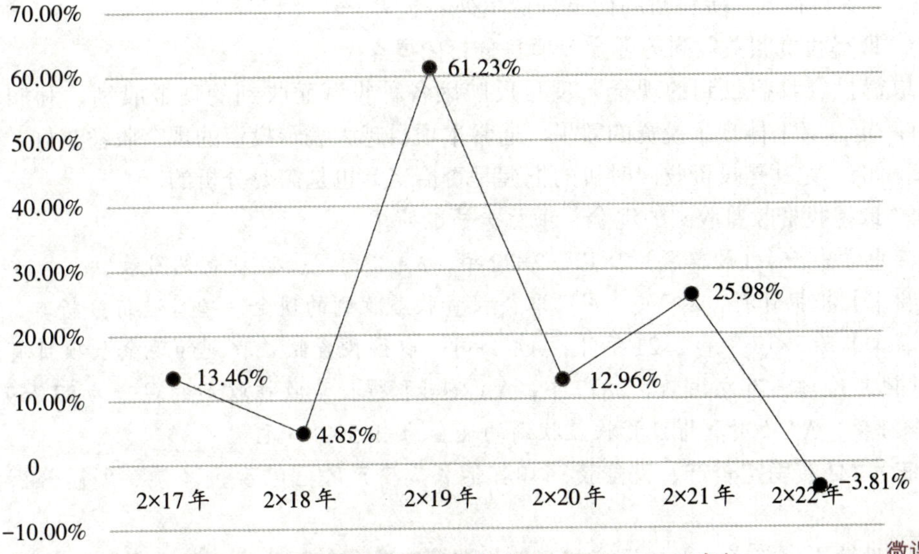

图3-81 AA公司的现金流动负债比（2×17—2×22年）

微课

投资活动现金流量项目分析：相关知识和应用（1）

二、投资活动现金流量项目分析相关知识和应用

（一）“收回投资收到的现金”项目分析要点及应用

1. “收回投资收到的现金”项目的相关概念

“收回投资收到的现金”项目反映企业出售、转让或到期收回除现金等

价物以外的交易性金融资产、长期股权投资等而收到的现金，不包括债权性投资收回的利息、收回的非现金资产等。

“收回投资收到的现金”项目可以根据“交易性金融资产”“长期股权投资”“库存现金”“银行存款”等科目的记录分析填列。

2.“收回投资收到的现金”项目分析的要点

应结合财务报表附注信息，分析股权投资转让的合理性与债权投资到期与否及其收回的效益性。

3.“收回投资收到的现金”项目分析的应用

【做中学3-55】（计算题）2×17—2×22年，AA公司现金流量表见附录。

【要求】根据资料，对AA公司“收回投资收到的现金”项目进行分析。

【答案】除2×17年AA公司“收回投资收到的现金”项目有发生额1 040 353.04元外，其他年份均没有发生额。结合2×17年度的资产负债表，应是AA公司出售或转让长期股权投资收回的金额。

（二）“取得投资收益收到的现金”项目分析要点及应用

1.“取得投资收益收到的现金”项目的相关概念

“取得投资收益收到的现金”项目反映企业因股权投资而分得的现金股利，因债权投资而取得的现金利息收入，包括在现金等价物范围内的债权投资，其利息收入也在本项目中反映。

“取得投资收益收到的现金”项目可以根据“应收股利”“应收利息”“投资收益”“库存现金”“银行存款”等科目的记录分析填列。

2.“取得投资收益收到的现金”项目分析的要点

“取得投资收益收到的现金”项目反映因各种投资而收到的现金股利、利润和利息等，在一定意义上体现了投资的效果。通常本项目越大表示投资的现金收益越好，但也不能一概而论，尤其是投资收回时机的把握是否恰当，也是需要分析的。

3.“取得投资收益收到的现金”项目分析的应用

【做中学3-56】（计算题）2×17—2×22年，AA公司现金流量表见附录。

【要求】根据资料，对AA公司“取得投资收益收到的现金”项目进行分析。

【答案】除2×17年和2×21年外，AA公司“取得投资收益收到的现金”项目有发生额外，其他年份均没有发生额。2×17年，AA公司取得投资收益收到的现金为33 759 648.81元；2×21年，AA公司取得投资收益收到的现金为49 502.24元。

（三）“处置固定资产、无形资产和其他长期资产收回的现金净额”项目分析要点及应用

1.“处置固定资产、无形资产和其他长期资产收回的现金净额”项目的相关概念

“处置固定资产、无形资产和其他长期资产收回的现金净额”项目反映企业出售固定资产、无形资产和其他长期资产（如投资性房地产）所取得的现金，减去为处置这些资产而支付的有关税费后的净额。如处置固定资产、无形资产和其他长期资产所收回的现金净额为负数，则应作为投资活动产生的现金流量，在“支付其他与投资活动有关的现金”项目中反映。

“处置固定资产、无形资产和其他长期资产收回的现金净额”项目可以根据“固定资产清理”“库存现金”“银行存款”等科目的记录分析填列。

2.“处置固定资产、无形资产和其他长期资产收回的现金净额”项目分析的要点

由于处置固定资产、无形资产和其他长期资产不是企业的日常经营活动，因此本项目一般数额不大。若数额较大，则必须结合详细的财务报表附注分析具体原因并评估对企业经营活动的影响。

3.“处置固定资产、无形资产和其他长期资产收回的现金净额”项目分析的应用

【做中学3-57】（计算题）2×17—2×22年，AA公司处置固定资产、无形资产和其他长期资产收回的现金净额和非流动资产见表3-101和表3-102。

表3-101　AA公司处置固定资产、无形资产和其他长期资产收回的现金净额　单位：元

项目	2×17年	2×18年	2×19年	2×20年	2×21年	2×22年
处置固定资产、无形资产和其他长期资产收回的现金净额	7 458 573.86	4 188 476.53	61 098 983.40	8 358 817.00	32 190 129.00	353 350.00

表3-102　AA公司非流动资产　单位：元

项目	2×17年末	2×18年末	2×19年末	2×20年末	2×21年末	2×22年末
非流动资产	4 573 576 278.18	3 529 335 898.90	2 257 830 924.82	2 113 554 950.99	2 157 498 182.08	2 175 070 228.16

【要求】根据资料，对AA公司“处置固定资产、无形资产和其他长期资产收回的现金净额”项目进行分析。

【答案】2×17—2×22年，AA公司各年份处置固定资产、无形资产和其他长期资产收回的现金净额不等，2×19年和2×21年收回的现金净额较多，达到3 000万元以上，其他年份不足1 000万元。对照AA公司2×19年的非流动资产，可以看出2×19年非流动资产大幅减少，不过仍有22.58亿元，因此处置资产占比较低。AA公司处置固定资产、无形资产和其他长期资产收回的现金净额如图3-82所示。

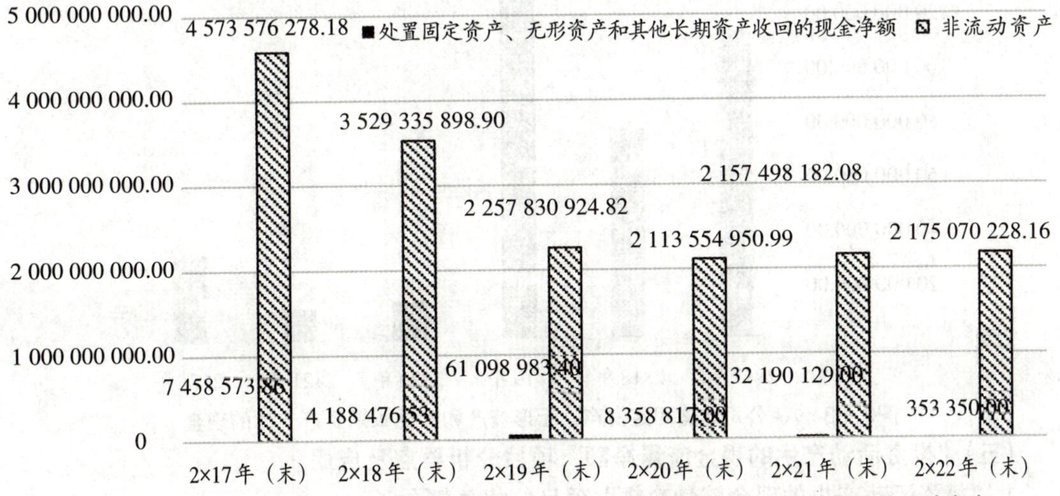

图3-82　AA公司处置固定资产、无形资产和其他长期资产收回的现金净额及非流动资产

（四）“购建固定资产、无形资产和其他长期资产支付的现金”项目分析要点及应用

微课

投资活动现金流量项目分析：相关知识和应用（2）

1.“购建固定资产、无形资产和其他长期资产支付的现金”项目的相关概念

“购建固定资产、无形资产和其他长期资产支付的现金”项目反映企业购买、建造固定资产，取得无形资产和其他长期资产（如投资性房地产）支付的现金，包括购买机器设备支付的现金、建造工程支付的现金、支付在建工程人员的工资所支付的现金，不包括为购建固定资产、无形资产和其他长期资产而发生的借款利息资本化的部分。

“购建固定资产、无形资产和其他长期资产支付的现金”项目可以根据“固定资产”“在建工程”“工程物资”“无形资产”“库存现金”“银行存款”等科目的记录分析填列。

2.“购建固定资产、无形资产和其他长期资产支付的现金”项目分析的要点

本项目的支出会导致经营能力的维持或扩大，这是企业除了经营成本以外最重要的、对企业影响最大的现金流出项目，其数额的大小反映着企业的经营理念。

一般来说，正常经营的企业此项目都应该有一定的数额，但其数额的合理性则要结合企业所在行业竞争和发展速度等方面的特点、企业的经营规模和发展阶段以及现金的充裕度进行具体分析。

3.“购建固定资产、无形资产和其他长期资产支付的现金”项目分析的应用

【做中学3-58】（计算题）2×17—2×22年，AA公司现金流量表见附录。

【要求】根据资料，对AA公司“购建固定资产、无形资产和其他长期资产支付的现金”项目进行分析。

【答案】2×17—2×19年，AA公司购建固定资产、无形资产和其他长期资产支付的现金的金额较大，2×19年更是达到了137 554 330.00元。AA公司购建固定资产、无形资产和其他长期资产支付的现金如图3-83所示。

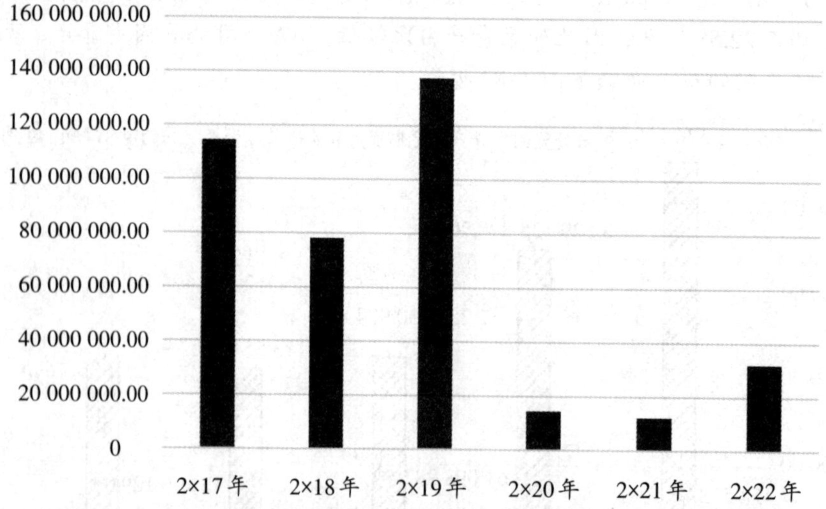

图3-83 AA公司购建固定资产、无形资产和其他长期资产支付的现金

（五）“投资活动产生的现金流量净额”项目分析要点及应用

1.“投资活动产生的现金流量净额”项目的相关概念

投资活动产生的现金流量净额，是企业投资活动产生的现金流，即投资活动现金流入

与投资活动现金流出的差额。

2. **“投资活动产生的现金流量净额”项目分析的要点**

投资活动产生的现金流量净额小于0，意味着当期投资活动所产生的现金流入量不足以支付投资活动的现金流出量，企业必须通过恰当的途径解决现金流量的缺口。关键要分析投资活动与投资计划的一致性，如果相符，则代表企业长期资产的更新或购建是为了保持或扩大再生产规模，参与资本市场的运作和对外投资的能力较强；如果不相符，则须引起注意，评估其影响并采取合适的措施。如果资料许可，还应进一步分析投资项目的可行性。

投资活动产生的现金流量净额大于等于0，意味着当期投资活动所产生的现金流入量大于或等于投资活动的现金流出量需要，表明可能是企业投资效果好、回报明显，或者是通过出售长期资产以调整企业经营结构，或者是为偿还债务被迫削减生产能力从而对企业经营产生不利影响等。

3. **“投资活动产生的现金流量净额”项目分析的应用**

【做中学3-59】（计算题）2×17—2×22年，AA公司投资活动现金流入、流出以及现金流量净额见表3-103。

表3-103　AA公司投资活动现金流入、流出以及现金流量净额　单位：元

项目	2×17年	2×18年	2×19年	2×20年	2×21年	2×22年
投资活动现金流入	63 554 309.08	4 188 476.53	204 911 157.06	12 448 817.00	32 239 631.24	845 822.52
投资活动现金流出	114 460 175.21	78 039 727.83	137 554 330.00	14 385 937.29	12 225 862.90	31 922 408.68
投资活动产生的现金流量净额	-50 905 866.13	-73 851 251.30	67 356 827.06	-1 937 120.29	20 013 768.34	-31 076 586.16

【要求】根据资料，对AA公司“投资活动产生的现金流量净额”项目进行分析。

【答案】除2×19年和2×21年外，AA公司其他年份的投资活动产生的现金流量净额均为负数。2×19年，投资活动产生的现金流量净额为正数主要是“处置固定资产、无形资产和其他长期资产收回的现金净额”和“处置子公司及其他营业单位收到的现金净额”较多所致。AA公司投资活动产生的现金流量净额如图3-84所示。

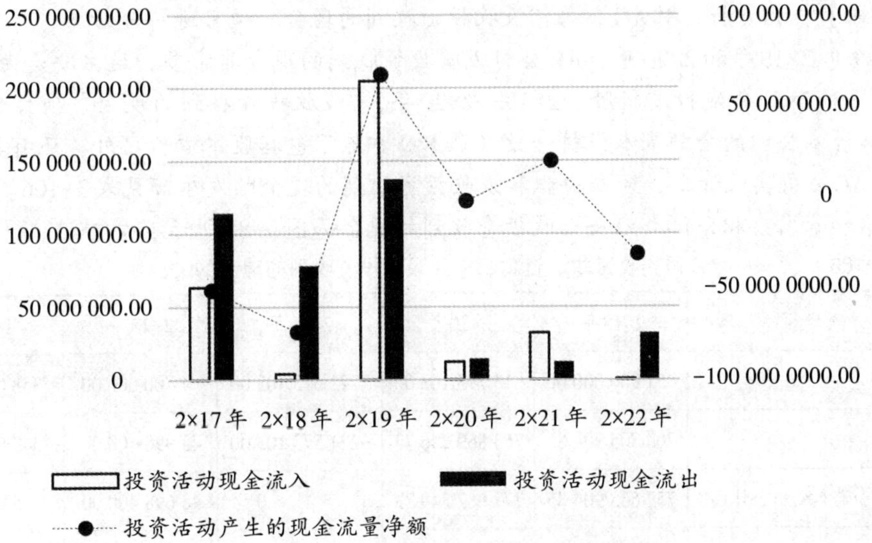

图3-84　AA公司投资活动产生的现金流量净额

三、筹资活动现金流量项目分析相关知识和应用

（一）“吸收投资收到的现金”项目分析要点及应用

1.“吸收投资收到的现金”项目的相关概念

微课

筹资活动现金流量项目分析：相关知识和应用

“吸收投资收到的现金”项目反映企业以发行股票等方式筹集资金实际收到的款项净额（发行收入减去支付的佣金等发行费用后的净额）。

“吸收投资收到的现金”项目可以根据“实收资本（或股本）”“资本公积”“库存现金”“银行存款”等科目的记录分析填列。

2.“吸收投资收到的现金”项目分析的要点

对本项目，应该结合有关的财务报表附注信息分析其构成性质、比例和成本的高低进行分析，从而评价本项目对企业当期现金流量的影响，同时要判断筹资的成本效益。

3.“吸收投资收到的现金”项目分析的应用

【做中学3-60】（计算题）2×19—2×23年，AC公司吸收投资收到的现金、实收资本、资本公积等项目的数据见表3-104和表3-105。

表3-104　AC公司吸收投资收到的现金　单位：元

项目	2×19年	2×20年	2×21年	2×22年	2×23年
吸收投资收到的现金	771 173 088.00	783 499 974.00	6 522 064.29	36 378 000.00	

表3-105　AC公司的实收资本和资本公积　单位：元

项目	2×18年末	2×19年末	2×20年末	2×21年末	2×22年末	2×23年末
实收资本	155 820 000.00	207 780 000.00	221 573 103.00	443 146 206.00	447 846 206.00	805 889 171.00
资本公积	198 915.33	700 904 820.18	1 464 774 066.91	1 243 200 963.91	1 287 199 363.91	944 227 322.20

【要求】根据资料，对AC公司“吸收投资收到的现金”项目进行分析。

【答案】2×19年和2×20年，AC公司吸收投资收到的现金非常多，这主要是由于AC公司2×19年和2×20年发行了新股。2×19—2×20年，“吸收投资收到的现金”项目金额与实收资本和资本公积的金额基本保持一致（资本公积除了包括股本溢价之外，还有其他资本公积）。AC公司实收资本、资本公积和吸收投资收到的现金的发生额见表3-106。AC公司实收资本和资本公积合计数以及吸收投资收到的现金如图3-85所示。

表3-106　AC公司实收资本、资本公积和吸收投资收到的现金的发生额　单位：元

项目	2×19年	2×20年	2×21年	2×22年	2×23年
实收资本	51 960 000.00	13 793 103.00	221 573 103.00	4 700 000.00	358 042 965.00
资本公积	700 705 904.85	763 869 246.73	−221 573 103.00	43 998 400.00	−342 972 041.71
实收资本和资本公积合计数	752 665 904.85	777 662 349.73	0	48 698 400.00	15 070 923.29
吸收投资收到的现金	771 173 088.00	783 499 974.00	6 522 064.29	36 378 000.00	0

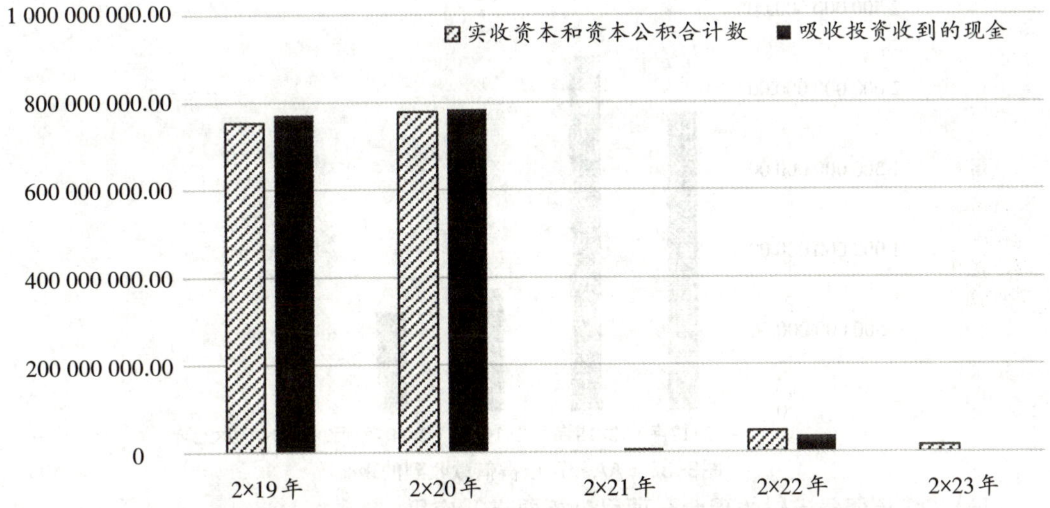

图3-85　AC公司实收资本和资本公积合计数以及吸收投资收到的现金

（二）“取得借款收到的现金”项目分析要点及应用

1.“取得借款收到的现金”项目的相关概念

“取得借款收到的现金”项目反映企业举借各种短期、长期借款而收到的现金，以及发行债券实际收到的款项净额（发行收入减去直接支付的佣金等发行费用后的净额）。

“取得借款收到的现金”项目可以根据“短期借款”“长期借款”“交易性金融负债”“应付债券”“库存现金”“银行存款”等科目的记录分析填列。

2.“取得借款收到的现金”项目分析的要点

本项目在一定意义上反映出公司从金融机构融资的能力，应该结合借款的期限构成和使用方向以及借款成本高低来判断借款的合理性。

3.“取得借款收到的现金”项目分析的应用

【做中学3-61】（计算题）2×17—2×22年，AA公司现金流量表见附录。

【要求】根据资料，对AA公司“取得借款收到的现金”项目进行分析。

【答案】2×17年和2×18年，AA公司取得借款收到的现金主要来自短期借款和长期借款，2×19年和2×20年取得借款收到的现金主要来自短期借款，2×21年和2×22年没有取得借款，这与资产负债表短期借款、长期借款、应付债券、交易性金融负债金额为0相一致。AA公司短期借款和长期借款见表3-107，AA公司取得借款收到的现金如图3-86所示。

表3-107　AA公司短期借款和长期借款　单位：元

项目	2×17年末	2×18年末	2×19年末	2×20年末	2×21年末	2×22年末
短期借款	1 670 000 000.00	1 609 000 000.00	280 000 000.0	429 000 000.00		
长期借款	80 000 000.00	300 000 000.00				

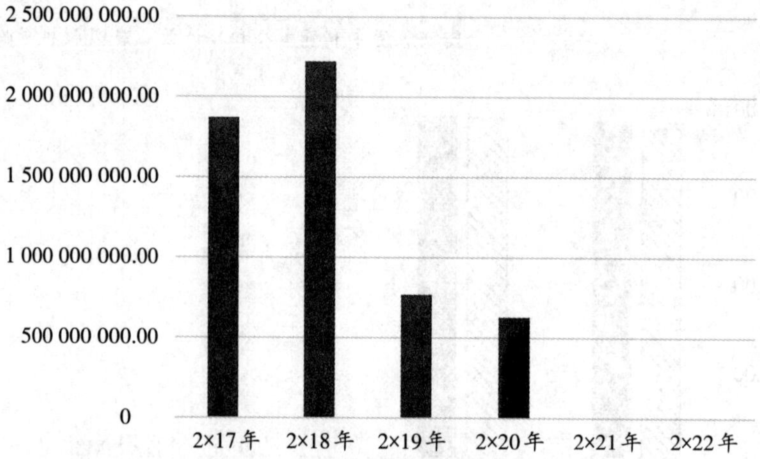

图3-86 AA公司取得借款收到的现金

（三）“偿还债务支付的现金”项目分析要点及应用

1.“偿还债务支付的现金”项目的相关概念

“偿还债务支付的现金”项目反映企业以现金偿还债务的本金，包括：归还金融企业的借款本金、偿付企业到期的债券本金等。企业偿还的借款利息、债券利息，在“分配股利、利润或偿付利息支付的现金”项目中反映。

“偿还债务支付的现金”项目可以根据“短期借款”“长期借款”“交易性金融负债”“应付债券”“库存现金”“银行存款”等科目的记录分析填列。

2.“偿还债务支付的现金”项目分析的要点

可以把本项目与“取得借款收到的现金”项目进行比较，以大致反映负债对现金净流量的影响程度。

3.“偿还债务支付的现金”项目分析的应用

【做中学3-62】（计算题）2×17—2×22年，AA公司现金流量表见附录。

【要求】根据资料，对AA公司“偿还债务支付的现金”项目进行分析。

【答案】2×17—2×22年，AA公司偿还债务支付的现金整体上呈现出逐年递减的趋势；除2×18年外，偿还债务支付的现金大于取得借款收到的现金。AA公司取得借款收到的现金和偿还债务支付的现金如图3-87所示。

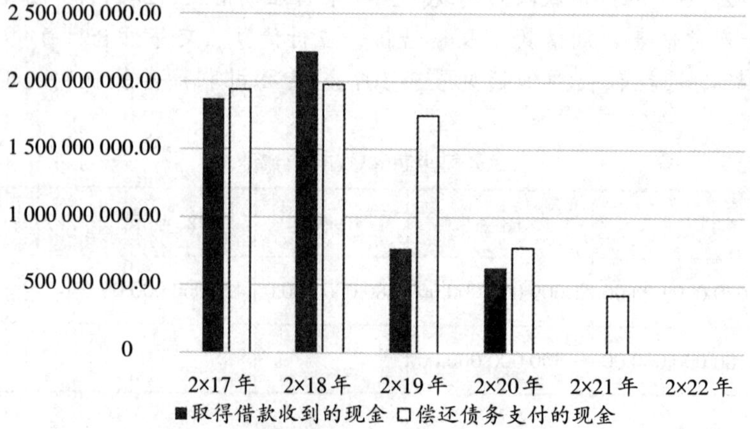

图3-87 AA公司取得借款收到的现金和偿还债务支付的现金

（四）“分配股利、利润或偿付利息支付的现金”项目分析要点及应用

1.“分配股利、利润或偿付利息支付的现金”项目的相关概念

“分配股利、利润或偿付利息支付的现金”项目反映企业实际支付的现金股利、支付给其他投资单位的利润或用现金支付的借款利息、债券利息。不同用途的借款，其利息的开支渠道不一样，如在建工程、财务费用等，均在本项目中反映。

“分配股利、利润或偿付利息支付的现金”项目可以根据“应付股利”“应付利息”“利润分配”“财务费用”“在建工程”“制造费用”“研发支出”“库存现金”“银行存款”等科目的记录分析填列。

2.“分配股利、利润或偿付利息支付的现金”项目分析的要点

本项目反映了报告期间实际承担的付现资本成本，因此应该结合资本的规模、构成、当期利润水平、现金充裕度等评价资本付现成本的高低以及对公司业绩和财务状况的影响。

3.“分配股利、利润或偿付利息支付的现金”项目分析的应用

【做中学3-63】（计算题）2×17—2×22年，AA公司现金流量表见附录。

【要求】根据资料，对AA公司“分配股利、利润或偿付利息支付的现金”项目进行分析。

【答案】2×17—2×22年，AA公司分配股利、利润或偿付利息支付的现金呈现出逐年递减的趋势，跟2×19年和2×20年取得借款收到的现金减少、2×21年和2×22年借款余额为0有关。AA公司分配股利、利润或偿付利息支付的现金如图3-88所示。

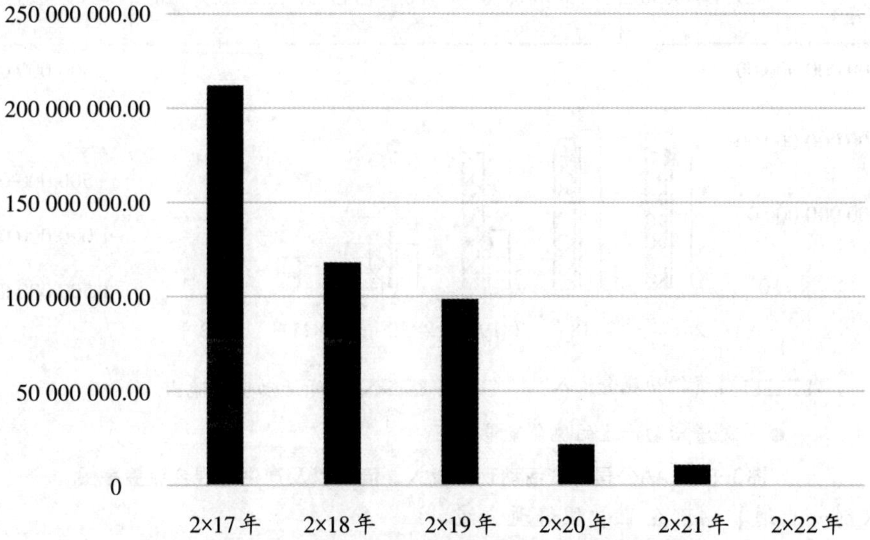

图3-88　AA公司分配股利、利润或偿付利息支付的现金

（五）“筹资活动产生的现金流量净额”项目分析要点及应用

1.“筹资活动产生的现金流量净额”项目的相关概念

筹资活动产生的现金流量净额，是企业筹资活动产生的现金流，即筹资活动现金流入与筹资活动现金流出的差额。

2.“筹资活动产生的现金流量净额”项目分析的要点

筹资活动产生的现金流量净额大于等于0，意味着当期筹资活动所产生的现金流入量大于或等于筹资活动产生的现金流出量，通常表明公司在金融市场上具有较强的筹措资金能力，但也需要关注筹资的结构、规模以及资金的使用效果，防范财务风险。

筹资活动产生的现金流量净额小于0，意味着当期筹资活动所产生的现金流入量不足以支付筹资活动的现金流出量，这种情况是否合理关键要看发生的原因：是公司在本会计期间内集中发生了偿还债务本金、利息、分配股利、支付筹资费用以及支付租赁费，还是公司的投资和经营活动现金流量状况良好有能力支付上述现金流出，或是公司在投资活动和经营活动扩张不足而形成的剩余现金流出公司。

3.“筹资活动产生的现金流量净额”项目分析的应用

【做中学3-64】（计算题）2×17—2×22年，AA公司现金流量表见附录。

【要求】根据资料，对AA公司“筹资活动产生的现金流量净额”项目进行分析。

【答案】2×17—2×22年，除2×18年，AA公司筹资活动产生的现金流量净额为正数外，其他年份均为负数，这跟AA公司偿还债务本金及利息支付了大量的现金有关。筹资活动产生的现金流量净额见表3-108，AA公司筹资活动产生的现金流量净额如图3-89所示。

表3-108 筹资活动现金流入、流出以及产生的现金流量净额 单位：元

项目	2×17年	2×18年	2×19年	2×20年	2×21年	2×22年
筹资活动现金流入	1 871 500 000.00	2 219 000 000.00	820 276 481.00	626 500 000.00	—	—
筹资活动现金流出	2 163 639 698.70	2 098 921 937.40	1 899 141 616.64	799 155 538.06	439 795 265.29	—
筹资活动产生的现金流量净额	-292 139 698.70	120 078 062.60	-1 078 865 135.64	-172 655 538.06	-439 795 265.29	

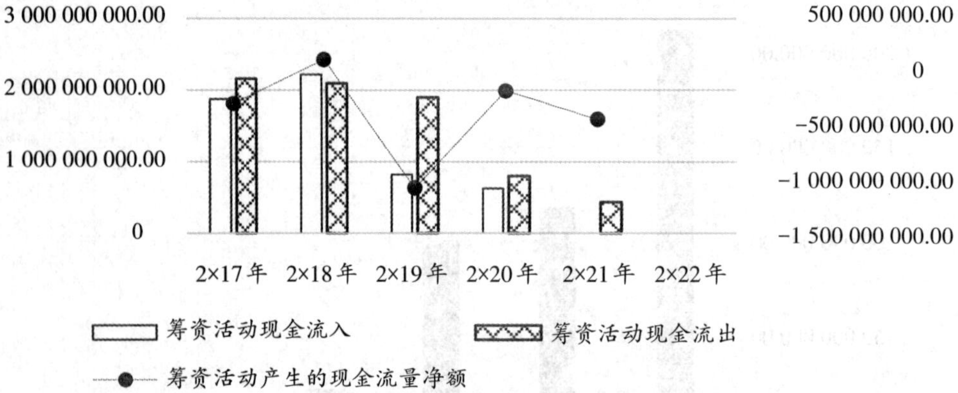

图3-89 AA公司筹资活动现金流入、流出以及产生的现金流量净额

【双创一点通】初创企业管理好现金流

巴菲特曾说过：“最好的商业模式，是不竭的现金流。”对于初创企业来说，如何妥善管好现金流，守护企业“生命线”呢？第一，现金管理需要提前做好规划，可以通过简单指标对现金流至少提前半年至1年进行规划和计划，并结合企业外部环境设置不同版本（乐观、中观和悲观），以帮助企业更好地应对。第二，管理现金流的波动性，永远用最谨慎的态度预测现金流的需求，企业发展的最好时期可能遭遇到最坏的局面，所以要保留一定水平的“储备现金”来应对经营中的突发问题。第三，建立必要的财务管理制度，初创企业尤其要重视制度建设，因为企业“节流”与“开源”一样重要，管好现金，尤其是对于一花出去就沉没的固定成本，如办公场地装修、人员招聘，需要尤为谨慎。

项目四

企业财务能力分析

任务一　偿债能力分析

学习目标

知识目标：掌握流动比率、速动比率、现金比率、现金流量比率、资产负债率、产权比率、权益乘数、利息保障倍数

熟悉流动负债保障倍数、所有者权益比率和偿债保障率

了解偿债能力的概念和分类

能力目标：具备对企业偿债能力进行分析的能力

具备使用Power BI对初创企业进行偿债能力分析的能力

素质目标：形成诚实守信、坚持准则的职业素养

培养务实笃行、开拓创新的行为品格

微课

短期偿债能力的相关知识

在市场经济条件下，企业无论规模、组织形式或所处的行业有何不同，都要利用负债筹资，负债经营的策略已被大多数企业广泛采用。但在实际工作中，企业的经营管理者往往忽视了偿债能力分析，过度进行负债经营，造成了不良的后果。

偿债能力是指企业偿还到期债务本息的能力，包括短期偿债能力和长期偿债能力。债权人通常把偿债能力作为考察评价企业的主要内容，并以此判断是否批准企业的借债；对于企业经营管理者来说，进行偿债能力分析主要是优化企业的权益资本结构，提高企业承担财务风险的能力。因此，保持良好的偿债能力是企业持续经营的重要前提。

企业偿债能力的好坏也取决于企业盈利能力的高低，即使企业的各项偿债能力的指标都符合标准，如果该企业处于衰退期，并且是夕阳行业且盈利能力很低（即息税前利润率低于负债的资金成本），则该企业从偿债能力指标分析来看，可能短期具有一定的偿债能力，但是，从长期来看，该企业的偿债能力是不可靠的，是值得怀疑的。企业借入债务需要偿还本金和利息，因此我们必须关注企业的偿债能力。不光企业，我们个人借入债务也得连本带利地偿还。借钱，要在自己的能力范围以内，我们大学生必须“勤俭节约，量入为出”。

【学思践悟】随着时代的进步，生活方式的变化推动着消费观念的更新，也不可避免地带来不同消费观念之间的激烈碰撞。老人常常念叨我们，要省着点花钱、能不花钱就不花钱。但是，过分节俭，首先满足不了人们正常的消费需求，影响人的发展；其次，不利于经济的发展，不利于推动社会生产规模的扩大。量入为出、适度消费追求的是消费的合理性，过于抑制消费是不可取的。

目前，同学们的生活主要是靠家长提供的生活费支持，因此，应当在自己的经济承受范围内进行消费，不能为了撑面子而举债消费。但是，同学们花在成长方面的钱该花还是得花的，比如买学习用品和营养食品。但与同学们比吃比穿，非名牌高档品不用，这些都

是不值得提倡的。

诸葛亮曾说过“夫君子之行，静以修身，俭以养德”。朱柏庐也说过“一粥一饭，当思来之不易，半丝半缕，恒念物力维艰”。可见，古人很讲究“勤俭节约”这一传统美德。《中国青年报》的调查也表明，大多数大学生仍然提倡“勤俭节约”精神。

一个人的消费观和人生观、价值观是相连的。当一个人明明没有能力，却想要拥有超过实际的一切时，很有可能带来人生观和价值观的偏移。一段时间以来，发生在大学校园里的种种“套路贷”，已经让一些大学生付出了惨痛代价，这在无声中说明了很多问题。不管时代如何发展变化，勤俭节约的精神永不过时。正如很多大学生所说，勤俭节约的内涵是不与人攀比、不随意浪费和不奢侈铺张。量入为出、适度消费，弘扬勤俭节约精神，不是背离时代，而是顺应时代。

偿债能力的分类如图4–1所示。

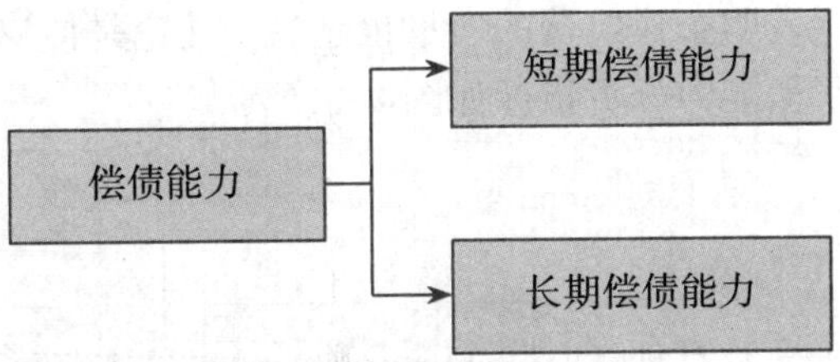

图4–1　偿债能力的分类

一、短期偿债能力的相关知识

（一）短期偿债能力的概念

短期偿债能力是指企业偿还流动负债的能力，包括偿还流动负债本金的能力，以及偿还即将到期的利息的能力。短期偿债能力分析关注即将到期债务的归还能力，因此其相关指标是银行和供应商最为关注的。

可以从以下三个方面理解短期偿债能力：（1）短期偿债能力是即将到期债务的偿还能力，即使用货币资金、交易性金融资产等流动资产偿还流动负债的能力。（2）短期偿债能力不仅包括偿还流动负债本金的能力，而且包括偿还即将到期的利息的能力，即债务的本利和。（3）在财务报表分析主体中，以银行为代表的债权人和供应商最为关注企业的短期偿债能力。对于银行来说，会考虑“如果企业连目前的债务都无力清偿，怎么能够偿还新的债务呢”？供应商也怕企业的资金链断裂，无法归还自己的货款。

（二）短期偿债能力的衡量

企业短期偿债能力的大小，要看流动资产和流动负债的多少和质量状况。

流动资产的质量是指其“流动性”，即其转换成现金的能力，包括是否能不受损失地转换为现金以及转换需要的时间。可以从以下三个方面理解流动资产的质量：（1）资产转换为现金是经过正常交易程序变现的；（2）流动性的强弱主要取决于资产转换为现金的时间和资产预计出售价格与实际出售价格的差额；（3）流动资产的流动性期限在1年以内或超过1年的一个正常营业周期以内。

流动负债也有“质量”问题。一般说来，企业的所有债务都是要偿还的，但是并非所有债务都需要在到期时立即偿还，债务偿还的强制程度和紧迫性被视为负债的质量。

（三）短期偿债能力的分类

根据对偿债资金来源的不同假设，短期偿债能力可分为静态短期偿债能力和动态短期偿债能力。

静态短期偿债能力是指企业资产负债表体现的企业使用经济资源存量偿还现有负债的能力，分析指标主要包括流动比率、速动比率和现金比率。这些比率越大，对债权人越有利；但是，从资产利用效率的角度来看，比率越大，往往意味着流动资产占用的高成本的长期资金越多，或者流动资产存在冗余，股东承担的融资费用和资产效率损失越大。因此，这些比率为多少比较恰当，债权人和股东会有不同的看法。

动态短期偿债能力是指企业利润表和现金流量表体现的企业使用财务资源流量偿还现有负债的能力，分析指标主要包括现金流量比率和流动负债保障倍数。动态短期偿债能力分析指标将企业当期运营取得的资金与期末债务本息进行比较，值越大，企业越安全。而且运营取得的资金越多，表明企业经营的质量也越高。无论是债权人还是股东，都希望这些比率越高越好。短期偿债能力分析指标如图4-2所示。

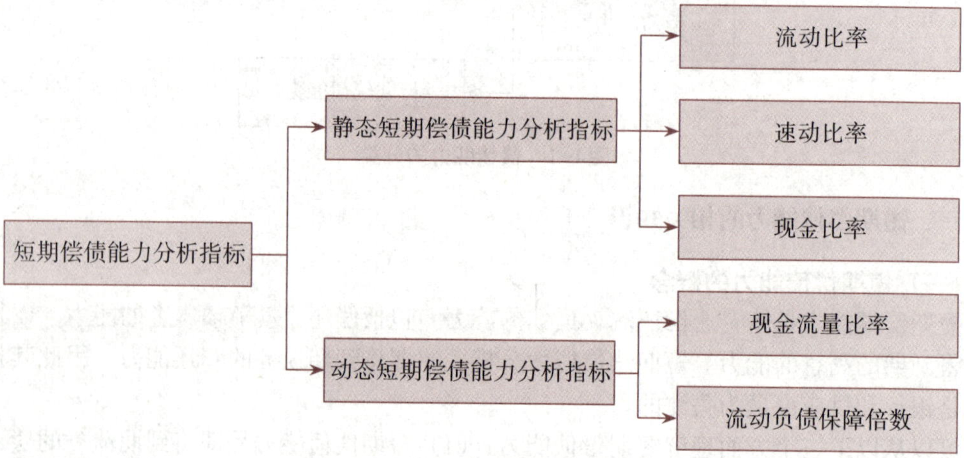

图4-2 短期偿债能力分析指标

二、短期偿债能力分析的应用

微课

短期偿债能力分析的应用（1）

（一）静态短期偿债能力分析指标及其应用

1. 营运资本

营运资本（Working Capital），也称净营运资本，是指流动资产减流动负债后的剩余部分，意味着企业的流动资产在偿还全部流动负债后还有多少剩余。其计算公式为：

$$营运资本 = 流动资产 - 流动负债$$

流动资产包括货币资金、交易性金融资产、应收票据、应收账款、预付款项、其他应收款、存货、一年内到期的非流动资产、其他流动资产等。确定流动资产的数额时，应注意以下几点：（1）现金是用来偿还债务的，用于特殊用途的现金不能作为流动资产；（2）投资必须是短期持有的，可以是经营管理者不准备长期持有的有价证券，也可以是即将到期的证券投资；（3）应收账款中不包含来自非正常业务且收账期长于1年的款项；（4）应扣除存货中超出正常经营需要的部分，而且需要注意存货计价方法对资产总额的影响。

流动负债包括短期借款、交易性金融负债、应付票据、应付账款、预收款项、应付职工薪酬、应交税费、其他应付款、一年内到期的非流动负债、其他流动负债等。确定流动负债的数额时，应注意以下几点：（1）流动负债是在1年内准备使用流动资产偿还的债务，不属于这个范畴的负债应该扣除；（2）递延税款不属于流动负债。

【做中学4-1】（计算题）AA公司2×17年12月31日至2×22年12月31日的货币资金、交易性金融资产、存货、流动资产和流动负债数据见表4-1。

表4-1 AA公司2×17年末至2×22年末的部分流动资产和流动负债资料 单位：元

报表日期	2×17年末	2×18年末	2×19年末	2×20年末	2×21年末	2×22年末
货币资金	266 665 874.52	457 606 230.76	408 990 534.40	402 993 954.62	278 345 453.88	212 510 712.10
交易性金融资产	0	0	0	0	0	0
存货	366 844 890.34	400 667 856.10	344 312 644.13	346 851 970.02	259 295 294.86	443 180 484.02
流动资产	1 422 348 031.35	1 904 268 504.55	1 601 451 929.18	1 600 554 177.74	1 598 010 057.67	2 133 466 663.11
流动负债	2 530 361 934.93	2 985 346 465.35	1 572 641 872.17	1 300 551 903.61	1 107 468 024.31	1 169 973 235.06

【要求】

（1）计算AA公司2×17年12月31日至2×22年12月31日的营运资本；

（2）以2×17年AA公司的营运资本为比较标准，使用百分比变动比较分析法进行分析。

【答案】因为作为比较标准的营运资本为负值，所以增减变动百分比取其绝对值。与2×17年末资产负债表时点相比，AA公司其余5年末的营运资本均处于上升趋势。2×19年末、2×20年末和2×22年末的营运资本年均增长20%以上，说明AA公司流动资产在偿还了全部流动负债后对流动负债的保障能力较强。AA公司2×17年12月31日至2×22年12月31日的营运资本见表4-2。

表4-2 AA公司2×17年12月31日至2×22年12月31日的营运资本 金额单位：元

报表日期	流动资产	流动负债	营运资本	营运资本增减变动额	营运资本增减变动百分比
2×17年12月31日	1 422 348 031.35	2 530 361 934.93	-1 108 013 903.58	—	—
2×18年12月31日	1 904 268 504.55	2 985 346 465.35	-1 081 077 960.80	26 935 942.78	2.43%
2×19年12月31日	1 601 451 929.18	1 572 641 872.17	28 810 057.01	1 109 888 017.81	100.17%
2×20年12月31日	1 600 554 177.74	1 300 551 903.61	300 002 274.13	271 192 217.12	24.48%
2×21年12月31日	1 598 010 057.67	1 107 468 024.31	490 542 033.36	190 539 759.23	17.20%
2×22年12月31日	2 133 466 663.11	1 169 973 235.06	963 493 428.05	472 951 394.69	42.68%

2. 流动比率

流动比率（Current Ratio）是指企业流动资产与流动负债的比值，反映了在分析时点上企业流动资产覆盖流动负债的程度。其计算公式为：

$$流动比率=\frac{流动资产}{流动负债}=1+\frac{营运资本}{流动负债}$$

该比率认为，由于流动资产与流动负债在时点上具有一致性，因此，流动资产变现后能够直接构成偿还流动负债的资金来源。流动资产越多，偿还流动负债就越有保障。由于指标计算简易、数据取得方便，并且易于理解，债权人尤其是短期债权人非常看重该指标数据所显示的偿债能力。

应用流动比率进行分析时，应注意以下几点：

（1）流动比率越高，只能说明企业偿还短期债务的流动资产保障程度越高，但不一定说明企业有足够的现金或存款来偿债。因为流动资产可能是存货积压、应收账款增多等原因形成的。所以，企业在分析流动比率的基础上，需进一步对现金流量加以分析。

（2）从短期债权人的角度看，流动比率自然是越高越好。但从经营管理者的角度看，流动比率并不是越高越好，因为过高的流动比率表明流动资产占用资金过多，使资金利用率下降，降低了企业资产的盈利能力。

（3）从有效利用资金的角度讲，各企业应根据自身特点、行业特点制定一个合理的流动比率。一般认为流动比率达到2：1时，企业的财务状况比较稳妥可靠。但在存货周转较快或结算资产较好的企业，流动比率也可以小一些。

【做中学4-2】（计算题）沿用【做中学4-1】的资料。

【要求】计算AA公司2×17年12月31日至2×22年12月31日的流动比率，并进行趋势分析。

【答案】AA公司2×17年12月31日至2×22年12月31日的流动比率见表4-3。

表4-3 AA公司2×17年12月31日至2×22年12月31日的流动比率 金额单位：元

报表日期	2×17年12月31日	2×18年12月31日	2×19年12月31日	2×20年12月31日	2×21年12月31日	2×22年12月31日
流动资产	1 422 348 031.35	1 904 268 504.55	1 601 451 929.18	1 600 554 177.74	1 598 010 057.67	2 133 466 663.11
流动负债	2 530 361 934.93	2 985 346 465.35	1 572 641 872.17	1 300 551 903.61	1 107 468 024.31	1 169 973 235.06
流动比率	0.56	0.64	1.02	1.23	1.44	1.82

在2×17年末和2×18年末的资产负债表日时点上，AA公司的流动比率过低，企业短期偿债能力较弱，但是，AA公司的流动比率逐年提升，到2×22年末的资产负债表日时点达到了1.82，处于了理想状态。

微课

短期偿债能力分析的应用（2）

3.速动比率

速动比率（Quick Ratio）又称酸性测试比率，是企业速动资产与流动负债的比值。其中，速动资产是指企业流动资产减去存货等变现能力较弱且不稳定的资产之后的余额，主要包括货币资金、交易性金融资产、应收账款、应收票据和其他应收款（含应收股利、应收利息）等。其计算公式为：

$$速动比率=\frac{速动资产}{流动负债}$$

$$=\frac{货币资金+交易性金融资产+应收票据+应收账款+其他应收款}{流动负债}$$

通俗地说，该指标主要衡量一家公司在无须出售库存的情况下，是否拥有足够的流动资产以偿还其短期负债。

一般情况下，使用速动资产的简化公式，即速动资产 = 流动资产 - 存货。

$$速动比率 = \frac{速动资产}{流动负债} = \frac{流动资产 - 存货}{流动负债}$$

通常认为，正常的速动比率为1。低于1的速动比率被认为是短期偿债能力偏低，表明企业需要通过出售存货或举借新债来偿还到期债务。

把存货从流动资产中剔除的主要原因是：（1）存货变现时需要销售和收款，在流动资产中的变现性最差；（2）存货可能出现损失报废、滞销或被抵押的情况；（3）存货的历史成本与可变现净值之间往往存在着较大的差距，无法反映实际的变现价值。综合以上原因，将存货从流动资产中减去后计算的速动比率，反映的短期偿债能力更加令人信服。

【做中学4-3】（计算题）资料见【做中学4-1】。

【要求】计算AA公司2×17年12月31日至2×22年12月31日的速动比率，绘制折线图进行趋势分析。

【答案】AA公司的速动比率表现出与流动比率相一致的变化趋势，即逐年增加，见表4-4。2×20年12月31日，AA公司的速动比率接近1，企业具有良好的财务状况和充实的短期偿债能力。在2×21年末和2×22年末的资产负债表日时点，AA公司的速动比率较高，对债权人的保障程度较强，企业偿还流动负债的能力较强。相对而言，在2×17年末和2×18年末的资产负债表日时点，AA公司的速动比率偏低。

表4-4 AA公司2×17年12月31日至2×22年12月31日的速动比率 金额单位：元

报表日期	2×17年12月31日	2×18年12月31日	2×19年12月31日	2×20年12月31日	2×21年12月31日	2×22年12月31日
存货	366 844 890.34	400 667 856.10	344 312 644.13	346 851 970.02	259 295 294.86	443 180 484.02
流动资产	1 422 348 031.35	1 904 268 504.55	1 601 451 929.18	1 600 554 177.74	1 598 010 057.67	2 133 466 663.11
流动负债	2 530 361 934.93	2 985 346 465.35	1 572 641 872.17	1 300 551 903.61	1 107 468 024.31	1 169 973 235.06
速动资产	1 055 503 141.01	1 503 600 648.45	1 257 139 285.05	1 253 702 207.72	1 338 714 762.81	1 690 286 179.09
速动比率	0.42	0.50	0.80	0.96	1.21	1.44

AA公司速动比率趋势（2×17年末至2×22年末）如图4-3所示。

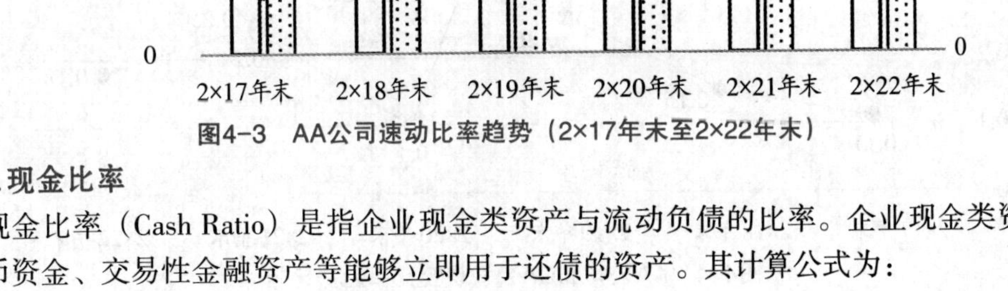

图4-3 AA公司速动比率趋势（2×17年末至2×22年末）

4.现金比率

现金比率（Cash Ratio）是指企业现金类资产与流动负债的比率。企业现金类资产包括货币资金、交易性金融资产等能够立即用于还债的资产。其计算公式为：

$$现金比率 = \frac{货币资金 + 交易性金融资产}{流动负债}$$

现金比率未考虑企业具备变现能力的其他流动资产，比速动比率更稳健地反映了企业即时偿还流动负债的能力，因此，是考察企业即时变现能力的指标。

现金比率越高，表示企业可用于偿付流动负债的现金越多，发生变现损失的风险也就越小，而且变现的时间也越短。但是，该指标过高必然增加企业持有现金的机会成本，这也是不经济的，一般认为，现金比率以适度为好，经验数值为0.25。

【做中学4-4】(计算题) AA公司资料见【做中学4-1】，同行业CA公司的现金比率见表4-5。

表4-5 CA公司2×17年12月31日至2×22年12月31日的现金比率

CA公司	2×17年12月31日	2×18年12月31日	2×19年12月31日	2×20年12月31日	2×21年12月31日	2×22年12月31日
现金比率	0.66	0.43	0.71	0.10	0.24	0.52

【要求】计算AA公司2×17年12月31日至2×22年12月31日的现金比率，并与CA公司进行比较分析。

【答案】AA公司2×17年末至2×22年末的现金比率见表4-6。与CA公司相比，AA公司的现金比率比较稳定地保持在0.10～0.30，CA公司的现金比率波动性较大，说明企业短期偿债能力不稳定，而且2×17年末、2×18年末、2×19年末、2×22年末的现金比率很高，意味着CA公司资金使用效果不佳，资金分布不合理。

表4-6 AA公司2×17年末至2×22年末的现金比率

金额单位：元

报表日期	2×17年末	2×18年末	2×19年末	2×20年末	2×21年末	2×22年末
货币资金	266 665 874.52	457 606 230.76	408 990 534.40	402 993 954.62	278 345 453.88	212 510 712.10
交易性金融资产	0	0	0	0	0	0
流动负债	2 530 361 934.93	2 985 346 465.35	1 572 641 872.17	1 300 551 903.61	1 107 468 024.31	1 169 973 235.06
现金比率	0.11	0.15	0.26	0.31	0.25	0.18

AA公司和CA公司现金比率趋势比较如图4-4所示。

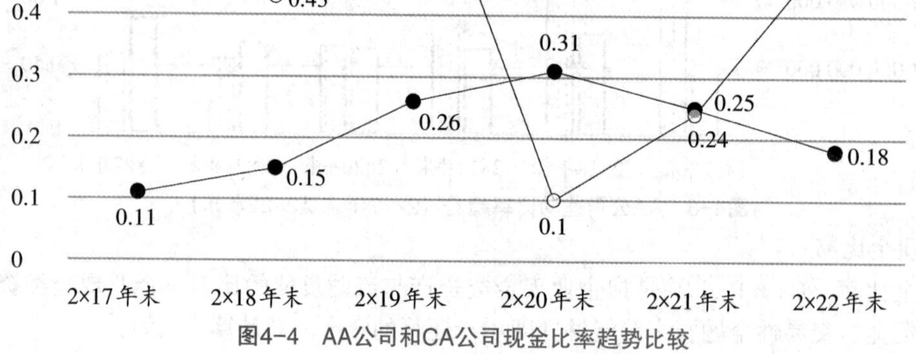

图4-4 AA公司和CA公司现金比率趋势比较

5. 流动比率、速动比率和现金比率的关系

流动比率、速动比率、现金比率是以流动资产和流动负债的相互关系来反映企业短期偿债能力的主要指标，三者之间的相互关系如图4-5所示。

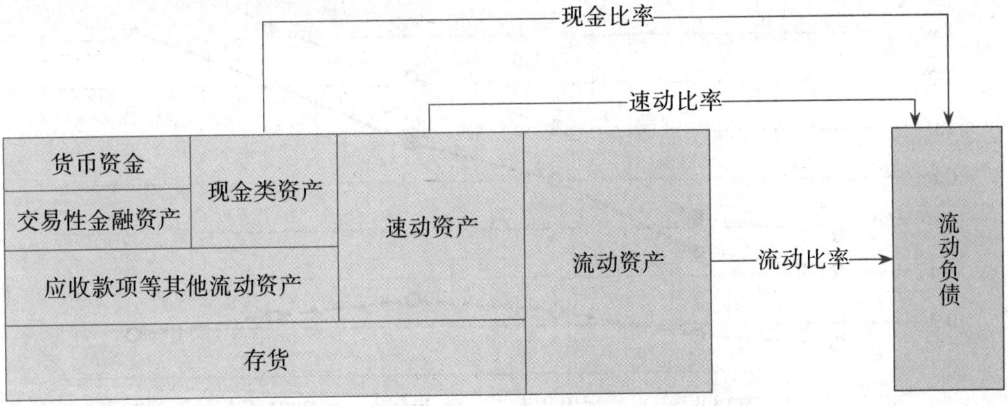

图4-5　流动比率、速动比率和现金比率的关系

（1）以全部流动资产作为偿付流动负债的基础所计算的指标是流动比率。该偿债基础包括了变现能力较差的存货，如果存货中有积压物资，由此计算出的指标会呈现出企业短期偿债能力较强的假象。

（2）速动比率以扣除变现能力较差的存货等作为偿付流动负债的基础，弥补了流动比率的不足。

（3）现金比率以现金类资产作为偿付流动负债的基础，但现金持有量过大会对公司资产利用效果产生负面作用，所以该比率不宜过大。这一指标相对流动比率和速动比率来说，作用较小。

（4）在分析公司短期偿债能力时，流动负债是计算以上三个指标的基础，不同的流动负债的结构、规模对公司有不同的影响。例如，预收款项比重较大时，对流动比率的要求就相对高些；短期借款和应付账款比重较大时，对速动比率和现金比率的要求就相对高些。从以上三个指标的计算中可以看出，流动负债的结构对短期偿债能力的影响在这三个指标中并没有反映出来，所以在分析评价企业短期偿债能力时，还要结合流动负债的规模和结构来进行。

从AA公司2×17年末至2×22年末流动比率、速动比率和现金比率的比较中可以看出，现金比率比流动比率和速动比率的稳定性更强。AA公司的流动比率、速动比率和现金比率比较如图4-6所示，流动比率、速动比率、现金比率的比较见表4-7。

微课

短期偿债能力分析的应用（3）

（二）动态短期偿债能力分析指标及其应用

1. 现金流量比率

现金流量比率（Operating Cash Flow Ratio）是指企业一定时期内经营活动现金流量净额与流动负债的比率。现金流量比率越高，说明企业偿还短期债务的能力越强。其计算公式为：

$$现金流量比率=\frac{经营活动现金流量净额}{流动负债}$$

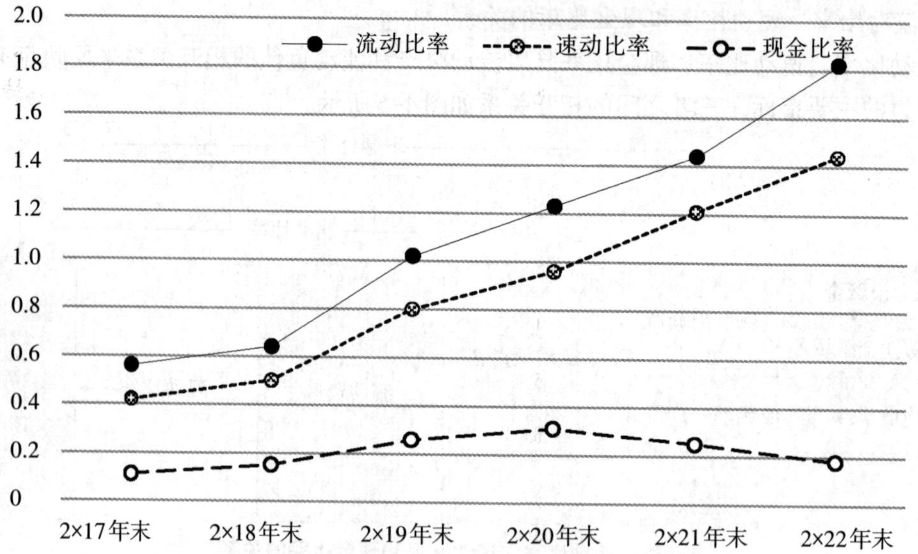

图4-6 AA公司的流动比率、速动比率和现金比率比较

表4-7 流动比率、速动比率、现金比率的比较

比　率	偿付流动负债的基础	经验值	备　注
流动比率	全部流动资产	2	
速动比率	流动资产-存货	1	无须出售库存情况下的变现能力
现金比率	货币资金+交易性金融资产	0.25	即时变现能力

现金流量比率的分母是企业资产负债表上的期末流动负债，分子通常采用当期现金流量表的经营活动现金流量净额。从偿债的实际情况来看，由于期末流动负债需要下期偿还，偿还这些负债的现金流量也应该是下期产生的，该比率使用本期现金流量净额对应下期偿还的债务，除了数据获取方面的原因之外，实际还隐含着这样的假设：预期企业下期的经营状况与本期基本相同。

现金流量比率从企业经营创造现金流量的角度分析企业偿还流动负债的能力。与静态短期偿债能力分析指标不同，它考虑了企业资金周转的速度和实际的变现能力。此处的现金流量是指经营活动现金流量净额，用它与流动负债相比，显示企业进行流动资产投资后，用剩余现金流偿还短期债务的能力。这个过程更贴近企业在持续经营过程中偿债的实际情况，因此，自现金流量表创建以来，该比率便成为分析企业短期偿债能力的又一个重要指标。

【做中学4-5】（计算题）AA公司2×17—2×22年的经营活动现金流量净额和流动负债（期末）数据见表4-8。

表4-8 AA公司2×17—2×22年的经营活动现金流量净额和流动负债 单位：元

报告日期	2×17年（末）	2×18年（末）	2×19年（末）	2×20年（末）	2×21年（末）	2×22年（末）
经营活动现金流量净额	340 520 657.31	144 713 771.54	962 892 552.37	168 596 078.57	287 706 028.17	-44 609 969.64
流动负债	2 530 361 934.93	2 985 346 465.35	1 572 641 872.17	1 300 551 903.61	1 107 468 024.31	1 169 973 235.06

【要求】计算AA公司2×17—2×22年的现金流量比率并进行简单分析。

【答案】不同于流动比率、速动比率、现金比率等静态短期偿债能力分析指标表现出的较为稳定的增长趋势，AA公司的现金流量比率处于不断波动的状态，难以保持稳定，2×22年，该比率甚至降为负数。与静态短期偿债能力分析指标反映的一样，2×19年仍然是AA公司短期偿债能力最强的一年。AA公司2×17—2×22年的现金流量比率见表4-9。

表4-9　AA公司2×17—2×22年的现金流量比率　金额单位：元

报告日期	2×17年（末）	2×18年（末）	2×19年（末）	2×20年（末）	2×21年（末）	2×22年（末）
经营活动现金流量净额	340 520 657.31	144 713 771.54	962 892 552.37	168 596 078.57	287 706 028.17	-44 609 969.64
流动负债	2 530 361 934.93	2 985 346 465.35	1 572 641 872.17	1 300 551 903.61	1 107 468 024.31	1 169 973 235.06
现金流量比率	0.13	0.05	0.61	0.13	0.26	-0.04

2. 流动负债保障倍数

流动负债保障倍数是指企业息税折旧摊销前利润与企业流动负债的比值。其计算公式为：

$$流动负债保障倍数 = \frac{息税折旧摊销前利润}{流动负债} = \frac{息税前利润 + 折旧 + 摊销}{流动负债} = \frac{净利润 + 所得税 + 利息 + 折旧 + 摊销}{流动负债}$$

息税折旧摊销前利润（EBITDA）是扣除利息、所得税、折旧、摊销之前的利润，即：

$$EBITDA = 净利润 + 所得税 + 利息 + 折旧 + 摊销$$

或：

$$EBITDA = 息税前利润(EBIT) + 折旧 + 摊销$$

流动负债保障倍数是从债权人的视角来看待企业的动态短期偿债能力的。息税折旧摊销前利润是企业不追加任何流动资产投资、不更新长期资产情况下的现金流，是极端情况下企业偿还债务的可使用资金，它与经营活动现金流量净额很接近，只是不考虑企业对流动资产的追加投资。流动负债保障倍数是信用评级机构评价企业短期偿债能力的一个常用指标。

企业财务报表主表上没有折旧摊销的金额，分析人员需要从财务报表附注的现金流量表补充资料中查找固定资产折旧、无形资产摊销以及长期待摊费用摊销的金额。

【做中学4-6】（计算题）AA公司2×17—2×22年净利润、所得税、利息支出、折旧、摊销的金额见表4-10。

表4-10　AA公司2×17—2×22年的净利润、所得税、利息支出、折旧、摊销　单位：元

项目	2×17年（末）	2×18年（末）	2×19年（末）	2×20年（末）	2×21年（末）	2×22年（末）
净利润	-542 401 283.69	-1 240 127 471.92	146 531 202.69	122 167 203.88	-123 419 140.73	657 948 362.99
所得税费用	-204 532 653.56	101 218 973.30	42 624 398.95	69 887 060.66	-20 935 086.96	10 856 852.40
利息支出	122 891 152.96	127 793 784.58	119 442 330.94	27 494 507.62	12 151 365.93	1 531 979.52

续表

项目	2×17年（末）	2×18年（末）	2×19年（末）	2×20年（末）	2×21年（末）	2×22年（末）
固定资产折旧、油气资产折耗、生产性生物资产折旧	513 627 969.75	479 969 626.80	359 585 007.46	226 492 907.79	218 734 577.64	214 826 132.24
无形资产摊销	7 001 347.37	6 497 003.52	5 004 437.38	3 787 837.02	3 784 815.30	2 599 723.82
长期待摊费用摊销					−22 001 059.09	

【要求】计算AA公司2×17—2×22年的流动负债保障倍数，并进行趋势分析。

【答案】AA公司的流动负债保障倍数呈现出上下波动的趋势（类似W形），难以保持稳定。AA公司2×17—2×22年的流动负债保障倍数见表4-11。

表4-11　AA公司2×17—2×22年的流动负债保障倍数　金额单位：元

项目	2×17年（末）	2×18年（末）	2×19年（末）	2×20年（末）	2×21年（末）	2×22年（末）
净利润	−542 401 283.69	−1 240 127 471.92	146 531 202.69	122 167 203.88	−123 419 140.73	657 948 362.99
所得税费用	−204 532 653.56	101 218 973.30	42 624 398.95	69 887 060.66	−20 935 086.96	10 856 852.40
利息支出	122 891 152.96	127 793 784.58	119 442 330.94	27 494 507.62	12 151 365.93	1 531 979.52
固定资产折旧、油气资产折耗、生产性生物资产折旧	513 627 969.75	479 969 626.80	359 585 007.46	226 492 907.79	218 734 577.64	214 826 132.24
无形资产摊销	7 001 347.37	6 497 003.52	5 004 437.38	3 787 837.02	3 784 815.30	2 599 723.82
长期待摊费用摊销					−22 001 059.09	
息税折旧摊销前利润	−103 413 467.17	−524 648 083.72	673 187 377.42	449 829 516.97	68 315 472.09	887 763 050.97
流动负债	2 530 361 934.93	2 985 346 465.35	1 572 641 872.17	1 300 551 903.61	1 107 468 024.31	1 169 973 235.06
流动负债保障倍数	−0.04	−0.18	0.43	0.35	0.06	0.76

AA公司短期偿债能力分析指标的比较如图4-7所示。

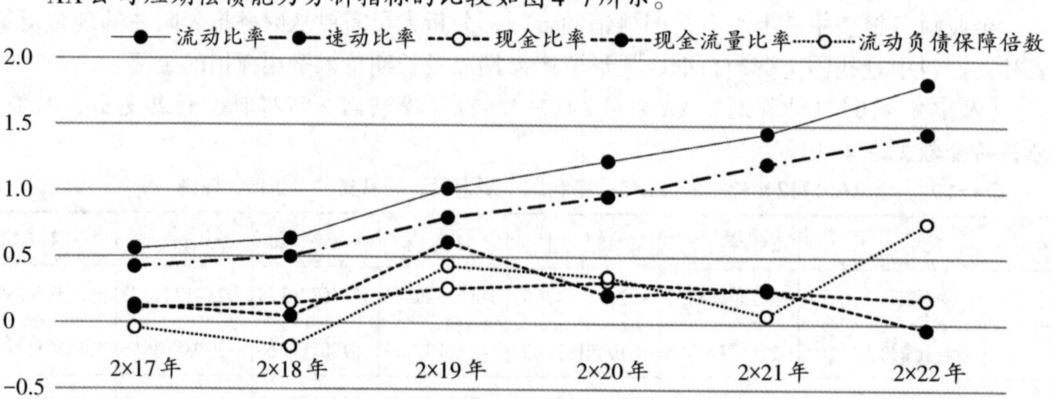

图4-7　AA公司短期偿债能力分析指标的比较

总而言之，衡量AA公司短期偿债能力的静态分析指标，如流动比率和速动比率的变化趋势较为一致，呈现出不断增强的趋势，但是现金比率的表现则较为平缓，更严格、更稳健地反映了AA公司的短期偿债能力。而动态分析指标考虑了现金流量表因素（经营活动现金流量净额、折旧、摊销）和利润表因素（净利润、所得税费用、财务费用中的利息支出），更安全、更综合地反映了AA公司的短期偿债能力，表现出了不断波动的趋势。分析人员应根据需要，选择不同的指标进行分析。

（三）PA公司和PB公司短期偿债能力比较分析

1. 数据收集

根据PA公司和PB公司2×18—2×22年度的财务报告，收集短期偿债能力分析使用的数据见表4-12至表4-15。

表4-12　PA公司2×18年12月31日—2×22年12月31日资产负债表的部分数据　单位：元

报表日期	2×18年12月31日	2×19年12月31日	2×20年12月31日	2×21年12月31日	2×22年12月31日
货币资金	12 881 234 298.49	12 103 757 440.88	7 816 943 116.11	14 024 805 944.83	17 857 363 941.27
交易性金融资产	28 738 843.94	180 636 573.51	872 874 998.19	1 122 863 784.67	1 726 166 623.63
存货	31 086 740 188.46	26 815 100 722.39	23 515 760 734.54	49 581 451 453.12	39 488 037 616.60
流动资产	78 056 498 746.13	74 386 003 353.56	69 902 983 727.88	136 763 120 165.97	133 292 610 487.90
流动负债	94 634 049 029.29	89 254 267 290.98	91 859 836 148.11	170 306 487 279.36	163 206 639 363.92

表4-13　PA公司2×18—2×22年现金流量表的部分数据　单位：元

报表日期	2×18年	2×19年	2×20年	2×21年	2×22年
经营活动现金流量净额	12 090 476 634.05	28 280 465 939.43	21 176 796 444.06	22 403 256 147.01	33 077 273 594.37

表4-14　PB公司2×18年12月31日-2×22年12月31日资产负债表的部分数据　单位：元

报表日期	2×18年12月31日	2×19年12月31日	2×20年12月31日	2×21年12月31日	2×22年12月31日
货币资金	600 946 660.62	697 266 082.11	735 474 288.73	1 149 378 878.80	1 088 552 601.43
交易性金融资产			6 626 040.72	52 303 481.54	
存货	3 726 231 480.97	1 705 098 537.06	1 083 585 860.46	1 926 116 624.09	2 021 016 094.31
流动资产	6 765 903 656.79	4 222 837 468.49	2 784 925 695.25	4 222 413 098.37	4 405 144 539.95
流动负债	16 571 207 019.31	14 271 162 505.31	14 436 871 847.57	13 797 160 325.86	11 169 222 407.29

表4-15　PB公司2×18—2×22年现金流量表的部分数据　单位：元

报表日期	2×18年	2×19年	2×20年	2×21年	2×22年
经营活动现金流量净额	1 590 420 595.26	2 047 132 281.21	495 643 819.38	431 821 677.84	3 508 058 256.95

2. 指标计算

分别计算PA公司和PB公司衡量短期偿债能力的指标（见表4-16至表4-19）。

表4-16 PA公司2×18—2×22年末静态短期偿债能力指标

报表日期	2×18年12月31日	2×19年12月31日	2×20年12月31日	2×21年12月31日	2×22年12月31日
流动比率	0.8248	0.8334	0.7610	0.8030	0.8167
速动比率	0.4963	0.5330	0.5050	0.5119	0.5748
现金比率	0.1364	0.1376	0.0946	0.0889	0.1200

表4-17 PA公司2×18—2×22年动态短期偿债能力指标

报表日期	2×18年	2×19年	2×20年	2×21年	2×22年
现金流量比率	0.1278	0.3169	0.2305	0.1315	0.2027

表4-18 PB公司2×18—2×22年末静态短期偿债能力指标

报表日期	2×18年12月31日	2×19年12月31日	2×20年12月31日	2×21年12月31日	2×22年12月31日
流动比率	0.4083	0.2959	0.1929	0.3060	0.3944
速动比率	0.1834	0.1764	0.1178	0.1664	0.2135
现金比率	0.0363	0.0489	0.0514	0.0871	0.0975

表4-19 PB公司2×18—2×22年动态短期偿债能力指标

报表日期	2×18年	2×19年	2×20年	2×21年	2×22年
现金流量比率	0.0960	0.1434	0.0343	0.0313	0.3141

3.指标分析

使用流动比率、速动比率、现金比率和现金流量比率四个指标衡量PA公司和PB公司的短期偿债能力。

（1）流动比率。经比较可以发现，PA公司和PB公司2×18年末—2×22年末的流动比率均低于国际上公认的范围；PA公司的流动比率维持在0.75~0.85；除2×20年末，PB公司的流动比率基本维持在0.3~0.4，因此，PA公司用全部流动资产偿还流动负债的能力优于PB公司。PA公司和PB公司2×18—2×22年末的流动比率比较如图4-8所示。

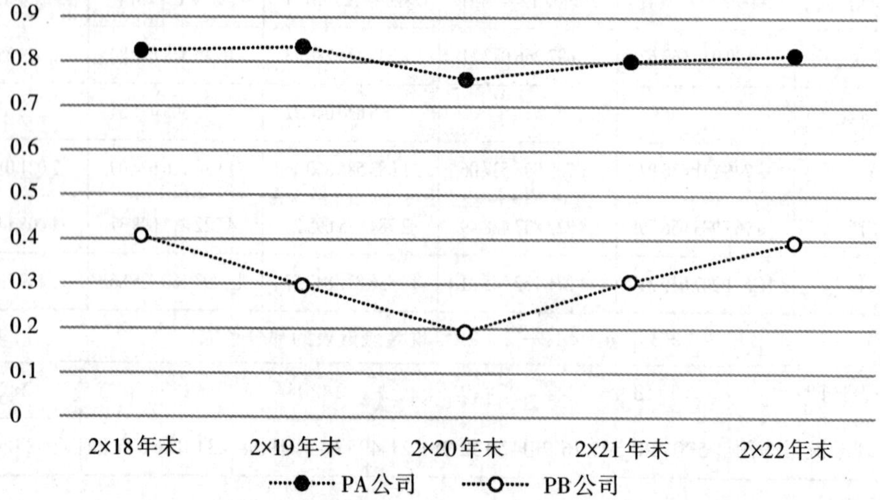

图4-8 PA公司和PB公司2×18—2×22年末的流动比率比较

（2）速动比率。2×18—2×22年末，PA公司的速动比率基本维持在0.5~0.6，PB公司的速动比率保持在0.22以下，即PA公司扣除存货后的流动资产偿还流动负债的能力强于PB公司。PA公司和PB公司2×18—2×22年末的速动比率比较如图4-9所示。

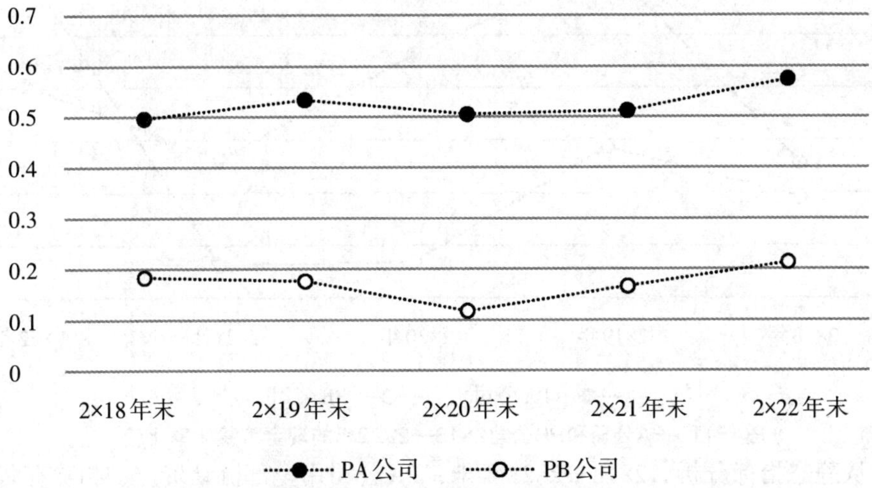

图4-9　PA公司和PB公司2×18—2×22年末的速动比率比较

（3）现金比率。2×18—2×22年末，PA公司的现金比率一直维持在0.1左右，而PB公司的现金比率一直在0.1以下，相比较而言，PA公司的即时变现能力更强。PA公司和PB公司2×18—2×22年末的现金比率比较如图4-10所示。

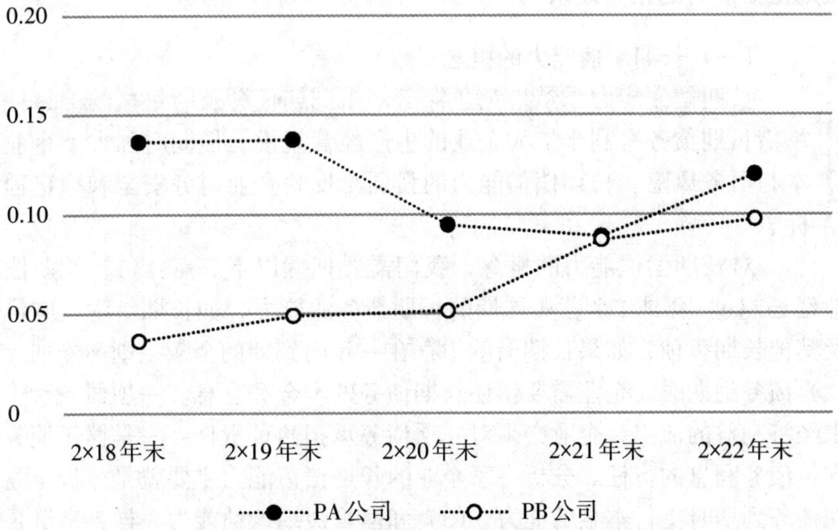

图4-10　PA公司和PB公司2×18—2×22年末的现金比率比较

（4）现金流量比率。2×18—2×22年，PA公司的现金流量比率处于波动之中，最低为2×18年的0.1278，最高为2×19年的0.3169；PB公司的现金流量比率有3年都低于0.1，不过2×22年显著提升，达到0.3141，高于了PA公司的同一比率。PA公司和PB公司2×18—2×22年的现金流量比率比较如图4-11所示。

4. 分析结论

（1）PA公司和PB公司的流动比率、速动比率、现金比率和现金流量比率较为稳定，基本保持在一定的区间内。

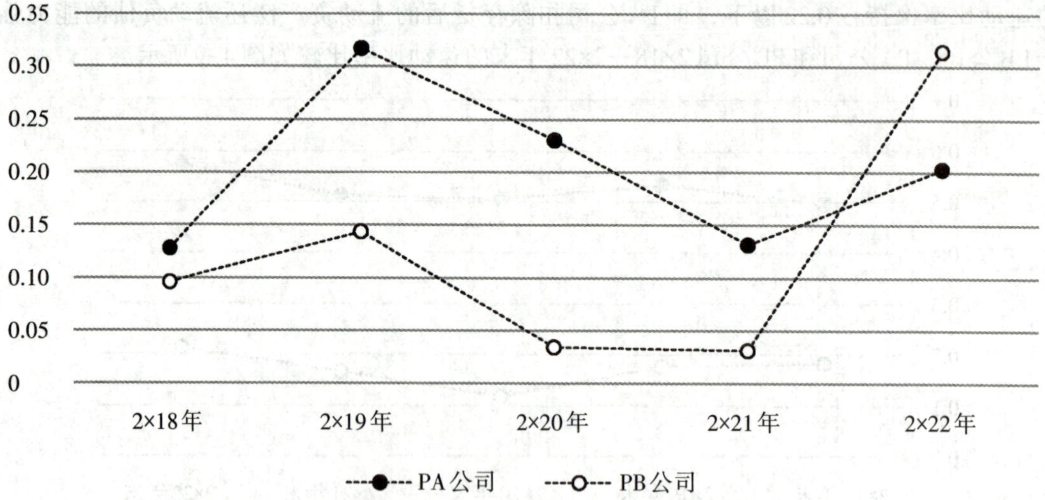

图4-11 PA公司和PB公司2×18—2×22年的现金流量比率比较

（2）从静态指标分析，2×18—2×22年末，PA公司用全部流动资产、扣除存货后的流动资产、现金类资产偿还流动负债的能力优于PB公司。

（3）从动态指标分析，2×18—2×21年，PA公司用经营活动创造的现金流量净额偿还流动负债的能力强于PB公司；2×22年，PB公司的同一指标优于PA公司。

三、长期偿债能力的相关知识

微课

长期偿债能力的相关知识

（一）长期偿债能力的概念

长期偿债能力，是指企业保证未来到期债务及时偿付的可靠程度。企业举借长期债务有利于扩大企业的生产经营规模，但同时加大了企业的资金成本与财务风险。长期偿债能力的强弱是反映企业财务安全和稳定程度的重要标志。

对长期偿债能力的概念，我们需要把握以下三点：（1）长期偿债能力衡量的是企业偿还超过1年或1个营业周期的长期债务的能力，如长期借款、应付债券、长期应付款及其他长期负债，如果长期借款中存在一年内到期的金额，则不能列入企业的长期债务。（2）债务到期时，企业需要偿还长期债务的本金和利息。一项债务对于企业而言会带来未来经济利益的流出，企业必须对一项债务承担两种责任：一是偿还债务本金的责任；二是支付债务利息的责任。分析一家企业的长期偿债能力主要就是分析企业支付债务利息以及在债务到期时支付本金的能力。（3）和衡量短期偿债能力一样，衡量企业的长期偿债能力，既可以使用静态指标，也可以使用动态指标。

（二）长期偿债能力的分类

根据对偿债资金来源的不同假设，长期偿债能力可分为静态长期偿债能力和动态长期偿债能力。

衡量静态长期偿债能力的指标，其数据主要取自资产负债表，比较企业总资产对全部债务的偿还能力，或是企业债务资金与自有资金的比率。

衡量动态长期偿债能力的指标，其数据还可以取自利润表或现金流量表，衡量企业在一段时间内的债务偿还能力。

（三）长期偿债能力分析的作用

1.投资者

投资者，包括企业的所有者和潜在投资者。对于投资者来说，通过对长期偿债能力分析，可以判断其投资的安全性及盈利性，因为投资的安全性与企业的偿债能力密切相关。通常，企业的长期偿债能力越强，投资的安全性越高。在这种情况下，企业不需要通过变卖财产偿还债务。此外，投资的盈利性与企业的长期偿债能力密切相关。在投资收益率大于借入资金的成本时，企业适度负债，不仅可以降低财务风险，还可以利用财务杠杆的作用，增加盈利。

2.债权人

债权人包括向企业提供贷款的银行、其他金融机构以及购买企业债券的单位和个人。债权人更会从他们的切身利益出发来研究企业的长期偿债能力，只有企业有较强的长期偿债能力，才能使他们的债权及时收回，并能按期取得利息。由于债权人的收益是固定的，他们更加关注企业债券的安全性。在实际工作中，债券的安全程度与企业长期偿债能力密切相关。企业长期偿债能力越强，债券的安全程度也就越高。

3.经营管理者

经营管理者进行财务分析的目的是综合的、全面的。他们既关心企业的盈利，也关心企业的风险，与其他分析人员最为不同的是，他们特别需要关心盈利、风险产生的原因和过程。因为只有通过对原因和过程的分析，才能及时发现融资活动中存在的问题和不足，并采取有效措施解决这些问题。通过对长期偿债能力的分析，经营管理者可以揭示企业资本结构中存在的问题，及时加以调整，进而优化资本结构，提高企业价值。此外，企业在什么时候取得资金，其数额多少，取决于生产经营活动的需要，也包括偿还债务的需要。如果企业偿债能力较强，则可能表明企业有充裕的现金或其他能随时变现的资产，在这种情况下，企业就可以利用暂时闲置的资金进行其他投资活动，以提高资产的利用效果。反之，如果企业偿债能力不强，特别是有需要偿付的债务时，企业就必须及早地筹措资金，以便在债务到期时能够偿付，使企业信誉得以维护。

4.政府及相关部门

对于政府部门来说，通过对长期偿债能力的分析，可以了解企业经营的安全性，从而制定相应的财政金融政策。对于供应商而言，通过对长期偿债能力分析，可以了解企业是否具有长期的支付能力，借以判断企业信用状况和未来业务能力，并作出是否建立长期稳定的业务合作关系的决定。

四、长期偿债能力分析的应用

（一）静态长期偿债能力分析指标及其应用

1.资产负债率

（1）指标释义。

资产负债率（Debt Asset Ratio）也称负债比率，是企业负债总额与资产总额的比率，表示债权人所提供资金占企业总资金的比重，或者说在企业的全部资产中有多少属于债权人所有。其计算公式为：

$$资产负债率 = \frac{负债总额}{资产总额} \times 100\%$$

微课

长期偿债能力分析的应用（1）

资产负债率是从总体上反映企业偿债能力的指标，它体现债权人对企业资产的贡献水平，也体现企业在清算时对债权人利益的保障程度。资产负债率越低，说明企业对债权人的保障程度越高；资产负债率越高，说明企业偿债风险越高，对债权人的保障程度相应越低。

（2）不同分析主体对资产负债率的要求。

① 对于企业债权人而言，他们最关心的就是所提供的信贷资金的安全性，期望能按约定时间收回本息。这必然决定了债权人总是要求资产负债率越低越好，希望企业的每1元债务有更多的资产做后盾。如果企业的主权资本较少，表明投资者投入的份额不足，经营过程中创造和留存收益的部分较少，则企业的风险就主要由债权人承担，债权人的安全性就会较差。

② 对于企业所有者来说，首要目标就是要提高投资收益水平，并将投入的资本维持在适度的风险水平上。由于负债能为投资者带来财务杠杆收益，当总资产报酬率高于债务资本成本时，资产负债率高，可以提高股东的实际报酬率；此外，负债增加不会稀释投资者的股权，可使投资者用较少的资本取得企业的控制权。但因为债务的成本是固定的，在企业经营不善或遭受意外打击而出现经营风险时，需优先偿还贷款，损失必然由所有者负担。对此，投资者往往用预期资产报酬率与债务资本成本进行比较判断。当前者大于后者时，表明投资者投入企业的资本将获得双重利益，即在获得正常利润的同时，还能获得资产报酬高于借款利息的差额，这时，投资者希望保持较高的资产负债率；反之，当前者小于后者时，则表明借入资本利息的一部分，要用所有者投入资本而获得的利润数额来弥补，此时投资者希望保持较低的资产负债率，以降低损失。然而，即使是在预期资产报酬率高于债务资金成本的情况下，企业也不能无限制地举债。因为当资产负债率超过一定的界限时，银行或债权人会认为风险太大而停止对企业放贷。

③ 从企业经营管理者的角度来看，需要将资产负债率控制在适度的水平上。资产负债率过低，表明企业未能很好地利用财务杠杆；但资产负债率过高，企业的财务风险加大，进而危及主权资本的安全性和收益的稳定性，也会动摇投资者对经营管理者的信任。因此，经营管理者在利用债务时，既要考虑收益性，又要考虑由此而产生的风险。经营管理者作出的决策与经营管理者对企业前景的信心和对风险所持的态度密切相关。如果经营管理者对企业前景充满信心，且经营风格较为激进，认为企业未来的总资产报酬率将高于负债利率，则会保持适当高的资产负债率，这样企业可有足够的资金来扩展业务，把握更多的投资机会，以获取更多的利润；反之，经营管理者认为企业前景不容乐观，或者经营风格较为保守，那么必然倾向尽量使用自有资本，避免因负债过多而冒较大的风险，此时则会保持适当低的资产负债率。

（3）资产负债率的标准值和区间分析。

一般认为，50%是资产负债率的标准值。

当资产负债率在0~60%变化时，属于“绿灯区”，表明企业财务状况处于良好状态，经营收益比较好，投资比较安全，偿债能力较强，债权人的信贷资金比较安全，投资者可以取得较好的收益。

当资产负债率在60%~100%变化时，属于“黄灯区”，表明企业负债较重，企业资产的大部分或全部是负债形成的。这类企业的经营和财务风险较大，对投资者和债权人都不利。当该指标处于“黄灯区”时，会向企业发出警报，企业需要及时改善财务状况，以避免资不抵债情况的发生。

当资产负债率超过临界点，大于100%时，企业便进入“红灯区”，表明企业财务状况恶化，有可能破产倒闭。当企业财务状况处于“红灯区”时，企业应对营业活动中存在的问题进行分析，找出亏损源，采取积极的对策。

总之，企业资产负债率多少为佳，上述标准并不是绝对的。在实际工作中，资产负债率的大小，受到多种因素的影响，如国情、宏观经济状况、行业特点、企业规模、企业效益水平、文化传统和理财风险态度等。

【做中学4-7】(计算题) 2×17—2×22年末，AA公司部分资产负债表数据见表4-20。

表4-20 AA公司部分资产负债表数据（2×17—2×22年末） 单位：元

项目	2×17年末	2×18年末	2×19年末	2×20年末	2×21年末	2×22年末
无形资产	147 889 204.85	138 111 360.04	91 663 834.51	89 724 997.49	85 374 551.12	84 787 336.27
资产	5 995 924 309.53	5 433 604 403.45	3 859 282 854.00	3 714 109 128.73	3 755 508 239.75	4 308 536 891.27
负债	2 673 626 008.58	3 350 662 815.54	1 716 505 056.68	1 449 198 588.84	1 613 631 541.26	1 507 241 044.77
所有者权益	3 322 298 300.95	2 082 941 587.91	2 142 777 797.32	2 264 910 539.89	2 141 876 698.49	2 801 295 846.50

【要求】计算并分析AA公司2×17—2×22年末的资产负债率。

【答案】除2×18年末，AA公司的资产负债率略微高出60%的区间界限外，其他年末均处于绿色区域，说明AA公司的财务状况良好，长期偿债能力较强。其中，2×22年末的长期偿债能力最强。

AA公司的资产负债率（2×17—2×22年末）如图4-12所示。

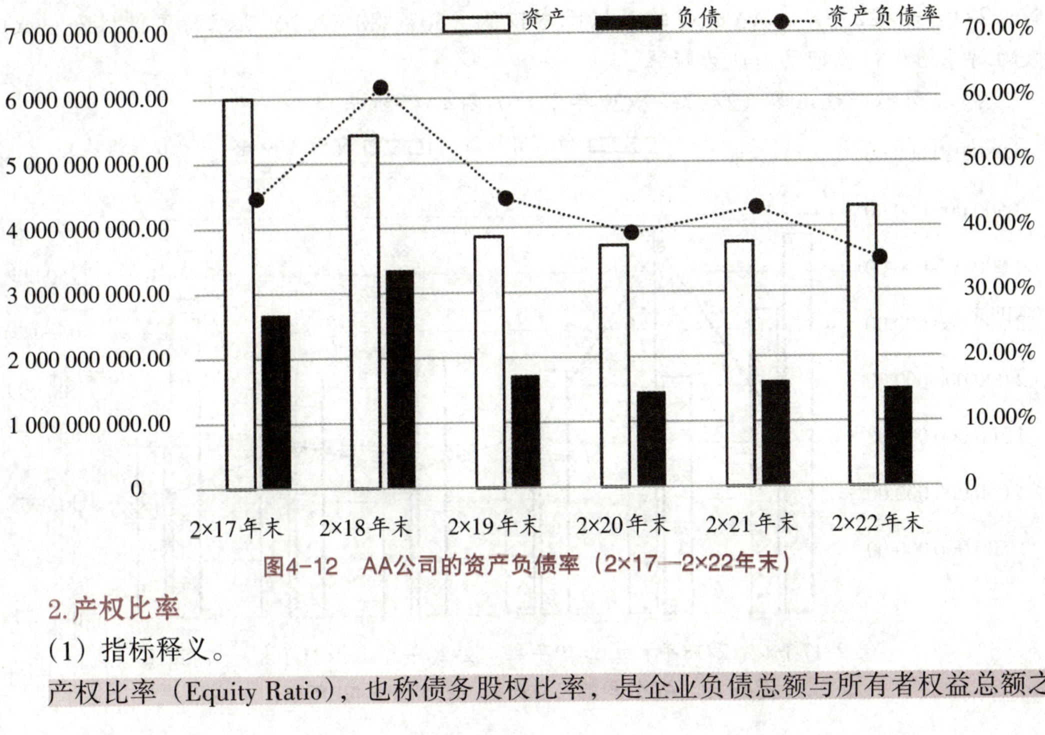

图4-12 AA公司的资产负债率（2×17—2×22年末）

2.产权比率

(1) 指标释义。

产权比率（Equity Ratio），也称债务股权比率，是企业负债总额与所有者权益总额之比。其计算公式为：

$$产权比率 = \frac{负债总额}{所有者权益总额} \times 100\%$$

产权比率实际上是资产负债率的另一种表现形式，只不过其表达得更为直接、明显，更侧重于揭示企业财务结构的稳健程度，以及所有者权益对偿债风险的承受能力。

一般来说，该指标为100%最佳，但也不能一概而论。

（2）不同分析主体对产权比率的要求。

① 从债权人的角度看，产权比率反映企业财务结构的风险性大小，以及所有者权益对偿债风险的承受能力大小。产权比率越大，表明企业的长期偿债能力越弱，债权人承担的风险越大。

② 从投资者的角度看，在通货膨胀加剧时期，企业多借债可以把损失和风险转嫁给债权人；在经济萎缩时期，少借债可以减少利息负担和财务风险；在经济繁荣时期，多借债可以获得额外的利润。产权比率低，反映低风险、低回报的财务结构；产权比率高，反映高风险、高回报的财务结构。

（3）资产负债率和产权比率。

资产负债率与产权比率具有共同的经济意义，两个指标相互补充。其中，资产负债率侧重于揭示总资本中有多少是靠负债取得的，说明债权人权益的受保障程度；产权比率侧重于分析自有资金对偿债风险的承受能力，说明企业财务结构的风险性。

【做中学4-8】（计算题）2×17—2×22年末，AA公司部分财务数据见【做中学4-7】。

【要求】计算并分析AA公司2×17—2×22年末的产权比率。

【答案】2×18年末，AA公司的产权比率高于标准值100%，企业的长期偿债能力较弱；2×19—2×22年末，AA公司的产权比率较低（50%~80%），企业维持了低风险、低回报的财务结构，长期偿债能力较强。

AA公司的产权比率（2×17—2×22年末）如图4-13所示。

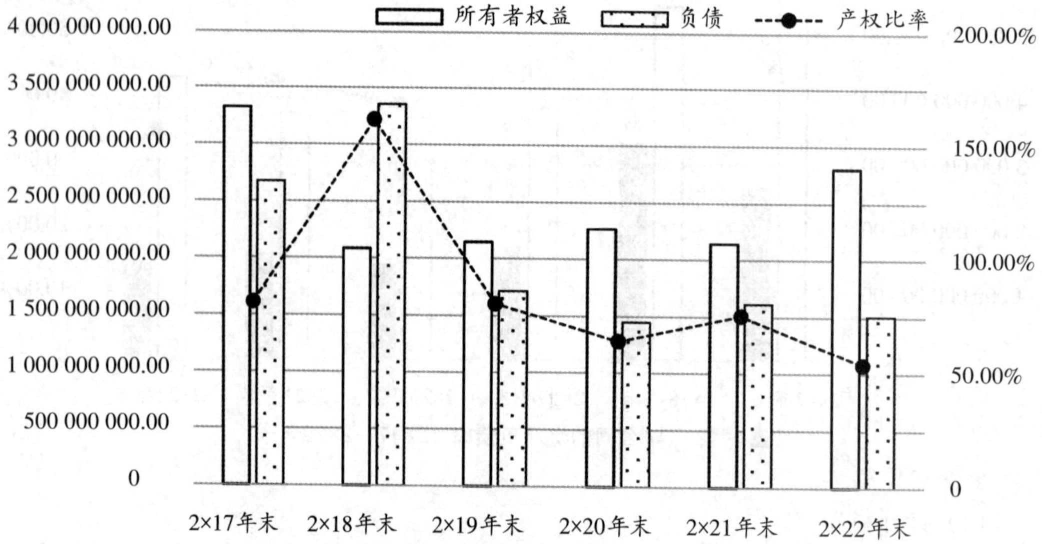

图4-13 AA公司的产权比率（2×17—2×22年末）

3. 所有者权益比率和权益乘数

（1）所有者权益比率。

所有者权益比率是企业所有者权益总额与资产总额之比，表明主权资本在全部资产中所占的份额。其计算公式为：

$$所有者权益比率 = \frac{所有者权益总额}{资产总额} \times 100\%$$

所有者权益比率表明股东所提供资金占企业总资产的比重，揭示了股东对企业资产的净权益。

微课

长期偿债能力分析的应用（2）

所有者权益比率反映企业自有资金所占比例，因此一般认为当这个比率较高时企业财务结构稳健，但过高时反映企业经营过于保守；反之，这个比率较低时企业财务结构较不稳定，借款过多，经营风险过大。

（2）权益乘数。

权益乘数（Equity Multiplier）为所有者权益比率的倒数，即企业的资产总额是所有者权益的多少倍。其计算公式为：

$$权益乘数 = \frac{资产总额}{所有者权益总额} \times 100\%$$

$$= \frac{1}{所有者权益比率} \times 100\% = \frac{1}{1 - 资产负债率} \times 100\%$$

该乘数越大，说明投资者投入的一定量资本在生产经营中所运营的资产越多。

【做中学4-9】（计算题）2×17—2×22年末，AA公司部分财务数据见【做中学4-7】。

【要求】计算并分析AA公司2×17—2×22年末的所有者权益比率。

【答案】2×18年末，AA公司的所有者权益比率较低，说明企业债务较多，财务风险较大；2×19—2×22年末，AA公司的所有者权益比率维持在50%~70%，企业财务结构稳健。AA公司的所有者权益比率（2×17—2×22年末）如图4-14所示。

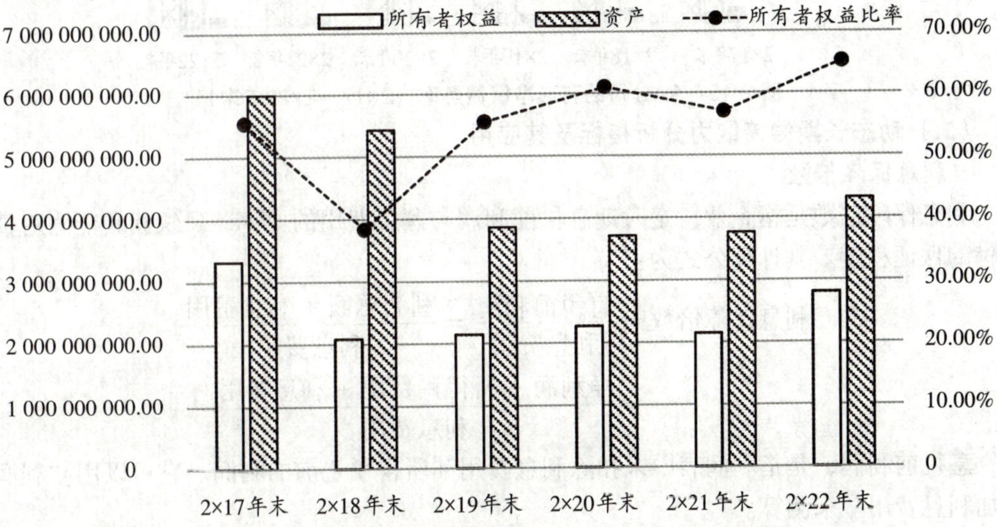

图4-14　AA公司的所有者权益比率（2×17—2×22年末）

4. 有形净值债务率

有形净值债务率是将无形资产从所有者权益中予以扣除，从而计算企业负债总额与有形净值的百分比。其计算公式为：

$$有形净值债务率 = \frac{负债总额}{所有者权益总额 - 无形资产} \times 100\%$$

该指标反映企业在清算时债权人投入的资本受到股东权益的保护程度。

分母是有形净资产，是投资者具有所有权的有形资产的价值。之所以把无形资产扣除，是因为无形资产具有极大的不确定性，在企业清算时，它不能用于抵偿债务。因此与产权比率指标相比，该指标是更为谨慎、保守地反映债权人利益受保护程度的指标。

【做中学4-10】（计算题）2×17—2×22年末，AA公司部分财务数据见【做中学4-7】。

【要求】计算并分析AA公司2×17—2×22年末的有形净值债务率。

【答案】同产权比率分析结果一致。2×18年末，AA公司有形净值债务率较高，说明企业的长期偿债能力较弱，债权人承担的风险较大。AA公司的有形净值债务率（2×17—2×22年末）如图4-15所示。

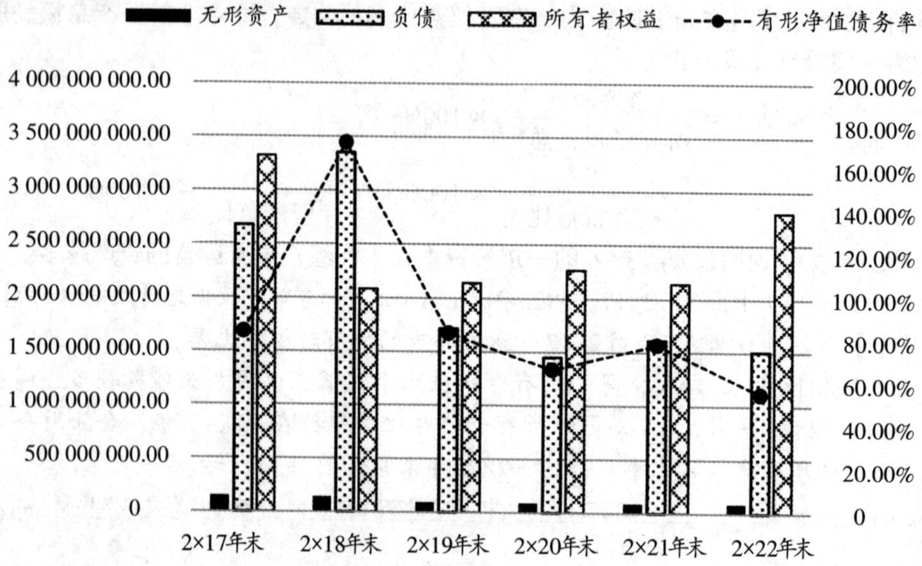

图4-15 AA公司的有形净值债务率（2×17—2×22年末）

（二）动态长期偿债能力分析指标及其应用

1. 利息保障倍数

利息保障倍数是指企业一定时期息税前利润与利息费用的比率，反映获利能力对债务偿付的保证程度。其计算公式为：

$$利息保障倍数 = \frac{息税前利润}{利息费用} = \frac{利润总额 + 利息费用}{利息费用}$$

$$= \frac{净利润 + 所得税费用 + 利息费用}{利息费用}$$

息税前利润，是指利润表中未扣除利息费用和所得税之前的利润。它可以用“利润总额加利息费用”来测算。

利息费用指实际支出的借款利息、债券利息等。值得注意的是，利息费用是指本期发生的全部应付利息，不仅包括财务费用中的利息费用，还应包括资本化利息。因为资本化利息虽没有计入财务费用，但仍然是要偿还的。

利息保障倍数反映企业收益为所需支付利息的多少倍，借以衡量企业对长期债务的保障程度、债权人的风险大小，评价企业举债规模是否适当。一般情况下，利息保障倍数越大，表明企业长期偿债能力越强。一般认为，该指标应大于3。如果利息保障倍数过小，企业将面临亏损以及偿债的安全性与稳定性下降的风险。

【做中学4-11】（计算题）2×17—2×22年，AA公司部分报表数据见表4-21（期间在建工程无利息资本化金额）。

表4-21　AA公司部分报表数据（2×17—2×22年）　单位：元

项目	2×17年	2×18年	2×19年	2×20年	2×21年	2×22年
利润总额	-746 933 937.25	-1 138 908 498.62	189 155 601.64	192 054 264.54	-144 354 227.69	668 805 215.39
利息支出	122 891 152.96	127 793 784.58	119 442 330.94	27 494 507.62	12 151 365.93	1 531 979.52
财务费用	118 759 950.31	129 809 138.02	115 844 284.86	21 576 630.48	8 505 566.09	4 698 215.74
经营活动现金流量净额	340 520 657.31	144 713 771.54	962 892 552.37	168 596 078.57	287 706 028.17	-44 609 969.64

其他说明：2×20年财务费用本期发生额较上年同期减少9 426.77万元，下降81.37%，主要系压缩贷款规模、贷款利率降低、提前偿还高息贷款等措施降低利息支出及合并口径变化所致。

【要求】计算并分析AA公司2×17—2×22年的利息保障倍数。

【答案】从表4-22可以看出，使用财务费用替代利息支出是合适的。

表4-22　AA公司利息保障倍数

项目	2×17年	2×18年	2×19年	2×20年	2×21年	2×22年
利息保障倍数（利息支出）	−5.08	−7.91	2.58	7.99	−10.88	437.56
利息保障倍数（财务费用）	−5.29	−7.77	2.63	9.90	−15.97	143.35

2×17年、2×18年和2×21年，AA公司的利润总额为负数，导致利息保障倍数为负值，可取其绝对值。2×22年的利息保障倍数远远超出标准值的3倍，是企业长期偿债能力最强的年份。AA公司的利息保障倍数（2×17—2×22年）如图4-16所示。

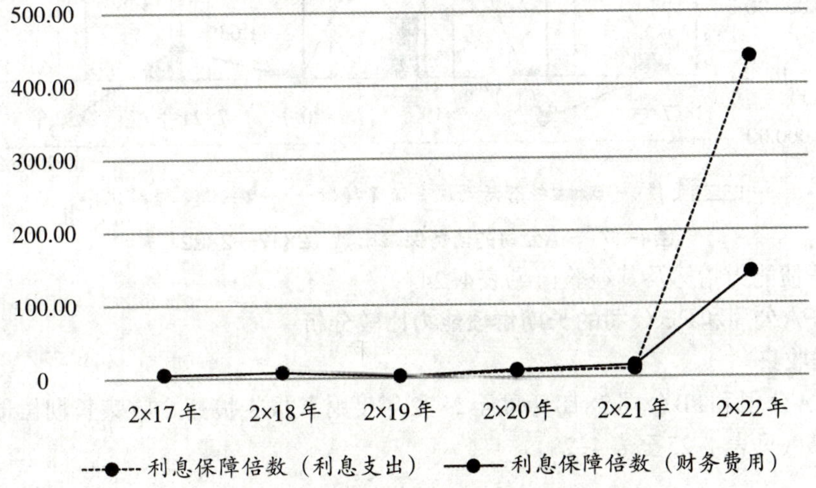

图4-16　AA公司的利息保障倍数（2×17—2×22年）

2.债务保障比率

微课

长期偿债能力分析的应用（3）

债务保障比率是企业经营活动产生的现金流量净额与负债总额之比。

$$债务保障比率 = \frac{经营活动现金流量净额}{负债总额} \times 100\%$$

这是一个从企业持续经营的动态角度看待长期偿债能力的指标。在企业持续经营的前提下，考虑到企业的资产周转使用效率，每家企业可用于偿还债务的资金应该都是动态的经营活动现金流量净额。指标计算中使用的是本期经营活动现金流量净额，暗含假设企业偿债期的经营活动现金流量净额与本期相同。通常认为，该比率在0.2左右比较合适。

【做中学4-12】（计算题）2×17—2×22年，AA公司经营活动现金流量净额和负债（期末）见表4-23。

表4-23　　AA公司部分财务数据（2×17—2×22年）　　单位：元

项目	2×17年（末）	2×18年（末）	2×19年（末）	2×20年（末）	2×21年（末）	2×22年（末）
负债	2 673 626 008.58	3 350 662 815.54	1 716 505 056.68	1 449 198 588.84	1 613 631 541.26	1 507 241 044.77
经营活动现金流量净额	340 520 657.31	144 713 771.54	962 892 552.37	168 596 078.57	287 706 028.17	−44 609 969.64

【要求】计算并分析AA公司2×17—2×22年的债务保障比率。

【答案】2×22年的债务保障比率为负值，取其绝对数。2×19年AA公司的债务保障比率为56.10%，是长期偿债能力最好的一年，但是该比率较高，也说明其资金没有得到充分运用，资产利用效率较低。AA公司的债务保障比率（2×17—2×22年）如图4-17所示。

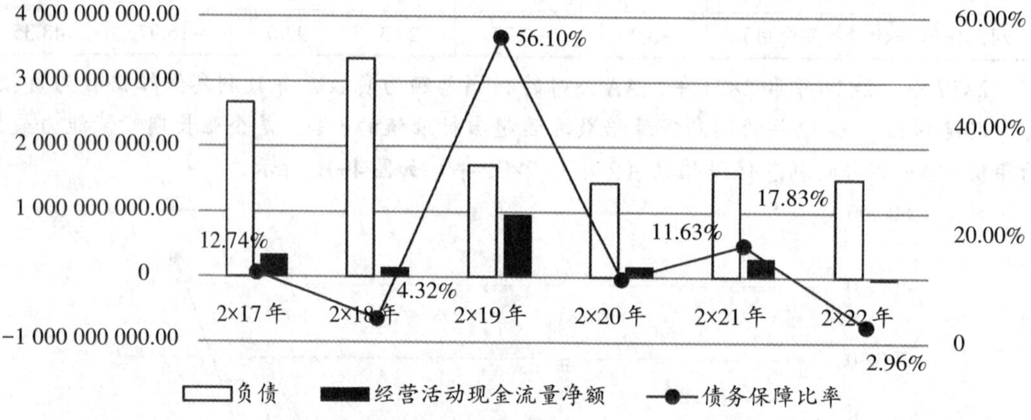

图4-17　AA公司的债务保障比率（2×17—2×22年）

长期偿债能力指标及其经验值见表4-24。

（三）PA公司和PB公司的长期偿债能力比较分析

1.数据收集

根据PA公司和PB公司2×18年度至2×22年度财务报告披露，收集长期偿债能力分析使用的数据（见表4-25至表4-28）。

表4-24 长期偿债能力指标及其经验值

指标	含义	经验值	关系
资产负债率	债权人提供资金占企业总资金的比重	0.5	
产权比率	债权人提供资金与股东提供的资金之比	1	=资产负债率÷所有者权益比率
所有者权益比率	股东对企业资产的净权益		=1－资产负债率
有形净值债务率	清算时债权人投入的资金受到股东权益的保护程度		
利息保障倍数	获利能力对债务偿付的保证程度	3	
债务保障比率	经营活动现金流量净额对债务偿付的保障能力	0.2	

表4-25 PA公司2×18年12月31日—2×22年12月31日资产负债表的部分数据 单位：元

报表日期	2×18年12月31日	2×19年12月31日	2×20年12月31日	2×21年12月31日	2×22年12月31日
资产	226 668 339 828.21	228 652 514 012.36	234 123 146 953.29	359 067 747 173.89	350 234 632 615.17
负债	106 602 408 986.40	104 447 687 865.65	111 976 722 031.95	198 815 476 289.68	175 762 228 075.96
所有者权益	120 065 930 841.81	124 204 826 146.71	122 146 424 921.34	160 252 270 884.21	174 472 404 539.21

表4-26 PA公司2×18—2×22年利润表和现金流量表的部分数据 单位：元

报表日期	2×18年	2×19年	2×20年	2×21年	2×22年
利润总额	8 009 761 350.56	8 277 773 752.93	1 854 130 729.18	11 888 934 371.01	24 035 130 135.61
经营活动现金流量净额	12 090 476 634.05	28 280 465 939.43	21 176 796 444.06	22 403 256 147.01	33 077 273 594.37
利息费用	1 934 908 998.15	2 233 424 658.23	2 552 104 559.20	4 880 444 667.52	3 766 659 987.55
在建工程利息资本化金额	183 548 635.86	410 630 330.30	672 929 742.76	441 381 939.39	66 213 024.89
财务费用利息支出	1 751 360 362.29	1 822 794 327.93	1 879 174 816.44	4 439 062 728.13	3 700 446 962.66

表4-27 PB公司2×18年12月31日—2×22年12月31日资产负债表的部分数据 单位：元

报表日期	2×18年12月31日	2×19年12月31日	2×20年12月31日	2×21年12月31日	2×22年12月31日
资产	21 647 076 784.50	18 570 377 652.41	16 560 307 759.30	14 975 555 659.66	14 415 379 972.51
流动负债	16 571 207 019.31	14 271 162 505.31	14 436 871 847.57	13 797 160 325.86	11 169 222 407.29
所有者权益	4 346 963 104.13	2 936 886 428.33	354 898 743.73	458 491 583.29	2 972 561 886.43

表4-28 PB公司2×18—2×22年利润表和现金流量表的部分数据 单位：元

报表日期	2×18年	2×19年	2×20年	2×21年	2×22年
利润总额	136 236 724.77	−1 384 703 111.89	−2 507 572 621.01	101 427 310.05	2 516 547 383.11
经营活动现金流量净额	1 590 420 595.26	2 047 132 281.21	495 643 819.38	431 821 677.84	3 508 058 256.95
利息费用	615 912 888.54	555 608 082.78	492 075 200.48	337 159 933.18	438 707 660.25
在建工程利息资本化金额	74 860 108.09	28 280 742.56	9 194 673.39	4 525 702.97	3 841 493.30
财务费用利息支出	541 052 780.45	527 327 340.22	482 880 527.09	332 634 230.21	434 866 166.95

2. 指标计算

分别计算PA公司和PB公司衡量长期偿债能力的指标（见表4-29至表4-32）。

表4-29　　PA公司2×18—2×22年末静态长期偿债能力指标

报表日期	2×18年12月31日	2×19年12月31日	2×20年12月31日	2×21年12月31日	2×22年12月31日
资产负债率	47.03%	45.68%	47.83%	55.37%	50.18%
产权比率	0.8879	0.8409	0.9167	1.2406	1.0074

表4-30　　PA公司2×18—2×22年动态长期偿债能力指标

报表日期	2×18年	2×19年	2×20年	2×21年	2×22年
利息保障倍数	5.1396	4.7063	1.7265	3.4360	7.3810
债务保障比率	11.34%	27.08%	18.91%	11.27%	18.82%

表4-31　　PB公司2×18—2×22年末静态长期偿债能力指标

报表日期	2×18年12月31日	2×19年12月31日	2×20年12月31日	2×21年12月31日	2×22年12月31日
资产负债率	79.92%	84.19%	97.86%	96.94%	79.38%
产权比率	3.9798	5.3232	45.6621	31.6627	3.8495

表4-32　　PB公司2×18—2×22年动态长期偿债能力指标

报表日期	2×18年	2×19年	2×20年	2×21年	2×22年
利息保障倍数	1.2212	−1.4922	−4.0959	1.3008	6.7363
债务保障比率	9.19%	13.09%	3.06%	2.97%	30.66%

3. 指标分析

使用资产负债率、产权比率、利息保障倍数和债务保障比率四个指标衡量PA公司和PB公司的长期偿债能力。

（1）资产负债率。

2×18—2×22年末，PA公司的资产负债率都稳定在45%~55%；PB公司的资产负债率却比较高，超出了70%的水平，2×20年末甚至达到97.86%，其偿债风险较高，因此，PA公司的长期偿债能力优于PB公司。PA公司和PB公司2×18—2×22年末资产负债率比较见表4-33。

表4-33　　PA公司和PB公司2×18—2×22年末资产负债率比较

资产负债率	2×18年12月31日	2×19年12月31日	2×20年12月31日	2×21年12月31日	2×22年12月31日
PA公司	47.03%	45.68%	47.83%	55.37%	50.18%
PB公司	79.92%	84.19%	97.86%	96.94%	79.38%

（2）产权比率。

2×18—2×22年末，PA公司的产权比率这几年有逐渐上升的趋势，但均保持在1左右，表明企业长期偿债能力较强，债权人权益保障程度较高，承担的风险较小；而PB公司产权比率呈先上升后下降趋势，但均在1以上，2×20年末和2×21年末还达到30以上，从而表明其长期偿债能力不强，债权人承担的风险较大。PA公司和PB公司2×18—2×22年末产权比率比较见表4-34。

表4-34　　PA公司和PB公司2×18末—2×22年末产权比率比较

产权比率	2×18年12月31日	2×19年12月31日	2×20年12月31日	2×21年12月31日	2×22年12月31日
PA公司	0.8879	0.8409	0.9167	1.2406	1.0074
PB公司	3.9798	5.3232	45.6621	31.6627	3.8495

（3）利息保障倍数。

除2×20年外，PA公司的利息保障倍数均大于3，2×22年更达到了7.3810。PB公司的利息保障倍数在2×19年和2×20年为负数，2×22年上升为6.7363，远远高于其他年份。显然，PA公司的长期偿债能力高于PB公司。PA公司和PB公司2×18—2×22年利息保障倍数比较见表4-35。

表4-35　　PA公司和PB公司2×18—2×22年利息保障倍数比较

利息保障倍数	2×18年	2×19年	2×20年	2×21年	2×22年
PA公司	5.1396	4.7063	1.7265	3.4360	7.3810
PB公司	1.2212	−1.4922	−4.0959	1.3008	6.7363

（4）债务保障比率。

2×18—2×21年，PA公司的债务保障比率均高于PB公司；2×18—2×22年，PB公司的债务保障比率处于上下波动之中。PA公司和PB公司2×18—2×22年债务保障比率比较见表4-36。

表4-36　　PA公司和PB公司2×18—2×22年债务保障比率比较

债务保障比率	2×18年	2×19年	2×20年	2×21年	2×22年
PA公司	11.34%	27.08%	18.91%	11.27%	18.82%
PB公司	9.19%	13.09%	3.06%	2.97%	30.66%

4. 分析结论

（1）2×18—2×21年，PA公司的长期偿债能力优于PB公司；2×22年，不同指标的衡量结果有所差异。

（2）从静态指标分析，2×18—2×22年末，PA公司资产负债率保持在50%左右、产权比率保持在1左右，长期偿债能力的稳定性强，债务偿还能力优于PB公司。

（3）从动态指标分析，2×18—2×21年，PA公司的长期偿债能力高于PB公司；2×22年，两家公司利息保障倍数的差距减小，PB公司的债务保障比率高于PA公司。

【双创一点通】分析和提高初创企业的偿债能力

对于初创企业来说，偿债能力，尤其是短期偿债能力，是其关注的焦点，如果资金流不顺畅，则影响企业的日常经营，影响企业的下一步发展计划。在分析初创企业的偿债能力时，可以使用流动比率和资产负债率等指标，将其与行业平均水平进行比较，分析与行业平均水平的差距。提高初创企业的偿债能力，可以从以下两个方面入手：一是加强资产负债管理，如优化资本结构、融资结构，加强流动性管理；二是改进经营模式，如提高销售收入、降低成本费用等。

任务二 营运能力分析

学习目标

知识目标：掌握应收账款周转率、存货周转率、总资产周转率
熟悉流动资产周转率、营运能力的衡量
了解营运能力的概念和分类
能力目标：具备对企业营运能力进行分析的能力
具备使用Power BI对初创企业进行营运能力分析的能力
素质目标：形成诚实守信、坚持准则的职业素养
培养务实笃行、开拓创新的行为品格

一、营运能力的相关知识

微课

营运能力的相关知识

（一）营运能力的概念和作用

1.营运能力的概念

营运能力（Operating Capacity），是指企业使用资产支撑经营活动的效率。效率高，意味着企业支撑同样规模的经营活动使用的资产少，或是用同样的资产可以支撑更大规模的销售。

2.营运能力的作用

营运能力由企业资产的营运能力决定。通过分析资产营运能力，可以判断企业资产的价值贡献以及运用效率，从而判断企业的整体风险水平与盈利能力。

分析企业营运能力，便于投资者判断企业财务安全性及资产的收益能力，以进行相应的投资决策；有助于债权人判明其债权的物质保障程度或安全性，从而进行相应的信用决策；有助于经营管理者发现闲置资产和利用不充分的资产，从而处理闲置资产以节约资金，或提高资产利用效率以改善经营业绩。

【学思践悟】企业资金有限，存货占用资金，不能无限购买。同样，地球资源也是有限的。中华人民共和国成立后，用短短几十年时间走完了发达国家几百年的工业化进程，成就巨大，也遗留了生态环境问题。党的二十大报告指出："中国式现代化是人与自然和谐共生的现代化。人与自然是生命共同体，无止境地向自然索取甚至破坏自然必然会遭到大自然的报复。我们坚持可持续发展，坚持节约优先、保护优先、自然恢复为主的方针，像保护眼睛一样保护自然和生态环境，坚定不移走生产发展、生活富裕、生态良好的文明发展道路，实现中华民族永续发展。"

（二）营运能力的衡量

1.企业收入的取得过程

企业取得收入的过程，在企业内部表现为资金形态的不断转换。从现金变成存货、存货出售形成应收账款，应收账款最终收回从而获得更多现金，然后再次循环往复，不断实

现营业收入。在这个过程中，每一个环节的资产如果能尽快转化到下一个环节，则会大大缩短从投资到收回和获利的时间，使企业在同样时间内能够多创造几次营业收入，从而提高企业获得利润的效率。

2.周转率和周转期

营运能力用周转期或周转率来衡量。周转期，即每种资产从发生到收回或支付的天数；周转率，即每种资产在一年内从发生到收回循环往复的次数，也称周转次数。

周转期和周转率指标的构建都采用一定期间内实现的业务量与资产金额对比的方式。计算时，通常选取一年的业务量计算年周转率或周转期；选取的资产金额则是该项资产年初和年末的平均额。

但是，如果企业的经营具有明显的季节性，冬季（年初和年末）在资金额上与夏季（年中）具有明显的差异，使用年初和年末的资金平均额显然无法代表企业全年实际占用资金的情况。因此，遇到这种季节性差异显著的企业，最好将四个季度报表中的资金额进行平均。

（三）营运能力的分类

营运能力根据资产的不同组成部分，可以分为流动资产营运能力、固定资产营运能力和总资产营运能力。

流动资产营运能力是指以应收账款、存货和流动资产为主的资产的利用效率和管理水平；固定资产营运能力是指固定资产的利用效率和管理水平；总资产营运能力是指企业全部资产的利用效率和管理水平。

【双创一点通】分析和提高初创企业的偿债能力

对初创企业来说，偿债能力，尤其是短期偿债能力，是其关注的焦点，如果资金流不顺畅，则影响企业的日常经营，影响企业的下一步发展计划。在分析初创企业的偿债能力时，可以使用流动比率和资产负债率等指标，将其与行业平均水平进行比较，分析与行业平均水平的差距。提高初创企业的偿债能力，可以从以下两个方面入手：一是加强资产负债管理，如优化资本结构、融资结构，加强流动性管理；二是改进经营模式，如提高销售收入、降低成本费用等。

二、营运能力分析的应用

（一）企业流动资产营运能力分析指标及其应用

企业流动资产营运能力可以使用应收账款周转率（天数）、存货周转率（天数）和流动资产周转率（天数）衡量。

1.应收账款周转率和应收账款周转天数

（1）应收账款周转率。

应收账款周转率，是指企业一定时期营业收入与应收账款平均余额的比值，它意味着企业的应收账款在一定时期内（通常为一年）周转的次数。其计算公式为：

$$应收账款周转率 = \frac{营业收入}{应收账款平均余额}$$

其中：

$$应收账款平均余额 = \frac{期初应收账款 + 期末应收账款}{2}$$

一定期间内，企业的应收账款周转率越高，周转次数越多，表明企业应收账款回收速度越快，企业应收账款的管理效率越高，资产流动性越强，短期偿债能力越强。同时，较高的应收账款周转率可有效地减少收款费用和坏账损失，从而相对增加企业流动资产的收益能力。

微课

营运能力分析的应用（1）

应收账款周转率体现企业应收账款的流动水平（即周转快慢），反映企业变现所需要的时间，主要是从应收账款权利取得到款项收回这个时间段。该指标不适用于下列情况：季节性、不均衡生产经营的企业；大量使用分期付款结算方式的企业；大量使用现金结算的销售企业；年末销售大幅度变化的企业等。

（2）应收账款周转天数。

应收账款周转天数是360天与应收账款周转率的比率。通常应收账款周转天数越短，说明收账能力越强，资金周转效率越高。其计算公式为：

$$应收账款周转天数=\frac{360}{应收账款周转率}$$

应收账款周转天数的多少，要考虑收现时间长短与企业的信用政策的关系，改变信用政策通常会引起企业应收账款周转天数的变化。

如果应收账款取自已经提取坏账准备的净额，那么提取的坏账准备越多，应收账款周转天数越少，这种周转天数的减少说明应收账款管理欠佳。

如果赊销比现金销售更有利，周转天数不一定越少越好。若大部分应收票据是销售所形成的，应将其纳入应收账款周转天数的计算，称为应收账款及应收票据周转天数。

【做中学4-13】（计算题）2×17—2×22年，AA公司、BA公司有关资产负债表数据见表4-37和表4-38，有关利润表数据见表4-39和表4-40。

表4-37 AA公司部分资产负债表数据（2×17—2×22年末） 单位：元

项目	2×17年末	2×18年末	2×19年末	2×20年末	2×21年末	2×22年末
应收账款	169 570 703.85	133 515 778.77	162 192 629.51	184 925 415.66	103 525 771.12	96 247 176.47
存货	366 844 890.34	400 667 856.10	344 312 644.13	346 851 970.02	259 295 294.86	443 180 484.02
流动资产	1 422 348 031.35	1 904 268 504.55	1 601 451 929.18	1 600 554 177.74	1 598 010 057.67	2 133 466 663.11
固定资产	3 742 394 397.52	2 983 492 048.99	1 770 469 653.74	1 730 591 966.74	1 722 050 898.07	1 746 506 095.97
资产总额	5 995 924 309.53	5 433 604 403.45	3 859 282 854.00	3 714 109 128.73	3 755 508 239.75	4 308 536 891.27

表4-38 BA公司部分资产负债表数据（2×17—2×22年末） 单位：元

项目	2×17年末	2×18年末	2×19年末	2×20年末	2×21年末	2×22年末
应收账款	299 495 721.01	355 141 556.43	457 525 306.36	541 702 186.05	591 803 421.82	578 338 415.88
存货	923 104 534.94	1 210 997 275.00	1 330 056 307.30	1 159 047 372.72	1 424 242 453.86	1 909 678 109.45
流动资产	4 145 972 576.95	4 896 118 807.64	5 019 521 285.71	13 015 699 542.86	5 414 631 872.25	7 213 143 416.57
固定资产	8 044 698 208.77	10 496 808 935.98	12 377 918 724.74	5 006 982 987.53	13 558 037 131.45	13 530 190 468.03
资产总额	16 286 375 207.71	18 793 412 413.76	20 025 941 719.04	20 347 257 530.99	21 000 851 915.92	24 089 608 940.60

表4-39　　AA公司部分利润表数据（2×18—2×22年）　　单位：元

项目	2×18年	2×19年	2×20年	2×21年	2×22年
营业收入	4 315 314 238.98	4 856 373 860.23	3 522 898 599.35	3 360 746 121.51	4 817 014 523.02
营业成本	5 464 549 003.81	4 233 195 460.91	2 997 051 545.04	3 163 000 926.09	4 125 958 239.90

表4-40　　BA公司部分利润表数据（2×18—2×22年）　　单位：元

项目	2×18年	2×19年	2×20年	2×21年	2×22年
营业收入	11 786 862 372.78	12 695 350 653.90	13 693 853 135.59	15 756 799 273.23	20 195 731 201.80
营业成本	9 662 267 551.44	10 138 371 995.95	10 720 715 001.93	11 835 225 455.71	14 674 811 995.57

【要求】计算并分析AA公司和BA公司2×18—2×22年的应收账款周转率。

【答案】2×18—2×22年，AA公司和BA公司的应收账款周转率都处于波动状态。AA公司该指标的波动程度更大，但最近3年呈现出上升趋势，尤其在2×22年快速上升（主要原因是营业收入实现大幅度增长）；BA公司的应收账款周转率在缓慢下降中又有所回升，保持在25～35。总体来说，BA公司的应收账款周转率较AA公司稳定。AA公司和BA公司的应收账款周转率（2×18—2×22年）如图4-18所示。

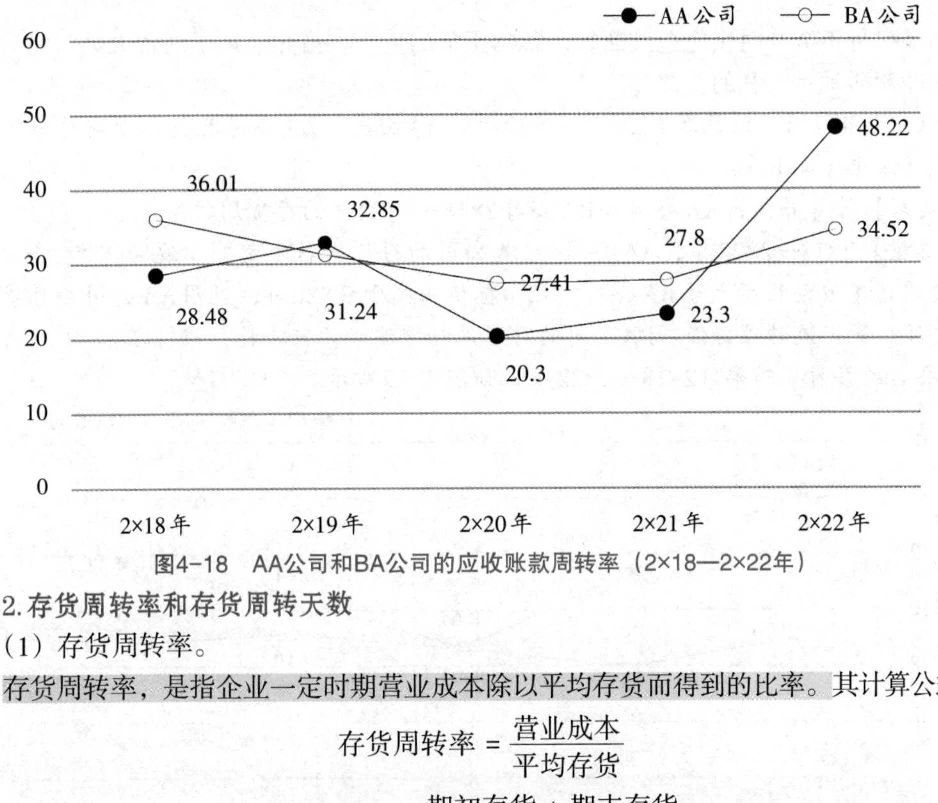

图4-18　AA公司和BA公司的应收账款周转率（2×18—2×22年）

2. 存货周转率和存货周转天数

（1）存货周转率。

存货周转率，是指企业一定时期营业成本除以平均存货而得到的比率。其计算公式为：

$$存货周转率 = \frac{营业成本}{平均存货}$$

其中：

$$平均存货 = \frac{期初存货 + 期末存货}{2}$$

存货周转率是衡量企业购入存货、投入生产、销售回收等各环节管理状况的综合性指标。一般来讲，存货周转速度越快，存货的占用水平越低，流动性越强，存货转换为现金或应收账款的速度越快。因此，提高存货周转率可以提高企业的变现能力。通过对存货周转率的分析，有利于找出存货管理中存在的问题，尽可能降低资金占用水平。

存货不能过量储存，否则可能造成积压、呆滞，也不能储存过少，否则可能造成生产中断或销售紧张，不利于竞争。合理的存货储备量，可减少企业的资金占用，提高其流动性。以销定产，快进快出，维持存货的正常水平，是降低资金占用水平的最佳途径。

在分析存货周转率时，注意应付款项、存货和应收账款（销售）之间的关系以及组成存货的产成品、自制半成品、原材料、在产品和低值易耗品之间的比例关系。正常的情况下，各类存货之间存在某种比例关系，如果某一类的比重发生明显的大幅度变化，可能就暗示存在某种问题。比如，产成品大量增加，其他项目减少，很可能是由于销售不畅，放慢了生产节奏，此时，总的存货余额可能并没有显著变化，甚至尚未引起存货周转率的显著变化。

（2）存货周转天数。

存货周转天数是360天与存货周转率之比，是存货转变为现金或应收账款所需要的天数。其计算公式如下：

$$存货周转天数 = \frac{360}{存货周转率}$$

通常，存货周转天数越少，说明其转化为现金或应收账款所需的时间越短，企业的存货管理水平越高。

如果存货不能及时供应造成断货，影响正常的生产，虽然缩短了周转天数，但对企业正常的经营活动是不利的。

【做中学4-14】（计算题）2×17—2×22年，AA公司、BA公司有关存货周转率的相关数据见【做中学4-13】。

【要求】计算并分析AA公司和BA公司2×18—2×22年的存货周转率。

【答案】2×18—2×22年，AA公司和BA公司的存货周转率都处于波动状态。AA公司的存货周转率波动程度大于BA公司，且指标值均高于BA公司，说明AA公司的存货占用水平更低，资产流动性更强。BA公司的存货周转率波动比较平稳，维持在8～9。AA公司和BA公司的存货周转率（2×18—2×22年）如图4-19所示。

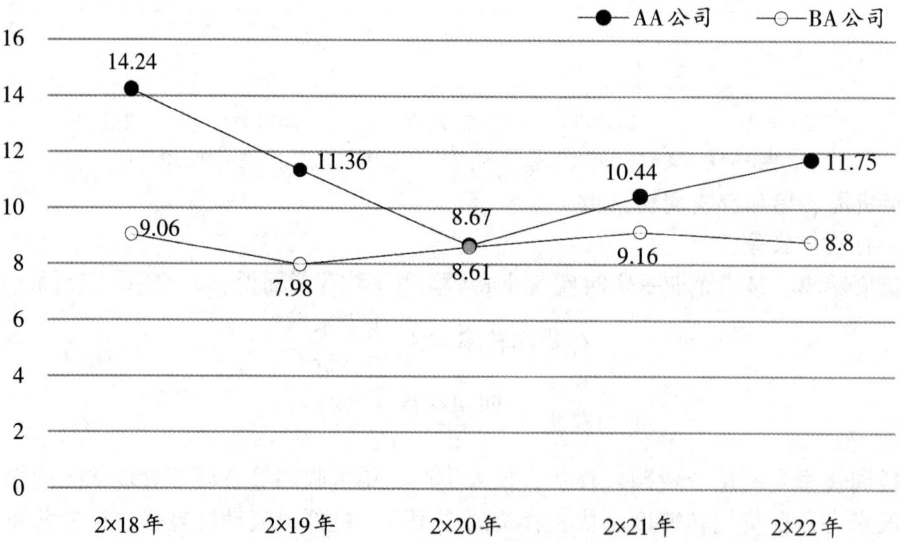

图4-19　AA公司和BA公司的存货周转率（2×18—2×22年）

3.流动资产周转率和流动资产周转天数

（1）流动资产周转率。

流动资产周转率，是指企业一定时期的营业收入与流动资产平均余额的比率，即企业流动资产在一定时期内（通常为一年）周转的次数。其计算公式为：

$$流动资产周转率 = \frac{营业收入}{流动资产平均余额}$$

其中：

$$流动资产平均余额 = \frac{期初流动资产 + 期末流动资产}{2}$$

一般来说，流动资产周转次数越多，说明企业流动资产周转速度越快，资金利用效果越好，流动资产管理水平越高。

（2）流动资产周转天数。

流动资产周转天数是指企业的流动资产每周转一次所需要的时间，也就是流动资产转换成现金平均所需要的时间。其计算公式为：

$$流动资产周转天数 = \frac{360}{流动资产周转率}$$

一般来说，流动资产周转天数越少，说明流动资产每周转一次所需要的时间越短，即流动资产在生产经营过程中占用的时间越短，其周转速度越快，营运效果越好。

计算和分析流动资产周转率时应该注意，流动资产中应收账款和存货占绝大部分，它们的周转状况对流动资产的周转具有决定性影响。

【做中学4-15】（计算题）2×18—2×22年，AA公司、BA公司有关流动资产周转率的相关数据见【做中学4-13】。

【要求】计算并分析AA公司和BA公司2×18—2×22年的流动资产周转率。

【答案】2×18—2×22年，AA公司和BA公司的流动资产周转率都处于波动状态。AA公司的流动资产周转率波动较为平缓，在2~3之间波动；BA公司的流动资产周转率在最近3年快速上升，至2×22年已经超过AA公司。AA公司和BA公司的流动资产周转率（2×18—2×22年）如图4-20所示。

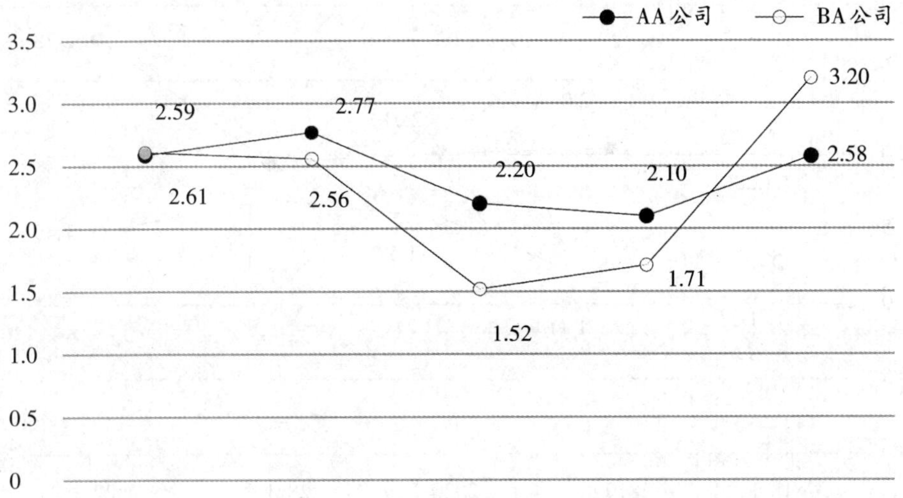

图4-20　AA公司和BA公司的流动资产周转率（2×18—2×22年）

微课

营运能力分析的应用（2）

（二）企业固定资产营运能力分析指标及其应用

企业固定资产营运能力可以使用固定资产周转率（天数）衡量。固定资产周转率，是指企业一定时期的营业收入与固定资产平均余额的比例关系。其计算公式为：

$$固定资产周转率=\frac{营业收入}{固定资产平均余额}$$

其中：

$$固定资产平均余额=\frac{期初固定资产+期末固定资产}{2}$$

$$固定资产周转天数=\frac{360}{固定资产周转率}$$

固定资产周转率反映了企业经营管理层管理固定资产的能力。一般来说，企业在一定时期内固定资产周转率越高，周转的天数越少，说明固定资产的周转速度越快，表明企业固定资产利用越充分，投资越得当，结构越合理。反之，则说明企业固定资产使用效率低下，营运能力不强。

通常在制造业企业中，设备投资在总投资中所占比例较大，设备能否充分利用，直接关系到投资效益的高低。当固定资产周转率处于较低水平时，说明固定资产利用程度不高，所以当计划更新固定资产时，要分析固定资产是否已经被充分利用；如果企业的固定资产周转率远高于行业平均值，一般意味着企业要进行固定资产投资了。

【做中学4-16】（计算题）2×18—2×22年，AA公司、BA公司有关固定资产周转率的相关数据见【做中学4-13】。

【要求】计算并分析AA公司和BA公司2×18—2×22年的固定资产周转率。

【答案】2×18—2×22年，AA公司和BA公司的固定资产周转率都处于波动状态。AA公司的固定资产周转率波动程度大于BA公司，且指标值均高于BA公司，说明AA公司的固定资产利用更为充分，投资更得当，结构更合理。BA公司的固定资产周转率波动比较平稳，维持在1～2。AA公司和BA公司的固定资产周转率（2×18—2×22年）如图4-21所示。

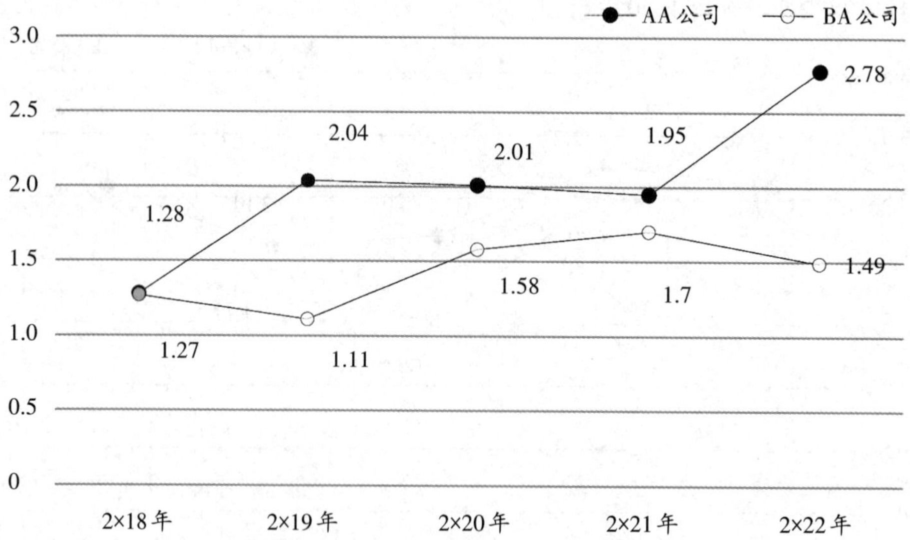

图4-21　AA公司和BA公司的固定资产周转率（2×18—2×22年）

（三）企业总资产营运能力分析指标及其应用

企业总资产营运能力可以使用总资产周转率（天数）衡量。总资产周转率是企业一定时期内营业收入与总资产的比率，反映企业总资产的周转速度，衡量总资产的利用效果。其计算公式为：

$$总资产周转率=\frac{营业收入}{总资产平均余额}$$

$$=流动资产周转率\times\frac{流动资产平均余额}{总资产平均余额}$$

$$=固定资产周转率\times\frac{固定资产平均余额}{总资产平均余额}$$

$$总资产周转天数=\frac{360}{总资产周转率}$$

总资产周转率的高低，取决于营业收入和总资产两个因素。增加收入或减少资产，都可以提高总资产周转率。这一比率主要用来分析企业全部资产的使用效率。

一般情况下，该比率越高，表明企业总资产周转速度越快，销售能力越强，资产利用效率越高；如果比率较低，则说明企业利用全部资产进行经营的效率较差，最终会影响企业的获利能力，这样，企业就应该采取措施提高各项资产的利用程度从而提高营业收入或处理多余资产。

通过该比率的对比分析，可反映企业本年度以及以前年度总资产的运营效率和变化，发现企业与同类企业在资产利用上的差距，促进企业挖掘潜力、积极创收、提高产品市场占有率、提高资产利用效率。

【做中学4-17】（计算题）2×18—2×22年，AA公司、BA公司有关总资产周转率的相关数据见【做中学4-13】。

【要求】计算并分析AA公司和BA公司2×18—2×22年的总资产周转率。

【答案】2×18—2×22年，AA公司的总资产周转率均高于BA公司，说明AA公司的资产利用更为充分，销售能力更强。AA公司和BA公司的总资产周转率（2×18—2×22年）如图4-22所示。

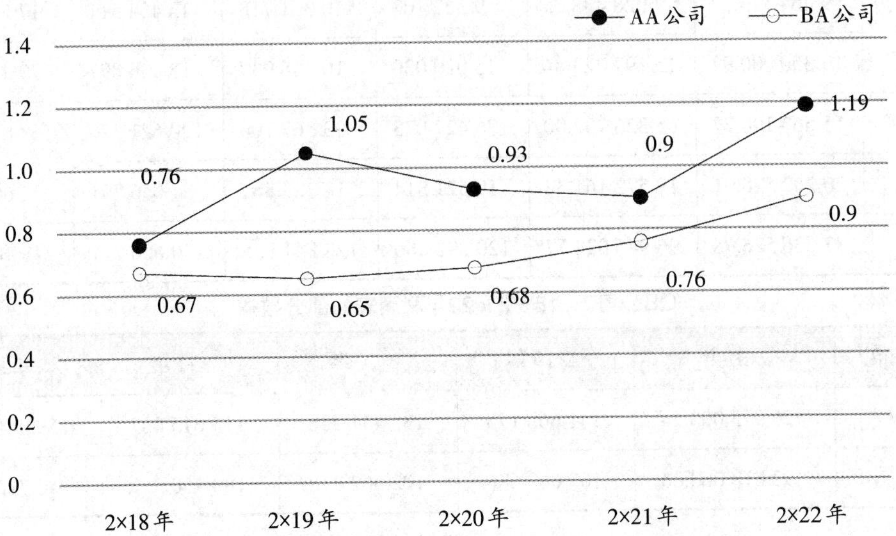

图4-22　AA公司和BA公司的总资产周转率（2×18—2×22年）

通过对AA公司和BA公司的各项资产的周转率分析，可以发现AA公司的资产利用效率优于BA公司，受2×22年营业收入大幅增长的影响，AA公司的应收账款周转率、流动资产周转率、固定资产周转率和总资产周转率都有所提升。

（四）QA公司、QB公司、QC公司和QD公司2×18—2×22年的营运能力分析

1.数据收集

根据QA公司、QB公司、QC公司和QD公司2×17—2×22年度财务报告披露，收集营运能力分析使用的数据（见表4-41至表4-48）。

表4-41　QA公司2×17年12月31日—2×22年12月31日资产负债表的部分数据　单位：元

报表日期	2×17年12月31日	2×18年12月31日	2×19年12月31日	2×20年12月31日	2×21年12月31日	2×22年12月31日
应收账款	1 474 872 971.56	1 849 275 342.79	2 661 347 628.69	2 879 212 111.93	2 824 288 418.43	5 814 491 641.18
存货	17 235 042 562.70	13 122 730 425.78	8 599 098 095.97	9 473 942 712.51	9 024 905 239.41	16 568 347 179.12
流动资产	85 087 645 122.13	103 732 522 181.91	120 143 478 823.10	120 949 314 644.95	142 915 068 871.75	171 534 646 159.36
固定资产	12 700 394 289.32	14 034 138 414.45	14 939 279 647.88	15 431 813 077.20	17 681 655 478.06	17 467 371 455.63
资产	107 566 899 919.95	133 702 103 359.54	156 230 948 479.88	161 698 016 315.06	182 373 990 389.46	214 967 999 328.38

表4-42　QA公司2×18—2×22年利润表的部分数据　单位：元

报表日期	2×18年	2×19年	2×20年	2×21年	2×22年
营业收入	118 627 948 208.59	137 750 358 395.70	97 745 137 194.16	108 302 565 293.70	148 286 450 009.18
营业成本	80 385 939 822.61	88 022 127 671.48	66 017 353 745.09	72 885 641 217.00	99 562 912 753.17

表4-43　QB公司2×17年12月31日—2×22年12月31日资产负债表的部分数据　单位：千元

报表日期	2×17年12月31日	2×18年12月31日	2×19年12月31日	2×20年12月31日	2×21年12月31日	2×22年12月31日
应收账款	9 864 573.62	7 928 438.25	9 362 103	10 371 718	13 454 511	17 528 717
存货	13 350 000.92	15 197 723.84	15 020 030	10 448 937	15 626 897	29 444 166
流动资产	55 562 190.77	65 326 732.00	86 427 073	93 367 706	120 621 320	169 810 676
固定资产	20 252 528.91	19 572 161.32	19 521 814	18 729 881	21 056 791	22 600 724
资产	87 736 526.98	96 946 024.77	120 292 086	128 841 935	170 600 711	248 106 858

表4-44　QB公司2×18—2×22年利润表的部分数据　单位：千元

报表日期	2×18年	2×19年	2×20年	2×21年	2×22年
营业收入	120 975 003.14	141 668 175	138 441 226	115 615 437	159 044 041
营业成本	92 818 063.06	105 669 686	102 662 818	180 460 552	240 712 301

表4-45　　QC公司2×17年12月31日—2×22年12月31日资产负债表的部分数据　　单位：元

报表日期	2×17年12月31日	2×18年12月31日	2×19年12月31日	2×20年12月31日	2×21年12月31日	2×22年12月31日
应收账款	4 196 720 339.90	4 326 835 846.60	6 141 390 930.87	6 736 377 962.77	12 265 195 443.40	12 448 004 833.06
存货	7 098 645 195.69	6 864 003 442.73	9 021 640 940.91	8 559 244 039.09	15 284 904 331.04	21 503 524 800.18
流动资产	39 699 687 411.83	49 547 008 919.29	66 025 964 857.24	54 867 240 117.01	69 676 691 453.62	88 332 451 429.22
固定资产	5 282 765 216.81	5 453 058 745.20	7 372 658 455.93	8 420 548 468.52	15 544 099 343.40	16 017 523 376.11
资产	49 688 316 696.42	61 015 859 730.70	82 348 719 644.44	75 960 672 801.38	131 469 157 348.79	151 463 110 707.63

表4-46　　QC公司2×18—2×22年利润表的部分数据　　单位：元

报表日期	2×18年	2×19年	2×20年	2×21年	2×22年
营业收入	86 487 723 560.83	96 929 763 894.36	89 748 320 410.91	119 132 261 662.60	159 254 466 909.46
营业成本	64 586 109 082.61	70 170 401 158.93	64 658 463 207.53	82 166 530 321.02	109 889 621 609.45

表4-47　　QD公司2×17年12月31日—2×22年12月31日资产负债表的部分数据　　单位：元

报表日期	2×17年12月31日	2×18年12月31日	2×19年12月31日	2×20年12月31日	2×21年12月31日	2×22年12月31日
应收账款	722 198 904.66	777 744 132.32	856 343 229.70	896 075 475.63	1 465 654 497.90	1 736 724 496.10
存货	952 747 860.68	798 141 838.58	605 616 993.25	745 412 967.52	1 724 837 944.69	1 980 766 196.14
流动资产	6 658 621 665.28	7 616 340 012.62	9 794 839 328.74	12 752 479 712.28	17 327 866 623.94	19 564 974 030.27
固定资产	1 297 298 526.31	1 194 244 286.86	1 065 820 898.65	1 019 528 291.60	970 859 291.03	1 029 668 355.84
资产	8 403 705 443.29	9 222 527 380.74	11 376 793 928.71	14 327 655 366.60	18 885 986 837.64	21 338 421 243.67

表4-48　　QD公司2×18—2×22年利润表的部分数据　　单位：元

报表日期	2×18年	2×19年	2×20年	2×21年	2×22年
营业收入	8 727 956 044.37	10 804 217 288.60	13 131 626 932.44	16 334 914 501.69	21 384 699 076.65
营业成本	6 549 621 939.90	8 007 492 218.69	9 646 390 824.36	12 111 213 286.28	15 982 893 658.84

2. 指标计算

分别计算四家公司的应收账款周转率、存货周转率、流动资产周转率、固定资产周转率和总资产周转率，见表4-49至表4-52。

表4-49　　QA公司2×18—2×22年的营运能力指标

指标	2×18年	2×19年	2×20年	2×21年	2×22年
应收账款周转率	71.37	61.08	35.28	37.98	34.33
存货周转率	5.30	8.10	7.31	7.88	7.78
流动资产周转率	1.26	1.23	0.81	0.82	0.94
固定资产周转率	8.87	9.51	6.44	6.54	8.44
总资产周转率	0.98	0.95	0.61	0.63	0.75

表4-50 QB公司2×18—2×22年的营运能力指标

指标	2×18年	2×19年	2×20年	2×21年	2×22年
应收账款周转率	13.60	16.39	14.03	9.70	10.27
存货周转率	6.50	6.99	8.06	13.84	10.68
流动资产周转率	2.00	1.87	1.54	1.08	1.10
固定资产周转率	6.08	7.25	7.24	5.81	7.29
总资产周转率	1.31	1.30	1.11	0.77	0.76

表4-51 QC公司2×18—2×22年的营运能力指标

指标	2×18年	2×19年	2×20年	2×21年	2×22年
应收账款周转率	20.29	18.52	13.94	12.54	12.89
存货周转率	9.25	8.83	7.36	6.89	5.97
流动资产周转率	1.94	1.68	1.48	1.91	2.02
固定资产周转率	16.11	15.11	11.37	9.94	10.09
总资产周转率	1.56	1.35	1.13	1.15	1.13

表4-52 QD公司2×18—2×22年的营运能力指标

指标	2×18年	2×19年	2×20年	2×21年	2×22年
应收账款周转率	11.64	13.22	14.99	13.83	13.36
存货周转率	7.48	11.41	14.28	9.81	8.63
流动资产周转率	1.22	1.24	1.16	1.09	1.16
固定资产周转率	7.01	9.56	12.59	16.41	21.38
总资产周转率	0.99	1.05	1.02	0.98	1.06

3. 指标分析

（1）应收账款周转率。

2×18—2×22年，QA公司的应收账款周转率均远远高于其他三家公司。2×18—2×20年，QA公司的应收账款周转率呈现下滑趋势，应收账款变为现金的能力在大幅度降低，2×21年和2×22年基本保持了下滑之后的态势，趋于平稳，维持在34~38。2×18—2×22年，QB公司、QC公司和QD公司三家公司的应收账款周转率都趋于稳定，维持在10~20，与QA公司差距非常大，说明它们的应收账款变现能力与管理效率都有待提高。四家公司的应收账款周转率（2×18—2×22年）如图4-23所示。

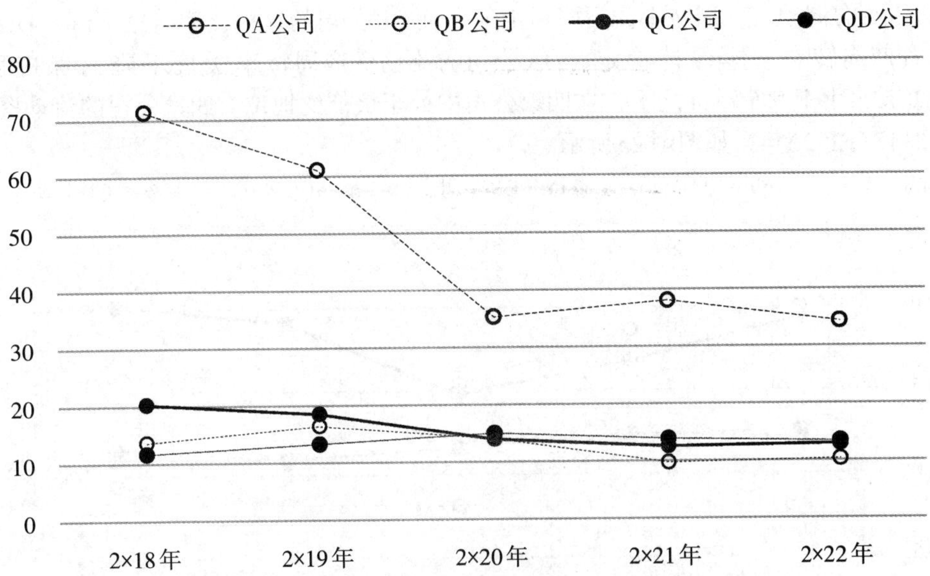

图4-23　四家公司的应收账款周转率（2×18—2×22年）

（2）存货周转率。

2×18—2×22年，QB公司和QD公司的存货周转率均出现了先上升后下降的趋势。2×19年和2×20年，QD公司的存货周转率比较高，这一优势在2×21年和2×22年被QB公司超越；2×19—2×22年，QA公司的存货周转率稳定地维持在8左右；2×18年，QC公司的存货周转率高于QD公司，之后却一直处于下降趋势，2×21年和2×22年处于四家公司中最低的地位。四家公司的存货周转率（2×18—2×22年）如图4-24所示。

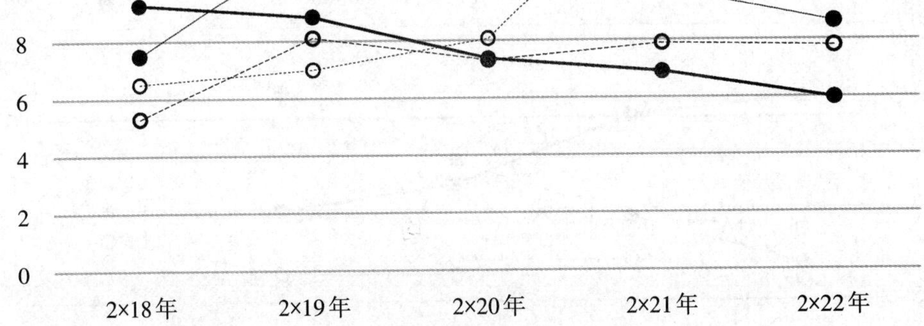

图4-24　四家公司的存货周转率（2×18—2×22年）

（3）流动资产周转率。

2×18—2×22年，四家公司的流动资产周转率基本都在2以下。2×18—2×20年，QB公司的流动资产周转率在四家公司中是最高的，但这种领先优势逐渐被QC公司追平且取代，QC公司的流动资产周转率先下降后上升，而QB公司的这一比率持续下降；QD公司的流动资产周转率基本保持稳定；QA公司的流动资产周转率缓慢下降后保持稳定，2×20—2×22年该比率都在1之下，在四家公司中处于最低的地位。四家公司的流动资产周转率（2×18—2×22年）如图4-25所示。

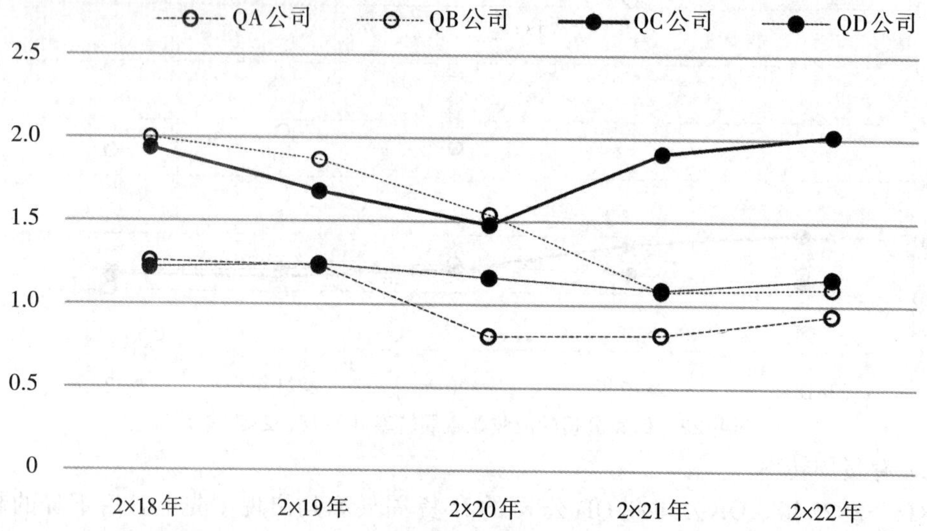

图4-25 四家公司的流动资产周转率（2×18—2×22年）

（4）固定资产周转率。

2×18—2×22年，QD公司的固定资产周转率持续上升，2×20—2×22年在四家公司中均处于最高水平，2×22年达到21.38；与此同时，QC公司的固定资产周转率持续下降，从2×18年和2×19年四家公司中的领先地位降至2×20—2×22年落后于QD公司，不过均基本保持在10以上的水平。QA公司和QB公司的固定资产周转率保持稳定，在5~10之间。四家公司的固定资产周转率（2×18—2×22年）如图4-26所示。

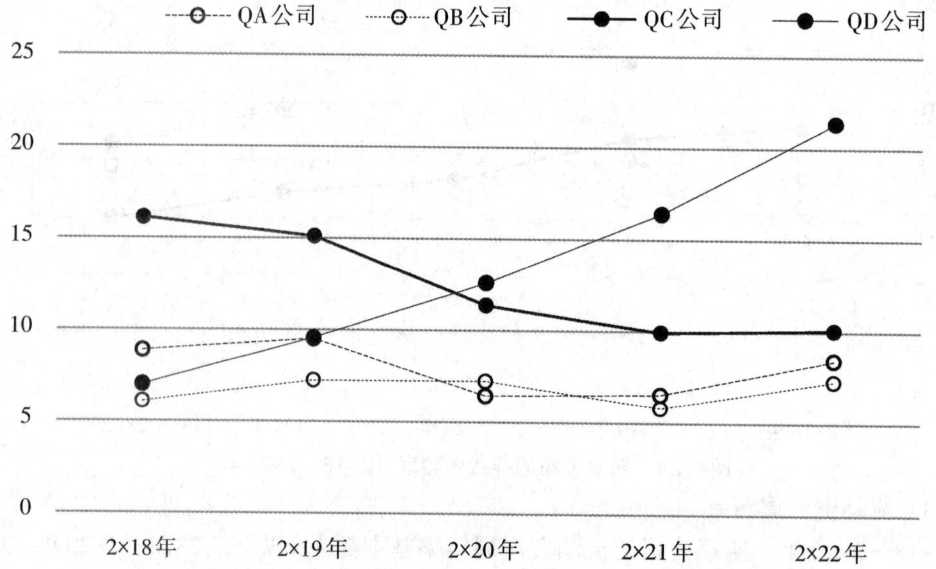

图4-26 四家公司的固定资产周转率（2×18—2×22年）

（5）总资产周转率。

2×18—2×22年，四家公司的总资产周转率均处于0.6~1.6之间；QC公司的总资产周转率处于四家公司中最优水平；QB公司的总资产周转率一直处于下降趋势，QD公司的总资产周转率基本保持稳定，维持在1左右；QA公司的总资产周转率最低，先下降后上升，但均处于1以下。四家公司的总资产周转率（2×18—2×22年）如图4-27所示。

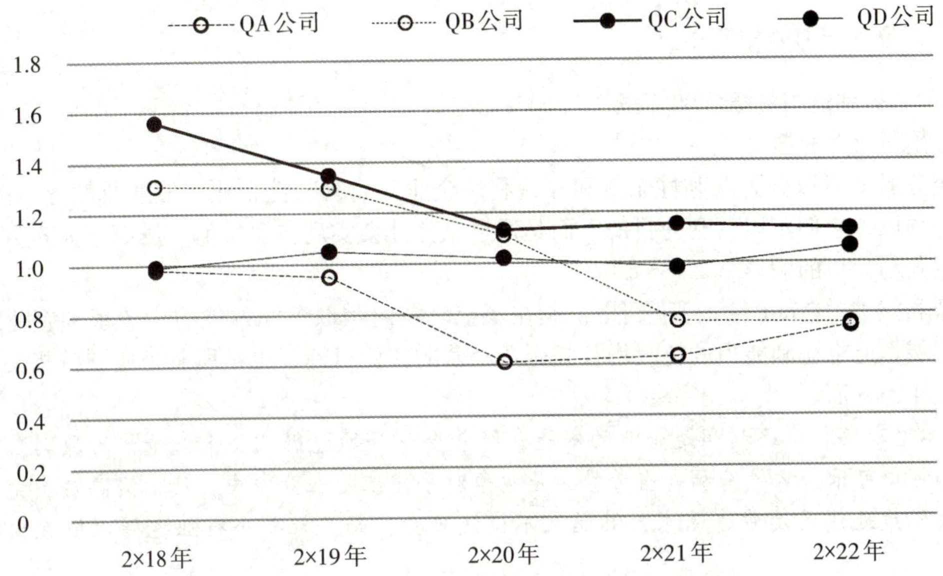

图4-27　四家公司的总资产周转率（2×18—2×22年）

4. 分析结论

（1）QA公司的应收账款周转率远远高于其他三家公司，应收账款回收质量最高，而存货周转率、流动资产周转率、固定资产周转率和总资产周转率偏低。

（2）最近2年，QB公司的存货周转率和流动资产周转率处于四家公司当中的最优水平，存货资金利用效率较高，流动资产周转速度较快。

（3）QC公司的应收账款周转率、存货周转率、固定资产周转率处于缓慢下降趋势，流动资产周转率先下降后上升，全部资产的利用效率仍然是最高的。

（4）QD公司的应收账款周转率、流动资产周转率基本保持稳定，存货周转率先上升后下降，总资产周转率持续上升。

任务三　盈利能力分析

学习目标

知识目标：掌握营业毛利率、营业净利率、净资产收益率

熟悉成本费用利润率、总资产收益率

了解盈利能力的概念和分类

能力目标：具备对企业盈利能力进行分析的能力

具备使用Power BI对初创企业盈利能力分析的能力

素质目标：形成诚实守信、坚持准则的职业素养

培养务实笃行、开拓创新的行为品格

一、盈利能力的相关知识

（一）盈利能力的概念和衡量

1.盈利能力的概念

企业通常可以分为营利性企业和非营利性企业。非营利性企业一般涉及教育、医疗、环保等领域，它们不以营利为目的，而是通过服务社会实现自身价值。然而绝大多数企业都是以营利为目的的。

盈利能力（Profitability），是指企业在一定时期内赚取利润的能力，关系到企业的生存与发展。追求盈利能力的持续增长是企业经营的主要目标，也是所有企业利益相关者都极为关注的方面。

【学思践悟】追逐利润是企业的本能，经营企业必须遵循“公平竞争”的原则。百事可乐和可口可乐、肯德基和麦当劳等，是竞争对手，但是在竞争中，他们提高自身竞争力来最大限度地满足消费者需求，其结果不仅使自身，而且让整个行业也得以健康生存和成长。

2.盈利能力的衡量

最直观的，人们可以用利润的绝对值大小来衡量盈利的多少。但这样一个绝对值概念并没有考虑到投入的因素，既不能反映经营管理者利用企业资产的效率，又在一定程度上缺乏可比性。

微课

盈利能力的相关知识

为了弥补利润绝对值概念的缺陷，人们又可以将利润与相应的资源投入相配比，用利润率来衡量盈利能力的大小。相对值概念考虑了带来利润的资产投入因素，可以反映经营管理者利用企业资产的效率，也便于企业之间的比较。

但是从企业所有者的角度来看，企业的目标是股东财富最大化，并不是利润率最大化。因而经营者在考虑利润率因素的同时，还应关注利润的绝对值大小，因为利润更直接地体现为企业财富的增加。因而，企业的盈利能力绝不是简单的某一个标准能够全面和准确衡量的，应该将盈利能力的绝对值概念和相对值概念结合起来综合考虑。

（二）盈利能力分析的作用和指标

1.盈利能力分析的作用

利润是投资者投入资本得以保值增值的源泉，也会对公司的偿债能力产生重大影响，因此无论是投资者、债权人，还是经营管理者，都非常重视和关心企业的盈利能力，并重视对盈利能力及其变动趋势的分析和预测。

（1）有助于投资者作出投资决策。对于投资者而言，企业盈利能力的强弱是至关重要

的。在市场经济下，投资者往往会认为企业的盈利能力比财务状况、营运能力更重要。投资者的直接目的就是获得更多的利润，因为对于信用相同或相近的几家企业，人们总是将资金投向盈利能力更强的企业。投资者关心企业赚取利润的多少并重视对利润率的分析，因为他们获取的股息与企业的盈利能力紧密相关。企业盈利能力增加，还会使股票价格上升，从而使投资者获得资本收益。

（2）有助于债权人作出信贷决策。对于债权人来讲，利润是企业偿债的重要来源，特别是对于长期债务而言。盈利能力的强弱直接影响企业的偿债能力。企业举债时，债权人势必会审查企业的偿债能力，而偿债能力的强弱最终取决于企业的盈利能力。

（3）能够反映和衡量经营管理者的经营业绩，发现经营管理中的问题。经营管理者的根本任务就是通过自己的努力使企业赚取更多的利润。各项收益数据反映着企业的盈利能力，也表现了经营管理者工作业绩的大小。将有关盈利能力指标与标准、基期、同行业平均水平、其他企业相比较，可以衡量经营管理者工作业绩的优劣。此外，盈利能力是企业各环节经营活动的具体表现，企业经营的好坏都会通过盈利能力表现出来，通过对盈利能力的深入分析，可以发现经营管理中存在的重大问题，进而采取措施解决问题，提高企业收益水平。

2.盈利能力分析的指标

企业盈利涉及各个方面的利益，而且不同层面对盈利能力的判断标准和视角也不一样。无论是投资者、债权人、经营管理层，还是其他利益相关者，都存在对企业盈利能力进行分析的潜在需求，由此产生了以营业收入和成本费用为基础的盈利能力分析、以资产为基础的盈利能力分析和以权益资本为基础的盈利能力分析。因此，企业盈利能力分析指标包括：与营业收入相关的盈利能力分析指标；与成本费用相关的盈利能力分析指标；与资产相关的盈利能力分析指标；与资本相关的盈利能力分析指标。

（1）与营业收入相关的盈利能力分析指标。该类指标主要是以营业收入为基础计算的，它通过利润表中各项目与营业收入的比较，求得单位营业收入的获利水平。其主要包括营业毛利率、营业利润率和营业净利率。

（2）与成本费用相关的盈利能力分析指标。该类指标主要是成本费用利润率。企业资金来源有两个：一是通过投资者投入，形成股东权益；二是从债权人那里借入，形成短期负债和长期负债。从外部取得的资金是有成本的，企业必须通过有效的投资获取超过资金成本的收益，才能在激烈的市场竞争中生存、发展和盈利。对于经营管理者而言，两个资金来源对企业投资盈利发挥着同样的作用。所以，企业经营管理者对所有资产的投资盈利能力都非常关注。

（3）与资产相关的盈利能力分析指标。该类指标主要是总资产收益率和全部资产现金回收率。

（4）与资本相关的盈利能力分析指标。该类指标主要是净资产收益率、每股收益和市盈率。其中，净资产收益率和每股收益是最基本、运用最普遍的两个衡量盈利能力的指标。

盈利能力分析指标如图4–28所示。

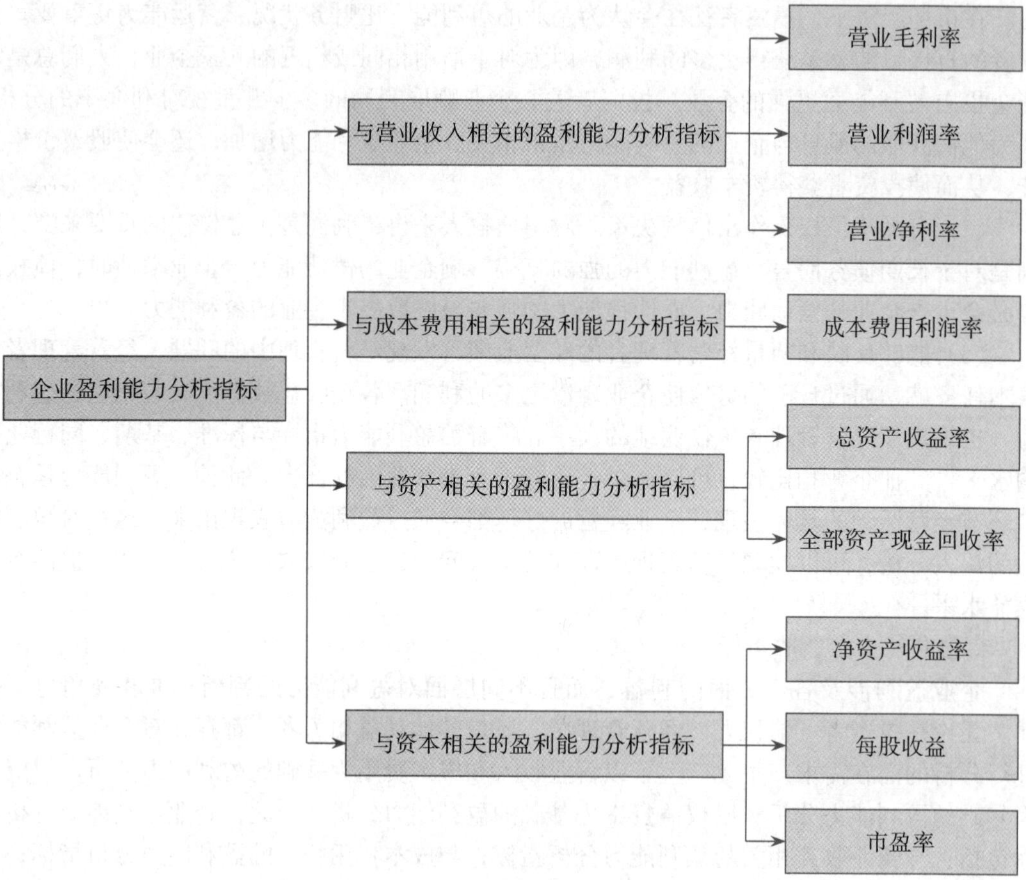

图4-28 盈利能力分析指标

二、盈利能力分析的应用

（一）与营业收入相关的盈利能力分析指标及其应用

1. 营业毛利率

微课

盈利能力分析的应用(1)

营业毛利率是指营业毛利与营业收入之间的比率，其中营业毛利是营业收入扣除营业成本后的余额，它是形成净利润的基础。营业毛利率反映了营业活动流转额的初始获利能力，体现了企业的获利空间和基础。其计算公式为：

$$营业毛利率 = \frac{营业毛利}{营业收入} \times 100\% = \frac{营业收入 - 营业成本}{营业收入} \times 100\%$$

营业毛利率高，说明企业单位产品获利能力强；营业毛利率低，说明企业单位产品获利能力弱。营业毛利率有明显的行业特点，一般来说，营业周期短、固定成本低的行业的营业毛利率水平比较低；而营业周期长、固定成本高的行业的营业毛利率水平较高。

将该比率与同行业其他企业的营业毛利率对比，可以揭示企业在定价决策、成本控制等方面存在的问题，还可以表明企业在同行业中的市场竞争力。营业毛利率的下降，可能意味着价格竞争正在损害公司利益，或者成本可能失去控制，或者公司的产品组合可能发生变化。

【做中学4-18】（计算题）2×17—2×22年，AA公司、BA公司资产负债表、利润表和现金流量表的部分数据见表4-53和表4-54。

表4-53　　AA公司部分资产负债表、利润表和现金流量表数据　　单位：元

项目	2×17年	2×18年	2×19年	2×20年	2×21年	2×22年
资产（期末）	5 995 924 309.53	5 433 604 403.45	3 859 282 854.00	3 714 109 128.73	3 755 508 239.75	4 308 536 891.27
所有者权益（期末）	3 322 298 300.95	2 082 941 587.91	2 142 777 797.32	2 264 910 539.89	2 141 876 698.49	2 801 295 846.50
营业收入	4 943 090 779.10	4 315 314 238.98	4 856 373 860.23	3 522 898 599.35	3 360 746 121.51	4 817 014 523.02
营业成本	4 871 868 040.85	4 176 497 790.70	4 233 195 460.91	2 997 051 545.04	2 807 029 128.03	3 660 466 933.83
税金及附加	66 944 104.41	55 599 472.87	55 097 219.79	70 845 444.95	72 724 444.14	71 334 987.16
销售费用	211 683 583.25	151 452 214.74	152 222 989.65	147 507 530.62	131 938 715.88	157 623 689.85
管理费用	255 284 283.83	260 547 056.70	207 002 583.30	94 017 466.71	159 331 946.60	156 579 826.66
财务费用	118 759 950.31	129 809 138.02	115 844 284.86	21 576 630.48	8 505 566.09	4 698 215.74
营业利润	−764 810 069.74	−1 150 009 929.05	122 259 397.61	190 561 597.89	217 356 674.71	700 041 192.13
利润总额	−746 933 937.25	−1 138 908 498.62	189 155 601.64	192 054 264.54	−144 354 227.69	668 805 215.39
净利润	−542 401 283.69	−1 240 127 471.92	146 531 202.69	122 167 203.88	−123 419 140.73	657 948 362.99
销售商品、提供劳务收到的现金	4 636 224 330.91	4 308 954 109.10	5 745 709 431.09	2 179 362 236.63	1 839 549 923.22	2 240 980 384.31
经营活动现金流量净额	340 520 657.31	144 713 771.54	962 892 552.37	168 596 078.57	287 706 028.17	−44 609 969.64

表4-54　　BA公司部分资产负债表、利润表和现金流量表数据　　单位：元

项目	2×17年	2×18年	2×19年	2×20年	2×21年	2×22年
资产（期末）	16 286 375 207.71	18 793 412 413.76	20 025 941 719.04	20 347 257 530.99	21 000 851 915.92	24 089 608 940.60
所有者权益（期末）	5 748 310 214.72	6 162 437 479.41	6 583 037 416.08	6 811 372 392.97	7 455 975 969.54	10 633 383 033.26
营业收入	10 484 089 854.06	11 786 862 372.78	12 695 350 653.90	13 693 853 135.59	15 756 799 273.23	20 195 731 201.80
营业成本	8 972 981 282.13	9 662 267 551.44	10 138 371 995.95	10 720 715 001.93	11 835 225 455.71	14 674 811 995.57
税金及附加	61 500 948.93	58 946 365.34	71 004 651.94	100 414 693.24	169 608 882.40	220 820 399.42
销售费用	331 737 814.65	383 699 140.82	460 534 647.63	656 599 284.64	778 157 293.58	842 587 871.92
管理费用	658 419 399.21	769 074 195.29	856 659 638.50	1 057 440 139.30	1 243 761 313.02	1 507 747 002.30
财务费用	345 979 186.21	414 398 344.25	530 348 892.27	618 451 015.35	521 929 046.70	348 058 093.95
营业利润	139 059 606.19	500 694 841.52	631 998 406.42	531 839 995.76	1 104 927 208.25	2 606 333 669.23
利润总额	159 514 326.66	530 518 847.71	642 425 130.01	528 089 469.45	1 077 862 171.55	2 543 789 415.39
净利润	109 309 224.39	448 907 112.69	485 048 656.67	384 117 071.23	800 869 215.11	2 014 004 293.19
销售商品、提供劳务收到的现金	4 310 874 133.16	4 557 277 995.67	6 563 389 750.09	7 675 721 103.95	9 352 246 768.63	11 053 542 195.70
经营活动现金流量净额	−1 069 542 703.41	−428 274 175.08	709 656 053.61	982 731 800.69	1 343 784 835.10	1 473 938 246.79

【要求】计算并分析AA公司和BA公司2×17—2×22年的营业毛利率。

【答案】2×17—2×22年，AA公司和BA公司的营业毛利率都呈现出上升趋势，BA公司稳步上升，AA公司直线式上升。

2×17—2×22年，BA公司的营业毛利率均高于AA公司，但是领先优势逐渐减小：2×17年，AA公司的营业毛利率为1.44%，BA公司的营业毛利率为14.41%；至2×22年，AA公司和BA公司的营业毛利率分别为24.01%和27.34%。

2×17—2×22年，BA公司的营业毛利率稳步上升的原因在于营业收入逐年上升的同时，对营业成本进行了有效的控制。

AA公司的营业毛利率如图4-29所示，BA公司的营业毛利率如图4-30所示。

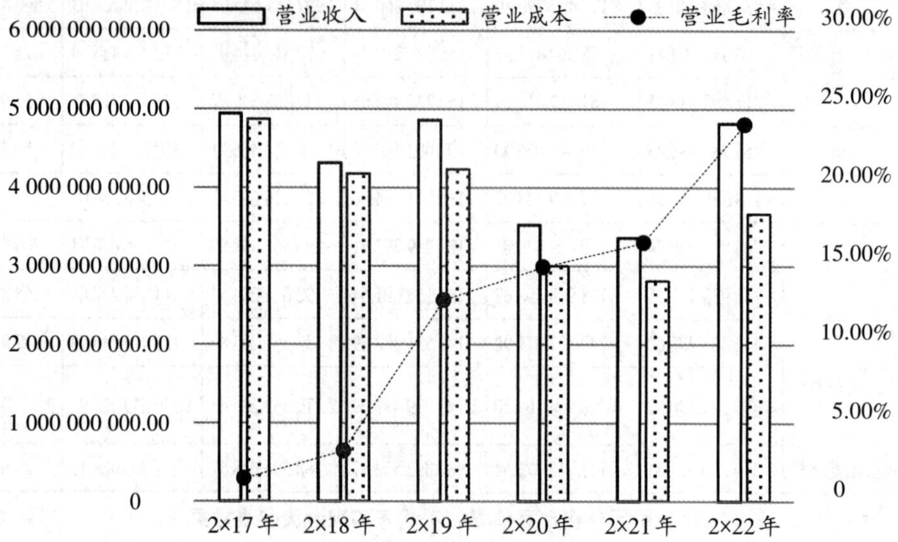

图4-29 AA公司的营业毛利率

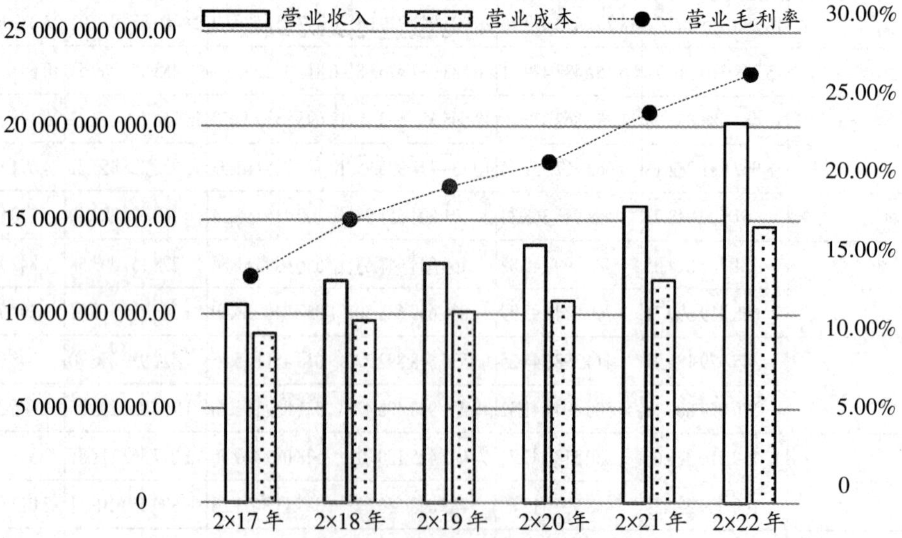

图4-30 BA公司的营业毛利率

2. 营业利润率

营业利润率是企业一定时期营业利润与营业收入的比率，体现每1元的营业收入能够带来多少营业利润。其计算公式为：

$$营业利润率 = \frac{营业利润}{营业收入} \times 100\%$$

营业利润率反映的是在不考虑所得税政策和偶然因素影响的情况下，企业通过经营活动和投资活动为股东创造收益的能力。通常而言，企业的营业利润率越高，说明企业的产品或服务产生收入的能力越强，企业的成本费用控制得越好。

营业利润率强调企业持续的收益，因此，分子上的营业利润使用企业财务报表上的营业利润金额，不包括企业的营业外收支，体现了其对企业持续业务获利能力的关注。

营业利润率反映企业正常经营活动的获利水平，它与营业毛利率相比，有两个方面的扩展：(1) 它不仅考核日常经营业务的盈利能力，而且考核投资业务的盈利能力，这在企业多元化经营的今天，具有更重要的意义。(2) 它不仅考核了与产品经营或其他经营业务直接相关的成本费用，而且也将与它们间接相关且必须发生的成本费用纳入考核，这就使得对企业经营业务的获利能力的考核更趋全面，尤其是将期间费用纳入支出项目进行获利扣减，更能体现营业利润率的稳定性和持久性。因为，期间费用本身是一种较少变动的固定性支出，它的抵补是不可避免和经常性的，企业只有将盈利扣除这些固定性支出后，所剩部分才具有稳定性和可靠性。因此，营业利润率综合反映了企业具有稳定性和持久性的收入及支出因素，它所揭示的企业盈利能力具有稳定和持久的特点，即营业利润率越高，表明企业正常经营活动的盈利能力越强，发展潜力越大。

【做中学4-19】(计算题) 2×17—2×22年，AA公司、BA公司的部分数据见【做中学4-18】。

【要求】计算并分析AA公司和BA公司2×17—2×22年的营业利润率。

【答案】2×17—2×22年，BA公司的营业利润率从1.33%稳步上升到12.91%，而AA公司的营业利润率起伏波动较大，最低达-26.65%，最高为14.53%。AA公司和BA公司的营业利润率（2×17—2×22年）如图4-31所示。

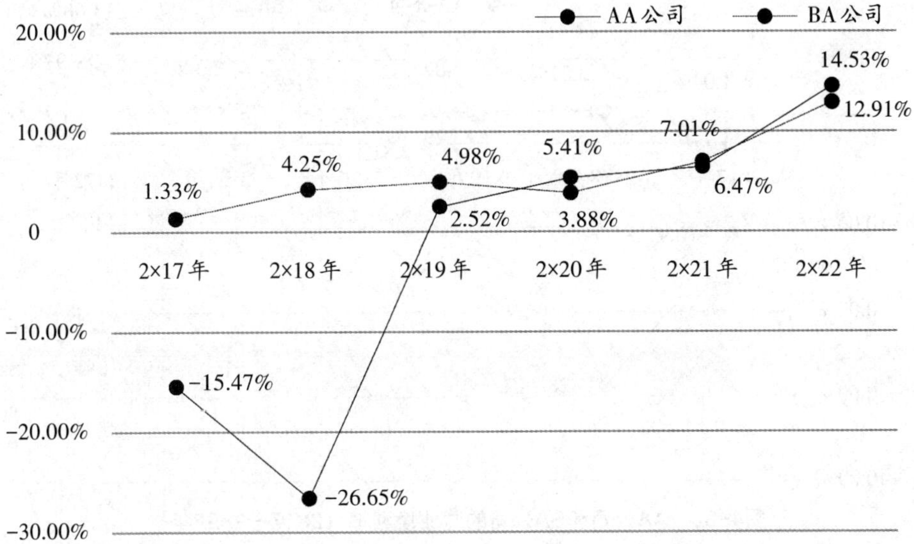

图4-31　AA公司和BA公司的营业利润率（2×17—2×22年）

3. 营业净利率

营业净利率是净利润与营业收入之比。其计算公式为：

$$营业净利率 = \frac{净利润}{营业收入} \times 100\%$$

营业净利率，反映的是企业通过经营活动取得最终盈利的能力，体现了经营活动和投资活动为股东获取税后利润的能力。该比率越高，表明企业最终获利能力越强。

营业净利率与净利润成正比关系，与营业收入成反比关系，企业在增加营业收入的同时，必须相应获得更多的净利润，才能使该指标保持不变或有所提高。只有在净利润的增长速度快于营业收入的增长速度时，营业净利率才会上升。

营业收入包含主营业务收入和其他业务收入，净利润的形成也并非都由营业收入产生，还受到投资收益、营业外收支等因素的影响。需要注意的是，净利润是否受到大额的非常项目损益或大额的投资收益的影响，在分析报告中需要另加说明，金额不大可以忽略不计。当然，利润主要应来自营业收入，才具有可持续性。通过对这一指标的分析，可以促使企业在扩大销售的同时注意改进经营管理，提高盈利水平。

与营业利润率指标相比，营业净利率更多地考虑了所得税的影响，体现了经营业务为股东创造利润的能力。该指标越高，说明企业的产品或服务为股东创造利润的能力越强。但是，与营业毛利率和营业利润率一样，该比率在一定程度上受产品特征、行业竞争程度和企业战略的影响。竞争激烈的行业，产品获利能力有限，该指标值普遍较低，企业需要通过更强的资产管理能力来提高股东最终的收益。

【做中学4-20】（计算题）2×17—2×22年，AA公司、BA公司的部分数据见【做中学4-18】。

【要求】计算并分析AA公司和BA公司2×17—2×22年的营业净利率。

【答案】2×17—2×22年，BA公司的营业净利率从1.04%稳步上升到9.97%，而AA公司的营业净利率处于波动状态，2×18年最低，为-28.74%；2×22年最高，为13.66%，超过了BA公司的同一比率。AA公司和BA公司的营业净利率（2×17—2×22年）如图4-32所示。

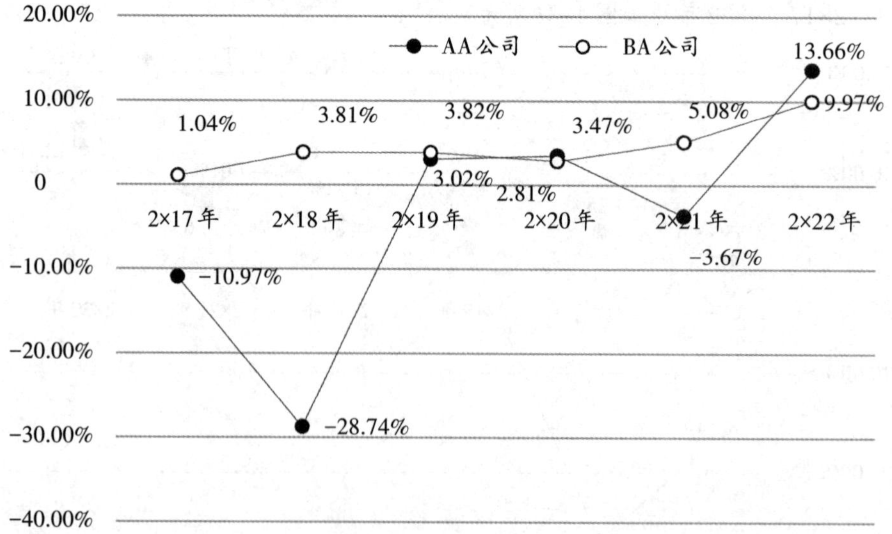

图4-32 AA公司和BA公司的营业净利率（2×17—2×22年）

4. 营业现金比

营业现金比是销售商品、提供劳务收到的现金与营业收入之比，体现企业营业收入的实现情况。其计算公式为：

微课

盈利能力分析的应用（2）

$$营业现金比 = \frac{销售商品、提供劳务收到的现金}{营业收入} \times 100\%$$

在应收账款政策稳定、各期应收账款收回进度较为一致的情况下，销售商品、提供劳务收到的现金与营业收入基本一致，比值在1左右。考虑到代收增值税计入现金流但是不计入营业收入，这个比值还会略微高于1。

当该比值偏离1且比1大时，通常表明企业可能大量收回前期的应收账款或应收票据，或者当期突然收缩应收账款政策；反之，则表明企业当期销售可能采用了更激进的应收账款政策，为了刺激销售而产生大量没有收回的应收账款或应收票据。此时应该对导致应收账款、应收票据异常变动的原因进行业务层面的进一步探讨。

【做中学4–21】（计算题）2×17—2×22年，AA公司、BA公司的部分数据见【做中学4–18】。

【要求】计算并分析AA公司和BA公司2×17—2×22年的营业现金比。

【答案】2×17—2×19年，AA公司的营业现金比高于BA公司，且处于经验值1附近。但是，2×20年AA公司的营业现金比急剧下降，2×21年和2×22年均低于BA公司。2×17—2×22年，BA公司的营业现金比有持续上涨的趋势，但还是偏低。AA公司和BA公司的营业现金比（2×17—2×22年）如图4–33所示。

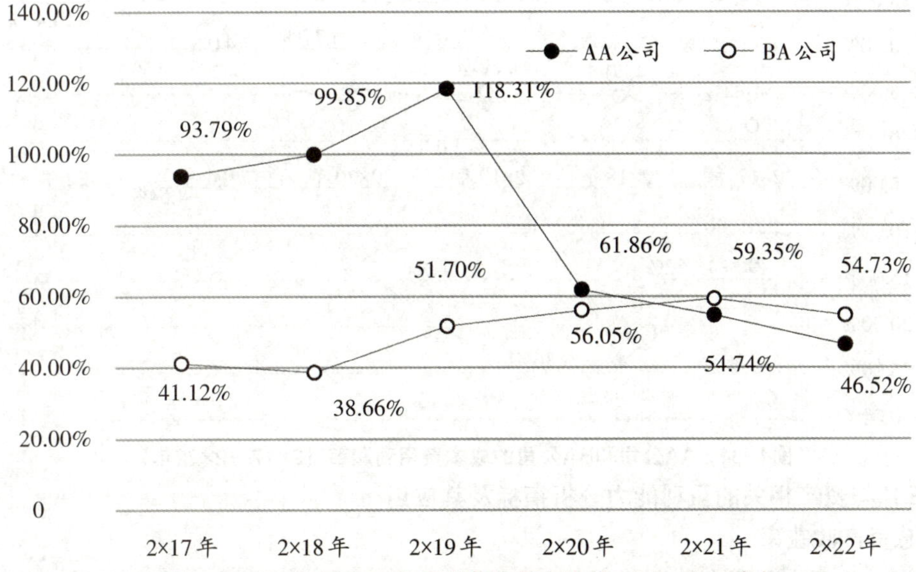

图4–33　AA公司和BA公司的营业现金比（2×17—2×22年）

【教学案例】2010—2018年，上市公司莲花健康的净利润变化曲线呈现出规律性的波动：相邻两年，必有一年在亏损，另一年在盈利；更规律的是，盈利一般都在两三千万元之间，而亏损则动辄三五亿元。梳理公司历年财报发现，出现盈利多是源于非经常性损益（营业外收入），事实上，莲花健康的扣非净利润已经连续十五年为负，合计亏损金额高达27.54亿元。值得一提的是，其中盈利的原因，大部分都是由于莲花味精受到了大额的政府补助。请思考：营业净利率受哪些因素影响？如何提高企业的营业净利率？

（二）与成本费用相关的盈利能力分析指标及其应用

成本费用利润率，是企业一定期间的利润总额与成本费用总额的比率，反映企业每付出1元成本费用可获得多少利润，体现了经营耗费所带来的经营成果。其计算公式为：

$$成本费用利润率 = \frac{利润总额}{成本费用总额} \times 100\%$$

$$= \frac{利润总额}{营业成本 + 税金及附加 + 期间费用} \times 100\%$$

成本费用利润率是所得（利润总额）与所费（成本费用）的直接比较，综合反映企业经济效益的好坏。通过分析该指标可以促使企业努力降低成本费用水平，增强盈利能力。该指标越高越好。该指标越高，表明企业付出相同代价获得的利润越高，或者表明为取得相同利润付出的代价越小。

【做中学4-22】（计算题）2×17—2×22年，AA公司、BA公司的部分数据见【做中学4-18】。

【要求】计算并分析AA公司和BA公司2×17—2×22年的成本费用利润率。

【答案】2×17—2×22年，BA公司的成本费用利润率处于攀升趋势，公司获得的利润逐年增加；而同行业的AA公司的成本费用利润率大幅度波动，处于不稳定状态。AA公司和BA公司的成本费用利润率（2×17—2×22年）如图4-34所示。

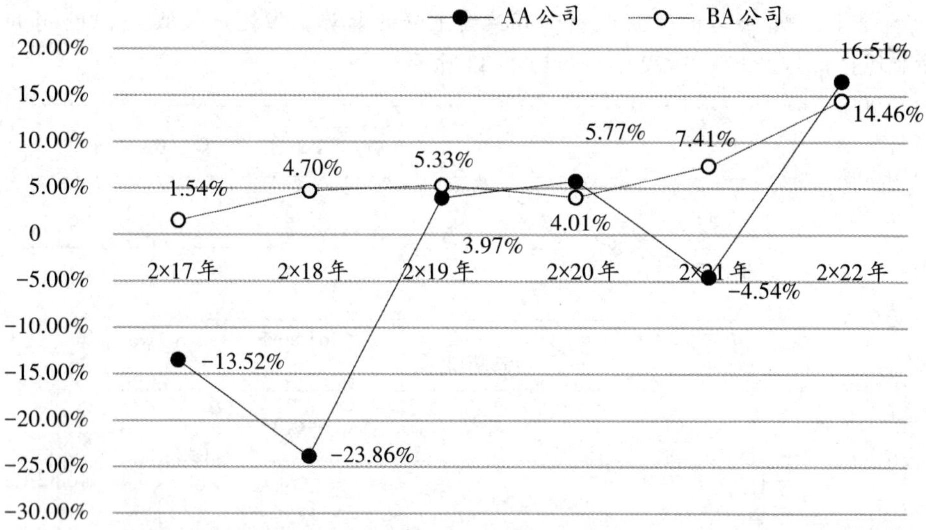

图4-34 AA公司和BA公司的成本费用利润率（2×17—2×22年）

（三）与资产相关的盈利能力分析指标及其应用

1. 总资产收益率

总资产收益率是用来衡量每单位资产创造多少净利润的指标，即净利润与总资产平均余额之比。其计算公式为：

$$总资产收益率 = \frac{净利润}{总资产平均余额} \times 100\%$$

总资产收益率越高，表明企业的资产利用效益越好，经营管理水平越高，企业利用全部资产为股东创造收益的能力越强。在分析这一指标时，通常要结合同行业平均水平或先进水平，以及企业前期的水平进行对比分析，才能判断总资产收益率的变动对企业的影响，从而了解企业总资产的利用效率，发现企业在经营管理中存在的问题，挖掘潜力，调整经营方针，以达到提高总资产利用效率的目的。

在实务中，有分析人员认为总资产收益率的分子分母不匹配，提出使用息税前利润代替净利润。其计算公式为：

$$总资产收益率 = \frac{息税前利润}{总资产平均余额} \times 100\% = \frac{税前利润 + 利息费用}{总资产平均余额} \times 100\%$$

$$= \frac{税后利润 + 所得税费用 + 利息费用}{总资产平均余额} \times 100\%$$

【做中学4-23】（计算题）2×17—2×22年，AA公司、BA公司的部分数据见【做中学4-18】。

【要求】计算并分析AA公司和BA公司2×18—2×22年的总资产收益率。

【答案】同其他盈利能力分析指标的结果一样，2×18—2×22年，BA公司的总资产收益率稳定增长，而AA公司的该指标值起伏波动，资产管理的效益不如BA公司稳定。AA公司和BA公司的总资产收益率（2×18—2×22年）如图4-35所示。

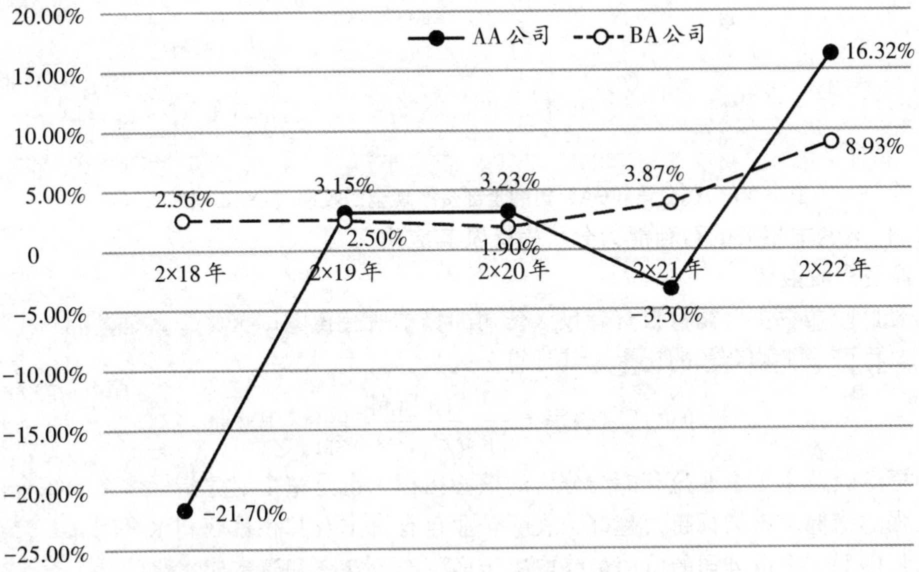

图4-35 AA公司和BA公司的总资产收益率（2×18—2×22年）

2. 全部资产现金回收率

全部资产现金回收率，是经营活动现金流量净额与总资产平均余额的比率，反映企业运用全部资产获取现金的能力。其计算公式为：

$$全部资产现金回收率 = \frac{经营活动现金流量净额}{总资产平均余额} \times 100\%$$

该指标旨在考评企业全部资产产生现金的能力，该比率越大越好。比率越大，说明资产利用效果越好，利用资产创造的现金流入越多，整个企业获取现金的能力越强，经营管理水平越高；反之，则经营管理水平越低，经营管理者有待提高管理水平，进而提高企业的经济效益。

【做中学4-24】（计算题）2×17—2×22年，AA公司、BA公司的部分数据见【做中学4-18】。

【要求】计算并分析AA公司和BA公司2×18—2×22年的全部资产现金回收率。

【答案】2×18—2×22年，BA公司的全部资产现金回收率稳定上升；总体来看，AA公司全部资产现金回收率起伏波动较大，2×18年、2×19年和2×21年高于BA公司，利用资产创造的现金流入更多，但是，2×22年已经低于BA公司。AA公司和BA公司的全部资产现金回收率（2×18—2×22年）如图4-36所示。

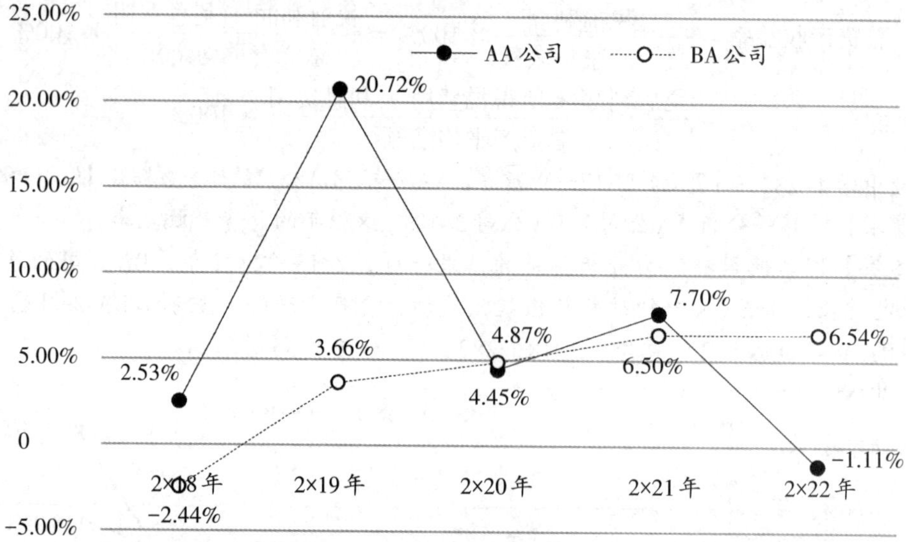

图4-36　AA公司和BA公司的全部资产现金回收率（2×18—2×22年）

（四）与资本相关的盈利能力分析指标及其应用

1.净资产收益率

净资产收益率主要衡量投资者投入公司的资本所获得的回报水平，是企业一定时期内净利润与净资产平均余额的比率。其计算公式为：

$$净资产收益率=\frac{净利润}{净资产平均余额}\times 100\%$$

净资产收益率是企业盈利能力分析的核心指标，也是整个财务指标体系中综合性、代表性最强的指标。该指标越大越好，表明企业自有资本及其积累获利水平越高。

从长期看，上市公司的价值最终取决于净资产收益率和资本成本之间的关系。资本成本是指投资者将资金投入到其他渠道可能获得的收益，如存放在银行取得的定期利息。如果公司的净资产收益率持续低于资本成本，那么公司并没有给股东创造任何价值，其股票市值将会持续走低。

微课

盈利能力分析的应用（3）

在进行净资产收益率分析时，应注意以下几个方面：（1）净资产收益率是衡量企业自有资本及其积累获取报酬水平的最具综合性的指标，该指标通用性强，适用范围广，在企业综合评价中使用率非常高；（2）一般认为，净资产收益率越高，说明企业自有资本获取收益的能力越强，股东的回报越高；（3）影响净资产收益率的因素很多，只有对其加以分解，才能对综合盈利能力有一个全面了解。

【做中学4-25】（计算题）2×17—2×22年，AA公司、BA公司的部分数据见【做中学4-18】。

【要求】计算并分析AA公司和BA公司2×18—2×22年的净资产收益率。

【答案】2×18—2×21年，BA公司的净资产收益率高于AA公司，持续稳步上升，其自有资本获取收益的能力更强，股东的回报更高；2×22年，AA公司的净资产收益率超过了BA公司。AA公司和BA公司的净资产收益率（2×18—2×22年）如图4-37所示。

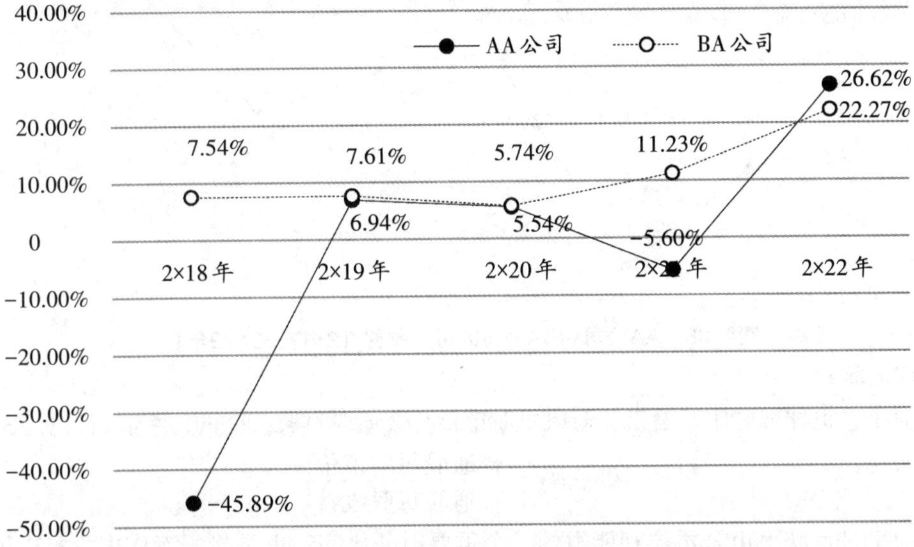

图4-37　AA公司和BA公司的净资产收益率（2×18—2×22年）

2. 每股收益

每股收益又称每股税后利润、每股盈余，反映企业普通股股东持有每1股股票所能享有的企业利润或承担的企业亏损。其计算公式为：

$$每股收益=\frac{净利润-优先股股利}{发行在外的普通股的加权平均数}$$

每股收益是测定股票投资价值的重要指标之一，是分析每股价值的一个基础性指标。该指标计算简便，易于理解，因此被称为证券市场当中应用最为广泛的一个盈利能力评价指标。值得注意的是，每股收益仅仅代表的是某年每股的收益情况，基本不具有延续性，因此不能够将它单独作为判断公司成长性的指标。

【做中学4-26】（计算题）2×17—2×22年，AA公司、BA公司年度财务报表披露的每股收益见表4-55。

表4-55　AA公司和BA公司的每股收益（2×17—2×22年）

项目	2×17年	2×18年	2×19年	2×20年	2×21年	2×22年
AA公司	-0.58	-1.26	0.18	0.14	-0.14	0.77
BA公司	0.0624	0.2406	0.2579	0.2230	0.4123	0.9651

【要求】试分析AA公司和BA公司2×17—2×22年的每股收益。

【答案】2×17—2×22年，BA公司的每股收益均高于AA公司；BA公司的每股收益总体上持续地稳定上升，说明其盈利能力稳步提高，给投资者带来了更多利润。AA公司和BA公司的每股收益（2×17—2×22年）如图4-38所示。

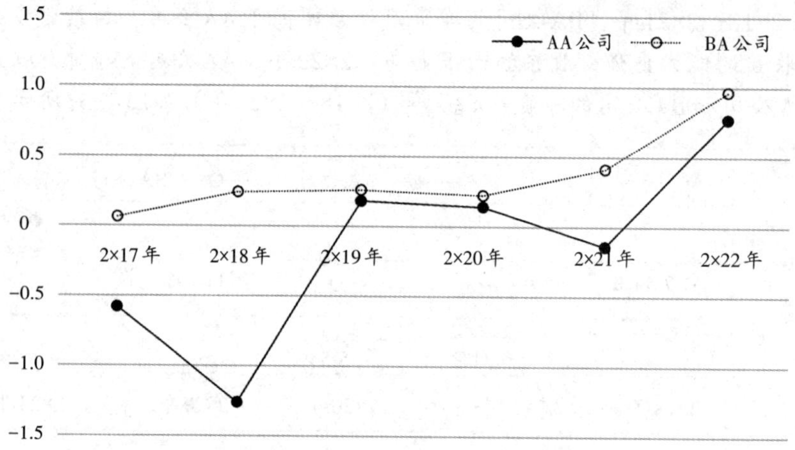

图4-38 AA公司和BA公司的每股收益（2×17—2×22年）

3. 市盈率

市盈率，也称本益比，是指普通股每股市价与普通股每股收益的比率。其计算公式为：

$$\text{市盈率} = \frac{\text{普通股每股市价}}{\text{普通股每股收益}}$$

市盈率是反映上市公司盈利能力的一个重要财务比率，也是投资者作出投资决策的重要参考因素之一。一般来说，市盈率高，说明投资者对该公司的发展前景看好，愿意出较高的价格购买该公司股票，所以一些成长性较好的高科技公司股票的市盈率通常高一些。但是也应注意，如果某一种股票的市盈率过高，则也意味着这种股票具有较高的投资风险。因此，如果不对公司进行具体分析，单纯从市盈率高低无法对股票的投资价值作出判断。

【做中学4-27】（计算题）2×17—2×22年，AA公司、BA公司的部分市盈率如图4-39所示。

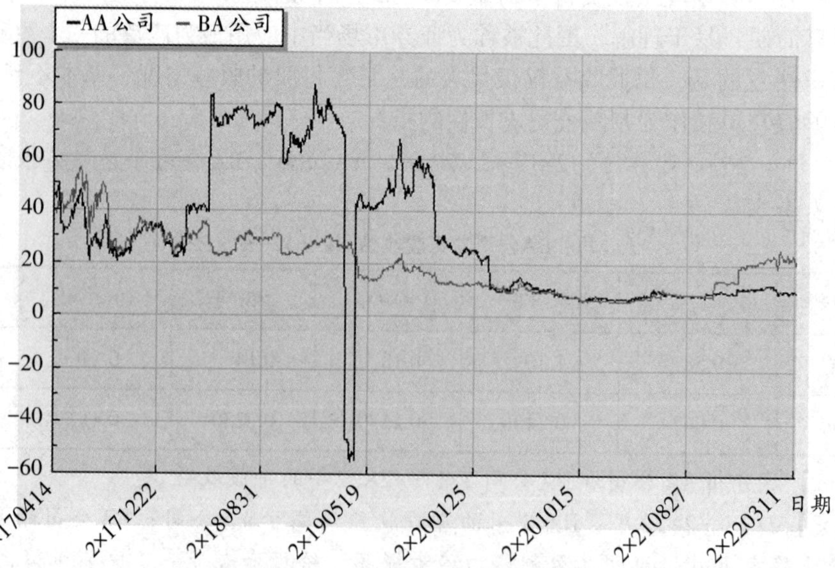

图4-39 AA公司和BA公司的市盈率

注：图片来自http：//biz.finance.sina.com.cn/company/compare/syl_compare.php？stock_code=600409.

【要求】分析AA公司和BA公司2×17—2×22年的市盈率。

【答案】2×17年，BA公司的市盈率高于AA公司；2×18—2×20年，AA公司的市盈率远远高于BA公司；2×21年，两家公司的市盈率趋同；2×22年，BA公司的市盈率超过了AA公司，更具投资价值。

（五）对RA公司、RB公司和RC公司2×17—2×22年的盈利能力进行分析

1.数据收集

根据RA公司、RB公司和RC公司2×17—2×22年度财务报告，收集盈利能力分析使用的数据（见表4-56至表4-61）。

表4-56　RA公司2×17年12月31日—2×22年12月31日资产负债表的部分数据　单位：元

报表日期	2×17年12月31日	2×18年12月31日	2×19年12月31日	2×20年12月31日	2×21年12月31日	2×22年12月31日
资产	5 892 509 211.52	7 220 266 342.84	9 086 860 884.26	11 496 700 401.56	14 330 058 674.85	18 039 384 776.48
所有者权益	5 442 498 525.75	6 655 870 174.77	8 153 816 416.83	10 357 765 374.71	12 874 391 843.05	15 943 214 825.23

表4-57　RA公司2×18—2×22年利润表和现金流量表的部分数据　单位：元

报表日期	2×18年	2×19年	2×20年	2×21年	2×22年
营业收入	6 203 074 355.43	9 315 960 168.40	7 452 253 087.84	11 093 724 121.18	13 835 629 369.98
营业成本	1 158 081 670.51	1 371 670 464.29	1 313 216 114.87	1 434 631 411.69	1 849 877 052.01
税金及附加	106 254 304.64	155 635 709.17	132 713 065.28	202 658 379.58	253 620 234.94
销售费用	2 354 789 569.71	3 524 978 732.58	2 844 243 006.11	4 351 620 673.95	5 188 923 435.49
管理费用	1 155 603 899.49	1 843 433 845.74	1 463 527 737.28	2 266 354 231.92	2 952 703 851.22
财务费用	−25 047 763.50	−148 345 785.74	−80 579 775.19	−165 936 852.18	−36 631 689.84
营业利润	1 451 073 805.29	2 558 870 513.36	1 772 448 118.09	3 023 057 638.99	3 807 821 195.60
利润总额	1 478 531 746.09	2 561 970 476.32	1 799 651 073.90	3 013 184 683.65	3 759 188 764.63
净利润	1 292 052 671.62	2 223 969 791.87	1 572 929 123.49	2 634 194 796.55	3 292 953 303.96
基本每股收益	0.9102	0.7778	1.1149	0.92	1.14
经营活动现金净流量	1 364 958 666.11	1 574 306 024.01	2 277 293 122.97	2 592 628 395.66	2 547 385 416.82

表4-58　RB公司2×17年12月31日—2×22年12月31日资产负债表的部分数据　单位：元

报表日期	2×17年12月31日	2×18年12月31日	2×19年12月31日	2×20年12月31日	2×21年12月31日	2×22年12月31日
资产	9 394 208 052.55	12 249 123 151.39	14 266 903 073.91	15 870 577 267.20	25 897 170 220.54	28 314 713 453.32
所有者权益	5 755 963 555.16	7 022 236 694.94	7 921 994 589.11	8 683 933 148.91	17 653 790 448.27	19 263 153 793.17

表4-59 RB公司2×18—2×22年利润表和现金流量表的部分数据 单位：元

报表日期	2×18年	2×19年	2×20年	2×21年	2×22年
营业收入	17 608 193 312.31	18 818 231 986.73	19 124 658 298.90	20 035 681 499.37	20 954 225 189.53
营业成本	11 806 294 800.38	12 185 664 875.74	12 200 500 049.92	13 412 062 896.03	13 063 229 348.28
税金及附加	148 250 638.48	155 732 374.42	169 627 790.27	189 309 156.99	204 088 804.03
销售费用	3 485 311 357.52	3 942 803 578.59	4 167 680 901.54	3 823 589 490.19	4 285 949 353.46
管理费用	1 227 255 352.75	1 291 531 676.22	1 374 805 685.81	1 439 734 312.47	1 579 582 508.93
财务费用	28 305 296.93	1 393 955.19	−21 937 825.02	−96 520 258.97	−210 571 299.44
营业利润	1 120 073 613.29	1 342 231 179.57	1 410 335 549.46	1 466 625 291.62	2 460 970 965.61
利润总额	1 229 190 439.25	1 468 061 382.71	1 628 122 073.60	1 945 053 398.34	2 492 976 136.70
净利润	1 006 947 006.94	1 211 528 032.70	1 345 286 972.19	1 558 673 995.17	2 118 755 620.90
每股收益	0.768	0.925	1.007	1.075	1.268
经营活动现金净流量	1 339 140 138.82	1 751 689 554.88	1 941 956 497.25	2 544 671 628.07	1 833 690 725.57

表4-60 RC公司2×17年12月31日—2×22年12月31日资产负债表的部分数据 单位：元

报表日期	2×17年12月31日	2×18年12月31日	2×19年12月31日	2×20年12月31日	2×21年12月31日	2×22年12月31日
资产	3 628 270 364.03	4 009 560 374.10	4 245 149 713.77	4 492 122 436.63	4 722 785 963.84	5 273 647 124.63
所有者权益	1 776 989 115.02	1 883 350 296.87	1 911 868 987.68	1 984 082 318.40	2 079 307 425.65	2 579 453 380.81

表4-61 RC公司2×18—2×22年利润表和现金流量表的部分数据 单位：元

报表日期	2×18年	2×19年	2×20年	2×21年	2×22年
营业收入	3 391 228 655.29	3 589 749 770.93	3 597 033 209.79	4 014 963 065.74	4 515 716 784.19
营业成本	2 789 843 094.60	2 854 928 187.30	2 760 385 994.80	3 013 584 624.39	3 247 615 838.86
税金及附加	19 965 138.60	20 613 746.32	29 952 900.45	50 356 102.80	60 664 577.84
销售费用	276 359 957.60	317 762 961.34	353 774 618.80	404 317 945.51	509 748 602.14
管理费用	239 754 984.06	265 461 966.74	303 257 072.10	335 871 419.21	384 708 247.89
财务费用	86 819 245.71	72 082 530.10	67 591 007.63	51 838 422.75	79 745 027.94
营业利润	−29 945 971.83	54 559 276.99	92 067 796.20	147 166 513.10	281 680 867.72
利润总额	64 439 131.70	91 485 154.18	117 729 615.03	159 968 492.21	268 173 876.00
净利润	49 990 838.68	68 334 686.74	94 008 750.57	133 047 273.87	221 248 751.89
每股收益	0.09	0.11	0.18	0.27	0.45
经营活动现金净流量	104 990 785.05	346 342 064.00	348 636 176.12	439 348 332.79	389 971 809.35

2. 指标计算

分别计算RA公司、RB公司和RC公司与衡量盈利能力相关的指标（见表4-62至表4-64）。

表4-62　　RA公司2×18—2×22年的盈利能力指标

指标	2×18年	2×19年	2×20年	2×21年	2×22年
营业毛利率	81.33%	85.28%	82.38%	87.07%	86.63%
营业利润率	23.39%	27.47%	23.78%	27.25%	27.52%
营业净利率	20.83%	23.87%	21.11%	23.74%	23.80%
成本费用利润率	31.13%	37.97%	31.72%	37.25%	36.82%
总资产收益率	19.71%	27.28%	15.28%	20.40%	20.35%
全部资产现金回收率	20.82%	19.31%	22.13%	20.08%	15.74%
净资产收益率	21.36%	30.03%	16.99%	22.68%	22.85%
每股收益	0.9102	0.7778	1.1149	0.92	1.14

表4-63　　RB公司2×18—2×22年的盈利能力指标

指标	2×18年	2×19年	2×20年	2×21年	2×22年
营业毛利率	32.95%	35.25%	36.21%	33.06%	37.66%
营业利润率	6.36%	7.13%	7.37%	7.32%	11.74%
营业净利率	5.72%	6.44%	7.03%	7.78%	10.11%
成本费用利润率	25.88%	21.76%	28.70%	24.04%	24.42%
总资产收益率	9.30%	9.14%	8.93%	7.46%	7.82%
全部资产现金回收率	12.37%	13.21%	12.89%	12.18%	6.76%
净资产收益率	15.76%	16.21%	16.20%	11.84%	11.48%
每股收益	0.768	0.925	1.007	1.075	1.268

表4-64　　RC公司2×18—2×22年的盈利能力指标

指标	2×18年	2×19年	2×20年	2×21年	2×22年
营业毛利率	17.73%	20.47%	23.26%	24.94%	28.08%
营业利润率	-0.88%	1.52%	2.56%	3.67%	6.24%
营业净利率	1.47%	1.90%	2.61%	3.31%	4.90%
成本费用利润率	1.36%	1.36%	2.08%	1.98%	2.63%
总资产收益率	1.31%	1.66%	2.15%	2.89%	4.43%
全部资产现金回收率	2.75%	8.39%	7.98%	9.54%	7.80%
净资产收益率	2.73%	3.60%	4.83%	6.55%	9.50%
每股收益	0.09	0.11	0.18	0.27	0.45

3. 指标分析

（1）与营业收入相关的盈利能力分析指标

①营业毛利率

2×18—2×22年，三家企业的营业毛利率总体上都处于增长的趋势，RA公司的营业毛利率远远高于RB公司和RC公司；RA公司的营业毛利率保持在81%~88%之间；RB公司的营业毛利率保持在33%~38%之间；RC公司的营业毛利率从17.73%增长到28.08%。三家公司的营业毛利率（2×18—2×22年）如图4-40所示。

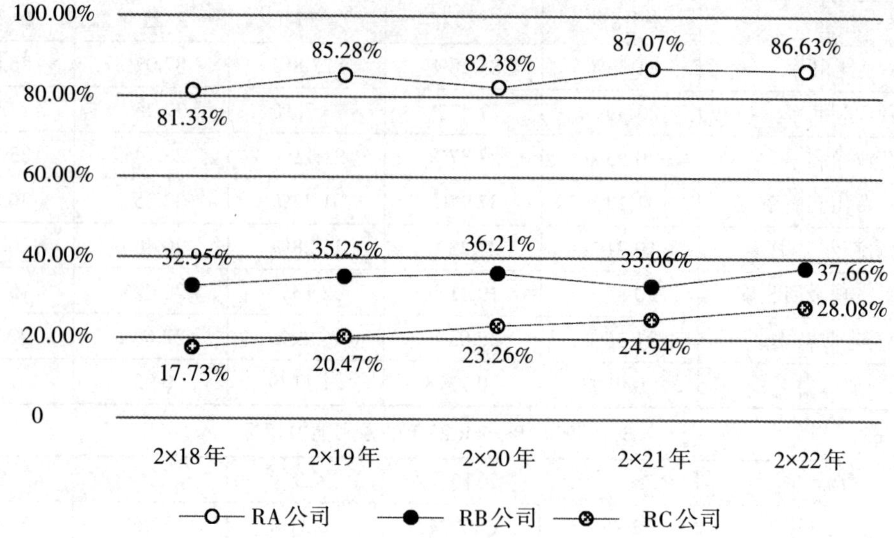

图4-40 三家公司的营业毛利率（2×18—2×22年）

②营业利润率

2×18—2×22年，三家企业的营业利润率总体上都处于增长的趋势，RA公司的营业利润率远远高于RB公司和RC公司；RA公司的营业利润率虽有小幅波动，但仍保持在23%~28%之间；2×18—2×21年，RB公司的营业利润率保持在7%左右，到2×22年快速上升至11.74%；RC公司的营业利润率持续增长，从-0.88%增长到6.24%。三家公司的营业利润率（2×18—2×22年）如图4-41所示。

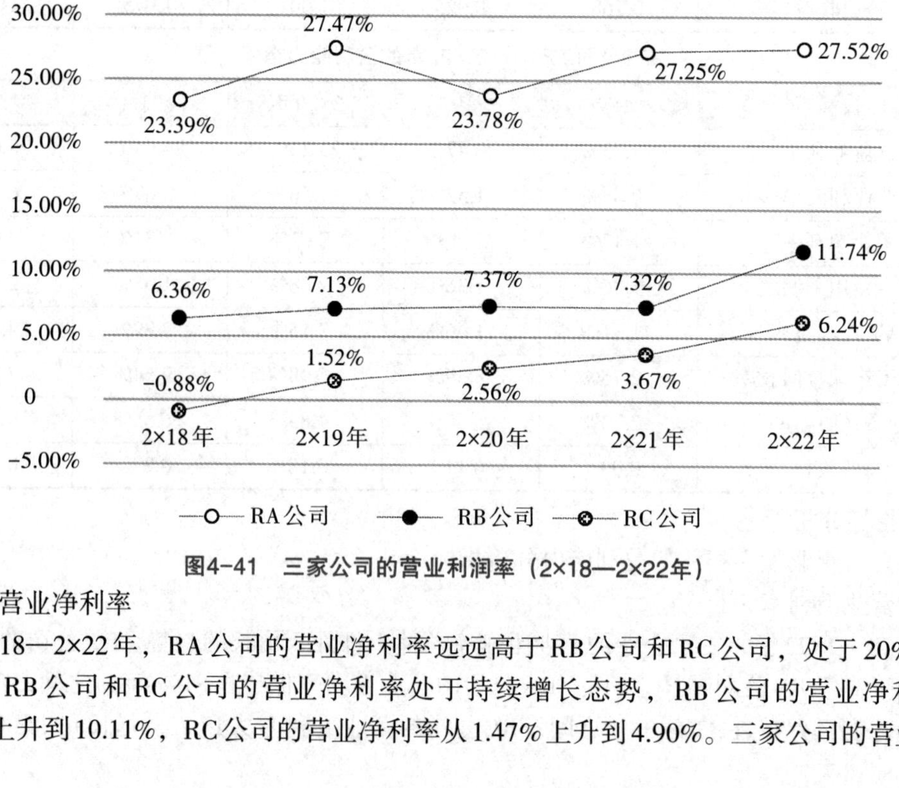

图4-41 三家公司的营业利润率（2×18—2×22年）

③营业净利率

2×18—2×22年，RA公司的营业净利率远远高于RB公司和RC公司，处于20%~24%之间；RB公司和RC公司的营业净利率处于持续增长态势，RB公司的营业净利率从5.72%上升到10.11%，RC公司的营业净利率从1.47%上升到4.90%。三家公司的营业净利率（2×18—2×22年）如图4-42所示。

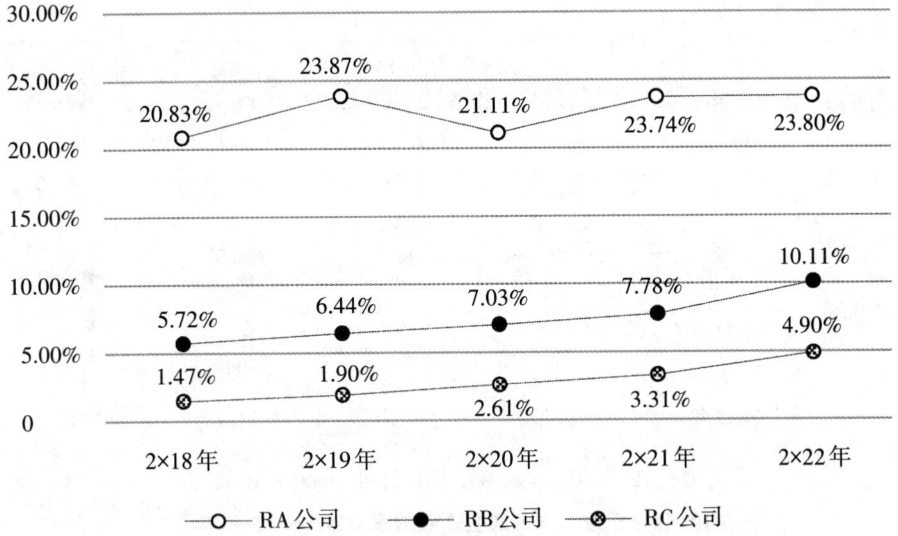

图4-42　三家公司的营业净利率（2×18—2×22年）

（2）与成本费用相关的盈利能力分析指标

2×18—2×22年，RA公司和RB公司的成本费用利润率处于波动之中，RC公司的比率值保持稳定并有略微增长；RA公司的成本费用利润率在31%~38%波动，RB公司的成本费用利润率在21%~30%波动。三家公司的成本费用利润率（2×18—2×22年）如图4-43所示。

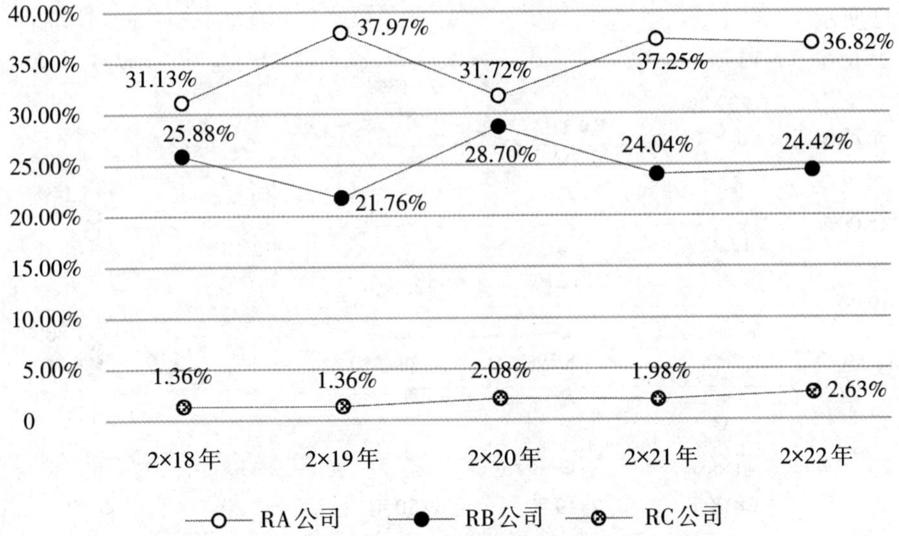

图4-43　三家公司的成本费用利润率（2×18—2×22年）

（3）与资产相关的盈利能力分析指标

①总资产收益率

2×18—2×22年，RA公司的总资产收益率在15%~30%之间上下波动，远远超过RB公司和RC公司；RB公司的总资产收益率维持在7%~10%之间，呈现出缓慢下降趋势；RC公司的总资产收益率处于持续增长之中，从1.31%增长至4.43%，但仍是三家企业中总资产收益率最低的企业。三家公司的总资产收益率（2×18—2×22年）如图4-44所示。

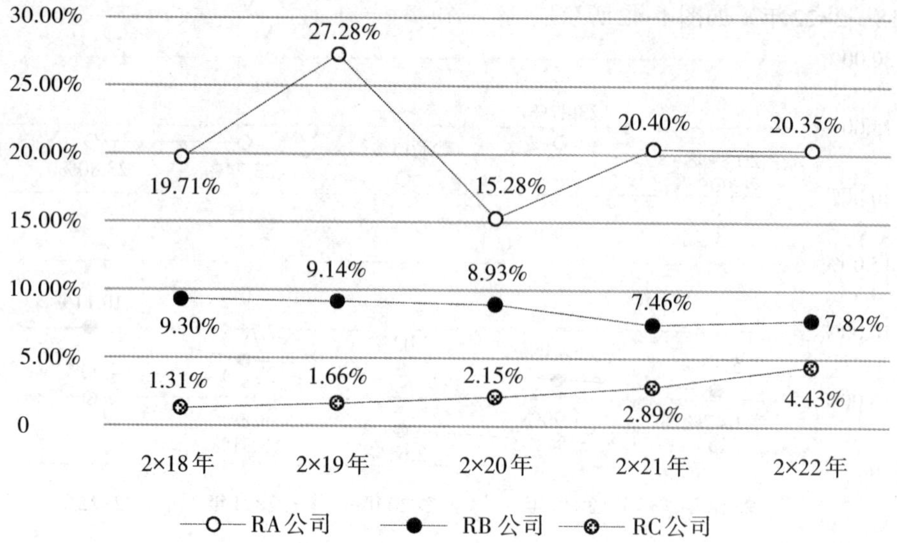

图4-44　三家公司的总资产收益率（2×18—2×22年）

②全部资产现金回收率

2×18—2×21年，RA公司和RB公司的全部资产现金回收率分别维持在20%和12%左右，至2×22年都快速下降，RA公司为15.74%，RB公司为6.76%；2×18—2×21年，RC公司的全部资产现金回收率处于上升之中，从2.75%上升至9.54%，但2×22年又有所下降，不过仍然超过了RB公司的同一比率。三家公司的全部资产现金回收率（2×18—2×22年）如图4-45所示。

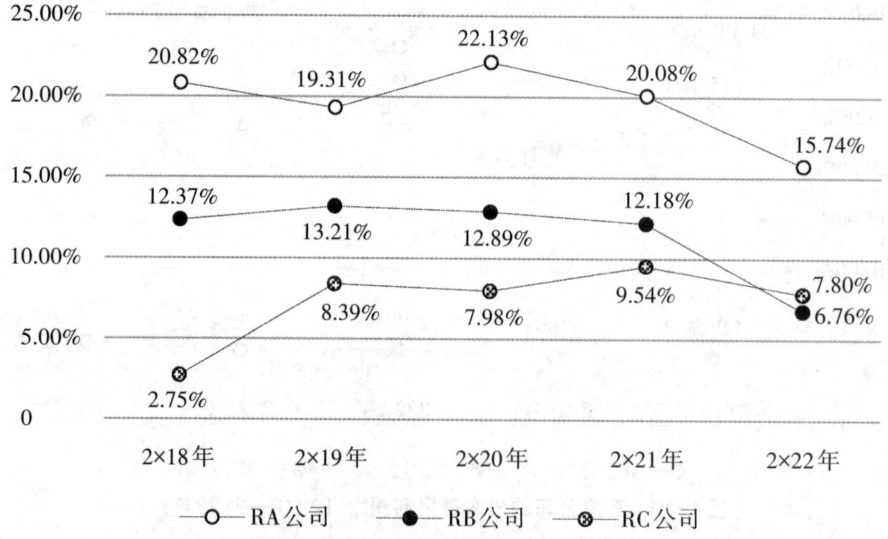

图4-45　三家公司的全部资产现金回收率（2×18—2×22年）

（4）与资本相关的盈利能力分析指标

①净资产收益率

2×18—2×22年，RA公司的净资产收益率虽然处于不断波动之中，但仍是三家企业中最高的，最低为2×20年的16.99%，最高为2×19年的30.03%；RB公司的净资产收益率在平稳中有所下降，从16%左右降到12%左右；RC公司的净资产收益率一直处于上升状态，从2%左右上升至10%左右，获利能力不断增强。三家公司的净资产收益率（2×18—2×22年）如图4-46所示。

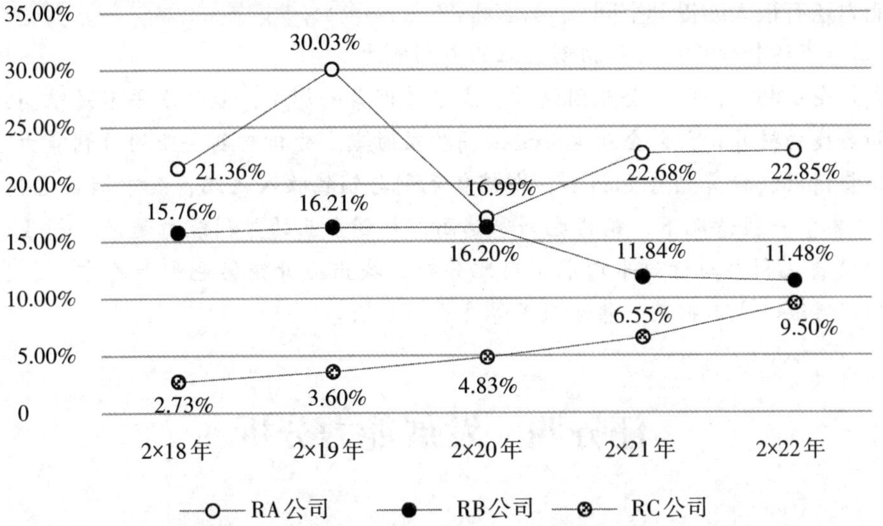

图4-46　三家公司的净资产收益率（2×18—2×22年）

②每股收益

2×18—2×22年，RB公司和RC公司的每股收益持续稳定增长。2×21年和2×22年，RB公司的每股收益超过了RA公司，在三家企业中最高；RA公司的每股收益处于不断波动之中，并被RB公司赶超；虽然RC公司的每股收益在不断增长，但是和行业先进水平的RA公司和RB公司相比，还存在很大的差距。三家公司的每股收益（2×18—2×22年）如图4-47所示。

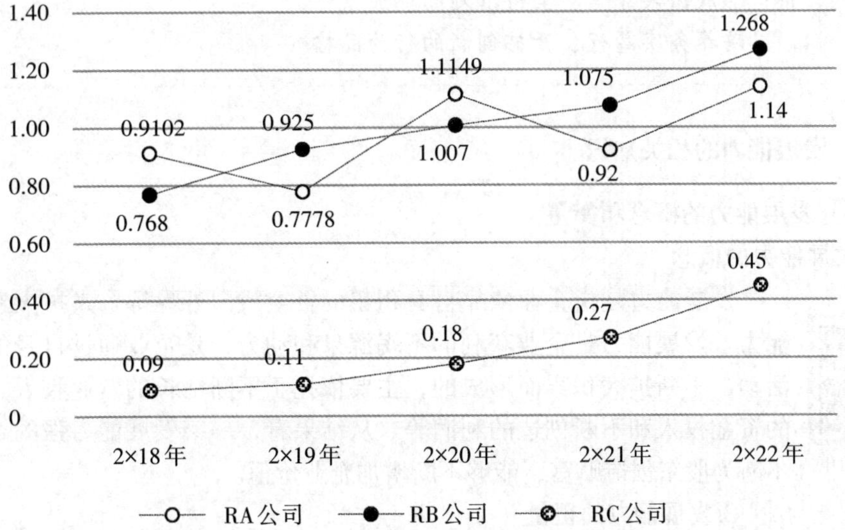

图4-47　三家公司的每股收益（2×18—2×22年）

4.分析结论

通过上述分析，2×18—2×22年，RA公司的整体盈利能力非常强，盈利质量也很高，处于行业的领先地位；RB公司和RC公司的盈利能力在显著提升，尤其是RC公司的各方面盈利能力还有很大的提升空间。

【双创一点通】分析和提高初创企业的盈利能力

与成熟企业相比，初创企业因销量、成本等因素的影响，盈利水平不是很高，但是随着产品知名度的提升，初创企业也会迎来高收益时期。分析初创企业的盈利能力可以仅考虑产品销售情况，计算销售毛利率，即销售毛利与销售收入之比，其中销售毛利=销售收入-销售成本。一般情况下，销售毛利率越高，初创企业的盈利能力越强。创业者可将初创企业的销售毛利率与行业平均水平对比分析，找出提升销售毛利率的方法，在产品定价、增加销售额、成本控制、售后服务等方面下功夫。

任务四 发展能力分析

学习目标

知识目标：掌握净利润增长率、资产增长率和资本积累率
熟悉营业收入增长率
了解发展能力分析的概念和分类

能力目标：具备对企业发展能力进行分析的能力
具备使用Power BI对初创企业发展能力分析的能力

素质目标：形成诚实守信、坚持准则的职业素养
培养务实笃行、开拓创新的行为品格

一、发展能力的相关知识

（一）发展能力的概念和衡量

1.发展能力的概念

微课

发展能力的相关知识

发展能力是指企业依靠自身积累的资金或向外界筹资来扩大经营规模的能力。发展能力是企业获利的不竭源泉和动力，是企业通过自身的生产经营活动，不断扩大积累而形成的，主要依托于不断增长的营业收入、不断增加的资金投入和不断创造的利润等。从结果看，一家发展能力强的企业，能够不断为股东创造财富，能够不断增加企业价值。

2.发展能力的衡量

与盈利能力一样，企业发展能力的大小同样是一个相对的概念，即分析期的股东权益、净利润、营业收入和资产的增长是相对于上一期的股东权益、净利润、营

业收入和资产而言的。这种仅仅利用增长额表示的增长只能说明企业某一方面的增长幅度，而无法反映企业在其他方面的增长幅度，既不利于不同规模企业之间的横向对比，也不能准确地反映企业的增长能力，因此在实践中通常使用增长率来进行企业发展能力分析。

【学思践悟】分析企业的发展能力，是全面了解一家企业的必要手段。“发展”的观点是唯物辩证法的一个总特征。唯物辩证法认为无论是自然界、人类社会，还是人的思维都在不断地运动、变化和发展，事物的发展具有普遍性和客观性。发展的实质就是事物的前进、上升，是新事物代替旧事物。因此，我们必须坚持用发展的观点看问题。这体现了与时俱进的马克思主义发展观。

（二）发展能力分析的作用和指标

1. 发展能力分析的作用

传统的财务报表分析仅仅是从静态的角度出发来分析企业的财务状况，也就是只注重分析企业的偿债能力、营运能力和盈利能力。这在日益激烈的市场竞争中显然不够全面和充分。首先，企业价值在很大程度上取决于未来的盈利能力，取决于销售收入、收益和股利的未来发展，而不仅仅取决于企业过去或目前所获得的收益情况。其次，发展能力反映了企业目标与财务目标，是企业偿债能力、营运能力和盈利能力的综合体现。

无论是增强企业的盈利水平，还是提高企业的资产营运效率，都是为了满足企业未来的生存和发展的需要，都是为了提高企业的发展能力。因此，要从动态的角度出发，分析和预测企业的发展能力。

2. 发展能力分析的指标

企业发展能力分析指标包括营业增长分析指标、资产增长分析指标和资本扩张分析指标。营业收入是企业获利、资本扩张和取得自身可动用资金的源泉，资产增长是企业发展的武装力量，而资本是企业的家底和后备力量，三者能为企业发展提供源源不断的动力。因此，在对企业的发展能力进行分析时，要正确计算和分析营业增长分析指标、资产增长分析指标和资本扩张分析指标，将三类指标系统地结合，从而对企业的发展阶段与发展能力作出正确的评价，并选择恰当的发展策略，作出有利的决策。

企业发展能力分析指标如图4-48所示。

二、发展能力分析的应用

（一）营业增长分析指标及其应用

微课

发展能力分析的应用（1）

企业的生命力在于能以独特的产品和服务源源不断地取得收入。营业收入是企业获利的源泉。一家企业只有保持销售的稳定增长，才能不断地增加收入，提高盈利能力。企业营业增长分析指标是评价公司发展状况和发展能力的重要指标，主要包括营业收入增长率、三年营业收入平均增长率、营业利润增长率和净利润增长率。

1. 营业收入增长率

营业收入增长率，也称营业增长率，是企业本年营业收入增长额与上年营业收入的比率，反映企业营业收入的增减变动情况。其计算公式为：

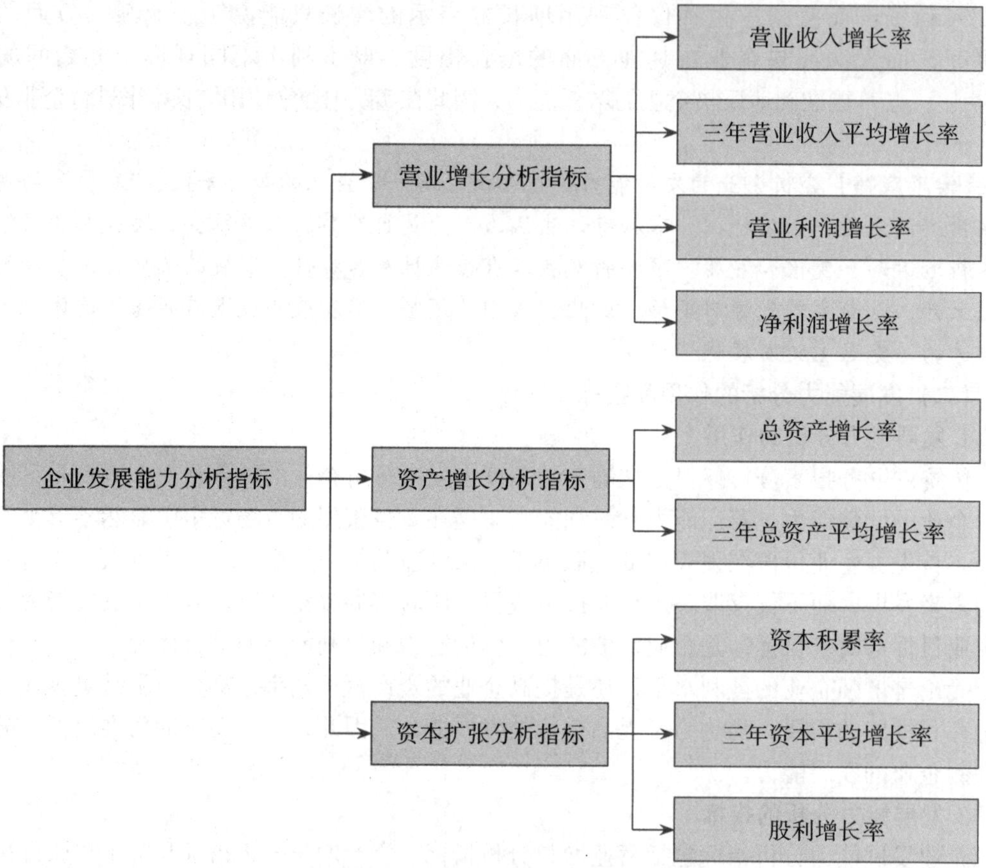

图4-48 企业发展能力分析指标

$$营业收入增长率=\frac{本年营业收入增长额}{上年营业收入}\times 100\%$$

$$=\frac{本年营业收入-上年营业收入}{上年营业收入}\times 100\%$$

营业收入增长率大于零，表明企业本年营业收入有所增长。该指标值越高，表明企业营业收入的增长速度越快，企业市场前景越好。若增长率小于零，则表明企业销售萎缩，市场份额削弱，或者是产品不适销对路，或者售后服务不佳，或者已被竞争产品替代，这些都应引起经营管理者的注意，需要通过进一步调查予以确定并找出对策。

营业收入增长率只反映了近期营业收入的实际变动，在分析时还需要结合企业历年的营业收入水平、产品市场占有情况、行业未来发展趋势及其他影响公司发展的潜在因素进行预测。同时，在比较过程中要分别结合同类公司和同行业平均水平进行分析。

营业收入增长率在计算时会受到基数的影响。由于一些偶然性因素的存在，如自然灾害、生产事故、行政性停产等，会导致上年或本年营业收入异常，从而造成营业收入增长率偏高或偏低。在基期营业收入特别小的情况下，本年营业收入的较小增长也会产生较高的增长率，而这并不能反映企业的正常经营状况，不利于比较。

【做中学4-28】（计算题）2×17—2×22年，AA公司、BA公司的部分数据见【做中学4-18】。

【要求】计算并分析AA公司和BA公司2×18—2×22年的营业收入增长率。

【答案】2×18—2×22年，BA公司的营业收入增长率稳步上升，尤其是2×21年和2×22年，营业收入增长更快，市场前景更好。AA公司的营业收入增长率起伏波动，变化较大。AA公司和BA公司的营业收入增长率（2×18—2×22年）如图4-49所示。

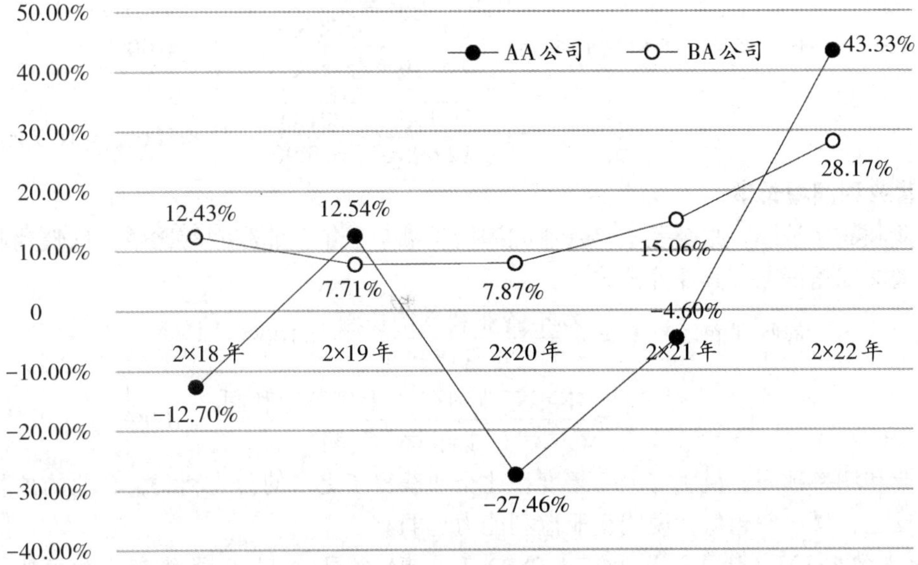

图4-49　AA公司和BA公司的营业收入增长率（2×18—2×22年）

2. 三年营业收入平均增长率

营业收入增长率可能受到营业收入短期波动的影响，为了消除偶然性因素的影响，并反映营业收入的变动趋势，需要计算连续三年营业收入平均增长幅度。三年营业收入平均增长率表明企业营业收入连续三年的增长情况，反映企业的持续发展态势和市场扩张能力。其计算公式为：

$$三年营业收入平均增长率=(\sqrt[3]{\frac{N年营业收入}{(N-3)年营业收入}}-1)\times 100\%$$

例如，N年指2×25年，那么（N-3）年指2×22年。

三年营业收入平均增长率反映了企业营业收入增长的长期趋势和稳定程度，较好地体现了企业的发展状况和发展能力。一般认为，该指标值越高，表明企业的持续增长势头越好，市场扩张能力越强。该指标在反映企业营业收入连续三年的增长情况时，避免了因受个别年份偶然因素的影响而使营业收入异常，导致对公司发展能力作出错误判断的情况发生。

【做中学4-29】（计算题）2×17—2×22年，AA公司、BA公司的部分数据见【做中学4-18】。

【要求】分别计算两家公司的三年营业收入平均增长率并进行分析。

【答案】BA公司的三年营业收入平均增长率为正值，高于AA公司，BA公司的营业收入增长更加稳定，发展能力更强。

$$AA公司三年营业收入平均增长率 = (\sqrt[3]{\frac{2\times 22年营业收入}{2\times 19年营业收入}} - 1)\times 100\%$$

$$= (\sqrt[3]{\frac{4\ 817\ 014\ 523.02}{4\ 856\ 373\ 860.23}} - 1)\times 100\% = -0.27\%$$

$$BA公司三年营业收入平均增长率 = (\sqrt[3]{\frac{2\times 22年营业收入}{2\times 19年营业收入}} - 1)\times 100\%$$

$$= (\sqrt[3]{\frac{20\ 195\ 731\ 201.80}{12\ 695\ 350\ 653.90}} - 1)\times 100\% = 16.74\%$$

3. 营业利润增长率

营业利润增长率，是企业本年营业利润增长额与上年营业利润的比率，反映企业营业利润的增减变动情况。其计算公式为：

$$营业利润增长率 = \frac{本年营业利润增长额}{上年营业利润}\times 100\%$$

$$= \frac{本年营业利润 - 上年营业利润}{上年营业利润}\times 100\%$$

营业利润率越高，说明与上一年度相比企业获得了更多的营业利润，企业的盈利能力越强；反之，该比率越低，说明企业盈利能力越弱。

【做中学4-30】（计算题）2×17—2×22年，AA公司、BA公司的部分数据见【做中学4-18】。

【要求】计算并分析AA公司和BA公司2×18—2×22年的营业利润增长率。

【答案】2×18—2×22年，BA公司和AA公司的营业利润增长率均处于波动状态，而且波动的幅度比较大。AA公司和BA公司的营业利润增长率（2×18—2×22年）如图4-50所示。

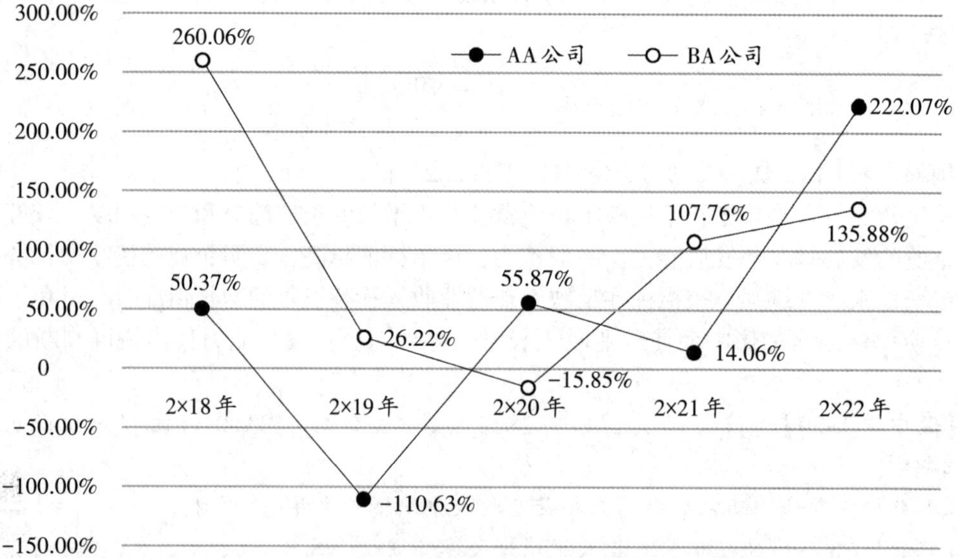

图4-50 AA公司和BA公司的营业利润增长率（2×18—2×22年）

4. 净利润增长率

净利润增长率，是指企业本年净利润增长额与上年净利润额的比率。其计算公式为：

$$净利润增长率 = \frac{本年净利润增长额}{上年净利润额} \times 100\%$$

$$= \frac{本年净利润额 - 上年净利润额}{上年净利润额} \times 100\%$$

净利润增长率指标反映企业获利能力的增长情况，反映了企业长期的盈利能力趋势。该指标通常越大越好。要全面认识企业净利润的增长能力，还需要结合企业的营业利润增长情况共同分析。为了更正确地反映企业净利润的增长趋势，应将企业连续多期的净利润增长率指标进行对比分析，这样可以排除个别时期偶然性或特殊性因素的影响，从而更加全面、真实地揭示企业净利润的增长情况。

【做中学4-31】（计算题）2×17—2×22年，AA公司、BA公司的部分数据见【做中学4-18】。

【要求】计算并分析AA公司和BA公司2×18—2×22年的净利润增长率。

【答案】2×18—2×22年，BA公司和AA公司的净利润增长率均处于波动状态，BA公司的净利润增长率在大幅度下滑后又有所回升。AA公司的净利润增长率总体上处于下滑状态，跌幅较大。AA公司和BA公司的净利润增长率（2×18—2×22年）如图4-51所示。

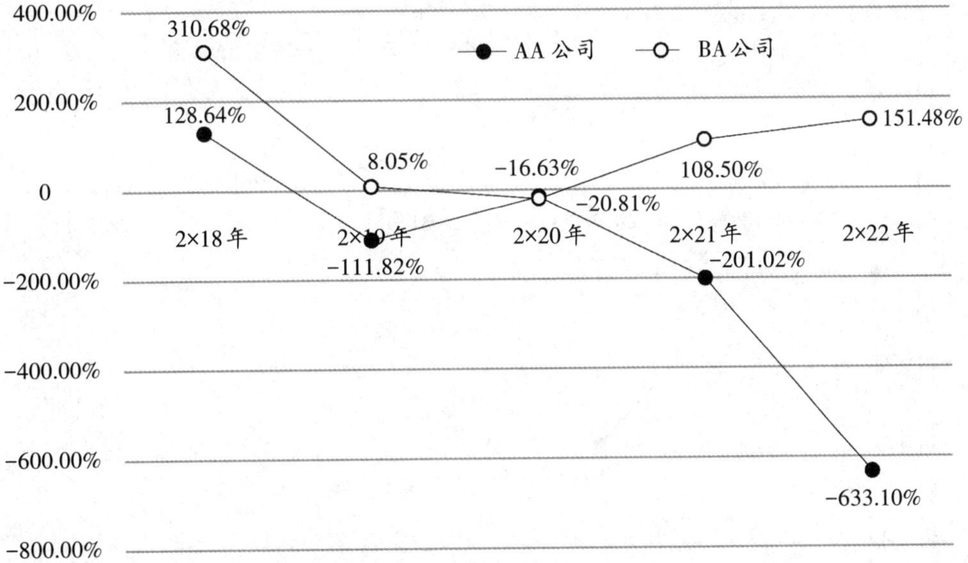

图4-51 AA公司和BA公司的净利润增长率（2×18—2×22年）

（二）资产增长分析指标及其应用

资产是企业生产经营活动的物质条件，是企业取得收入的经济资源，是获取收入和利润的物质基础，也是企业偿还债务的保证。一般而言，具有较强发展能力的企业都能保证企业资产的稳定增长。因此，资产的增长表明企业的发展状况和发展能力良好，也是实现企业价值的重要手段。资产增长分析指标主要有总资产增长率和三年总资产平均增长率。

微课

发展能力分析的应用（2）

1.总资产增长率

总资产增长率，是企业本年资产增长额同年初资产总额的比率，反映公司本年资产规模的增长情况。其计算公式为：

$$总资产增长率 = \frac{本年资产增长额}{年初资产总额} \times 100\%$$

$$= \frac{年末资产总额 - 年初资产总额}{年初资产总额} \times 100\%$$

总资产增长率越高，表明企业一定时期内资产经营规模扩张的速度越快。

该指标从企业资产总量扩张方面衡量企业的发展能力，表明企业规模的增长对企业发展后劲的影响。但在分析时，需要关注资产规模扩张的质和量的关系，以及企业的后续发展能力，避免盲目扩张。

【做中学4-32】（计算题）2×17—2×22年，AA公司、BA公司的部分数据见【做中学4-18】。

【要求】计算并分析AA公司和BA公司2×18—2×22年的总资产增长率。

【答案】2×18—2×22年，BA公司和AA公司的总资产增长率均处于波动状态，BA公司的总资产增长率波动幅度较小，而AA公司的该指标值波动幅度较大，至2×22年，两家公司的该指标值基本相同。AA公司和BA公司的总资产增长率（2×18—2×22年）如图4-52所示。

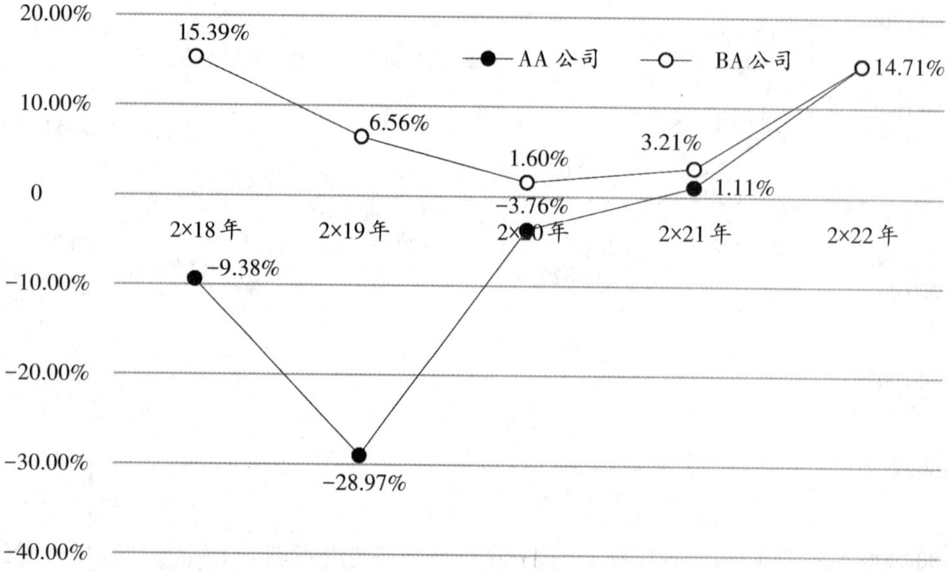

图4-52 AA公司和BA公司的总资产增长率（2×18—2×22年）

2. 三年总资产平均增长率

由于资产的增长率受资产短期波动因素的影响，同样，可以计算连续三年的总资产平均增长率，以反映企业较长时期内的资产增长情况，避免偶然因素影响形成的资产异常变动。三年总资产平均增长率表示企业资产连续三年的积累情况，在一定程度上反映了公司的持续发展水平和发展趋势。其计算公式为：

$$三年总资产平均增长率 = \left(\sqrt[3]{\frac{N年末资产总额}{(N-3)年末资产总额}} - 1\right) \times 100\%$$

该指标值大于零，反映企业资产呈现增长趋势，有能力不断扩大生产规模。该指标值越大，表明资产增长的速度越快，发展性越强。

运用该指标分析时，应注意比较标准的可比性和分析评价的盲目性。其一，注意分析不同企业的资产使用效率，资产使用效率不同，资产增长率所体现的发展能力也不同，往往会有一些企业资产利用效率较低，从而需要大幅度地扩大资产规模，而这并不意味着发展能力强。其二，不同企业的发展阶段与发展策略也会影响资产增长率。外向增长型（新建、扩建）的企业资产增长率较高，而内部优化型（改建）的企业资产增长率较低。

企业的资产增长率在运用时存在一个缺陷：因受会计处理方法的限制，一方面资产总额反映的是资产的取得成本，并不是总资产的现时价值；另一方面，资产总额没有反映企业全部资产的价值，许多重要资产如人力资源无法在报表中体现，从而使企业真正的资产增长情况无法全面体现。

【做中学4-33】（计算题）2×17—2×22年，AA公司、BA公司的部分数据见【做中学4-18】。

【要求】分别计算两家公司的三年总资产平均增长率并进行分析。

【答案】BA公司的三年总资产平均增长率高于AA公司，表明BA公司的资产增长速度更快，发展能力更强。

$$\text{AA公司三年总资产平均增长率}=\left(\sqrt[3]{\frac{4\ 308\ 536\ 891.27}{3\ 859\ 282\ 854}}-1\right)\times 100\%=3.74\%$$

$$\text{BA公司三年总资产平均增长率}=\left(\sqrt[3]{\frac{24\ 089\ 608\ 940.60}{20\ 025\ 941\ 719.04}}-1\right)\times 100\%=6.35\%$$

（三）资本扩张分析指标及其应用

1. 资本积累率

资本积累率，即股东权益增长率，是指企业本年所有者权益增长额同年初所有者权益的比率。资本积累率反映了企业当年资本的积累能力，是评价企业发展潜力的重要指标。其计算公式为：

$$\text{资本积累率}=\frac{\text{本年所有者权益增长额}}{\text{年初所有者权益}}\times 100\%$$

$$=\frac{\text{年末所有者权益}-\text{年初所有者权益}}{\text{年初所有者权益}}\times 100\%$$

资本积累率反映了投资者投入公司资本的保全性和增长性，该指标越高，表明公司的资本积累越多，资本保全性越强，应付风险、持续发展的能力越强。该指标如为负值，表明公司资本受到侵蚀，所有者利益受到损害，应予充分重视。

【做中学4-34】（计算题）2×17—2×22年，AA公司、BA公司的部分数据见【做中学4-18】。

【要求】计算并分析AA公司和BA公司2×18—2×22年的资本积累率。

【答案】2×18—2×21年，BA公司的资本积累率保持平稳，年均增长幅度在3%~10%之间，2×22年快速增长；2×18—2×20年，AA公司的资本积累率处于增长之中，2×21年小幅度下跌，2×22年大幅度回升。AA公司和BA公司的资本积累率（2×18—2×22年）如图4-53所示。

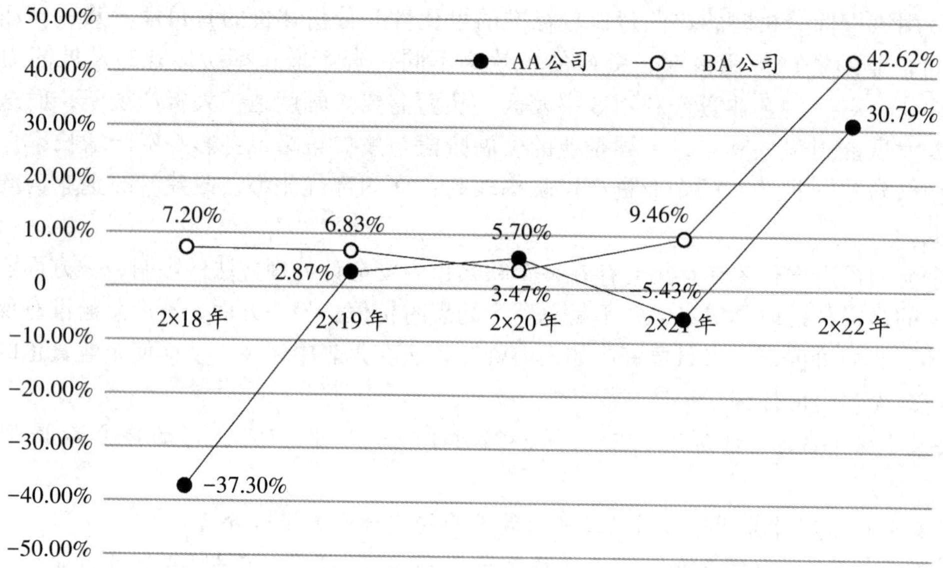

图4-53 AA公司和BA公司的资本积累率（2×18—2×22年）

2. 三年资本平均增长率

三年资本平均增长率表明企业资本连续三年的积累情况，体现企业发展水平和发展趋势。其计算公式为：

$$\text{三年资本平均增长率}=\left(\sqrt[3]{\frac{\text{N年末所有者权益总额}}{\text{(N − 3)年末所有者权益总额}}}-1\right)\times 100\%$$

该指标反映企业资本增值的历史发展状况，以及企业稳步发展的趋势。该指标越高，表明企业的所有者权益得到的保障程度越高，企业可以长期使用的资金越充裕，抗风险能力和保持可持续发展能力越强。

【做中学4-35】（计算题）2×17—2×22年，AA公司、BA公司的部分数据见【做中学4-18】。

【要求】分别计算两家公司的三年资本平均增长率并进行分析。

【答案】BA公司的三年资本平均增长率高于AA公司，表明BA公司的所有者权益得到的保障程度更高，长期资金更充裕，发展能力更强。

$$\text{AA公司三年资本平均增长率}=\left(\sqrt[3]{\frac{2\,801\,295\,846.50}{2\,142\,777\,797.32}}-1\right)\times 100\%=9.34\%$$

$$\text{BA公司三年资本平均增长率}=\left(\sqrt[3]{\frac{10\,633\,383\,033.26}{6\,583\,037\,416.08}}-1\right)\times 100\%=17.33\%$$

3. 股利增长率

股利增长率是反映上市公司发展能力的重要指标。股利增长率就是本年度股利较上年度股利增长的比率。其计算公式为：

$$\text{股利增长率}=\frac{\text{本年每股股利增长额}}{\text{上年每股股利}}\times 100\%$$

$$=\frac{\text{本年每股股利}-\text{上年每股股利}}{\text{上年每股股利}}\times 100\%$$

股利是股份有限公司向股东分派的税后利润，我国股份有限公司分派股利的形式包括现金股利和股票股利，每股股利的高低既取决于公司的股利政策，也取决于公司获利能力的强弱。在股利发放率一定的情况下，公司盈利水平越高，向股东分派的利润越高。股利提高在一定程度上传递了公司获取未来现金能力增强的信息，预示着公司具有良好的发展能力。

该指标大于零，表明本年度发放的股利较上年有所增长，比率越高，说明公司的股票价值越高，在一定程度上表明公司近期获利能力越强。若指标值小于零，则说明公司本年度发放的股利较上年有所下降，公司股票价值随之下跌，近期公司获利能力较差。

【做中学4-36】（计算题）2×08—2×22年末，BA公司股利增长率见表4-65。

表4-65　　BA公司2×08—2×22年末的股利增长率

年份	股利增长率
2×08年末	0
2×09年末	0
2×10年末	-13.33%
2×11年末	-15.38%
2×12年末	0
2×13年末	-89.58%
2×14年末	0
2×15年末	0
2×16年末	0
2×17年末	-83.33%
2×18年末	300%
2×19年末	0
2×20年末	0
2×21年末	56.25%
2×22年末	0

【要求】对BA公司的股利增长率进行分析。

【答案】2×08—2×22年的15年里，BA公司只发放了6次股利，多为负增长，表明与上年末相比股利有所下降。BA公司的股利增长率如图4-54所示。

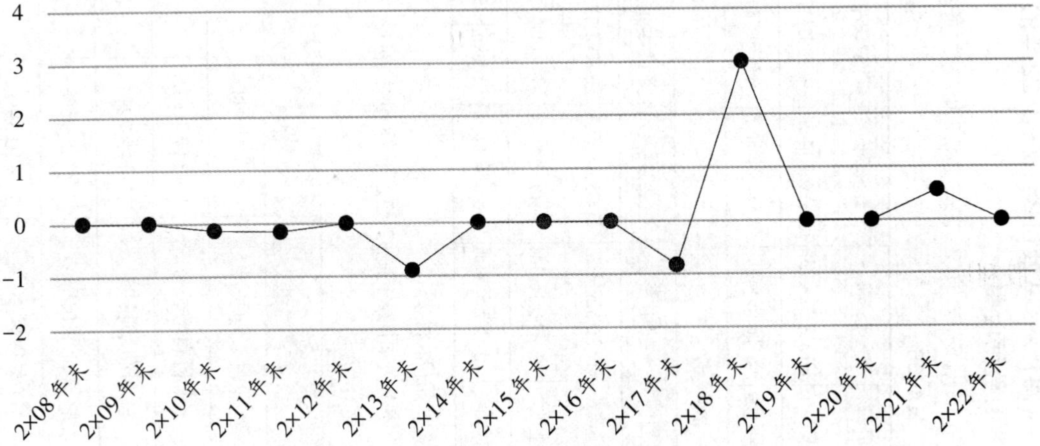

图4-54　BA公司的股利增长率

（四）对SA公司2×13—2×22年的发展能力进行分析

1. 数据收集

根据SA公司2×12—2×22年度财务报告披露，收集发展能力分析使用的数据（见表4-66和表4-67）。

表4-66　SA公司2×12年12月31日—2×22年12月31日资产负债表的部分数据　单位：元

报表日期	2×12年末	2×13年末	2×14年末	2×15年末	2×16年末	2×17年末	2×18年末	2×19年末	2×20年末	2×21年末	2×22年末
资产	101 815 487 637.58	107 856 648 640.37	138 158 357 172.46	285 044 602 668.98	318 633 180 995.07	317 202 998 968.11	373 640 740 801.94	414 870 673 481.85	511 630 690 839.21	590 710 298 719.06	723 533 131 261.59
所有者权益	43 006 279 947.63	38 536 741 680.27	46 764 077 596.80	113 512 729 111.02	133 116 316 840.74	145 006 356 550.59	161 732 091 111.04	184 999 077 014.91	210 917 285 720.21	235 273 442 080.21	272 105 816 798.32

表4-67　SA公司2×12—2×22年利润表的部分数据　单位：元

报表日期	2×12年	2×13年	2×14年	2×15年	2×16年	2×17年	2×18年	2×19年	2×20年	2×21年	2×22年
营业收入	104 083 576 146.63	105 405 594 018.36	138 875 420 771.41	364 983 328 165.82	433 095 484 273.94	478 432 576 342.83	563 345 672 365.78	626 712 394 486.86	661 373 929 792.65	746 234 636 304.31	857 977 717 906.64
营业利润	5 574 663 603.54	-969 771 254.30	8 431 192 190.80	33 362 435 826.40	41 697 489 632.18	39 339 589 778.33	40 179 114 855.44	40 333 768 506.30	43 588 030 405.77	48 583 420 230.10	54 109 987 145.49
净利润	5 408 236 840.66	-850 060 674.67	8 108 025 454.21	28 532 456 188.63	34 989 631 033.19	39 339 589 778.33	40 179 114 855.44	38 250 773 022.04	40 073 969 223.24	43 959 051 525.79	47 116 097 512.19

2. 指标计算

SA公司2×13—2×22年衡量发展能力的指标见表4-68。

表4-68　SA公司2×13—2×22年衡量发展能力的指标

指标	2×13年	2×14年	2×15年	2×16年	2×17年	2×18年	2×19年	2×20年	2×21年	2×22年
营业收入增长率	1.27%	31.75%	162.81%	18.66%	10.47%	17.75%	11.25%	5.53%	12.83%	14.97%
营业利润增长率	-117.40%	-969.40%	295.70%	24.98%	-5.65%	2.13%	0.38%	8.07%	11.46%	11.38%
净利润增长率	-115.72%	-1 053.82%	251.90%	22.63%	12.43%	2.13%	-4.80%	4.77%	9.69%	7.18%
总资产增长率	5.93%	28.09%	106.32%	11.78%	-0.45%	17.79%	11.03%	23.32%	15.46%	22.49%
资本积累率	-10.39%	21.35%	142.73%	17.27%	8.93%	11.53%	14.39%	14.01%	11.55%	15.66%

3.指标分析

（1）营业收入增长率。

2×13—2×22年，SA公司的营业收入增长率均大于0，说明其每年的营业收入都有所增长，处于不断发展的阶段。2×13—2×15年，SA公司的营业收入增长率快速上升，由1.27%上升至162.81%，2×16年又迅速下跌，此后处于小幅度的波动之中，除2×20年外，2×16—2×22年在10%~20%之间，即SA公司保持了较稳定的增长率。营业收入增长率（2×13—2×22年）如图4-55所示。

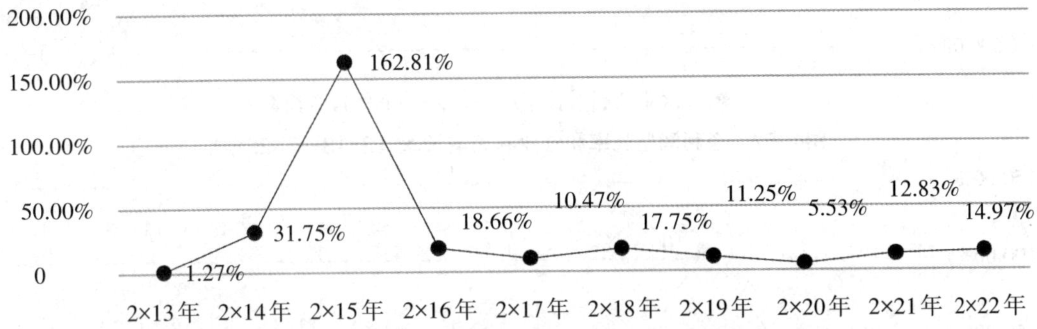

图4-55　营业收入增长率（2×13—2×22年）

（2）营业利润增长率。

2×13年、2×14年和2×17年，SA公司的营业利润增长率为负，企业营业活动的获利能力较弱，其他年份的营业利润增长率均大于0，说明其营业利润增多，发展能力较强；2×20—2×22年，SA公司的营业利润增长率稳定增长，由8.07%上升为11.38%。营业利润增长率（2×13—2×22年）如图4-56所示。

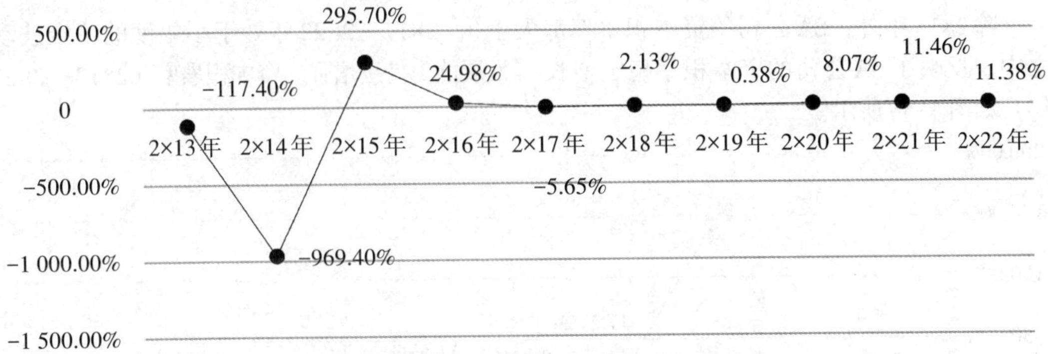

图4-56　营业利润增长率（2×13—2×22年）

（3）净利润增长率。

从图4-57中可以看出，2×13—2×22年，SA公司的净利润增长率保持了与营业利润增长率相一致的发展趋势，说明SA公司的净利润主要来自营业利润。

（4）总资产增长率。

除2×17年SA公司的总资产增长率为-0.45%外，其他年份的总资产增长率均为正数。2×15年，SA公司的总资产增长率最高，为106.32%。多数年份，SA公司的总资产增长率处于小幅度波动之中，稳定持续增长。总资产增长率（2×13—2×22年）如图4-58所示。

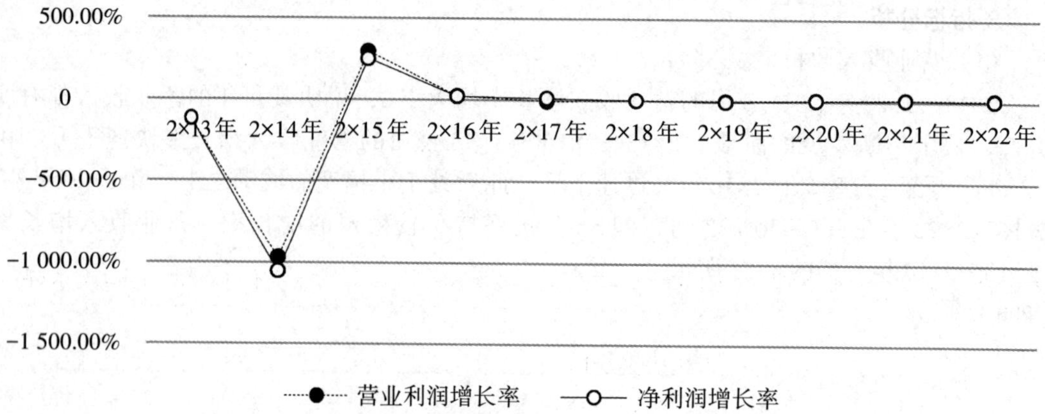

图4-57 净利润增长率和营业利润增长率（2×13—2×22年）

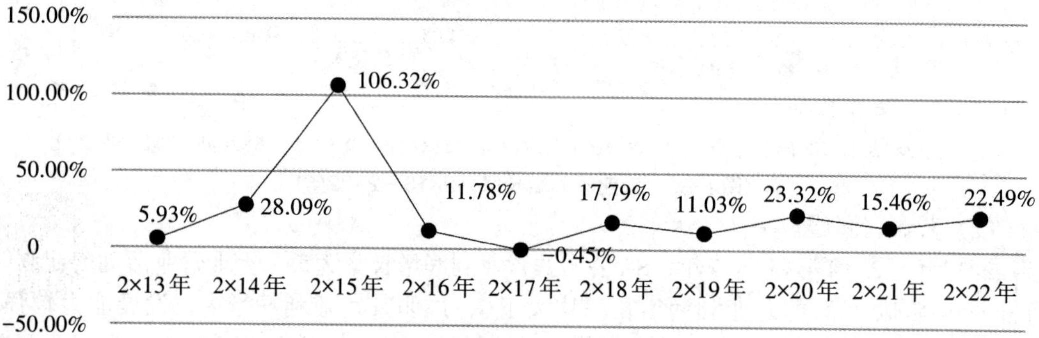

图4-58 总资产增长率（2×13—2×22年）

（5）资本积累率。

除2×13年外，SA公司的资本积累率都大于0，2×17—2×22年处于小幅度的稳定波动之中，反映了SA公司的资本积累稳定增长，发展能力持续增强。资本积累率（2×13—2×22年）如图4-59所示。

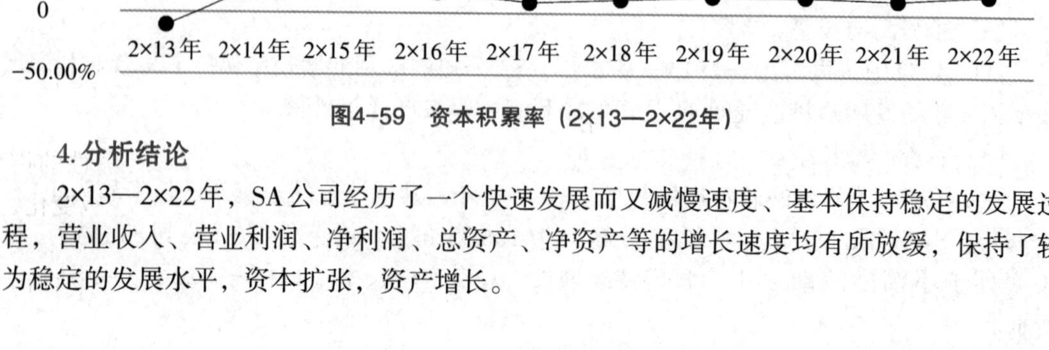

图4-59 资本积累率（2×13—2×22年）

4.分析结论

2×13—2×22年，SA公司经历了一个快速发展而又减慢速度、基本保持稳定的发展过程，营业收入、营业利润、净利润、总资产、净资产等的增长速度均有所放缓，保持了较为稳定的发展水平，资本扩张，资产增长。

任务五　财务综合分析

学习目标

知识目标：掌握杜邦分析图、杜邦分析体系的分解、沃尔评分体系的框架和沃尔评分体系的分解
熟悉杜邦分析体系的局限性、沃尔评分体系的概念
了解杜邦分析体系的概念和思路、沃尔评分体系的局限性

能力目标：具备对企业进行财务综合分析的能力
具备使用Power BI对初创企业进行财务综合分析的能力

素质目标：形成诚实守信、坚持准则的职业素养
培养务实笃行、开拓创新的行为品格

微课

杜邦分析体系的相关知识及其应用（1）

一、财务综合分析概述

财务综合分析是将相互联系、相互补充的各个财务指标分析得出的个别结果，运用一个简洁的综合系统予以融合、分析，并作为一个整体，系统、全面、综合地对企业的财务状况和经营情况进行剖析和评价。财务综合分析涉及面很宽泛，包括杜邦分析体系和沃尔评分体系，如图4-60所示。

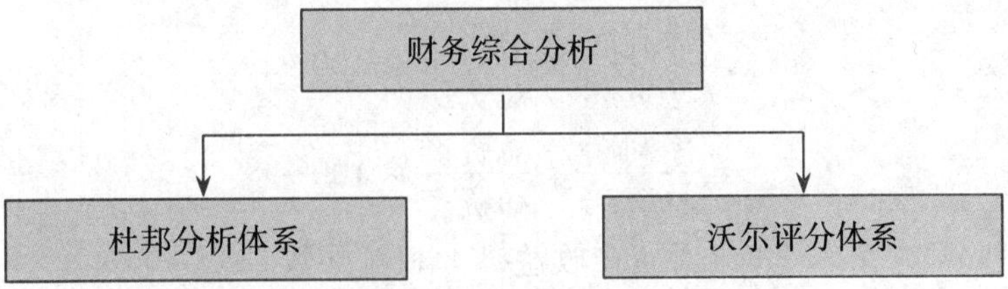

图4-60　财务综合分析

二、杜邦分析体系的相关知识及其应用

（一）杜邦分析体系的相关知识

1.杜邦分析体系的概念和思路

（1）杜邦分析体系的概念。杜邦分析体系，是利用几种主要的财务比率之间的内在联系来综合地评价和剖析企业的财务状况及经济效益的一种财务综合分析方法。这种分析方法由美国杜邦公司的经理创造并最先使用。

（2）杜邦分析体系的思路。杜邦分析体系从评价企业绩效最具综合性和代表性的指标——净资产收益率——出发，将其分解，计算出相关主要财务指标的高低及增减变化，进而对主要财务指标进行层层剖析，细分至各资产负债表及利润表项目，分解至企业最基本生产要素的使用、成本与费用的构成和企业风险，从而满足通过财务分析进行绩效评价的需要。

2. **杜邦分析图**

杜邦分析体系采用杜邦分析图将有关分析指标按内在联系加以排列，从而直观地反映出企业的财务状况和经营成果的总体面貌。杜邦分析图如图4-61所示。

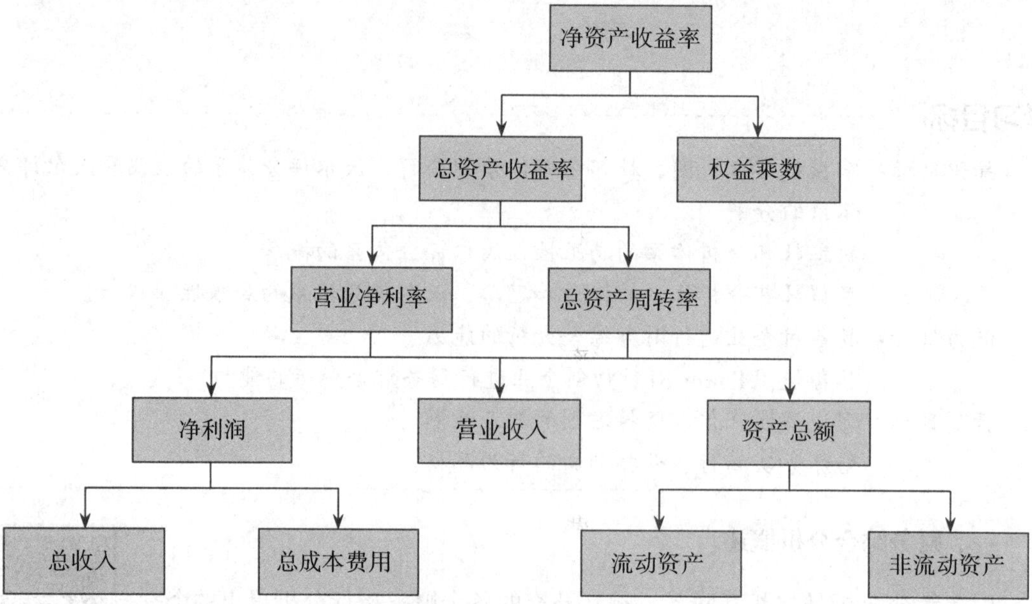

图4-61　杜邦分析图

图4-61中各财务指标之间的关系为：

$$
\begin{aligned}
净资产收益率 &= \frac{净利润}{净资产} \times 100\% \\
&= \frac{净利润}{净资产} \times \frac{总资产}{总资产} \times 100\% \\
&= \frac{净利润}{总资产} \times \frac{总资产}{净资产} \times 100\% \\
&= 总资产收益率 \times 权益乘数 \\
&= (\frac{净利润}{总资产} \times \frac{营业收入}{营业收入}) \times 权益乘数 \\
&= \frac{净利润}{营业收入} \times \frac{营业收入}{总资产} \times 权益乘数 \\
&= 营业净利率 \times 总资产周转率 \times 权益乘数
\end{aligned}
$$

$$总资产收益率 = \frac{净利润}{总资产} \times 100\%$$

$$营业净利率 = \frac{净利润}{营业收入} \times 100\%$$

$$总资产周转率 = \frac{营业收入}{总资产} \times 100\%$$

$$权益乘数 = \frac{总资产}{所有者权益} = \frac{1}{1 - 资产负债率}$$

从杜邦分析图可以看出，杜邦分析体系实际上是从两个角度来分析：一是进行了内部管理因素分析；二是进行了资本结构和风险分析。利用杜邦财务分析方法可以帮助了解和分析企业的盈利能力、营运能力、资产的使用状况、负债情况、利润的来源以及这些指标增减变动的原因。

3.杜邦分析体系的分解

在用杜邦分析图进行综合分析时，主要应抓住以下几点：

（1）净资产收益率反映公司所有者权益的投资报酬率，具有很强的综合性和代表性，是杜邦分析体系的核心指标，也是投资者最关心的指标，因为投资者最关心的是自己每1元钱的投资经过企业经营之后，每年能带来多少收益。而净资产收益率恰好可以反映企业所有者投入资本的获利能力，说明企业筹资、投资、资产运营等各项管理活动的效率。不断提高净资产收益率是使所有者收益最大化的基本保证。

由公式可以看出，净资产收益率首先可以从总资产收益率和权益乘数两个方面分析。而总资产收益率也是一个重要的财务比率，综合性也较强，它是营业净利率和总资产周转率的乘积，因此，要进一步从经营成果和资产运营两方面来分析。这样，决定净资产收益率高低的因素就有三个方面：营业净利率、总资产周转率和权益乘数。

营业净利率、总资产周转率和权益乘数三个比率分别是企业的盈利能力分析比率、营运能力分析比率和偿债能力分析比率。营业净利率取决于企业的经营管理；总资产周转率取决于投资管理；权益乘数取决于筹资政策。这样分解之后，可以把净资产收益率这样一项综合性指标发生升降的原因具体化，定量地说明企业经营管理中存在的问题。

（2）营业净利率反映企业净利润与营业收入的关系，影响营业净利率的主要因素为营业收入与成本费用。这是对盈利能力的分析。深入的指标分解可以将营业净利率变动的原因定量地揭示出来，如售价太低、成本过高，还是费用过大。当然经营管理者还可以根据企业的一系列内部报表和资料进行更详尽的分析。

提高营业净利率有两个主要途径：一是要扩大营业收入，二是要降低成本费用，即“开源节流”。扩大营业收入既有利于提高营业净利率，又可提高总资产周转率。降低成本费用是提高营业净利率的一个重要因素，也可反映企业对成本费用的控制力度。提高营业净利率的另一途径是增加其他业务利润，适时适量地进行投资并取得收益，千方百计地降低营业外支出等。

（3）资产周转率是反映企业运用资产产生营业收入的能力。企业资产的营运能力，既关系到企业的盈利能力，又关系到企业的偿债能力。一般而言，流动资产直接体现企业的偿债能力和变现能力；非流动资产体现企业的经营规模和发展潜力。两者之间应有一个合理的结构比率，如果企业持有的现金超过业务需要，就可能影响企业的盈利能力；如果企业占用过多的存货和应收账款，则既会影响盈利能力，又会影响偿债能力。

为此，对总资产周转率进行分析，除了对资产的各构成部分从占用量上是否合理进行分析外，还可以通过对流动资产、存货、应收账款、固定资产等有关各资产组成部分使用效率的分析，判明影响总资产周转的主要问题出在哪里。对流动资产应重点分析存货是否有积压现象、货币资金是否闲置、客户的付款能力和有无坏账的可能；对非流动资产应重点分析企业固定资产是否得到充分的利用。

（4）权益乘数反映企业总资产同股东权益的关系，通过权益乘数可以了解企业筹资情况，即企业资金来源结构如何。它主要受资产负债率指标的影响。资产负债率越大，权益乘数就越高，说明负债给企业带来较多杠杆利益的同时，也带来了较大的财务风险。反之，资产负债率越小，权益乘数就越低，意味着企业没能积极地“借鸡生蛋”，给自己赚更多的钱，但债权人的权益却能得到较大的保障。

（5）杜邦分析图可以分析成本费用的基本结构是否合理，还可以分析各项费用对利润的影响程度。因此，可利用该图进行成本费用分析，找出降低成本费用的途径，加强成本费用控制。若企业财务费用支出过多，就要进一步分析其负债比率是否过高；若管理费用过多，就要进一步分析其资产周转情况等。杜邦分析体系对利息费用更为重视，因为利息费用与权益乘数存在着密切的关系。如果利息费用高，就应该考虑企业的权益乘数或资产负债率是否合理，也就是企业资本结构是否合理，若不合理，就会影响所有者的利益。

通过杜邦分析体系自上而下或自下而上的分析，可以看到净资产收益率与企业的资金结构、销售状况、成本费用控制、资产管理密切相关，各种因素相互制约、相互影响，构成一个有机系统。杜邦分析体系提供的上述财务信息，较好地解释了指标变动的原因和趋势，为决策者优化经营结构和理财结构，提高企业偿债能力和经营效益提供了基本思路，即提高净资产收益率的根本途径在于扩大销售，节约成本费用开支，优化资源配置，加速资金周转，优化资本结构等。在具体应用杜邦分析体系时，可进行纵向比较（即与以前年度对比）和横向比较（即与本行业平均指标或同类企业对比）。

4. 杜邦分析体系的局限性

从企业绩效评价的角度来看，杜邦分析体系只包括财务方面的信息，不能全面反映企业的实力，在实际运用中必须结合企业的其他信息加以分析。其局限性主要表现在：

（1）重视战术性分析。杜邦分析体系对短期财务结果过分重视，有可能助长公司经营管理者的短期行为，忽略企业长期的价值创造。

（2）不能适应信息时代的要求。杜邦分析体系中的财务指标反映的是企业过去的经营业绩，但在目前的信息时代，顾客、供应商、雇员、技术创新等因素对企业经营业绩的影响越来越大，而杜邦分析体系在这些方面是无能为力的。

微课

杜邦分析体系的相关知识及其应用（2）

（3）财务报表本身的局限性影响杜邦分析体系的准确性。杜邦分析体系以净资产收益率的高低判定企业经营业绩与财务状况的好坏，由于计算时使用的数据来自财务报表，报表分析人员主要依据这一系列关键的财务指标来判断企业的财务状况和经营成果以及现金流量，因而财务报表的局限性影响杜邦分析体系的准确性。

（二）杜邦分析体系的应用

【做中学4-37】（计算题）BA公司2×21年、2×22年的部分财务数据见表4-69和表4-70。

表4-69　BA公司2×21年12月31日和2×22年12月31日的总资产和所有者权益　单位：元

项目	2×21年12月31日	2×22年12月31日
总资产	21 000 851 915.92	24 089 608 940.60
所有者权益	7 455 975 969.54	10 633 383 033.26

表4-70　BA公司2×21年和2×22年的营业收入和净利润　单位：元

项目	2×21年	2×22年
营业收入	15 756 799 273.23	20 195 731 201.80
净利润	800 869 215.11	2 014 004 293.19

【要求】使用杜邦分析体系，对BA公司2×22年净资产收益率的变化情况进行分析。

【答案】

（1）计算各指标值。

$$2\times21\text{年净资产收益率}=\frac{800\ 869\ 215.11}{7\ 455\ 975\ 969.54}\times100\%=10.7413\%$$

$$2\times22\text{年净资产收益率}=\frac{2\ 014\ 004\ 293.19}{10\ 633\ 383\ 033.26}\times100\%=18.9404\%$$

$$2\times21\text{年总资产收益率}=\frac{800\ 869\ 215.11}{21\ 000\ 851\ 915.92}\times100\%=3.8135\%$$

$$2\times22\text{年总资产收益率}=\frac{2\ 014\ 004\ 293.19}{24\ 089\ 608\ 940.60}\times100\%=8.3605\%$$

$$2\times21\text{年权益乘数}=\frac{21\ 000\ 851\ 915.92}{7\ 455\ 975\ 969.54}=2.8166$$

$$2\times22\text{年权益乘数}=\frac{24\ 089\ 608\ 940.60}{10\ 633\ 383\ 033.26}=2.2655$$

$$2\times21\text{年营业净利率}=\frac{800\ 869\ 215.11}{15\ 756\ 799\ 273.23}\times100\%=5.0827\%$$

$$2\times22\text{年营业净利率}=\frac{2\ 014\ 004\ 293.19}{20\ 195\ 731\ 201.80}\times100\%=9.9724\%$$

$$2\times21\text{年总资产周转率}=\frac{15\ 756\ 799\ 273.23}{21\ 000\ 851\ 915.92}\times100\%=75.0293\%$$

$$2\times22\text{年总资产周转率}=\frac{20\ 195\ 731\ 201.80}{24\ 089\ 608\ 940.60}\times100\%=83.8359\%$$

（2）根据上述指标绘制杜邦分析图（如图4-62所示）。

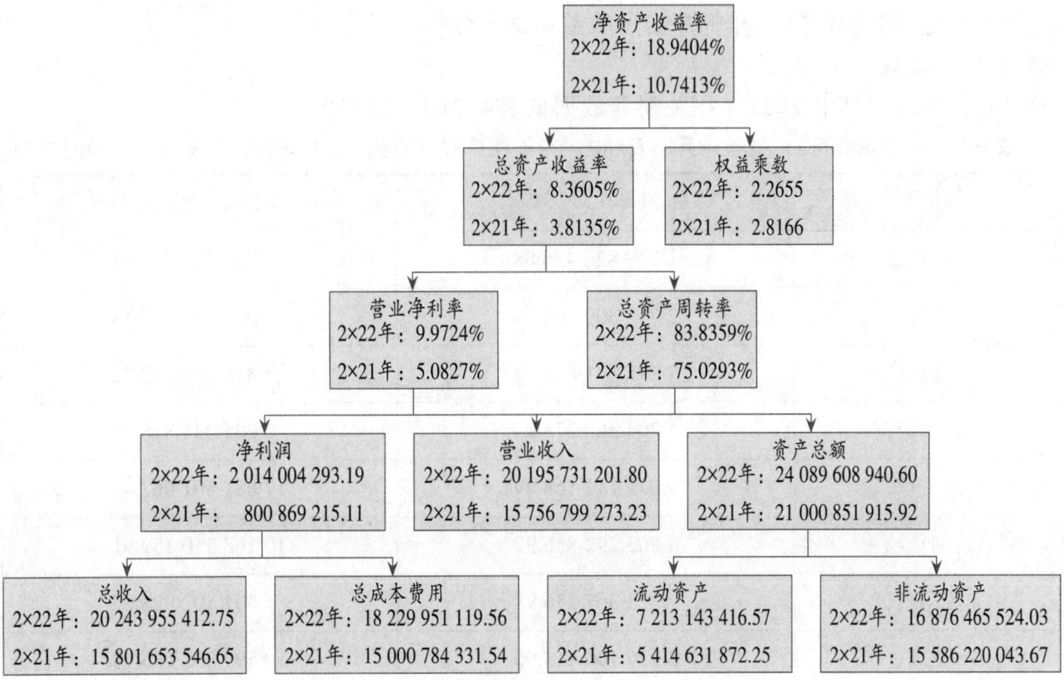

图4-62　BA公司的杜邦分析图（2×21—2×22年）

（3）使用因素分析法进行各因素的影响程度分析。

净资产收益率=营业净利率×总资产周转率×权益乘数

2×21年的净资产收益率=5.0827%×75.0293%×2.8166=10.74%

2×22年的净资产收益率=9.9724%×83.8359%×2.2655=18.94%

2×22年的净资产收益率-2×21年的净资产收益率=18.94%-10.74%=8.20%

第一次替代（营业净利率因素）=9.9724%×75.0293%×2.8166=21.0748%

第二次替代（总资产周转率因素）=9.9724%×83.8359%×2.8166=23.5485%

第三次替代（权益乘数因素）=9.9724%×83.8359%×2.2655=18.9404%

营业净利率因素对净资产收益率的影响=21.0748%-10.74%=10.335%

总资产周转率因素对净资产收益率的影响=23.5485%-21.0748%=2.474%

权益乘数因素对净资产收益率的影响=18.9404%-23.5485%=-4.608%

三项因素共同影响净资产收益率的结果=10.335%+2.474%+（-4.608%）=8.20%

通过杜邦分析图发现，BA公司2×22年净资产收益率比2×21年上升了8.20%，主要是由于营业净利率和总资产周转率的上升超过了权益乘数的下降。其中，营业净利率的上升使净资产收益率上升了10.335%，总资产周转率的上升使净资产收益率上升了2.474%，权益乘数的下降使净资产收益率下降了4.608%，三者共同作用使2×22年的净资产收益率上升了8.20%。权益乘数之所以下降，是因为虽然总资产和所有者权益都有所增长，但是所有者权益的增长（42.62%）快于总资产的增长（14.71%），从而导致权益乘数下降。营业净利率和总资产周转率在上升，说明BA公司的盈利能力和营运能力有所提高。权益乘数降低，说明股东投入的资本在资产中所占比重增大，BA公司的负债减少，在资产增长的同时，进一步提高了偿债能力。

（三）对SB公司2×22年的净资产收益率进行分析

1.数据收集

SB公司2×21年和2×22年相关财务数据见表4-71和表4-72。

表4-71　SB公司2×21年12月31日和2×22年12月31日的资产负债表相关信息　单位：元

项目	2×21年12月31日	2×22年12月31日
应收账款	1 739 826 436.88	3 938 733 573.11
存货	2 757 309 192.19	4 987 139 638.18
流动资产	7 275 771 894.54	15 876 466 238.72
非流动资产	1 803 369 273.95	2 005 034 828.70
总资产	9 079 141 168.49	17 881 501 067.42
流动负债	4 805 792 856.92	10 168 350 159.91
非流动负债	323 307 256.98	431 502 823.67
负债	5 129 100 113.90	10 599 852 983.58
所有者权益	3 950 041 054.59	7 281 648 083.84

表4-72 SB公司2×21年和2×22年的利润表相关信息 单位：元

项目	2×21年	2×22年
营业收入	12 667 745 961.86	25 488 175 696.93
全部成本	12 621 404 737.25	25 176 965 872.71
包括：营业成本	10 929 631 888.37	22 791 923 206.90
税金及附加	25 981 888.79	33 640 338.50
销售费用	579 786 528.02	794 101 869.16
管理费用	569 172 788.30	1 072 173 320.54
财务费用	114 139 414.96	217 209 042.71
资产减值损失	402 692 228.81	267 918 094.90
营业利润	285 846 158.43	505 823 847.23
营业外收入	81 787 694.31	528 650.88
营业外支出	822 266.91	389 056.40
所得税费用	83 270 113.78	81 547 763.79
净利润	283 541 472.05	424 415 677.92

2. 指标计算

SB公司2×21年和2×22年杜邦分析体系指标见表4-73，杜邦分析图（2×21—2×22年）如图4-63所示。

表4-73 SB公司2×21年和2×22年杜邦分析体系指标

指标	2×21年	2×22年	备注
净资产收益率	7.1782%	5.8286%	↓
总资产收益率	3.1230%	2.3735%	↓
权益乘数	2.2985	2.4557	↑
营业净利率	2.2383%	1.6651%	↓
总资产周转率	1.3953	1.4254	↑

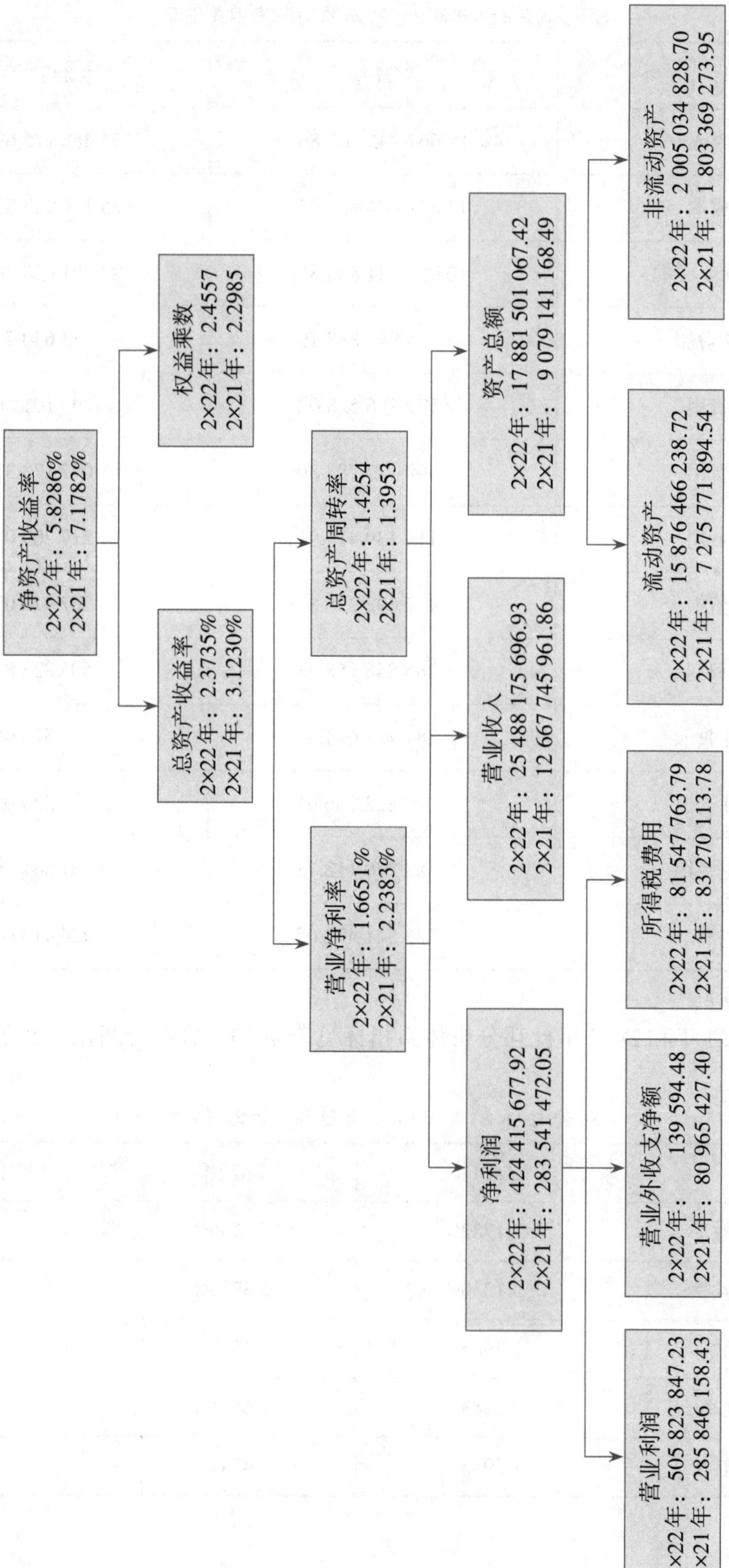

图4-63　杜邦分析图（2×21—2×22年）

3. 指标分析

（1）净资产收益率。

从2×21年和2×22年的计算指标可以看出，SB公司2×21年的净资产收益率（7.1782%）大于2×22年的净资产收益率（5.8286%），说明2×21年获利能力更强，反映出2×21年SB公司的获利能力、经营能力、财务决策、筹资方式等多种因素综合作用的结果要优于2×22年。

（2）权益乘数。

SB公司2×21年的权益乘数为2.2985。一般而言，权益乘数超过2，就认为是企业的负债程度比较高，风险比较大。2×22年，SB公司的权益乘数继续上升，为2.4557，说明企业的负债仍然比较多，超出企业的承受能力，企业的经营管理者应想办法减少负债的程度。

（3）总资产收益率。

SB公司2×21年和2×22年的总资产收益率分别为3.1230%和2.3735%。2×22年，SB公司总资产的利用能力有所下降，企业投入产出的水平比较低。总资产收益率是由营业净利率和总资产周转率共同决定的，应分别分析这两个因素的作用及影响程度。

（4）营业净利率。

SB公司2×22年的营业净利率（1.6651%）不如2×21年（2.2383%），说明企业的获利能力有所下降。原因是2×22年，SB公司的净利润和营业收入都有所增加，但净利润的上升程度比营业收入的上升程度小。

（5）总资产周转率。

SB公司2×22年的总资产周转率（1.4254）相对2×21年（1.3953）有所上升，表明企业总资产周转速度加快，销售能力提高，资产利用效率提升。

（6）全部成本。

SB公司2×22年的全部成本相对2×21年有所增加，但2×22年的营业收入也有所增加，说明企业2×22年的产品销售数量有所增加。简单看2×21年和2×22年的全部成本无法比较，进一步分析可以看出在2×22年1元钱的收入中有0.9878元是成本，2×21年1元钱的收入中有0.9963元是成本，说明2×22年的经营过程中全部成本有所降低。在全部成本中，营业成本增加幅度较大，在以后的经营过程中，企业经营管理者应合理地降低经营成本，力求以最小的成本获得最大的收获。

4. 分析结论

2×22年，SB公司的净资产收益率下降，是由于总资产收益率下降导致的。总资产收益率下降源于营业净利率下降，而导致营业净利率下降的主要原因是其净利润增长速度慢于营业收入增长速度。

三、沃尔评分体系

微课

沃尔评分体系的相关知识及其应用

（一）沃尔评分体系的相关知识

1. 沃尔评分体系的概念

沃尔评分体系的先驱者之一是亚历山大·沃尔。他在1928年出版的《信用晴雨表研究》和《财务报表比率分析》中提出了信用能力指数的概念，把若干财务比率用线性关系结合起来，以此来评价企业的信用水平。在他设计的沃尔比重评分表中，选择了流动比率、产权比率、固定资产比率、存货周转率、应收账款周转率、固定资产周转率和所有者权益周转率7种财务比率，分别给定了其在总评价中的比重，然后确定标准比率，将实际比率与标准比率相比较，评出每项指标的得分，最后得出总评分。

2.沃尔评分体系的框架

沃尔比重评分表见表4-74。

表4-74　　沃尔比重评分表

财务比率	比重（%）①	标准比率②	实际比率③	相对比率④=③÷②	评分⑤=④×①
流动比率	25	2			
产权比率	25	1.5			
固定资产比率	15	2.5			
存货周转率	10	8			
应收账款周转率	10	6			
固定资产周转率	10	4			
所有者权益周转率	5	3			
合计	100				

$$\text{流动比率}=\frac{\text{流动资产}}{\text{流动负债}}$$

$$\text{产权比率}=\frac{\text{负债总额}}{\text{所有者权益总额}}$$

$$\text{固定资产比率}=\frac{\text{固定资产}}{\text{资产总额}}$$

$$\text{存货周转率}=\frac{\text{营业成本}}{\text{存货平均余额}}$$

$$\text{应收账款周转率}=\frac{\text{营业收入}}{\text{应收账款平均余额}}$$

$$\text{固定资产周转率}=\frac{\text{营业收入}}{\text{固定资产平均余额}}$$

$$\text{所有者权益周转率}=\frac{\text{营业收入}}{\text{所有者权益平均余额}}$$

3.沃尔评分体系的步骤

（1）选择评价指标并分配指标权重。

在选择指标时，一要具有全面性，反映企业偿债能力、盈利能力和营运能力的三大类财务比率都应当包括在内。二要具有代表性，即要选择能够说明问题的重要财务比率。三要具有变化方向的一致性，即当财务比率增大时，表示财务状况的改善；反之，当财务比率减小时，表示财务状况的恶化。

（2）确定各项评价指标的标准值与标准系数。

财务比率指标的标准值是指在本企业现时条件下财务比率的最理想数值，即最优值。

各项财务比率的标准评分值之和应等于100%。各项财务比率评分值的确定是财务比率综合评分法的一个重要问题，它直接影响对企业财务状况的评分。

现代社会与沃尔的时代相比已经有了很大变化，对各项财务比率的重视程度不同，就会有截然不同的态度。另外，确定具体评分标准时还应结合企业经营活动的性质、企业生产经营的规模、分析人员的分析目的等因素。

（3）对各项评价指标计分并计算综合得分。

各项财务比率的实际得分是相对比率和标准评分值的乘积，每项财务比率的得分都不得超过上限或下限，所有财务比率实际得分的合计数就是企业财务状况的综合得分。

企业财务状况的综合得分反映企业综合财务状况是否良好。如果综合得分等于或接近100%，说明企业的财务状况是良好的；如果综合得分低于100%很多，就说明企业的财务状况很差，应当采取适当的措施加以改善。

（4）形成评价结果。

分析人员根据分析情况，写出研究结论，作出评价。

4.沃尔评分体系的局限性

沃尔评分体系将彼此孤立的偿债能力、营运能力、盈利能力和发展能力指标进行了组合，作出了较为系统的评价。但是，沃尔评分体系从理论上讲有一个明显的问题，就是未能证明为什么要选择这七个指标，而不是更多或更少些，或者选择别的财务比率，也未能证明每个指标所占比重的合理性。沃尔评分体系从技术上讲还有一个问题，就是某一个指标严重异常时，会对总评分产生不合逻辑的重大影响。这个缺陷是由财务比率与其比重相乘引起的。财务比率提高一倍，评分增加100%，而缩小一倍，其评分只减少50%。尽管沃尔的方法在理论上还有待证明，在技术上也不完善，但它还是在实践中被广泛应用。

（二）沃尔评分体系的应用

【做中学4-38】（计算题）AA公司和BA公司的部分财务数据见表4-75和表4-76。2×22年AA公司的营业收入为4 817 014 523.02元，营业成本为4 125 958 239.90元；BA公司的营业收入为20 195 731 201.80元，营业成本为14 674 811 995.57元。

表4-75　　AA公司部分财务数据　　单位：元

项目	2×21年12月31日	2×22年12月31日
流动资产	1 598 010 057.67	2 133 466 663.11
流动负债	1 107 468 024.31	1 169 973 235.06
负债总额	1 613 631 541.26	1 507 241 044.77
所有者权益总额	2 141 876 698.49	2 801 295 846.50
存货	259 295 291.86	443 180 484.02
固定资产	1 722 050 898.07	1 746 506 095.97
资产总额	3 755 508 239.75	4 308 536 891.27
应收账款	103 525 771.12	96 247 176.47

表4-76　　BA公司部分财务数据　　单位：元

项目	2×21年12月31日	2×22年12月31日
流动资产	5 414 631 872.25	7 213 143 416.57
流动负债	10 460 065 952.73	9 445 336 385.49
负债总额	13 544 875 946.38	13 456 225 907.34
所有者权益总额	7 455 975 969.54	10 633 383 033.26
存货	1 424 242 453.86	1 909 678 109.45
固定资产	13 558 037 131.45	13 530 190 468.03
资产总额	21 000 851 915.92	24 089 608 940.60
应收账款	591 803 421.82	578 338 415.88

【要求】使用沃尔评分体系，对AA公司和BA公司2×22年的财务状况进行分析。

【答案】AA公司沃尔评分表见表4-77，BA公司沃尔评分表见表4-78。从评分结果来看，AA公司和BA公司的评分都高于1（100%），说明两家公司的财务状况都是良好的，AA公司的综合得分为1.39，BA公司的综合得分为1.10，即2×22年AA公司的财务状况优于BA公司。

表4-77　　AA公司沃尔评分表

财务比率	比重（%） ①	标准比率 ②	实际比率 ③	相对比率 ④=③÷②	评分 ⑤=④×①
流动比率	25	2	1.82	0.91	0.23
产权比率	25	1.5	0.54	0.36	0.09
固定资产比率	15	2.5	0.41	0.16	0.02
存货周转率	10	8	11.75	1.47	0.15
应收账款周转率	10	6	48.22	8.04	0.80
固定资产周转率	10	4	2.78	0.70	0.07
所有者权益周转率	5	3	1.95	0.65	0.03
合计					1.39

表4-78　　BA公司沃尔评分表

财务比率	比重（%） ①	标准比率 ②	实际比率 ③	相对比率 ④=③÷②	评分 ⑤=④×①
流动比率	25	2	0.76	0.38	0.10
产权比率	25	1.5	1.27	0.85	0.21
固定资产比率	15	2.5	0.56	0.22	0.03
存货周转率	10	8	8.80	1.10	0.11
应收账款周转率	10	6	34.52	5.75	0.58
固定资产周转率	10	4	1.49	0.37	0.04
所有者权益周转率	5	3	2.23	0.74	0.04
合计					1.10

（三）采用沃尔评分法对农业A股上市公司进行财务综合分析

1.数据收集

收集TA公司、TB公司、TC公司、TD公司、TE公司、TF公司、TG公司、TH公司、TI公司、TJ公司、TK公司11家农业上市公司的财务数据（见表4-79至表4-89）。

表4-79 TA公司2×21年度和2×22年度财务数据 单位：元

项目	2×22年（末）	2×21年（末）
应收账款	69 703 160.94	94 546 848.62
存货	777 407 383.90	680 076 930.54
流动资产	1 253 960 396.34	
固定资产	450 163 711.72	342 282 438.17
资产总额	2 192 910 477.92	2 072 865 589.53
流动负债	791 788 414.55	
负债总额	814 399 014.69	
所有者权益	1 378 511 463.23	1 390 066 538.53
营业收入	1 446 714 027.92	
营业成本	1 230 398 324.74	

表4-80 TB公司2×21年度和2×22年度财务数据 单位：元

项目	2×22年（末）	2×21年（末）
应收账款	540 800 038.22	333 608 532.61
存货	2 196 082 301.36	1 520 740 614.72
流动资产	5 753 693 096.46	
固定资产	1 199 340 687.62	121 897 272.06
资产总额	12 976 621 364.22	
流动负债	3 842 297 587.05	
负债总额	6 541 420 264.74	
所有者权益	6 435 201 099.48	5 775 150 369.78
营业收入	3 190 019 342.23	
营业成本	1 731 935 148.45	

表4-81　TC公司2×21年度和2×22年度财务数据　单位：元

项目	2×22年（末）	2×21年（末）
应收账款	980 757 629.43	627 480 955.14
存货	872 982 832.50	774 386 268.97
流动资产	3 246 790 988.11	
固定资产	1 333 937 862.89	1 347 864 220.79
资产总额	8 040 965 974.53	
流动负债	1 784 326 993.19	
负债总额	3 280 234 508.63	
所有者权益	4 760 731 465.90	4 737 449 366.08
营业收入	2 066 341 677.84	
营业成本	1 560 834 857.63	

表4-82　TD公司2×21年度和2×22年度财务数据　单位：元

项目	2×22年（末）	2×21年（末）
应收账款	59 428 014.05	59 199 378.06
存货	281 348 389.37	504 168 652.53
流动资产	1 674 017 430.63	
固定资产	541 827 106.68	927 011 727.57
资产总额	2 555 101 774.47	
流动负债	1 388 180 450.37	
负债总额	1 878 778 105.66	
所有者权益	676 323 668.81	661 368 338.18
营业收入	1 084 701 436.83	
营业成本	1 031 662 990.96	

表4-83　TE公司2×21年度和2×22年度财务数据　单位：元

项目	2×22年（末）	2×21年（末）
应收账款	0	0
存货	143 811 028.88	165 933 214.88
流动资产	500 692 643.09	
固定资产	122 640 007.00	136 856 546.65
资产总额	766 775 226.87	
流动负债	227 489 345.01	
负债总额	254 594 132.19	
所有者权益	512 181 094.68	446 822 086.18
营业收入	257 773 896.15	
营业成本	131 398 569.89	

表4-84　TF公司2×21年度和2×22年度财务数据　单位：元

项目	2×22年（末）	2×21年（末）
应收账款	0	33 079.10
存货	35 774 476.55	21 980 121.13
流动资产	123 404 700.76	
固定资产	31 252 136.99	33 425 687.03
资产总额	288 760 944.40	
流动负债	4 421 771.36	
负债总额	15 573 751.07	
所有者权益	273 187 193.33	278 036 174.36
营业收入	68 031 962.23	
营业成本	62 983 470.19	

表4-85　TG公司2×21年度和2×22年度财务数据　单位：元

项目	2×22年（末）	2×21年（末）
应收账款	231 593 363.51	239 842 422.56
存货	621 782 308.96	318 641 595.91
流动资产	1 254 870 579.62	
固定资产	723 749 265.04	723 754 851.32
资产总额	2 257 246 501.57	
流动负债	1 612 985 680.78	
负债总额	1 699 270 268.61	
所有者权益	557 976 232.96	533 644 880.59
营业收入	1 102 602 781.42	
营业成本	994 947 855.15	

表4-86　TH公司2×21年度和2×22年度财务数据　单位：元

项目	2×22年（末）	2×21年（末）
应收账款	47 885 668.32	52 501 663.31
存货	786 300 745.35	859 034 844.84
流动资产	3 070 471 276.78	
固定资产	3 261 857 912.77	3 625 681 659.38
资产总额	7 646 957 935.40	
流动负债	1 694 673 866.25	
负债总额	1 771 311 053.55	
所有者权益	5 875 646 881.85	5 716 867 355.61
营业收入	2 992 414 562.19	
营业成本	423 134 872.83	

表4-87 TI公司（601118）2×21年度和2×22年度财务数据 单位：元

项目	2×22年（末）	2×21年（末）
应收账款	277 626 092.67	322 186 104.95
存货	1 743 662 163.53	1 774 697 021.52
流动资产	4 621 850 966.80	
固定资产	1 642 474 639.10	1 642 474 639.10
资产总额	13 368 188 114.52	
流动负债	4 768 682 476.33	
负债总额	5 416 565 556.62	
所有者权益	7 951 622 557.90	8 190 577 992.50
营业收入	10 818 322 651.34	
营业成本	10 247 608 097.04	

表4-88 TJ公司（601952）2×21年度和2×22年度财务数据 单位：元

项目	2×22年（末）	2×21年（末）
应收账款	152 435 716.20	127 933 150.56
存货	1 776 307 137.61	1 676 247 302.17
流动资产	5 095 886 429.95	
固定资产	1 329 455 354.82	1 230 558 282.88
资产总额	6 610 551 204.69	4 000 616 956.66
流动负债	1 122 233 070.97	
负债总额	1 332 868 730.11	
所有者权益	5 277 682 474.58	2 621 072 198.73
营业收入	4 315 517 645.78	
营业成本	3 459 582 964.93	

表4-89 TK公司（603336）2×21年度和2×22年度财务数据 单位：元

项目	2×22年（末）	2×21年（末）
应收账款	173 471 406.39	198 395 771.90
存货	235 167 044.81	203 727 172.65
流动资产	632 576 887.30	
固定资产	114 866 601.52	121 897 272.06
资产总额	800 485 796.48	
流动负债	17 191 724.00	
负债总额	22 469 641.91	
所有者权益	778 016 154.57	741 121 345.86
营业收入	684 288 372.04	
营业成本	568 408 706.63	

2.指标计算

11家农业上市公司的财务数据（见表4-90至表4-100）。

表4-90　TA公司的沃尔评分表

财务比率	比重	标准比率	实际比率	相对比率	评分
流动比率	25%	2	1.5837	0.7919	19.80%
产权比率	25%	1.5	0.5908	0.3939	9.85%
固定资产比率	15%	2.5	0.2053	0.0821	1.23%
存货周转率	10%	8	1.6884	0.2110	2.11%
应收账款周转率	10%	6	17.6160	2.9360	29.36%
固定资产周转率	10%	4	3.6513	0.9128	9.13%
所有者权益周转率	5%	3	1.0451	0.3484	1.74%
合计					73.21%

表4-91　TB公司的沃尔评分表

财务比率	比重	标准比率	实际比率	相对比率	评分
流动比率	25%	2	1.4975	0.7487	18.72%
产权比率	25%	1.5	1.0165	0.6777	16.94%
固定资产比率	15%	2.5	0.0924	0.0370	0.55%
存货周转率	10%	8	0.9319	0.1165	1.16%
应收账款周转率	10%	6	7.2964	1.2161	12.16%
固定资产周转率	10%	4	4.8288	1.2072	12.07%
所有者权益周转率	5%	3	0.5225	0.1742	0.87%
合计					62.48%

表4-92　TC公司的沃尔评分表

财务比率	比重	标准比率	实际比率	相对比率	评分
流动比率	25%	2	1.8196	0.9098	22.75%
产权比率	25%	1.5	0.6890	0.4593	11.48%
固定资产比率	15%	2.5	0.1659	0.0664	1.00%
存货周转率	10%	8	1.8949	0.2369	2.37%
应收账款周转率	10%	6	2.5697	0.4283	4.28%
固定资产周转率	10%	4	1.5410	0.3853	3.85%
所有者权益周转率	5%	3	0.4351	0.1450	0.73%
合计					46.45%

表4-93 TD公司的沃尔评分表

财务比率	比重	标准比率	实际比率	相对比率	评分
流动比率	25%	2	1.2059	0.6030	15.07%
产权比率	25%	1.5	2.7779	1.8520	46.30%
固定资产比率	15%	2.5	0.2121	0.0848	1.27%
存货周转率	10%	8	2.6267	0.3283	3.28%
应收账款周转率	10%	6	18.2875	3.0479	30.48%
固定资产周转率	10%	4	1.4770	0.3692	3.69%
所有者权益周转率	5%	3	1.6218	0.5406	2.70%
合计					102.80%

表4-94 TE公司的沃尔评分表

财务比率	比重	标准比率	实际比率	相对比率	评分
流动比率	25%	2	2.2009	1.1005	27.51%
产权比率	25%	1.5	0.4971	0.3314	8.28%
固定资产比率	15%	2.5	0.1599	0.0640	0.96%
存货周转率	10%	8	0.8484	0.1061	1.06%
应收账款周转率	10%	6			
固定资产周转率	10%	4	1.9867	0.4967	4.97%
所有者权益周转率	5%	3	0.5376	0.1792	0.90%
合计					43.68%

表4-95 TF公司的沃尔评分表

财务比率	比重	标准比率	实际比率	相对比率	评分
流动比率	25%	2	27.9084	13.9542	348.86%
产权比率	25%	1.5	0.0570	0.0380	0.95%
固定资产比率	15%	2.5	0.1082	0.0433	0.65%
存货周转率	10%	8	2.1811	0.2726	2.73%
应收账款周转率	10%	6	4 113.2898	685.5483	6 855.48%
固定资产周转率	10%	4	2.1037	0.5259	5.26%
所有者权益周转率	5%	3	0.2468	0.0823	0.41%
合计					7 214.33%

表4-96　TG公司的沃尔评分表

财务比率	比重	标准比率	实际比率	相对比率	评分
流动比率	25%	2	0.7780	0.3890	9.72%
产权比率	25%	1.5	3.0454	2.0303	50.76%
固定资产比率	15%	2.5	0.3206	0.1283	1.92%
存货周转率	10%	8	2.1160	0.2645	2.64%
应收账款周转率	10%	6	4.6776	0.7796	7.80%
固定资产周转率	10%	4	1.5235	0.3809	3.81%
所有者权益周转率	5%	3	2.0201	0.6734	3.37%
合计					80.02%

表4-97　TH公司的沃尔评分表

财务比率	比重	标准比率	实际比率	相对比率	评分
流动比率	25%	2	1.8118	0.9059	22.65%
产权比率	25%	1.5	0.3015	0.2010	5.02%
固定资产比率	15%	2.5	0.4266	0.1706	2.56%
存货周转率	10%	8	0.5143	0.0643	0.64%
应收账款周转率	10%	6	59.6174	9.9362	99.36%
固定资产周转率	10%	4	0.8689	0.2172	2.17%
所有者权益周转率	5%	3	0.5163	0.1721	0.86%
合计					133.27%

表4-98　TI公司的沃尔评分表

财务比率	比重	标准比率	实际比率	相对比率	评分
流动比率	25%	2	0.9692	0.4846	12.12%
产权比率	25%	1.5	0.6812	0.4541	11.35%
固定资产比率	15%	2.5	0.1229	0.0491	0.74%
存货周转率	10%	8	5.8252	0.7282	7.28%
应收账款周转率	10%	6	36.0724	6.0121	60.12%
固定资产周转率	10%	4	6.5866	1.6466	16.47%
所有者权益周转率	5%	3	1.3404	0.4468	2.23%
合计					110.31%

表4-99 TJ公司的沃尔评分表

财务比率	比重	标准比率	实际比率	相对比率	评分
流动比率	25%	2	4.5408	2.2704	56.76%
产权比率	25%	1.5	0.2525	0.1684	4.21%
固定资产比率	15%	2.5	0.2011	0.0804	1.21%
存货周转率	10%	8	2.0041	0.2505	2.51%
应收账款周转率	10%	6	30.7846	5.1308	51.31%
固定资产周转率	10%	4	3.3715	0.8429	8.43%
所有者权益周转率	5%	3	1.0927	0.3642	1.82%
合计					126.24%

表4-100 TK公司的沃尔评分表

财务比率	比重	标准比率	实际比率	相对比率	评分
流动比率	25%	2	36.7954	18.3977	459.94%
产权比率	25%	1.5	0.0289	0.0193	0.48%
固定资产比率	15%	2.5	0.1435	0.0574	0.86%
存货周转率	10%	8	2.5902	0.3238	3.24%
应收账款周转率	10%	6	3.6803	0.6134	6.13%
固定资产周转率	10%	4	5.7803	1.4451	14.45%
所有者权益周转率	5%	3	0.9009	0.3003	1.50%
合计					486.61%

3.指标分析

汇总各家公司的沃尔评分结果，见表4-101。

表4-101 农业上市公司沃尔评分结果

排名	公司名称	得分	排名	公司名称	得分	排名	公司名称	得分
1	TF公司	7 214.33%	5	TI公司	110.31%	9	TB公司	62.48%
2	TK公司	486.61%	6	TD公司	102.80%	10	TC公司	46.45%
3	TH公司	133.27%	7	TG公司	80.02%	11	TE公司	43.68%
4	TJ公司	126.24%	8	TA公司	73.21%			

4.分析结论

根据得分，TF公司、TK公司、TH公司、TJ公司、TI公司、TD公司等6家公司的得分大于100%，财务状况良好；TG公司财务状况一般，TA公司、TB公司、TC公司、TE公司等4家公司的财务状况较差，应当采取适当的措施加以改善。

参考文献

[1] 王化成，支晓强，王建英. 财务报表分析［M］. 3版. 北京：中国人民大学出版社，2022.

[2] 张新民，钱爱民. 财务报表分析［M］. 6版.北京：中国人民大学出版社，2023.

微课索引

为了便于学生自主学习，我们针对重点难点制作了98个微课，以二维码的形式添加在本教材中，用手机扫描二维码即可直接观看内容，括号内标注了二维码的具体页码。

一、
销售
收到
收到
经
购买
支付
支付
支付
经
二、
收回
取得
处置
处置
收到
投
购建
投资
取得
支付
投
三、
吸收
取得
收到
筹
偿还
分配
支付
筹